中国特色社会主义专题研究

Zhongguo Tese Shehui Zhuyi Zhuanti Yanjiu

秦宣 著

高等教育出版社·北京

内容提要

　　本书主要论述了中国特色社会主义理论体系的形成发展过程和主要内容。全书共分五编。其中,第一编主要从整体上论述了中国特色社会主义,包括中国特色社会主义道路、理论体系和制度,反映了中国特色社会主义的整体框架;第二编主要研究了邓小平关于中国特色社会主义的思想;第三编主要研究了"三个代表"重要思想及其在中国特色社会主义中的地位;第四编主要研究了科学发展观及其在中国特色社会主义中的地位;第五编主要研究了党的十八大以来以习近平为总书记的党中央对中国特色社会主义的新发展。本书是作者近 20 年研究中国特色社会主义的一个汇集。本书与作者主编的《中国特色社会主义理论概论》《中国特色社会主义史》构成一个完整的系列。

图书在版编目(CIP)数据

　　中国特色社会主义专题研究/秦宣著.--北京:
高等教育出版社,2016.9
　　ISBN 978-7-04-046288-3

　　Ⅰ.①中…　Ⅱ.①秦…　Ⅲ.①中国特色社会主义-理论体系-研究　Ⅳ.①D610

　　中国版本图书馆 CIP 数据核字(2016)第 196905 号

策划编辑　蒋旭东　责任编辑　任　蕾　鲍莉炜　陈绍辉　封面设计　张　楠　版式设计　于　婕
责任校对　刘娟娟　责任印制　田　甜

出版发行	高等教育出版社	网　　址	http://www.hep.edu.cn
社　　址	北京市西城区德外大街 4 号		http://www.hep.com.cn
邮政编码	100120	网上订购	http://www.hepmall.com.cn
印　　刷	北京市联华印刷厂		http://www.hepmall.com
开　　本	787mm×960mm　1/16		http://www.hepmall.cn
印　　张	22.75		
字　　数	410 千字	版　　次	2016 年 9 月第 1 版
购书热线	010-58581118	印　　次	2016 年 9 月第 1 次印刷
咨询电话	400-810-0598	定　　价	46.80 元

目　　录

I

绪论　深化对中国特色社会主义研究

　　1845 年，马克思在《关于费尔巴哈的提纲》中写了这样一段话："哲学家们只是用不同的方式解释世界，问题在于改变世界。"①这句名言曾被许多哲学家所引用，在马克思逝世后还被写在马克思的墓碑上，至今仍在不断提醒着人们。

　　2007 年，我访问了德国莱比锡大学（曾用名"莱比锡卡尔·马克思大学"），在校长办公室里看到一个青年学生写的这样一段话："当今世界变化如此之快，以致于哲学家连解释世界都不可能，何谈改造世界。"这句话更引起我的深思。

　　2011 年夏天，我带团到俄罗斯访问，在接受莫斯科一名记者采访时，记者表示：理论家的成功主要表现在两个方面，一是对现实世界作出合理的解释，二是对现存的问题给予答案。这名记者认为，如果以此两条标准衡量，当今世界已经没有成功的理论家。因为，当今世界很多现象我们无法解释，面临的许多问题我们没有答案。更糟糕的是，旧问题还没解决，新问题又产生了。他甚至断言，当今世界根本就不存在成功的理论家。作为一个从事理论研究的工作者，听到他的这席话，让我感到很震惊。对于中国的理论工作者来说，现在纠结的不恰恰在此吗？

　　中华人民共和国成立 60 多年来，尤其是改革开放 30 多年来，我们党在理论创新和实践创新方面取得的最大成就，是开辟了中国特色社会主义道路，形成了中国特色社会主义理论体系，确立了中国特色社会主义制度。中国近代以来的历史证明，只有社会主义才能救中国。新中国成立以来的历史证明，只有中国特色社会主义才能发展中国。如何在世情、国情、党情发生重大变化的条件下，如何继续推进中国特色社会主义事业，这恐怕是中国理论界必须高度关注的问题。

　　2011 年 7 月，中国共产党迎来建党 90 年纪念日。7 月 1 日这一天，时任总书记胡锦涛在人民大会堂发表重要讲话。在讲话中，胡锦涛指出："经过 90 年的奋斗、创造、积累，党和人民必须倍加珍惜、长期坚持、不断发展的成就是：开辟了中国特色社会主义道路，形成了中国特色社会主义理论体系，确立了中国特色社会主义制度。"胡锦涛强调："面对风云变幻的国际形势，面对艰巨繁重的国内改革发展稳定任务，我们党要团结带领人民继续前进，开创工作新局面，赢得事业

---

　　①　《马克思恩格斯文集》第 1 卷，人民出版社 2009 年版，第 502 页。

新胜利,最根本的就是要高举中国特色社会主义伟大旗帜,坚持和拓展中国特色社会主义道路,坚持和丰富中国特色社会主义理论体系,坚持和完善中国特色社会主义制度。"①胡锦涛的讲话,强调了继续推进中国特色社会主义事业的重大意义。

2012年10月,党的十八大对如何进一步推进中国特色社会主义事业做了全面部署。十八大以来,以习近平为总书记的党中央继续高举中国特色社会主义伟大旗帜,继续书写中国特色社会主义这篇大文章。以中国的独特实践为对象,深入研究重大理论和实践问题,讲好中国故事,这可以说是中国知识分子应该承担的历史责任和光荣使命。

一、始终以中国特色社会主义理论为主题,将马克思主义中国化的理论成果作为整体进行研究

在中国这样的经济文化落后的国家如何建设社会主义、如何巩固和发展社会主义,始终是马克思主义中国化的理论主题。新中国成立以来,我们党在把马克思主义与中国实际相结合的过程中,始终是围绕这一主题展开的。正是在探索这一问题的过程中,我们党开辟了建设中国特色社会主义新道路,形成了中国特色社会主义理论体系。

中国共产党对中国特色社会主义建设道路的探索开始于毛泽东,研究中国特色社会主义理论必须深入研究毛泽东关于社会主义建设的理论。在我国社会主义改造基本完成、将要开始全面建设社会主义的时候,毛泽东就在思考如何把马克思主义的基本原理同中国的社会主义建设实际相结合,走出中国自己的社会主义建设道路的问题。1956年苏共二十大以后,毛泽东提出了要"以苏为鉴",探索自己的道路。他明确提出现在是社会主义革命和建设时期,我们要进行马克思主义与中国实际的"第二次结合",找到在中国进行社会主义革命和建设的正确道路。1956年4月,毛泽东作了《论十大关系》的重要讲话,围绕把国内外一切积极因素都调动起来为社会主义事业服务的基本方针,深刻论述了正确处理经济建设和社会发展中的一系列重大关系的问题。1957年2月,毛泽东又作了《关于正确处理人民内部矛盾的问题》讲话,提出了社会主义社会基本矛盾和两类矛盾的学说,强调要严格区分和正确处理两类不同性质的矛盾,特别是要正确处理人民内部矛盾。这一时期,毛泽东还提出了许多关于中国社会主义建设的重要观点,涉及政治、经济、文化、国防、外交、党的建设等各个方面。这些重要的思想观点,尽管有的还不够成熟,有的并未付诸实施,有的后来也没能坚

---

① 胡锦涛:《在庆祝中国共产党成立90周年大会上的讲话》,《人民日报》2011年7月2日。

持下去,但它们都为后来的探索做了开创性工作,为中国共产党实现马克思主义基本原理和中国具体实践相结合的第二次历史性飞跃提供了良好的开端,为我们在新的历史条件下坚持和发展马克思主义提供了基础。正如邓小平指出的:"现在我们还是把毛泽东同志已经提出、但是没有做的事情做起来,把他反对错了的改正过来,把他没有做好的事情做好。今后相当长的时期,还是做这件事。当然,我们也有发展,而且还要继续发展。"①

中国特色社会主义理论体系形成于邓小平时期,研究这一理论必须认真研究邓小平的独创性贡献。"文化大革命"结束后,在我们党和国家的事业发展处于生死攸关的关键时刻,是邓小平领导我们走上改革开放和社会主义现代化建设的新时期。1978 年 12 月,在邓小平领导下,我们党胜利召开十一届三中全会。这次全会决定把党和国家的工作重点转移到社会主义现代化建设上来,作出实行改革开放的战略决策。这一时期,在以邓小平为核心的党的第二代中央领导集体的领导下,我们党在改革开放和社会主义现代化建设的伟大实践中形成了以经济建设为中心、坚持四项基本原则、坚持改革开放的基本路线,开辟了建设中国特色社会主义的新道路,赋予中国社会主义和民族复兴的伟大事业新的强大生机。在新的历史时期,以邓小平为主要代表的中国共产党人,把马克思主义基本原理同新的实际和时代特征结合起来,继承和发展毛泽东思想,集中全党全国人民的智慧,创立了邓小平理论。邓小平理论抓住什么是社会主义、怎样建设社会主义这个根本问题,深刻揭示社会主义的本质,第一次比较系统地初步回答了中国这样的经济文化比较落后的国家如何建设社会主义、如何巩固和发展社会主义的一系列基本问题,把对社会主义的认识提高到新的水平。

中国特色社会主义理论体系发展于邓小平之后,研究这一理论必须研究邓小平之后我们党的理论创新和发展。20 世纪 80 年代末 90 年代初,国际上东欧剧变,苏联解体,国内发生严重政治风波,世界社会主义出现严重曲折,中国特色社会主义事业的发展面临新的巨大困难和压力。以江泽民为核心的党的第三代中央领导集体紧紧依靠全党全国人民,坚持十一届三中全会以来的路线方针政策,团结带领全党全国人民捍卫和发展了中国特色社会主义伟大事业。从 1989 年十三届四中全会到 2012 年党的十六大的 13 年,以江泽民为主要代表的中国共产党人,高举邓小平理论伟大旗帜,准确把握时代特征,科学判断我们党所处的历史方位,围绕建设中国特色社会主义这个主题,集中全党全国各族人民的智慧,以马克思主义的巨大政治勇气和理论勇气推进理论创新,逐步形成了"三个代表"重要思想这一系统的科学理论。这一科学理论在建设中国特色社会主义

---

① 《邓小平文选》第 2 卷,人民出版社 1994 年版,第 300 页。

的思想路线、发展道路、发展阶段和发展战略、根本任务、发展动力、依靠力量、国际战略、领导力量和根本目的等重大问题上取得了丰硕成果,用一系列紧密联系、相互贯通的新思想、新观点、新论断,进一步回答了什么是社会主义、怎样建设社会主义的问题,创造性地回答了建设什么样的党、怎样建设党的问题,集中起来就是丰富和发展了中国特色社会主义理论。

党的十六大以来,以胡锦涛为总书记的党中央,着眼于党和人民事业发展的全局,准确把握时代特征和中国经济发展新阶段的国情,认真研究和回答我国社会主义经济建设、政治建设、文化建设、社会建设和党的建设面临的一系列重大问题,提出以人为本、实现科学发展、构建社会主义和谐社会、建设社会主义新农村、建设创新型国家、建设和谐文化、建立社会主义核心价值体系、树立社会主义荣辱观、推动建设和谐世界、加强党的先进性建设等重大战略思想和重大战略任务。这些战略思想是马克思主义中国化的最新理论成果,是对经济社会发展一般规律认识的深化,是对中国特色社会主义理论的丰富和发展。

进入 21 世纪以来,国内学术界对于毛泽东思想、邓小平理论、"三个代表"重要思想和科学发展观关于建设中国特色社会主义的思想分别进行了深入研究,产生了十分丰硕的研究成果。但目前存在的主要问题是:第一,绝大多数学者只是注重对中国特色社会主义理论作单个领袖人物思想的研究,即分别研究我们党的几代中央领导集体在不同时期对中国特色社会主义理论的贡献以及这种贡献在马克思主义发展史、尤其是在科学社会主义理论发展上的地位和作用,忽略了中国特色社会主义理论自身发展的历史逻辑,割裂了这一理论发展的内在联系。第二,许多研究没有处理好坚持、继承与发展、创新之间的关系,表现在只讲发展、创新,不讲坚持、继承,没有很好说明马克思主义中国化的几大理论成果之间以及马克思主义中国化理论成果与马克思列宁主义一脉相承而又与时俱进的关系。第三,有些研究把马克思主义中国化的几大理论成果关于建设中国特色社会主义的思想作简单对比研究,甚至还出现了用后一种理论来否定前一种理论、用贬低前一种理论来抬高后一种理论的倾向。比较突出的例子是,有人认为毛泽东只讲"阶级斗争"忽视经济社会发展,邓小平只讲经济发展不讲社会发展,江泽民只讲全面发展不讲全面协调发展,而党的十六大以来既讲全面发展,又讲全面协调可持续发展。这种简单对比显然是不符合实际的。

因此,目前我们在对毛泽东思想、邓小平理论、"三个代表"重要思想、科学发展观和习近平系列重要讲话的研究过程中,一方面要加强对各个理论创新成果的研究,另一方面要以马克思主义中国化的历史进程为主线,以中国特色社会主义理论为主题,把马克思主义中国化的理论成果作为整体统一起来进行研究,尤其要加强对中国特色社会主义理论的研究。要把中国特色社会主义放在世界社会主义发展的历史进程中,放在马克思主义中国化的历史进程中,放在中国社会主义现代化的历史进程中进行深入研究,不断开拓中国特色社会主义理论研究的新境界。

二、始终关注中国特色社会主义发展进程,善于总结中国特色社会主义发展的历史经验

理论来源于实践,理论的发展来源于实践的发展。建设中国特色社会主义是前无古人的伟大事业,必然面临大量开创性的、前人没有提出或前人没有涉足的课题,面临大量错综复杂的矛盾。但广大人民群众每天都在创造新事物、新经验,我们正在进行的建设中国特色社会主义的伟大实践,也在不断地产生丰富的新鲜经验。这就要求我们坚持以马克思主义为指导,深入实际进行理论的探索、概括和创造。毛泽东曾指出:"对于建设社会主义的规律的认识,必须有一个过程。必须从实践出发,从没有经验到有经验,从有较少的经验,到有较多的经验,从建设社会主义这个未被认识的必然王国,到逐步地克服盲目性、认识客观规律、从而获得自由,在认识上出现一个飞跃,到达自由王国。"①邓小平也曾明确指出:"一个新的科学理论的提出,都是总结、概括实践经验的结果。"②

我们党历来注重总结历史经验,党的每次全国代表大会,都要回顾和总结前一次大会到这一次大会之间的工作,并且把这种回顾摆在更长时间的历史背景之下。1981 年召开的党的十一届六中全会通过的《关于建国以来党的若干历史问题的决议》,对新中国成立以来党的基本经验做了总结。1992 年召开的党的十四大曾总结了改革开放以来 14 年伟大实践的基本经验。1998 年在纪念十一届三中全会召开 20 周年的时候,江泽民对改革开放 20 年的基本经验做了总结。2001 年 7 月,在庆祝中国共产党成立 80 周年大会上,江泽民深刻总结了中国共产党成立 80 年奋斗历程的基本经验。2002 年党的十六大又总结了从 1989 年到 2002 年 13 年的历史经验。2007 年,我们党召开的十七大,用"十个结合"概括了改革开放的历史经验。2008 年年底,我们党召开了纪念十一届三中全会 30 周年大会,胡锦涛代表党中央进一步总结了改革开放 30 年的历史经验,并对党的十七大阐明的"十个结合"作了更加全面的论述。2009 年,为纪念新中国成立 60 周年,国内学术界对新中国成立 60 年的历史经验作了系统总结。2011 年,为纪念中国共产党成立 90 周年,国内学术界对党成立 90 年来的历史经验进行了研究和总结,胡锦涛在"七一"讲话中,不仅总结了中国共产党 90 年来取得的辉煌

---

① 《毛泽东文集》第 8 卷,人民出版社 1999 年版,第 300 页。
② 《邓小平文选》第 2 卷,人民出版社 1994 年版,第 57~58 页。

成就,而且概括了党带领人民奋斗 90 年来的宝贵经验。

中国共产党成立 90 多年来,我们党坚持把马克思主义基本原理同中国具体实际结合起来,在推进马克思主义中国化的历史进程中产生了两大理论成果。一大理论成果是毛泽东思想,另一大理论成果是中国特色社会主义理论体系。可以说,毛泽东思想、邓小平理论和"三个代表"重要思想、科学发展观等马克思主义中国化的理论成果都是以中国革命、建设和改革以及国际共产主义运动正反两方面的历史经验为历史根据的,是我们党和人民群众实践经验的理论升华。也可以说,我们党对共产党执政规律、社会主义建设规律和人类社会发展规律的探索,主要来源于我们对中国共产党领导的中国特色社会主义事业发展的实践经验总结和规律探讨。正因为如此,江泽民号召全党:"要坚持马克思主义的科学原理和科学精神,善于把握客观情况的变化,善于总结人民群众在实践中创造的新鲜经验,不断丰富和发展马克思主义理论。"①胡锦涛也强调,面对新形势新任务,"我们要准确把握世界发展大势,准确把握社会主义初级阶段基本国情,深入研究我国发展的阶段性特征,及时总结党领导人民创造的新鲜经验,重点抓住经济社会发展重大问题,作出新的理论概括,永葆科学理论的旺盛生命力"。②

我们认为,要继续推进中国特色社会主义事业,必须继续推进理论创新。目前,至少还有以下理论工作需要做:

第一,应加强对中国特色社会主义的基础理论研究。要通过这种研究,回答下列问题:其一,新中国成立以来,我们党对社会主义的认识发生了哪些变化?取得了哪些成果?它在哪些方面丰富和发展了马克思主义?其二,中国特色社会主义建设道路是如何开辟的?它经历了哪些发展阶段,各个阶段取得了哪些成就,各个阶段的发展有何特点?其三,到底什么是中国特色社会主义?它的理论体系是怎样的?它包含哪些内容?它在哪些方面体现了社会主义的共性或普遍性,又在哪些方面体现了社会主义的中国特色,即个性或特殊性?其四,中国特色社会主义对于推进世界社会主义运动,促进社会主义事业的发展具有哪些重要意义?等等。

第二,应加强对中国特色社会主义发展成就、尤其是改革开放和现代化建设成就的总结。理论工作只有不断总结党领导人民创造的新经验,进行新的理论探索,作出新的理论概括,才能展示蓬勃的生机和旺盛的活力。对于中国学者来说,我们的责任,就是要通过纵向对比研究展示中国特色社会主义发展的巨大成就,用事实说明:只有社会主义才能救中国,只有中国特色社会主义才能发展中

---

① 《江泽民文选》第 3 卷,人民出版社 2006 年版,第 283 页。
② 胡锦涛:《在庆祝中国共产党成立 90 周年大会上的讲话》,《人民日报》2011 年 7 月 2 日。

国,只有改革开放才能促进中国特色社会主义事业的发展,中国必须坚持改革开放不动摇;要通过横向比较研究说明:虽然当今世界社会主义仍然处于低潮,但中国特色社会主义事业发展取得的成就足以证明,社会主义仍然具有旺盛的生命力,中国发展始终坚持社会主义方向;要通过中国特色社会主义经济、政治、文化、社会和生态文明建设成就的充分展示教育人民,中国特色社会主义是我们全党和各族人民的共同理想,是社会主义核心价值体系的主题,中国必须始终走中国特色社会主义道路。

第三,应加强对建设中国特色社会主义经验教训的分析和概括。要认真总结新中国成立 60 多年来中国特色社会主义发展的经验教训,明确哪些是我们必须坚持的基本经验,哪些是我们必须认真汲取的教训;要通过改革开放 30 多年中国现代化进程的研究,明确我们的改革开放有何经验教训。在世界各国高度关注中国经验时,尤其要加强对"中国经验"或"中国模式"的研究,积极回应国际社会对"中国道路""中国经验"的关切,要向人们展示,"中国经验"到底有哪些? 它在哪些方面反映了人类文明发展的共性? 它又在哪些方面体现了中国发展的特质?"中国经验"到底有无、有何世界意义?"中国经验"到底如何坚持?中国特色社会主义道路到底如何走下去? 要通过我们的研究和宣传,使中国发展道路获得更加广泛的理解和认同,努力营造良好的国际环境。

三、始终关注中国特色社会主义发展的重大现实问题,以理论创新促进中国特色社会主义的发展

当今世界和我们所处的时代,同过去相比发生了很多深刻的变化。无论从国际还是从国内看,我们都面临着许多新情况新问题,必须从理论上和实践上作出回答并加以解决。从国际形势来看,这一时期是世界多极化和经济全球化的趋势继续深入发展的时期;是大国关系深刻变动,世界力量对比继续变化的时期;是科技进步日新月异,科技创新和技术扩散日益加快,国际产业重组和生产要素转移加快,区域经济一体化蓬勃发展时期;是霸权主义和强权政治继续存在,影响世界和平与发展的不稳定不确定因素不断增多的时期;是世界经济深度调整,发展不平衡加剧,围绕资源、市场、技术、人才的国际竞争日趋激烈,贸易壁垒和贸易摩擦明显增多的时期。在这个新阶段,虽然和平与发展的时代主题没有改变,但影响和平与发展的因素发生了新的变化。我们面临的仍将是一个总体上有利于我国发展、但不利因素也可能增多的环境。战胜各种风险挑战、赢得发展的主动权,迫切要求我们从国际国内的相互联系中把握发展大势、创新发展理念、完善发展战略,争创发展的新优势,使中国特色社会主义道路越走越宽广。

从国内来看,这一时期是完成中国现代化"三步走"发展战略的第三步战略目标的承前启后的时期;是以信息化带动工业化,从农业社会向工业社会快速转型,加速经济增长方式转变,尽快实现中国社会主义现代化的关键时期;是贯彻落实党的科学理论,全面建成惠及十几亿人口的更高水平小康社会的时期;是继续坚持社会主义市场经济改革方向,进一步深化改革,不断完善社会主义市场经济体制的时期;是适应经济全球化发展趋势,不断扩大对外开放范围、拓宽对外开放领域、提高对外开放水平的关键时期。也就是说,中国特色社会主义发展正处于必须紧紧抓住并且可以大有作为的重要战略机遇期,也处于社会矛盾和问题较为突出的矛盾凸显期。在这个新阶段,虽然我国仍然处于社会主义初级阶段,且这一阶段的主要矛盾没有根本改变,中国作为发展中国家的地位也没有改变,但这一新阶段外部环境的新变化、内部矛盾和问题的新特点,改革发展面临的新任务,呼唤党的理论创新,呼唤中国特色社会主义理论的进一步发展。

推进中国特色社会主义事业的发展,需要我们始终关注中国经济社会发展的重大现实问题,不断推进理论创新。

第一,必须时刻关注当今世界形势的变化,准确把握当今世界的发展趋势。现在的世界是开放的世界,中国的发展离不开世界。推进中国特色社会主义事业的发展,必须高度关注世界形势的变化。要深入研究国际形势的新变化对中国特色社会主义事业发展带来的机遇和挑战,提出切合中国实际的应对之策;要在人类历史发展的长河中不断深化对人类社会发展规律的认识,积极探索中国特色社会主义发展规律;要研究世界形势的新变化对中国共产党提出的新挑战,不断探索中国共产党执政规律;要立足中国,充分吸收和借鉴国外文明发展的一切优秀成果,为建设中国特色社会主义服务。

第二,必须以我国改革开放和现代化建设的实际问题、以我们正在进行的建设中国特色社会主义事业为中心,着眼于马克思主义理论的运用,着眼于实际问题的理论思考,着眼于新的实践和新的发展。我们要坚持理论联系实际,以深入研究重大现实问题为主攻方向,注重研究全局性、前瞻性、战略性的重大课题,促进理论创新、制度创新、科技创新的蓬勃进行;要坚持解放思想、实事求是,立足国情,立足当代,与时俱进,开拓创新,系统周密地研究中国改革和建设的实际问题,不断研究新情况,解决新问题;要从改革开放和现代化建设的实践中获取理论创新的浓厚源泉和强大动力,勇敢地开拓理论和实践的新境界,以理论创新和实践创新推进中国特色社会主义事业发展。

第三,必须加强对中国特色社会主义经济、政治、文化、社会、生态文明事业的研究。目前,要着力回答以下一些问题:如何进一步完善社会主义市场经济体制? 如何适应经济新常态,解决长期积累的结构性矛盾,转变经济发展方式,实现人口、资源、环境的协调发展和经济社会的可持续发展? 如何更好地解决农业、农村、农民问题？如何提高我国的自主创新能力,建立创新型国家？如何解决包括就业、收入分配、社会保障、看病、子女上学、生态环境保护、安全生产、社会治安在内的关系群众切身利益的问题,全面满足人民群众日益增长的物质文化需要？如何促进区域、城乡、经济社会的协调发展？如何提高我国对外开放水平？如何推进中国特色社会主义民主政治建设,建设社会主义法治国家？如何发展中国特色社会主义先进文化,构建和谐文化,培育和践行社会主义核心价值观？如何适应我国社会结构和社会组织形式的深刻变化,正确处理新时期的人民内部矛盾？如何正确处理改革发展稳定的关系,不断加强社会建设,促进社会和谐？

总之,中国特色社会主义事业的进一步发展,需要我们根据世情、国情和党情的变化,把马克思主义基本原理与中国实际相结合,不断深化对中国特色社会主义理论的研究,不断开拓马克思主义在中国发展的新境界。

第一编　中国特色社会主义
理论体系研究

中国特色社会主义理论体系的形成和发展

坚持以反映时代特征和实践要求的科学理论指导实践,并根据实践的新鲜经验不断推进理论创新,是马克思主义政党坚持先进性、不断推进事业发展的根本保证。新中国成立以来,尤其是改革开放 30 多年来,我们党把坚持马克思主义基本原理同推进马克思主义中国化结合起来,在实践创新方面取得的最重大成果是开辟了中国特色社会主义道路;在理论创新方面取得的最重大成果是形成了中国特色社会主义理论体系。党的十七大报告明确指出,在当代中国,坚持走中国特色社会主义道路就是真正坚持社会主义,坚持中国特色社会主义理论体系就是真正坚持马克思主义。

坚持中国特色社会主义理论体系,必须了解中国特色社会主义产生的社会历史条件,了解其形成发展的历程,把握其主要内容,明确其历史地位和指导意义。

一、中国特色社会主义理论体系形成和发展的社会历史条件

任何科学理论体系的形成,都是同特定的社会历史条件紧密联系在一起的。中国特色社会主义理论体系的形成与发展,有着深刻的时代背景、现实依据和实践基础。它是在和平与发展的时代主题背景下,在我国改革开放的伟大实践中,立足社会主义初级阶段基本国情并在吸取借鉴国内外社会主义建设实践经验教训的基础上,逐步形成和发展起来的。

1. 社会主义建设正反两方面经验,是中国特色社会主义理论体系形成发展的历史根据

中国特色社会主义理论体系,是我们党在深刻总结和汲取我国社会主义发展的历史经验,认真借鉴其他社会主义国家经验教训的基础上形成和发展的。从改革开放新时期一开始,我们党就特别重视总结历史经验。党的十一届三中全会认真总结正反两方面经验,汲取"文化大革命"的教训,重新恢复马克思主义的思想路线,毅然决然地作出把党和国家的工作中心转移到经济建设上来、实行改革开放的重大历史抉择。党的十一届六中全会作出《关于建国以来党的若干历史问题的决议》,认真清理重大历史是非,坚持和继承了我们党在长期社会主义建设实践中所取得的一切积极成果,标志着党在思想路线、政治路线和组织路线上拨乱反正的完成。在改革开放和现代化建设进程中,我们党认真汲取其

他国家特别是苏联、东欧等社会主义国家的经验教训,为更好地发展中国特色社会主义提供了重要借鉴。正如邓小平所说,没有对历史经验教训的深刻总结,"就不可能制定十一届三中全会以来的思想、政治、组织路线和一系列政策"。①可以说,中国特色社会主义道路的开辟和拓展,中国特色社会主义理论体系的形成和发展,都是与我们党善于总结和深刻吸取正反两方面经验分不开的。

2. 社会主义初级阶段的基本国情,是中国特色社会主义理论体系形成发展的立论基础

准确把握我国社会主义初级阶段的基本国情,是我们党推进理论创新、制定正确的路线方针政策的根本出发点。党的十三大系统阐述了社会主义初级阶段问题,强调必须充分认识社会主义建设的长期性、艰巨性、复杂性,不断增强从社会主义初级阶段这个实际出发的自觉性。党的十四大、十五大、十六大都重申了社会主义初级阶段问题,强调我们办事情、作决策、想问题,不能从主观愿望出发,不能从这样那样的外国模式出发,而必须从社会主义初级阶段这个最大的实际出发。党的十七大再次强调,我国仍处于并将长期处于社会主义初级阶段的基本国情没有变,人民日益增长的物质文化需要同落后的社会生产之间的矛盾这一社会主要矛盾没有变。要认清这一基本国情、把握进入新世纪新阶段的阶段性特征,以此作为推进改革、谋划发展的根本依据。可以说,改革开放30多年来,我们党的理论路线方针政策之所以正确,之所以在实践中对社会的发展和进步产生了巨大的推动作用,归根到底就是因为它立足于社会主义初级阶段的实际,是建立在对社会主义初级阶段基本国情和阶段性特征的清醒认识和准确把握基础之上的。

3. 我们党领导改革开放和现代化建设的生动实践,是中国特色社会主义理论体系形成发展的现实依据

改革开放是当代中国的主旋律,是发展中国特色社会主义的必由之路,也是发展中国特色社会主义理论体系的重要实践基础。胡锦涛在2011年"七一"讲话中曾明确指出:"马克思主义,理论源泉是实践,发展依据是实践,检验标准也是实践。任何固守本本、漠视实践、超越或落后于实际生活的做法都不会得到成功。"②改革开放30多年来,中国特色社会主义理论体系随着实践的深化而不断丰富,从农村改革到城市改革,从经济体制改革到各方面体制改革,从经济特区的兴办、沿海城市的开放到内陆边境城市、沿江城市和省会城市的开放,从提出有计划的商品经济到建立社会主义市场经济体制,从物质文明和精神文明"两

---

① 《邓小平文选》第3卷,人民出版社1993年版,第272页。
② 胡锦涛:《在庆祝中国共产党成立90周年大会上的讲话》,《人民日报》2011年7月2日。

手抓"到按照经济、政治、文化、社会、生态"五位一体"总体布局全面推进现代化建设,从加强和改善党的领导到全面推进党的建设新的伟大工程,我们党在实践探索中,不断研究解决前进中的新矛盾新问题,不断赋予中国特色社会主义理论体系以新的时代内涵和实践要求。可以说,改革开放每前进一步,都深化了我们党对中国特色社会主义的认识,都推动了中国特色社会主义理论体系的丰富和发展。中国特色社会主义理论体系之所以具有蓬勃生机和活力,就在于它是植根于改革开放伟大实践的科学理论。

4. 人民群众丰富的创造性经验,是中国特色社会主义理论体系形成发展的不竭源泉

坚持从人民群众的生动实践中总结经验,汲取智慧,是发展中国特色社会主义理论体系的重要途径。邓小平曾说,改革开放中许许多多的东西,都是由群众在实践中提出来的,是群众的智慧,是群众的创造。江泽民也曾明确指出,好办法不是从天上掉下来的,也不是我们头脑里固有的,归根到底来自于人民群众创造历史的实践。胡锦涛指出:"尊重人民实践、从人民的伟大创造中汲取思想营养并上升为理论,是我们党进行理论创新的不竭源泉。"①改革开放30多年来,许多改革创新的经验都来自基层、来自人民群众。我们党始终坚持从群众中来、到群众中去的马克思主义认识路线,热情支持、鼓励、保护、引导人民群众的伟大创造,深刻总结人民群众的实践经验,从中把握社会主义现代化建设的规律,不断推进马克思主义理论创新。可以说,中国特色社会主义理论体系,是我们党紧紧依靠人民,最广泛地调动人民群众的积极性、主动性、创造性,从人民中凝聚力量、汲取智慧形成和发展的。

5. 国际形势的深刻变化和世界发展的新趋势,是中国特色社会主义理论体系形成发展的时代背景

20世纪70年代以来,整个世界发生大变动大调整,这种变动调整的剧烈和深刻程度远远超出了人们的预料。最显著的变化,就是和平与发展成为时代主题,世界多极化和经济全球化趋势加速发展,综合国力竞争日趋激烈。特别是新科技革命及其带来的重大科技发现发明的广泛应用,推动世界范围内生产方式、生活方式和经济社会发生了前所未有的深刻变化,也引起全球经济格局、利益格局和安全格局发生了前所未有的重大变化。面对如此深刻、如此巨大的变化,我们党要解决好时代提出的新课题,迎接时代提出的新挑战,开创党和人民事业发展的新局面,就必须不断解放思想,大力推进理论创新,以理论的新突破推动事业的新发展。可以说,中国特色社会主义理论体系,从邓小平理论到"三个代

---

① 胡锦涛:《在学习〈江泽民文选〉报告会上的讲话》,《人民日报》2006年8月16日。

表"重要思想,再到科学发展观,都是我们党在顺应世界发展潮流,借鉴其他国家兴衰成败经验教训,吸收借鉴人类社会创造的一切文明成果基础上形成发展的。

二、中国特色社会主义理论体系形成发展的阶段

党的十七大指出,中国特色社会主义理论体系就是包括邓小平理论、"三个代表"重要思想以及科学发展观等重大战略思想在内的科学理论体系。党的十八大报告系统回顾了90多年来我们党开创和发展中国特色社会主义的艰辛历程,用"为新的历史时期开创中国特色社会主义提供了宝贵经验、理论准备、物质基础",概括了以毛泽东为核心的党的第一代中央领导集体的历史性贡献;用"成功开创了中国特色社会主义",概括了以邓小平为核心的党的第二代中央领导集体的历史性贡献;用"成功把中国特色社会主义推向二十一世纪",概括了以江泽民为核心的第三代中央领导集体的历史性贡献;用"成功在新的历史起点上坚持和发展了中国特色社会主义",概括了以胡锦涛为总书记的党中央的历史性贡献。

1. 毛泽东时期——我们党对中国特色社会主义道路的初步探索和积累的宝贵经验

中国走上社会主义道路,经历了一个漫长的探索、选择、奋斗的过程。近代以来,中华民族面临两大历史任务:一个是求得民族独立和人民解放,一个是实现国家富强和人民富裕。鸦片战争后,中国成为半殖民地半封建国家,为拯救民族危亡,中国人民进行了长期探索和艰苦斗争。但是,无论是洋务运动还是戊戌变法,无论是太平天国起义、义和团运动还是辛亥革命,都无不以失败而告终。从洪秀全到孙中山,这一系列艰辛探索和努力都没能改变中国半殖民地半封建的社会性质和人民的悲惨命运,一个根本的原因,就是没有科学理论指导。先进的中国人为了寻求救国救民的道路,尝试过各种思想武器。经过激烈的斗争和艰难的选择,马克思主义逐步赢得了广大进步青年的信仰,赢得了中国人民的信仰,在中国社会扎下了根。历史选择了马克思主义,马克思主义也深刻改变了中国的命运。正如毛泽东指出,自从学会了马克思列宁主义,中国人在精神上就由被动转为主动,中国革命的面目为之一新。在马克思主义的指导下,经过反复比较和深刻思考,特别是受俄国十月革命的影响,中国先进分子明确了走科学社会主义道路的方向。1921年中国共产党的成立,开创了中国革命的新纪元。我们党在成立之初就明确,党领导的民主革命的最终方向是社会主义。在党和毛泽东的领导下,我们党克服了曾经盛行的把马克思主义教条化、把共产国际决议和苏共经验神圣化的错误倾向,把马克思列宁主义同中国实际结合起来,创立了毛

泽东思想,开创了一条符合中国实际的革命道路。经过 28 年艰苦卓绝的斗争,中国共产党领导人民推翻了三座大山,夺取了新民主主义革命的胜利,建立了新中国,实现了近代以来几代中国人梦寐以求的民族独立和人民解放,完成了中华民族伟大复兴的第一个历史任务。

新中国成立以后直到“文化大革命”结束的近 30 年间,以毛泽东为核心的党的第一代中央领导集体带领全党全国各族人民,在迅速医治战争创伤、恢复国民经济的基础上,不失时机地提出了过渡时期总路线,经过社会主义改造,建立起社会主义的基本制度,实现了中国历史上最深刻、最伟大的社会变革。但如何建设社会主义,对于我们党来说是一个崭新的探索。毛泽东当时说,我们要实现马克思列宁主义基本原理同我国具体实际的“第二次结合”,找出在中国进行社会主义建设的正确道路。毛泽东的《论十大关系》《关于正确处理人民内部矛盾的问题》等著作,以及党的八大文献,提出了许多关于中国社会主义建设的重要观点,涉及经济、政治、文化、国防、外交等方面,标志着我们党开始独立自主地探索适合我国国情的社会主义建设道路。在党和毛泽东领导下,我国逐步建立了独立的、比较完整的工业体系和国民经济体系,积累了进行社会主义建设的重要经验,但也留下了十分深刻的教训。

毛泽东领导我们党取得中国革命的胜利,对社会主义建设道路进行探索,为当代中国一切发展进步奠定了根本政治前提和制度基础,对中国特色社会主义道路的开辟产生了十分深远的影响。

2. 邓小平时期——中国特色社会主义理论体系的初步形成

1976 年“文化大革命”结束之后,到底是继续坚持“文化大革命”时期的错误路线,还是破除“左”的思想束缚,走出一条既反映时代潮流又符合中国国情的新路,是摆在我们党面前十分紧迫的问题。1978 年底召开的党的十一届三中全会,重新确立了党的思想路线、政治路线和组织路线,实现了指导思想上的拨乱反正,开始了建设社会主义的新探索。这次会议形成了以邓小平为核心的第二代中央领导集体,标志着我国进入了社会主义现代化建设的新时期。在新的历史时期,邓小平敏锐地意识到,我们坚持的马克思主义是科学、是真理,我国建立的社会主义制度是一个好制度,但问题是什么是马克思主义、如何坚持马克思主义,什么是社会主义、如何建设社会主义,我们过去的认识不是完全清醒、不是完全清楚的。我们的经验有许多条,但最重要的是搞清楚这个问题。因此,从新时期一开始,我们党就坚持把马克思主义与中国实际相结合,紧紧围绕在中国这样经济文化比较落后的国家如何建设社会主义这个问题展开了深入的理论探索,开始马克思主义中国化新进程。1982 年 9 月,邓小平在党的十二大开幕词中明确提出了"走自己的道路,建设有中国特色的社会主义"。① 这一重大论断的提出,指明了新时期我们党理论和实践探索的方向。

从 1978 年到 1992 年,邓小平领导我们党把马克思主义基本原理同中国具体实际和时代特征结合起来,提出了一系列具有开创意义的思想,初步形成了中国特色社会主义理论体系。根据世界形势的新变化,邓小平明确提出和平与发展成为当今时代的两大问题,并明确将反对霸权主义、维护世界和平作为新时期的三大任务之一。根据中国国情,强调我国正处于并将长期处于社会主义初级阶段,这一阶段的根本任务是发展生产力,因此必须坚持以经济建设为中心、坚持四项基本原则、坚持改革开放的基本路线,分"三步走"基本实现现代化,建立富强民主文明的社会主义现代化国家。根据世界科学技术发展的新态势,强调科学技术是第一生产力,实现中国现代化关键是科学技术现代化。根据社会主义是全面发展的社会的要求,强调没有民主就没有社会主义,就没有社会主义现代化,要发展社会主义民主,建设社会主义法制。强调物质文明和精神文明都搞好才是有中国特色的社会主义,因此必须坚持两手抓、两手都要硬。根据世界经济发展的规律和中国现实国情,强调计划和市场都是手段,不是社会主义与资本主义的本质区别,社会主义也可以搞市场经济。根据世界军事变革的新要求,强调要建设强大的现代化正规化的革命军队,坚定不移地走中国特色的精兵之路。把马克思主义国家学说与中国具体实际相结合,提出按照"一国两制"的构想解决香港、澳门和台湾问题。根据党的历史方位的变化,强调中国问题的关键在于党,要聚精会神地抓党的建设,要把我们党建设成为有战斗力的马克思主义政党,成为领导全国人民进行社会主义现代化建设的坚强核心,等等。

1987 年召开的党的十三大系统阐述了社会主义初级阶段理论,提出了党在社会主义初级阶段的基本路线,确立了"富强、民主、文明"的现代化目标,制定了到 21 世纪中叶分三步走、实现现代化的发展战略。十三大明确指出,马克思主义与我国实践的结合,有两次历史性飞跃。② 报告还把我们党在开辟中国特色社会主义道路过程中提出的若干理论新观点概括为 13 条,这些观点构成了中国特色社会主义理论体系的轮廓,标志着中国特色社会主义理论体系的初步形成。

1992 年,在南方谈话中,邓小平对关系中国特色社会主义发展的一系列重

---

① 《邓小平文选》第 3 卷,人民出版社 1993 年版,第 3 页。
② 第一次飞跃,发生在新民主主义革命时期,中国共产党人经过反复探索,在总结成功和失败经验的基础上,找到了有中国特色的革命道路,把革命引向胜利。第二次飞跃,发生在十一届三中全会以后,中国共产党人在总结新中国成立 30 多年来正反两方面经验的基础上,在研究国际经验和世界形势的基础上,开始找到一条建设有中国特色的社会主义的道路,开辟了社会主义建设的新阶段。

大问题作了总结性概括,提出:基本路线要管一百年,动摇不得;判断各方面工作的是非标准应该是"三个有利于"标准。南方谈话还概括了社会主义的本质,提出了坚持马克思主义,加强党的建设的重要性和紧迫性。南方谈话有力促进了全党全国人民的思想解放,推进了改革开放事业。1992年,党的十四大对邓小平时期我们党理论创新的新论断新观点新思想进行了概括,把它称为"邓小平同志建设有中国特色社会主义理论"。1997年,党的十五大又作了进一步的概括和论述,将其命名为"邓小平理论",并作为指导思想载入党章。

3. 江泽民时期——中国特色社会主义理论体系的进一步发展

党的十三大以后,社会主义在世界范围内遇到了空前尖锐的挑战。20世纪80年代末发生了东欧剧变,90年代初发生了苏联解体。这些震惊世界的事件,是社会主义由理论变为实践以来遇到的最严重最深刻的危机。在国内,我们的改革发展也遇到了新的困难,政治上发生了政治风波;经济上发生了经济过热,进入治理整顿阶段;体制改革上,国有企业的改革没有重大突破,国家的税制改革、金融体制和价格改革的滞后,形成了双重体制长期共存、摩擦很大、漏洞很多的状况,形势是十分严峻的。1989年6月党的十三届四中全会选举江泽民为中央委员会总书记,形成了以江泽民为核心的党的第三代中央领导集体。如何根据世情、国情、党情的新变化,继续推进中国特色社会主义事业,是摆在党的第三代中央领导集体面前的十分紧迫的问题。

党的十三届四中全会以后,以江泽民为主要代表的中国共产党人,继续推进中国特色社会主义伟大事业,提出了一系列新思想新观点新论断,丰富和发展了中国特色社会主义理论体系。面对20世纪80年代末90年代初国际国内严峻的政治形势和改革发展的繁重任务,以江泽民为核心的党的第三代中央领导集体旗帜鲜明地强调,对于党的十一届三中全会以来的路线和基本政策,一是要坚定不移,毫不动摇;二是要全面执行,一以贯之。他指出,建设中国特色社会主义是"一篇大文章",邓小平已经为它确定了基本思路和基本原则,我们的任务就是要继续把这篇文章作好。在作好这篇文章的过程中,江泽民提出了一系列创新观点。根据邓小平关于"社会主义也可以搞市场经济"的重要观点,他明确提出经济体制改革的目标是建立社会主义市场经济体制,并指出把社会主义和市场经济结合起来是一个伟大创举。根据马克思主义基本原理和中国初级阶段的国情,提出要坚持和完善社会主义公有制为主体、多种所有制经济共同发展的基本经济制度,坚持和完善以按劳分配为主体、多种分配方式并存的分配制度,坚持和完善社会主义基本政治制度。他把发展问题同党的性质、党的执政理念联系起来,明确提出发展是我们党执政兴国的第一要务,必须把坚持党的先进性和发挥社会主义制度的优越性落实到发展先进生产力、发展先进文化、实现最广大人民的根本利益上来,推动社会全面进步,促进人的全面发展。要大力实施科教兴国和可持续发展战略,走新型工业化道路,促进区域经济合理布局和协调发展,实施"引进来"和"走出去"相结合的对外开放战略。根据世纪之交国内外形势的发展变化,他明确提出在新的历史条件下加强党的建设,必须坚持以时代发展的要求审视自己,以改革的精神加强和完善自己,切实解决好提高党的领导水平和执政水平、提高拒腐防变和抵御风险能力这两大历史性课题,全面推进党的建设新的伟大工程,把党建设成为思想上政治上组织上完全巩固、能够经受住各种风险、始终走在时代前列、领导全国人民建设中国特色社会主义的马克思主义政党。根据新时期军队和国防建设的新形势,他提出要紧紧围绕打得赢和不变质这两个历史性课题,全面加强国防和军队建设,推进中国特色军事变革。根据冷战结束后世界新形势,提出促进世界多极化和国际关系民主化的新主张,等等。

以江泽民为核心的党的第三代中央领导集体,坚持改革开放、与时俱进,带领全党全国各族人民经受住国内外政治风波和经济风险等种种严峻考验,在深刻认识和准确把握世情、国情、党情发展变化的基础上,创立了"三个代表"重要思想。"三个代表"重要思想是中国特色社会主义理论体系的重要组成部分。2002年党的十六大总结了改革开放以来特别是十三届四中全会以来党带领人民建设中国特色社会主义的基本经验,阐明了贯彻"三个代表"重要思想的根本要求,明确提出了党在新世纪头20年的奋斗目标和推进各方面工作的方针政策,对建设中国特色社会主义经济、政治、文化和党的建设等各项工作作出了全面部署。十六大还把"三个代表"重要思想同马克思列宁主义、毛泽东思想、邓小平理论一道确立为我们党必须长期坚持的指导思想,实现了我们党指导思想的又一次与时俱进。

4. 胡锦涛时期——中国特色社会主义理论体系新境界的开辟

党的十六大以来,以胡锦涛为总书记的党中央,坚持以邓小平理论和"三个代表"重要思想为指导,顺应国内外形势发展变化,发扬求真务实、开拓进取精神,继续推进理论创新和实践创新,在发展中国特色社会主义的历史进程中,提出一系列重大理论观点、重大战略思想、重大工作部署,形成了中国特色社会主义理论体系的最新成果。

进入新世纪新阶段,我们党站在历史和时代的高度,立足社会主义初级阶段基本国情,深入分析我国发展的阶段性特征,认真总结我国发展实践,准确把握世界发展趋势,借鉴国外发展经验,适应新的发展要求,提出以人为本、实现全面协调可持续发展、构建社会主义和谐社会、建设社会主义新农村、建设创新型国家、树立社会主义荣辱观、建设社会主义核心价值体系、推动建设和谐世界等思想,用新的思想观点回答了什么是社会主义、怎样建设社会主义这个基本问题。面对21世纪党面临的机遇和挑战,我们党明确提出,党的先进性建设是马克思主义政党生存、发展、壮大的根本性建设,必须把党的执政能力建设和先进性建设作为主线,以改革创新精神全面推进党的建设新的伟大工程,使党始终成为立党为公、执政为民,求真务实、改革创新,艰苦奋斗、清正廉洁,富有活力、团结和谐的马克思主义执政党。围绕这个目标,党中央对新世纪新阶段加强和改进党的建设提出了一系列重要新思想。围绕发展这个中心问题,我们党对什么是发展、为什么发展、怎样发展,发展为了谁、发展依靠谁、发展成果由谁享有等重大问题进行了富有创造性的探索,强调要正确认识和妥善处理中国特色社会主义事业中的重大关系,努力实现科学发展、和谐发展、和平发展,等等。党的十七大深刻阐述了科学发展观的历史地位、时代背景、科学内涵、精神实质和根本要求,把它作为我国经济社会发展的重要指导方针和发展中国特色社会主义必须坚持和贯彻的重大战略思想。

党的十八大以来,以习近平为总书记的党中央继续谱写中国特色社会主义理论新篇章,继续围绕中国特色社会主义进行理论创新、制度创新、实践创新。十八大结束后的第一次政治局集体学习,核心内容就是中国特色社会主义。在这次集体学习中,习近平强调,要深刻领会中国特色社会主义是党和人民长期实践取得的根本成就,深刻领会中国特色社会主义是由道路、理论体系、制度三位一体构成的,深刻领会建设中国特色社会主义的总依据、总布局、总任务,深刻领会夺取中国特色社会主义新胜利的基本要求,深刻领会确保党始终成为中国特色社会主义事业的坚强领导核心。强调要坚定中国特色社会主义的道路自信、制度自信和理论自信,要丰富中国特色社会主义理论体系的实践特色、理论特色、民族特色和时代特色。党的十八大以来,习近平在坚持发展中国特色社会主义,实现中华民族伟大复兴的中国梦,坚持以人为本、人民至上,坚定理想信念,贯彻落实科学发展观,全面深化改革,全面依法治国,执行党的群众路线,加强和改进党的领导,全面从严治党、加强意识形态建设,加强舆论引导,尊重历史文化,培育青年、鼓励实干兴邦,促进世界和平发展等方面发表了一系列重要讲话,尤其是他提出的"中国梦"和"四个全面"战略布局,为全面推进中国特色社会主义伟大事业,提供了理论指南和行动纲领。

总之,新中国成立以来,尤其是改革开放30多年来,我们党的一切理论和实践都是紧紧围绕中国特色社会主义这个主题进行的。改革开放伟大实践的推进过程,就是中国特色社会主义理论体系的形成发展过程。邓小平理论、"三个代表"重要思想、科学发展观和习近平系列重要讲话,形成于不同时期,注重探索和回答不同时期、不同阶段遇到的新矛盾、新问题,在理论创新和理论发展上都作出了各自的独特贡献。它们既相互贯通又层层递进,体现了新时期以来我们党理论创新成果的科学性体系、阶段性成果和发展性要求的内在统一。党的十七大,把新时期以来我们党在实践中相继形成的邓小平理论、"三个代表"重要思想、科学发展观,统一概括为"中国特色社会主义理论体系",标志着中国特色社会主义理论与实践的进一步成熟。

中国特色社会主义理论体系的主题、主要内容和历史地位

中国特色社会主义理论体系是马克思主义与中国实际相结合的产物,是马克思主义中国化第二次历史性飞跃的理论成果,是当代中国的马克思主义,是马克思主义在中国发展的新阶段。那么,中国特色社会主义理论体系的主题是什么呢? 它又包含哪些内容? 到底如何理解和把握这一理论体系的历史地位和指导意义呢?

一、关于中国特色社会主义理论体系的主题

任何一种理论都有其特别需要解决的问题,也就是我们常说的理论主题。恩格斯在《反杜林论》的序言中指出:社会主义代替资本主义的历史必然性是科学社会主义的"核心问题"。这个"核心"也可以称之为主题,整个科学社会主义都是围绕这个主题的。目前,学术界关于中国特色社会主义理论体系主题的认识并不完全一致:有的学者认为中国特色社会主义理论体系的主题是如何实现中华民族的伟大复兴,有的学者认为是如何实现中国的现代化,有的认为是如何实现中国的发展,更多的学者认为是建设中国特色社会主义。我个人觉得,实现中华民族的伟大复兴是一个重大的复合命题,几乎包含了自 1840 年以来中国知识分子所有理论探讨的主题,不能单作为中国特色社会主义理论体系的主题;实现中国的现代化虽然是我们党的奋斗目标,但现代化并不能完全突显马克思主义与中国实际相结合的历史必然性,因而不能统贯马克思主义中国化的理论成果;而发展是当今世界各国共同的主题,并不构成中国特色社会主义理论体系的特有主题。

我们认为,中国特色社会主义理论体系所要解决的核心问题就是在中国这样的经济文化比较落后的国家如何建设、巩固和发展社会主义的问题,简言之就是"建设中国特色社会主义"。确立这一主题,有几点理由:

第一,它符合十一届三中全会以来我们党所有理论创新和实践创新的客观实际。党的十一届三中全会把我们全党的工作重心转移到中国式的社会主义现代化建设上来,党的十二大提出"走自己的道路,建设有中国特色的社会主义"这个命题,就已经明确了我们党理论创新和实践创新的方向。改革开放以来我们党的历次代表大会,都是围绕中国特色社会主义这个主题展开的,党的历次代

表大会的主标题都有"中国特色社会主义"这个关键词。改革开放以来我们党制定的基本路线和基本纲领也都是围绕这个主题的,我们积累的历史经验也是体现在这一主题之下。

第二,这一主题体现在改革开放新时期马克思主义中国化的理论成果之中。改革开放以来,我们党始终把坚持马克思主义基本原理同推进马克思主义中国化结合起来,在实现马克思主义中国化的过程中,形成了邓小平理论、"三个代表"重要思想和科学发展观,这些理论成果都是围绕建设中国特色社会主义展开的。这些理论成果既相互贯通又层层递进,体现了新时期以来我们党理论创新成果的科学体系、阶段性成果和发展性要求的统一。事实上,党的十七大报告在概括这一理论体系的名称时,已经明确这一理论体系就是我们党带领全国人民建设中国特色社会主义的理论成果。

第三,这一主题体现了中国共产党和全中国人民的共同理想。鸦片战争以来100多年的历史充分证明,坚持马克思主义的指导,坚持中国共产党的领导,坚持走社会主义道路,是历史的选择、人民的选择。新中国成立以来,尤其是改革开放以来,我们党在领导人民建设社会主义的过程中,经过艰辛探索,找到了建设中国特色社会主义的正确道路。走中国特色社会主义道路,实现中华民族的伟大复兴,这是现阶段中国共产党和中国各族人民的共同理想。

当然,"建设中国特色社会主义"这个主题不是虚的,胡锦涛在纪念党的十一届三中全会讲话中指出:"三十年来,我们党的全部理论和全部实践,归结起来就是创造性地探索和回答了什么是马克思主义、怎样对待马克思主义,什么是社会主义、怎样建设社会主义,建设什么样的党、怎样建设党,实现什么样的发展、怎样发展等重大理论和实际问题。三十年的历史经验归结到一点,就是把马克思主义基本原理同中国具体实际相结合,走自己的路,建设中国特色社会主义。"①这一重要论述表明:中国特色社会主义理论体系围绕"建设中国特色社会主义"这个主题,用一系列新思想新论断新观点系统回答了"四个基本问题"。换句话说,中国特色社会主义理论体系对这四个基本问题的探索和回答所形成的理论成果构成了中国特色社会主义理论体系的主要内容。

在理解这一理论主题时,我们还必须明确,邓小平理论、"三个代表"重要思想和科学发展观这三大理论成果以及十八大以来我们党的理论创新,从整体上共同回答了"四个基本问题",共同深化了对共产党执政规律、社会主义建设规律、人类社会发展规律"三大规律"的认识,共同开辟了马克思主义在中国发展

---

① 《十七大以来重要文献选编》上,中央文献出版社2009年版,第808~809页。

的新境界。

二、关于中国特色社会主义理论体系的主要内容

任何一种理论除了有自己独立的研究对象(主题)之外,还必然有自己特有的研究范畴和一系列相互联系的观点。党的十七大报告明确指出:"中国特色社会主义理论体系,就是包括邓小平理论、'三个代表'重要思想以及科学发展观等重大战略思想在内的科学理论体系。"①这是对中国特色社会主义理论体系的全新概括,具有重要的理论意义和现实意义。

改革开放以来,我们党的历次代表大会,都曾对中国特色社会主义理论进行总结和概括。党的十三大从 12 个方面阐述了中国特色社会主义理论的轮廓,党的十四大从 9 个方面阐述了中国特色社会主义理论的基本内容,党的十五大从 10 个方面概括了邓小平理论的内容。《邓小平同志建设有中国特色社会主义理论学习纲要》和《"三个代表"重要思想学习纲要》曾分别将邓小平理论和"三个代表"重要思想概括为 16 个方面,二者只是在内容上略有区别。1995 年出版的《邓小平建设有中国特色社会主义论述专题摘编》曾将中国特色社会主义概括为 20 个方面,2002 年出版的《江泽民论有中国特色社会主义(专题摘编)》将江泽民有关中国特色社会主义的论述概括为 25 个方面。这为我们准确把握中国特色社会主义理论体系的主要内容提供了文献依据。

中国特色社会主义理论体系贯穿在邓小平理论、"三个代表"重要思想和科学发展观以及十八大以来我们党的理论创新之中。这一理论体系在中国特色社会主义的思想路线、根本任务、发展阶段和发展战略、发展动力、根本目的,经济建设、政治建设、文化建设、社会建设、国防和军队建设,祖国统一,外交和国际战略,中国特色社会主义依靠力量和领导核心等重大问题上,在改革发展稳定、内政外交国防、治党治国治军各个方面,形成了一系列紧密联系、相互贯通的新思想、新观点、新论断。它贯通哲学、政治经济学、科学社会主义等领域,是一个统一的科学理论体系。

在理解中国特色社会主义理论体系的主要内容时,还有几点必须明确:

第一,必须把握中国特色社会主义理论体系的不同层次。我们知道,任何理论都是由一些基本命题构成的,但不同的命题在理论体系中的层次是不一样的。中国特色社会主义理论体系大致可以分三个层次:一是核心命题,主要是指这一理论的世界观和方法论,也就是哲学基础,表现为中国特色社会主义的思想路线。实事求是的思想路线,不仅是马克思列宁主义、毛泽东思想的精髓,也是中

---

① 《十七大以来重要文献选编》上,中央文献出版社 2009 年版,第 9 页。

国特色社会主义理论体系的精髓和灵魂。二是重要的基本理论，包括中国特色社会主义的根本任务、发展阶段、发展动力、根本目的、依靠力量、领导核心等内容，它既体现了对马克思主义基本原则的遵循，也体现了鲜明的中国特色。三是一些具体的理论命题，包括中国特色社会主义的总体布局（经济、政治、文化、社会）和条件保障（国防与军队建设、祖国统一、外交战略），它是基本理论在经济、政治、文化、社会、国防与军队、外交等方面的展开，体现了中国特色社会主义的制度安排。中国特色社会主义理论体系就是由这些处于不同层次、但又紧密联系的命题构成的科学理论体系。

第二，必须注意理论与具体方针政策的联系与区别。理论和具体的方针政策既有联系，又有区别。具体的方针政策是依据科学理论制定出来的，是科学理论在实践中的运用和具体体现，但它不能等同于理论。科学理论虽然是与时俱进的，但它是相对稳定的，不稳定就缺乏科学性；具体的方针政策是灵活变化的，不变化就指导不了具体实践。有时候，我们对具体方针政策进行了调整，但并不等于理论完全变了。在学习中国特色社会主义理论体系过程中，有许多人感到理论变化太快了，难以把握。实际上，从改革开放新时期开始，我们党的基本理论发展脉络是一以贯之的。党的思想路线没有变，但增添了新的时代内容；根本任务没有变，但在不同阶段有不同的具体任务；根本目的也没有变，但在不同阶段也有不同的具体目标。而为了指导某一阶段的具体实践，在经济、政治、文化、社会建设和执政党的建设等方面的具体方针政策是在不断调整、变化的。因此，我们不能把具体方针政策的变化等同于理论的变化，更不能因为具体方针政策的变化而怀疑理论的科学性。

第三，必须准确把握毛泽东思想与中国特色社会主义理论体系的关系。2011年，胡锦涛在"七一"讲话中明确指出："我们党坚持把马克思主义基本原理同中国具体实际结合起来，在推进马克思主义中国化的历史进程中产生了两大理论成果。一大理论成果是毛泽东思想。毛泽东思想是马克思列宁主义在中国的运用和发展，系统回答了在一个半殖民地半封建的东方大国，如何实现新民主主义革命和社会主义革命的问题，并对建设什么样的社会主义、怎样建设社会主义进行了艰辛探索，以创造性的内容为马克思主义宝库增添了新的财富。"①

新中国成立之后，尤其是社会主义改造完成之后，毛泽东曾经对适合中国国情的社会主义道路进行了探索并取得了重要成果，虽然党的十七大对中国特色社会主义理论体系进行概括时，并没有把毛泽东的探索成果放在其中，但十七大报告对毛泽东时期的探索作了充分肯定。这里实际上涉及毛泽东思想与中国特

① 胡锦涛：《在庆祝中国共产党成立90周年大会上的讲话》，《人民日报》2011年7月2日。

色社会主义理论体系的关系问题,我认为,理解二者的关系,必须把握以下几点:

其一,毛泽东对中国特色社会主义建设道路的探索作出了积极的贡献。以毛泽东为核心的党的第一代中央领导集体带领全党全国各族人民建立新中国,为当代中国的一切发展进步奠定了根本政治前提;社会主义改造的完成和根据我国国情确立的社会主义基本制度等,为中国特色社会主义道路的开辟奠定了制度基础;马克思主义与中国实际相结合的第一次历史性飞跃的完成为实现马克思主义与中国实际相结合的第二次历史性飞跃积累了宝贵经验,提供了应该遵循的原则。党的十七大在总结改革开放伟大成就时,用了三个"我们要永远铭记",其中第一个"我们要永远铭记"就是:"我们要永远铭记,改革开放伟大事业,是在以毛泽东同志为核心的党的第一代中央领导集体创立毛泽东思想,带领全党全国各族人民建立新中国、取得社会主义革命和建设伟大成就以及艰辛探索社会主义建设规律取得宝贵经验的基础上进行的。"①

其二,毛泽东带领我们党在艰辛探索中形成的关于社会主义建设的重要思想成果,是中国特色社会主义理论体系的重要思想来源,为我们党探索适合中国国情的社会主义建设道路,实现马克思主义和中国具体实践相结合的第二次历史性飞跃提供了良好的开端,为我们在新的历史条件下坚持和发展马克思主义奠定了基础。十七大报告明确指出,中国特色社会主义理论体系"凝结了几代中国共产党人带领人民不懈探索实践的智慧和心血",②这里的"几代中国共产党人"就包括以毛泽东为核心的党的第一代中央领导集体。

其三,我们不能把毛泽东思想和中国特色社会主义理论体系截然分开,一定要准确把握它们的继承发展关系。毛泽东关于如何建设社会主义所作的理论探索及其理论成果,属于马克思列宁主义与中国实际相结合的第一次历史性飞跃的延续,属于第二次历史性飞跃的准备,虽然其在理论形态上仍然属于毛泽东思想,但其中许多思想被中国特色社会主义理论体系继承下来,这恰恰反映了二者的继承和发展关系。中国特色社会主义理论体系是对毛泽东思想的继承和发展。

三、关于中国特色社会主义理论体系的历史地位

党的十七大明确指出,中国特色社会主义"这个理论体系,坚持和发展了马克思列宁主义、毛泽东思想,凝结了几代中国共产党人带领人民不懈探索实践的智慧和心血,是马克思主义中国化最新成果,是党最可宝贵的政治和精神财富,

---

① 《十七大以来重要文献选编》上,中央文献出版社 2009 年版,第 6 页。
② 《十七大以来重要文献选编》上,中央文献出版社 2009 年版,第 250~251 页。

是全国各族人民团结奋斗的共同思想基础"。① 这是对中国特色社会主义理论体系历史地位和指导意义的权威概括。论及这一理论体系的历史地位和指导意义，主要从理论和实践两方面看，从理论上看，主要看其在马克思主义发展史的定位，也就是它对马克思主义的发展作出了哪些理论贡献；从实践上看，主要看其对推动经济社会发展所起的作用。

第一，从马克思主义发展的历史进程看，这一理论体系开辟了马克思主义在中国发展的新境界。概括地讲，它既坚持了马克思主义的基本原则，又赋予马克思主义鲜明的中国特色。一方面，这一理论体系始终贯穿了马克思主义的红线，没有丢"老祖宗"；另一方面，这一理论体系始终坚持实践基础上的理论创新，说了不少"新话"，体现了马克思主义鲜明的实践特色、民族特色和时代特色，给马克思主义增添了新的时代内容，开辟了马克思主义发展的新境界。比如，这一理论正是坚持了辩证唯物主义与历史唯物主义这一马克思主义最根本的世界观和方法论，才重新确立并进一步丰富发展了党的思想路线，我们党才成功开辟了中国特色社会主义道路。正是坚持致力于实现以劳动人民为主体的最广大人民的根本利益这一马克思主义最鲜明的政治立场，才确立了以人为本，实现好、维护好、发展好最广大人民群众的根本利益的价值取向。正是坚持马克思主义关于人民群众是推动历史前进的动力这一基本原理，坚持马克思主义关于无产阶级政党必须植根于人民、致力于实现最广大人民的根本利益的政治立场，才形成了关于中国特色社会主义事业依靠力量的理论。正是遵循马克思主义基本原理，根据社会主义的实践经验，破除了对社会主义各种不清醒、不正确的认识，科学、精辟、创造性地揭示了社会主义本质，把对社会主义的认识提高到了一个新的科学水平，从而进一步发展了科学社会主义理论。可以说，我们党的每一项理论创新，都是把马克思主义基本原理与中国实际相结合的产物。也正是因为如此，党的十七大强调："在当代中国，坚持中国特色社会主义理论体系，就是真正坚持马克思主义。"②

第二，从理论的拓展看，中国特色社会主义理论体系围绕建设中国特色社会主义这个主题，系统地回答了四大基本理论问题，为马克思主义思想宝库增添了新的时代内容。

——解决了什么是马克思主义、怎样对待马克思主义的问题。90 多年的奋斗历程中，中国共产党人认识到：辩证唯物主义和历史唯物主义的世界观和方法论，是马克思主义最根本的理论特征；实现物质财富极大丰富、人民精神境界极

---

① 《十七大以来重要文献选编》上，中央文献出版社 2009 年版，第 9 页。
② 《十七大以来重要文献选编》上，中央文献出版社 2009 年版，第 9 页。

大提高、每个人自由而全面发展的共产主义社会,是马克思主义最崇高的社会理想;马克思主义政党的一切理论和奋斗都应致力于实现最广大人民的根本利益,这是马克思主义最鲜明的政治立场;坚持一切从实际出发,理论联系实际,实事求是,在实践中检验真理和发展真理,是马克思主义最重要的理论品质。90 多年来,中国共产党人坚信马克思主义基本原理是颠扑不破的科学真理,坚信马克思主义必须随着实践发展而不断丰富和发展,从来不把马克思主义看成是空洞、僵硬、刻板的教条。正是由于我们党以科学的态度对待马克思主义,不断推进马克思主义中国化时代化和大众化,才在实践中不断开辟马克思主义在中国发展的新境界。

——解决了经济文化比较落后国家如何建设、巩固和发展社会主义的问题。这一理论体系紧紧抓住"什么是社会主义、如何建设社会主义"这个首要的基本理论问题,继承马克思、恩格斯晚年探索东方社会发展道路的理论遗产,总结列宁、毛泽东探索社会主义发展道路的历史经验和国内外社会主义建设的经验教训,将人民群众在社会主义建设实践中积累的经验上升为理论,形成了一系列独创性的重大理论观点,系统回答了在中国如何摆脱贫困、加快实现现代化、巩固和发展社会主义的一系列重大问题,深化和丰富了对社会主义建设规律的认识,把我们党对社会主义的认识不断提高到新的科学水平。

——探索和回答了无产阶级政党在夺取政权之后应该建设什么样的党、怎样建设党这个基本问题。在新时期,我们党始终坚持马克思主义政党理论,总结国外共产党兴衰成败的历史经验,以改革的精神不断推进党的建设新的伟大工程,提出了一系列加强和改进党的建设的创新理论观点,深化和丰富了对共产党执政规律的认识,发展了马克思主义政党的建设理论。

——探索和回答了在和平与发展时代背景下,实现什么样的发展、怎样发展这个基本问题。中国特色社会主义理论体系对为什么发展、怎样发展,发展为了谁、发展依靠谁、发展成果由谁享有等重大问题进行的富有创造性的探索,在丰富发展内涵、创新发展观念、开拓发展思路、破解发展难题、实现科学发展方面提出了一系列新的思想观点,深化和丰富了对人类社会发展规律的认识,使我们党对发展问题的认识达到了前所未有的高度。

第三,从实践效果看,中国特色社会主义理论体系对推动中国经济社会发展产生了极为重要的作用。科学理论的历史地位,最终是由实践决定、由实践检验的。十一届三中全会以来,我们以中国特色社会主义理论体系为指导,成功走出了一条具有中国特色的社会主义道路,并取得了举世瞩目的伟大成就。

——30 多年来,中国特色社会主义理论体系改变了中国的面貌,改变了中国的国际形象,改变了中国人的命运。一是经济高速增长。自 1978 年以来,中国经济保持了年均 10% 左右的快速增长,中国现代化建设的物质基础更加坚实,工业化、信息化、城镇化、市场化、国际化深入发展,社会主义建设事业全面推进。二是综合国力显著增强。经济总量从 1978 年到 2010 年翻了四番多,达到 5.88 万亿美元,占世界的比重从 1.8% 增加到 9.3%。到 2010 年,中国经济总量跃居世界第二位,一些主要工农业产品产量居世界第一,吸引外资总额和外汇储备均居世界第一。三是人民生活明显改善,居民生活已由温饱步入小康。人民生活实现从温饱不足到总体小康的历史跨越。

——中国经济已经成为世界经济的重要组成部分,对世界经济发展起到极为重要的作用。改革开放以来,中国进出口总额占全球的比重由 1978 年的不足 1% 上升到 2007 年的约 8%。中国累计实际使用外资超过 7 800 亿美元,为国际资本提供了广阔市场。中国经济对世界经济增长的贡献率超过 10%,对国际贸易增长的贡献率超过 12%。在政治上,中国不断摸索自己的道路,逐步形成了自己的政治发展模式。许多国家已经明显意识到,世界的发展需要中国,世界要实现经济增长需要中国。中国作为世界上人口最多的国家,在石油、钢铁、煤炭方面的消费会拉动世界经济的增长,中国的利益是符合世界人民利益的。

——中国在国际事务中的作用越来越明显。改革开放以来,中国奉行独立自主的外交政策,赢得了世界各国的尊重。中国倡导"和谐世界"的理念和坚持和平发展的道路,对于应对全球危机、维护世界和平具有重要的启示意义。中国传统文化倡导包容、和谐,强调社会利益优先于个人利益。西方人士开始意识到发展全球经济,解决全球问题,必须考虑"中国因素",必须用一种全新的概念认识和评价中国,必须在国际领域内重新为中国定位。

第四,从国际影响看,中国特色社会主义理论体系不仅对中国,而且对世界产生了极为深远的影响。苏东剧变之后,中国、越南、老挝、朝鲜、古巴五个共产党执政的社会主义国家,经受住严峻考验,坚守住社会主义阵地推进了社会主义事业。中国特色社会主义理论体系系统地回答了在中国这样的经济文化比较落后的国家建设社会主义所面临的一系列基本问题,在世界社会主义遭受严重挫折的背景下走出了一条新路,为社会主义摆脱困境、向着健康方向发展提供了一个成功的范例。20 多年前,邓小平曾预言:"我们的改革不仅在中国,而且在国际范围内也是一种试验,我们相信会成功。如果成功了,可以对世界上的社会主义事业和不发达国家的发展提供某些经验。"①今天,中国特色社会主义事业的成功实践已经证明:当今世界,马克思主义的基本理论没有过时,社会主义仍然是迄今为止人类最先进的社会制度。这必然有助于世界上的共产党人坚定对马

---

① 《邓小平文选》第 3 卷,人民出版社 1993 年版,第 135 页。

克思主义的信仰、对社会主义的信念,努力去探求适合本国国情的社会主义道路,从而推进世界社会主义运动的发展。

四、关于国外学者对中国特色社会主义理论体系的看法

自新中国成立以来,由于冷战时期特有的意识形态差异,国外许多人对中国持反对甚至敌对态度。在相当长一段时期,西方国家中虽然不乏对中国友好的人士,但有相当多的学者和政要对中国持敌视态度,挂在他们嘴边的常常是对中国并不友好的话语,并时而鼓吹"中国威胁论",时而鼓吹"中国崩溃论",等等。

中国改革开放后取得的巨大成就,在20世纪90年代苏联东欧剧变后逐渐引起国际舆论的高度关注,并使国外人士对中国的认识发生了一些改变。1978年以来,国外学者对中国问题的关注越来越多,中国发展模式正日益成为国外学术界探讨的热点问题,大凡影响大一点的国际学术会议必然会涉及中国问题;国外政要对中国的国际影响越来越重视,"中国因素"正日益成为国际政要认识和把握世界格局的重要影响因子,国外一些国家国内大选时经常会涉及"中国话题";国外政府对中国发展道路越来越重视,"中国经验"正成为国外政府治国理政的重要参考,不同类型不同发展水平的国家都试图从中国的快速发展中借鉴有用的经验。这一切表明,中国特色社会主义因其对中国社会乃至世界历史进程发挥的重大影响,也已经从中国走向世界,已经产生了广泛的国际影响。

那么,这是否意味着国外学者和国外政要对中国的态度和看法发生了根本性的转变呢?我们认为,目前,还很难得出这种结论。现在虽然冷战结束了,但国际范围内意识形态斗争并没有停止。西方国家对我国进行西化、分化的图谋也没有发生根本改变。最近几年,在出国考察和参加国际学术会议的过程中,我们发现,国外人士在对中国特色社会主义表现出浓厚的兴趣时,也存在着不少误解甚至是偏见。比如有的学者认为,中国正在走的是"与'原始资本主义积累'不同的国家资本主义道路";有的学者认为,中国今天执行的是一种类似于列宁提出的"新经济政策";有的学者认为,中国模式是一种介于计划经济和新自由主义之间的发展模式;有的学者甚至直言,中国道路其实就是"中国特色资本主义道路"。同时,我们还注意到西方学者和政要在谈"中国模式"时,在肯定中国的成就时,故意淡化"社会主义"的色彩,他们不愿意甚至很少使用"中国特色社会主义"这个概念。

为什么会出现这种情况呢?这主要是因为意识形态偏见造成的。因为如果他们承认中国改革开放取得的成就是在社会主义旗帜下取得的,那等于他们必须承认社会主义的生命力,而这是他们不愿意看到的,也是与许多学者和政要企图对中国进行和平演变的意愿相违背的。正因为如此,他们宁愿用"北京共识"

"中国模式""中国经验"等概念,试图剔除其中的意识形态和社会制度因素。此外,我们还注意到,他们虽能比较客观地承认中国的成就,但对取得成就的原因却讳莫如深。他们看到中国的成就并非按西方的价值标准取得,害怕因此而否定了西方的价值观。此外,国际社会仍有不少政要对中国怀有偏见,担心中国在国际事务中取代他们的地位,这是"中国威胁论"时常泛起的重要原因,也是在重大事件面前国外政要常常表示出对中国不友好的一个深层原因。

从我们目前掌握的材料来看,国外学者和政要眼中的"中国模式"具有以下几个明显特点:其一,中国模式具有特殊性,中国的成功在于选择了适合中国国情的发展道路。其二,中国模式具有包容性和创新性,它努力把社会主义制度与市场经济结合起来,把经济高速增长与社会全面发展协调起来,把政府宏观调控与市场微观运行结合起来,把效率与公正协调起来,把传统与现代结合起来。其三,中国模式强调发展的人民性。"华盛顿共识"的目的是帮助银行家、金融家,而"北京共识"的目标是帮助普通人,强调以实现绝大多数人的利益为本。其四,中国道路强调发展的积累性、渐进性,即通过"以一种循序渐进、摸索与积累的方式"来不断发展自己,等等。

目前,中国特色社会主义还在进一步发展过程中,国外学者更感兴趣的是中国社会发展的未来。在部分国外学者看来,中国改革开放的成功已经证明,过去行之有效的欧美发展模式已受到严峻挑战,面对经济长期低迷、人口加速老化、失业率增加、社会福利负担越来越重等问题,尤其是面对尚未结束的世界金融危机,过去的发展模式难已为继,而中国模式恰恰提供了"一股有史以来最强烈的共同繁荣的驱动力"。也有部分学者认为,在未来发展进程中,中国倡导的政治价值观、社会发展模式和对外政策做法,会进一步在世界公众中产生共鸣和影响力。同时也有不少学者认为,中国的发展仍然面临着许多比较严重的问题,如贫富收入差距、地区发展不平衡、资源短缺、环境污染等,因此他们断言中国的未来是"测不准"的。当然也有不少学者和政要,一直对中国持排斥态度,担心中国的强大会对世界造成威胁,因而在不断地制造"中国威胁论"。我认为,不管国外人士如何评价中国,当代中国最为紧要的是把中国自己的事情办好。因此,高举中国特色社会主义伟大旗帜,坚持走中国特色社会主义道路,用中国特色社会主义理论体系武装全党、教育人民,就显得格外重要。

中国特色社会主义的框架结构

党的十七大报告,十分显要地突出了"中国特色社会主义"这个关键词,强调要高举中国特色社会主义伟大旗帜,坚定不移地走中国特色社会主义道路,始终坚持中国特色社会主义理论,坚持完善中国特色社会主义制度,牢固树立中国特色社会主义共同理想。这样,"旗帜""道路""理论""制度""理想"共同构成了中国特色社会主义的整体框架,体现了中国特色社会主义的科学内涵和精神实质。它从整体上回答了"到底什么是中国特色社会主义"这一根本性的问题。党的十八大报告进一步论述了中国特色社会主义道路、理论体系和制度的科学内涵和相互关系。推进中国特色社会主义伟大事业,必须准确把握中国特色社会主义不同层次的内涵和精神实质。

一、中国特色社会主义是一面旗帜

旗帜问题至关重要。旗帜是理想,旗帜是信念,旗帜是力量。恩格斯说,一个政党的正式纲领,就是公开树立起来的旗帜。没有共同理想和信念的民族必然是一盘散沙,是没有作为与希望的。我们党历来都高度重视旗帜问题,每到历史发展的关键时期,总是鲜明地举起自己的旗帜,带领人民朝着正确的方向继续前进。这既是我们党战胜艰难险阻不断发展壮大的根本原因,又是我们不断从胜利走向新的胜利的最可宝贵的经验。

党的十七大报告明确指出:"中国特色社会主义伟大旗帜,是当代中国发展进步的旗帜,是全党全国各族人民团结奋斗的旗帜。"①这是对中国特色社会主义最本质内容的概括。它表明,中国特色社会主义首先代表的是中国社会发展的最优前进方向,反映的是全党全国各族人民的共同理想和信念。高举中国特色社会主义伟大旗帜,必须明确:

第一,这面旗帜首先是社会主义的旗帜。我们建立的社会主义是马克思主义的科学社会主义原则与中国具体实际相结合的产物。这种社会制度符合人类社会发展规律,反映了社会主义内在固有的质的规定性,是与其他社会制度、尤其是与资本主义制度有本质区别的。它的最终目标、最高纲领是实现共产主义,它的现阶段目标是建立富强民主文明和谐的社会主义强国。近代以来的历史已

---

① 《十七大以来重要文献选编》上,中央文献出版社 2009 年版,第 68 页。

经证明,只有社会主义才能救中国;改革开放以来的实践证明,只有中国特色社会主义才能发展中国。所以,我们必须铭记:我们正在从事的现代化,是社会主义的现代化,我们正在建设的市场经济是社会主义市场经济,我们正在建设的民主政治是社会主义民主政治,我们正在建设的文化是社会主义文化,我们正在建立的社会是社会主义的和谐社会。"社会主义"这个关键词绝不能忘,忘了就会丧失根本。

第二,这面旗帜是具有鲜明"中国特色"的旗帜。我们建立的社会主义既反映了社会主义所具有的共性或普遍性,又体现了民族的个性或特殊性,即它是切合中国实际、符合中国国情、符合中国最广大人民根本利益要求的。这种社会主义在表现形式上,在建设社会主义的途径、方法上,与其他国家建立的社会主义有许多不同。只要共产主义还没有实现,社会主义还只是存在于民族国家,这种社会主义就必然具有民族特色。企图脱离本国国情照搬其他形式的社会主义难以发展本国社会主义,第二次世界大战后各国社会主义的实践已经充分证明了这一点。中国改革开放的成功实践证明,我们需要的社会主义只能是切合中国实际的社会主义。

第三,这面旗帜是我们在当今纷纭复杂的国际环境中不会迷失方向的旗帜。当今世界正在发生广泛而深刻的变化,当代中国正在发生广泛而深刻的变革。机遇前所未有,挑战也前所未有,机遇大于挑战。要抓住机遇,迎接挑战,就必须明确方向,凝聚人心。中国特色社会主义指明了中国未来的前进方向,表明了中国人民坚持走社会主义道路的光辉形象。在未来发展进程中,无论遇到什么复杂局面,无论遇到什么困难风险,只要我们始终高举中国特色社会主义伟大旗帜,毫不动摇地坚持和发展中国特色社会主义,中华民族的振兴就有希望。

二、中国特色社会主义是科学发展的道路

当今世界有70多亿人口,2 000多个民族,每个民族都有自己的历史,都有自己的生产、生活实践,形成了自己的文化风格,显示出了独特的魅力。正是不同民族国家文化和文明的多样性,才使世界变得五彩斑斓。由于不同国家历史文化不同,发展水平不一,因此不同民族的发展道路颇不一样。人类历史发展的实践已经证明,当今世界并不存在适用于一切民族国家的发展道路。一个国家选择的发展道路好还是不好,关键看它是否既遵循人类社会发展规律,又适合本国国情,是否推进了本国经济社会的发展。

新中国成立以来,尤其是社会主义改造完成以来,我们党对适合我国国情的发展道路进行了艰辛的探索。其间,我们积累过比较丰富的历史经验,也出现过"文化大革命"这种探索中的严重失误。十一届三中全会后,我们逐步走上了正

确的发展道路。1982 年 9 月,邓小平在党的第十二次代表大会开幕词中明确指出:"我们的现代化建设,必须从中国的实际出发。无论是革命还是建设,都要注意学习和借鉴外国经验。但是,照搬照抄别国经验、别国模式,从来不能得到成功。这方面我们有过不少教训。把马克思主义的普遍真理同我国的具体实际结合起来,走自己的道路,建设有中国特色的社会主义,这就是我们总结长期历史经验得出的基本结论。"①今天,我们回过头来再读这段话,我们不得不佩服邓小平的伟大。

那么,中国所走的社会主义道路有何特点呢? 自 20 世纪 90 年代开始,国内外学者都在进行研究。进入 21 世纪以来,国外学者曾把这条道路称为"中国模式""中国道路"或"北京共识",并力图概括其特点,总结其经验。② 党的十七大第一次对"中国特色社会主义道路"作了明确的界定。党的十八大报告进一步完善了这一发展道路。十八大报告指出:"中国特色社会主义道路,就是在中国共产党领导下,立足基本国情,以经济建设为中心,坚持四项基本原则,坚持改革开放,解放和发展社会生产力,建设社会主义市场经济、社会主义民主政治、社会主义先进文化、社会主义和谐社会、社会主义生态文明,促进人的全面发展,逐步实现全体人民共同富裕,建设富强民主文明和谐的社会主义现代化国家。"这一论断明确告诉我们:

第一,这条道路是在中国共产党的领导下开辟的。这条道路是我们党在和平与发展成为时代主题的历史条件下,在总结国内外社会主义建设兴衰成败的历史经验、特别是其他社会主义国家探索适合本国国情发展道路经验的基础上,在长期社会主义建设和改革开放实践中,历经艰辛探索而逐步开辟出来的。改革开放以来,我们党的理论创新和实践创新都是围绕中国特色社会主义这个主题展开的。

第二,这条道路是立足中国基本国情、切合中国实际的发展道路。党的十一届三中全会以来,我们党坚持马克思主义的思想路线,认真分析国情,作出了我国正处于并将长期处于社会主义初级阶段的科学判断,强调一切从实际出发关键是从社会主义初级阶段的实际出发。党的十三大、十五大、十七大、十八大再三强调了从社会主义初级阶段实际出发的重要性,中国特色社会主义道路就是切合社会主义初级阶段实际的发展道路。

第三,这条道路是以经济建设为中心、坚持四项基本原则、坚持改革开放的

① 《邓小平文选》第 3 卷,人民出版社 1993 年版,第 2~3 页。
② 参见《中国人民大学秦宣教授谈:"北京共识"、"中国模式"与中国现代化之路》,《中国教育报》2004 年 9 月 28 日。

发展道路。党在社会主义初级阶段的基本路线是党和国家的生命线,也是这条道路的生命线。经济建设是兴国之要,四项基本原则是立国之本,改革开放是强国之路,三者统一,共同促进中国经济社会发展。因此,在改革开放和现代化建设过程中,要坚持把以经济建设为中心同坚持四项基本原则、改革开放这两个基本点统一于发展中国特色社会主义的伟大实践,任何时候都决不能动摇。

第四,这条道路是以解放和发展生产力、巩固和完善社会主义制度为根本任务的发展道路。生产力是社会发展最根本的决定性因素。我们要建设的是不断解放和发展生产力的社会主义,我们走的道路,是以解放和发展生产力为根本任务的发展道路。要解放和发展生产力,必须实行改革,改革是中国特色社会主义社会发展的直接动力,它的目的是要推动我国社会主义制度的自我完善和发展,赋予社会主义新的生机活力。因此,这条道路又是巩固和完善社会主义制度的发展道路。

第五,这条道路是以促进社会全面发展、以建设中国特色社会主义经济政治文化社会为总体布局的发展道路。在改革开放新时期,我们党逐步形成并完善了中国特色社会主义总体布局。从邓小平提出的物质文明和精神文明两手抓、两手都要硬,到江泽民提出的"不断促进社会主义物质文明、政治文明和精神文明的协调发展",再到胡锦涛提出的社会主义经济建设、政治建设、文化建设、社会建设、生态文明建设"五位一体",中国特色社会主义建设的总体布局越来越完善,道路越走越宽广。

第六,这条道路是以建设富强民主文明和谐的社会主义国家为发展目标的发展道路。从党的十二大提出的"高度民主"与"高度文明",到十三大确立的"富强民主文明"再到十七大提出的"富强民主文明和谐",再到十八大提出的"促进人的全面发展,逐步实现全体人民共同富裕,建设富强民主文明和谐的社会主义现代化国家",中国特色社会主义的目标越来越全面。

以上六个部分,即领导力量、基本国情、基本路线、根本任务、总体布局、发展目标,共同体现了中国特色社会主义道路的科学内涵。总之,中国特色社会主义道路,是一条实现中国繁荣富强和中国人民幸福安康的正确道路。"在当代中国,坚持中国特色社会主义道路,就是真正坚持社会主义"。[①]

三、中国特色社会主义是一种切合中国实际的社会制度

在改革开放新时期,我们党逐步探索并建立了切合中国社会主义初级阶段实际的基本制度。这一制度既与资本主义制度不同,也与其他国家社会主义有

---

① 《十七大以来重要文献选编》上,中央文献出版社 2007 年版,第 9 页。

许多不同,体现了我们党的制度创新。

2011 年,胡锦涛在"七一"讲话中明确指出:"中国特色社会主义制度,是当代中国发展进步的根本制度保障,集中体现了中国特色社会主义的特点和优势。我们推进社会主义制度自我完善和发展,在经济、政治、文化、社会等各个领域形成一整套相互衔接、相互联系的制度体系。"①党的十八大报告进一步指出:"中国特色社会主义制度,就是人民代表大会制度的根本政治制度,中国共产党领导的多党合作和政治协商制度、民族区域自治制度以及基层群众自治制度等基本政治制度,中国特色社会主义法律体系,公有制为主体、多种所有制经济共同发展的基本经济制度,以及建立在这些制度基础上的经济体制、政治体制、文化体制、社会体制等各项具体制度。"②这是对中国特色社会主义制度科学内涵的全面阐释。

这一制度,坚持以人为本,以实现人的全面发展为价值目标,以促进生产力的发展、巩固社会主义基本制度为根本任务,在经济、政治、文化、社会建设方面形成了独具中国特色的制度安排。党在社会主义初级阶段的基本纲领充分展示了这一制度的特色。

在所有制方面,我国建立的是公有制为主体的、多种经济成分并存的所有制结构。这种所有制结构既坚持了科学社会主义关于建立社会所有制的基本原则,又适合我国现阶段生产力发展的水平,具有中国特色。

在分配制度上,我国实行的是以按劳分配为主体的、多种分配形式同时并存的分配制度。坚持按劳分配为主体,消灭剥削,消除两极分化,逐步达到共同富裕,体现了科学社会主义的基本原则;允许多种分配形式同时并存,确立劳动、资本、技术、管理等生产要素按贡献参与分配的原则,符合中国实际。

在经济管理和运行机制上,我们要建立的是社会主义市场经济体制。社会主义市场经济是同社会主义基本制度结合在一起的,它既不同于过去的社会主义计划经济,又不同于资本主义市场经济。这一新经济体制,就是要使市场在社会主义国家宏观调控下对资源配置起决定性作用。在社会主义条件下发展市场经济,是中国共产党人对马克思主义发展作出的历史性贡献,也体现了中国经济发展的鲜明特色。

在政治建设中,我们建立的是中国特色社会主义民主制度。这一独具中国特色的民主制度视人民民主为社会主义的生命,强调坚持党的领导、人民当家作

① 胡锦涛:《在庆祝中国共产党成立 90 周年大会上的讲话》,《人民日报》2011 年 7 月 2 日。
② 胡锦涛:《坚定不移沿着中国特色社会主义道路前进 为全面建成小康社会而奋斗——在中国共产党第十八次全国代表大会上的报告》,人民出版社 2012 年版,第 12~13 页。

主、依法治国有机统一,坚持和完善人民代表大会制度、中国共产党领导的多党合作和政治协商制度、民族区域自治制度以及基层群众自治制度,不断推进社会主义政治制度自我完善和发展。

在文化建设上,我们要建立的是中国特色社会主义文化。这一文化是以马克思主义为指导,以培育有理想、有道德、有文化、有纪律的公民为目标,面向现代化、面向世界、面向未来的,民族的科学的大众的社会主义文化。这种文化具有高度的科学性,鲜明的民族性、时代性、开放性和大众性,因而是凝聚和鼓励全国各族人民的重要力量,是综合国力的重要标志。

在社会建设上,我们要构建社会主义和谐社会。要按照民主法治、公平正义、诚信友爱、充满活力、安定有序、人与自然和谐相处的总要求和共同建设、共同享有的原则,以改善民生为重点,解决人民最关心、最直接、最现实的利益问题,努力形成全体人民各尽其能、各得其所而又和谐相处的局面。

改革开放的实践证明,中国特色社会主义制度完全符合中国实际,有利于推进社会主义事业的发展,我们必须坚持和完善。

四、中国特色社会主义是科学的理论体系

改革开放这场以解放和发展社会生产力、推动我国社会主义制度自我完善和发展为目的的新的伟大革命,就是一场建设和发展中国特色社会主义的伟大实践。而我们党在实践基础上的理论创新就是围绕"中国特色社会主义"这个主题开展的。自 1982 年 9 月邓小平在党的第十二次代表大会开幕词中明确提出"走自己的道路,建设有中国特色的社会主义"这一命题之后,我们党召开的历次全国代表大会,都围绕着建设中国特色社会主义这一主题。1987 年召开的十三大深入分析了中国国情,阐述了社会主义初级阶段理论,提出了党在社会主义初级阶段的基本路线,概括了中国特色社会主义的理论轮廓。1992 年,党的十四大提出了"邓小平同志建设有中国特色社会主义理论"的概念,系统论述了中国特色社会主义理论的主要内容和科学体系,提出了用建设有中国特色社会主义理论武装全党的战略任务。1997 年召开的党的十五大,确立了邓小平理论的指导地位,强调高举邓小平理论伟大旗帜,把中国特色社会主义事业全面推向21 世纪。2002 年召开的党的十六大总结改革开放以来特别是十三届四中全会以来建设中国特色社会主义的基本经验,把"三个代表"重要思想写进党章,阐明了贯彻"三个代表"重要思想的根本要求。党的十六大以来,以胡锦涛为总书记的党中央围绕中国特色社会主义这一理论主题,不断推进理论创新,明确提出了科学发展观等重大战略思想。党的十七大报告明确将改革开放以来马克思主义中国化的成果概括为"中国特色社会主义理论体系",这是十七大的一个重要

理论创新,是对党的理论创新成果的一次重要整合,是对改革开放近三十年实践经验最集中的理论表达。

这一理论体系是在改革开放新时期逐步形成发展起来的。党的十一届三中全会以来,我们党坚持马克思主义的思想路线,不断探索和回答什么是马克思主义、如何对待马克思主义,什么是社会主义、怎样建设社会主义,建设什么样的党、怎样建设党,实现什么样的发展、怎样发展等重大理论和现实问题,不断推进马克思主义中国化,取得了一个又一个马克思主义中国化的新成果。这些理论成果始终围绕着一个共同的理论主题,即中国特色社会主义。十一届三中全会以来我们党的基本路线和基本纲领也都是在中国特色社会主义理论体系指导下制定的。如果说邓小平理论第一次比较系统地初步回答了像中国这样经济文化落后的国家如何建设、巩固和发展社会主义的问题,开辟了中国特色社会主义道路,那么,"三个代表"重要思想在邓小平理论的基础上进一步回答了什么是社会主义、怎样建设社会主义的问题,创造性地回答了建设什么样的党、怎样建设党的问题,深化了对中国特色社会主义的认识,而科学发展观等重大战略思想,进一步回答了实现什么样的发展、怎样发展等重大问题,赋予马克思主义关于发展的理论以新的时代内涵和实践要求,从而进一步丰富和发展了中国特色社会主义理论。

这一理论体系是坚持解放思想、实事求是、与时俱进的理论体系。"解放思想是发展中国特色社会主义的一大法宝",实事求是,是马克思列宁主义、毛泽东思想的精髓,也是中国特色社会主义理论的精髓。在"文化大革命"结束后,我们党把握实事求是这个马克思主义的精髓,重新确立了解放思想、实事求是的思想路线,才开辟了中国特色社会主义道路。

这一理论体系贯穿在邓小平理论、"三个代表"重要思想、科学发展观和十八大以来的重大理论创新之中。这一理论体系,在社会主义发展道路、发展阶段、根本任务、发展动力、外部条件、政治保证、战略步骤、领导力量和依靠力量、祖国统一、外交战略等重大问题上,在改革发展稳定、内政外交国防、治党治国治军各个方面,形成了一系列紧密联系、相互贯通的新思想、新观点、新论断。它是贯通哲学、政治经济学、科学社会主义等领域,涵盖经济、政治、科技、教育、文化、社会、民族、军事、外交、统一战线、党的建设等方面比较完备的科学体系。

这一理论体系同马克思列宁主义、毛泽东思想是一脉相承而又与时俱进的科学体系。在改革开放的历史进程中,我们党把握了马克思主义与时俱进的理论品质,始终"把坚持马克思主义基本原理同推进马克思主义中国化结合起来",才创立了中国特色社会主义理论体系。中国特色社会主义理论体系是与马克思列宁主义一脉相承而又与时俱进的理论成果。

　　这一理论体系是不断发展的开放的理论体系。马克思主义是一个开放的、需要不断发展的科学体系,与时俱进是马克思主义的理论品质;理论创新,是马克思主义的本质特征,是其永葆生命力的不竭源泉。党的十七大报告指出:"《共产党宣言》发表以来近一百六十年的实践证明,马克思主义只有与本国国情相结合、与时代发展同进步、与人民群众同命运,才能焕发出强大的生命力、创造力、感召力。"①中国特色社会主义理论作为马克思主义中国化的最新理论成果,本身也是一个开放的、需要不断发展的科学体系。面向未来,解决中国特色社会主义事业发展中存在的各种复杂问题,需要我们继续深化对中国特色社会主义理论的研究,不断丰富和发展中国特色社会主义理论。

　　中国特色社会主义理论体系始终贯穿了马克思主义的红线。这一理论体系坚持马克思主义基本原理,一切从实际出发,深刻总结中国特色社会主义伟大实践创造的新鲜经验并上升到理论,在推动马克思主义的发展中卓有成效地坚持了马克思主义。这一理论体系,深深扎根于人民群众的实践,紧密结合中国实际,紧随时代前进的步伐,体现了马克思主义鲜明的实践特色、民族特色和时代特色,表明我们党对共产党执政规律、社会主义建设规律和人类社会发展规律的认识,达到了新的理论高度,因而是马克思主义中国化的最新成果。用发展着的马克思主义指导中国现代化实践,就是要用中国特色社会主义理论体系指导中国现代化实践。

五、中国特色社会主义是中国各族人民团结奋斗的共同理想

　　理想是一个民族、一个社会的灵魂所系。它体现了人们对美好生活的向往和追求,是一个国家和民族奋勇前进的精神动力。理想决定行动。有共同理想,才有凝聚力,才有共同奋斗的思想基础。以马克思主义为指导的中国共产党人,始终坚持崇高的理想,坚持理想主义与现实主义相结合,使崇高理想成为我们党、我们民族精神生活中不可或缺的一部分。

　　1982年,邓小平在党的十二大报告开幕词中首次提出"建设有中国特色的社会主义"这一命题之后,1986年9月党的十二届六中全会第一次明确把建设有中国特色的社会主义确定为现阶段我国各族人民的共同理想。全会通过的《中共中央关于社会主义精神文明建设指导方针的决议》明确提出:"建设有中国特色的社会主义,把我国建设成为高度文明、高度民主的社会主义现代化国家,这就是现阶段我国各族人民的共同理想。"②全会还提出了"用共同理想动员

---

① 《十七大以来重要文献选编》上,人民出版社2009年版,第9页。
② 《十二大以来重要文献选编》下,人民出版社1988年版,第1178页。

和团结全国各族人民"的历史任务。1996年,党的十四届六中全会把"在全民族牢固树立建设有中国特色社会主义的共同理想"确定为今后15年精神文明建设的最主要目标之一。2004年,党的十六届四中全会通过的《中共中央关于加强党的执政能力建设的决定》明确指出:"党要带领人民推进中国特色社会主义伟大事业,必须大力发展社会主义文化,不断巩固全党全国人民团结奋斗的共同思想基础。"①2006年11月,党的十六届六中全会第一次把中国特色社会主义共同理想作为社会主义核心价值体系的基本内容提出来。全会通过的《中共中央关于构建社会主义和谐社会若干重大问题的决定》指出:"建设和谐文化,是构建社会主义和谐社会的重要任务。社会主义核心价值体系是建设和谐文化的根本。……马克思主义指导思想,中国特色社会主义共同理想,以爱国主义为核心的民族精神和以改革创新为核心的时代精神,社会主义荣辱观,构成社会主义核心价值体系的基本内容。"②2007年,党的十七大报告进一步明确指出:"建设社会主义核心价值体系,增强社会主义意识形态的吸引力和凝聚力。社会主义核心价值体系是社会主义意识形态的本质体现。要巩固马克思主义指导地位,坚持不懈地用马克思主义中国化最新成果武装全党、教育人民,用中国特色社会主义共同理想凝聚力量,用以爱国主义为核心的民族精神和以改革创新为核心的时代精神鼓舞斗志,用社会主义荣辱观引领风尚,巩固全党全国各族人民团结奋斗的共同思想基础。"③

在中国共产党领导下,走中国特色社会主义道路,实现中华民族的伟大复兴,这就是现阶段我国各族人民的共同理想。

这个共同理想是我们理解和把握中国特色社会主义科学内涵和精神实质的一个重要方面。这一共同理想已成为社会主义核心价值体系的主题,成为综合国力中软实力的重要组成部分,成为建设社会主义和谐文化的根本任务。

这个共同理想,既实在具体,又鼓舞人心,昭示了我们要在中国特色社会主义道路上,在21世纪头20年,集中力量全面建成小康社会,再继续奋斗几十年,到21世纪中叶基本实现现代化,把我国建成富强民主文明和谐的社会主义国家。

这个共同理想,把国家、民族与个人紧紧地联系在一起,强调了国家要基本实现现代化、民族要实现伟大复兴、人民要过上宽裕的小康生活,有利于调动全体人民的积极性、主动性、创造性,共同为之奋斗。

---

① 《十六大以来重要文献选编》中,中央文献出版社2006年版,第283页。
② 《十六大以来重要文献选编》下,中央文献出版社2008年版,第660~661页。
③ 胡锦涛:《高举中国特色社会主义伟大旗帜,为夺取全面建设小康社会新胜利而奋斗》,人民出版社2007年版,第34页。

这个共同理想,集中代表了我国工人、农民、知识分子和其他劳动者、建设者、爱国者的利益和愿望。经过实践的检验,有着广泛的社会共识,具有很强的广泛性和包容性,具有强大的感召力、亲和力和凝聚力。

这个共同理想,既体现了现阶段党的奋斗目标,又体现了党的最终奋斗目标,要求共产党员把为最高理想而奋斗同为现阶段共同理想而奋斗统一于建设中国特色社会主义的实践。

在新世纪新阶段,随着社会主义市场经济深入发展,我国经济成分、组织形式、就业方式、利益关系和分配方式日益多样化,不可避免会出现社会意识的多样化,这就必须要有一个能够代表广大人民根本利益、为社会各个阶层广泛认可和接受、能有效凝聚各个方面智慧和力量的共同理想。正因为如此,党的十七大报告在谈到"推动社会主义文化大发展大繁荣"时,特别强调要"用中国特色社会主义共同理想凝聚力量"。

总之,推进中国特色社会主义伟大事业,必须用旗帜树立形象,用道路导引方向,用理论武装头脑,用制度作为保障,用理想凝聚力量。只有这样,中华民族的振兴才有希望。

中国特色社会主义道路的科学内涵

　　中国特色社会主义道路,又称中国道路。何谓中国特色社会主义道路呢?党的十七大报告第一次对此作了明确的界定。党的十八大报告在十七大报告的基础上指出:"中国特色社会主义道路,就是在中国共产党领导下,立足基本国情,以经济建设为中心,坚持四项基本原则,坚持改革开放,解放和发展社会生产力,建设社会主义市场经济、社会主义民主政治、社会主义先进文化、社会主义和谐社会、社会主义生态文明,促进人的全面发展,逐步实现全体人民共同富裕,建设富强民主文明和谐的社会主义现代化国家。"①准确把握中国特色社会主义道路的科学内涵,是我们高举中国特色社会主义伟大旗帜,推进中国特色社会主义事业的必要前提。

一、中国特色社会主义道路是在共产党领导下开辟的社会主义道路

　　中国共产党不仅是中国特色社会主义道路的开辟者,也是中华民族沿着这条道路向前发展的领导者。我们党对中国特色社会主义建设道路的初步探索开始于 1956 年社会主义改造完成之后。党的八大曾结合当时中国实际,对如何建设、巩固和发展社会主义作了认真分析和全面部署。毛泽东在《论十大关系》《关于正确处理人民内部矛盾的问题》等论著中对像中国这样的经济文化落后国家如何建设社会主义进行了初步探索,为我们后来探索中国特色社会主义道路积累了宝贵的经验。

　　我们党对中国特色社会主义道路的成功探索开始于党的十一届三中全会以后。可以说,改革开放以来,我们党的理论创新和实践创新都是围绕中国特色社会主义这个主题展开的。1982 年 9 月,邓小平在党的第十二次代表大会开幕词中明确提出了"走自己的道路,建设有中国特色的社会主义"这一命题。此后,我们党的历次代表大会的报告中都有"中国特色社会主义"这个主题关键词。1987 年召开的党的十三大,大会报告名称为《沿着有中国特色的社会主义道路前进》;1992 年召开的党的十四大,报告名称为《加快改革开放和现代化建设步伐,夺取有中国特色社会主义事业的更大胜利》;1997 年召开的党的十五大,大

----

　　① 胡锦涛:《坚定不移沿着中国特色社会主义道路前进　为全面建成小康社会而奋斗——在中国共产党第十八次全国代表大会上的报告》,人民出版社 2012 年版,第 12 页。

会报告名称为《高举邓小平理论伟大旗帜,把建设有中国特色社会主义事业全面推向二十一世纪》;2002 年召开的党的十六大,报告名称是《全面建设小康社会,开创中国特色社会主义事业新局面》;2007 年召开的党的十七大,报告名称是《高举中国特色社会主义伟大旗帜,为夺取全面建设小康社会新胜利而奋斗》,2012 年召开的党的十八大,报告名称是《坚定不移沿着中国特色社会主义道路前进,为全面建成小康社会而奋斗》。30 多年的艰辛探索,使中国特色社会主义道路越走越宽。

正是在改革开放新时期,我们党逐步深化了对人类社会发展规律、社会主义建设规律和共产党执政规律的认识,在遵循科学社会主义基本原则的前提下,在总结国内外社会主义建设经验的基础上,立足于中国实际,开辟了中国特色社会主义道路,形成了中国特色社会主义理论体系,创立了中国特色社会主义制度体系。在当代中国,要继续坚持这条道路和这个理论体系,必须始终坚持党的领导。而中国共产党要继续推进中国特色社会主义伟大事业,实现党的执政目标,必须以改革的精神加强党的建设,提高党的执政能力。

二、中国特色社会主义道路是立足中国基本国情、切合中国实际的科学发展道路

十七大报告明确指出:"中国特色社会主义道路之所以完全正确、之所以能够引领中国发展进步,关键在于我们既坚持了科学社会主义的基本原则,又根据我国实际和时代特征赋予其鲜明的中国特色。"[1]

我们党一再强调,我们绝不走西方发展道路,照搬西方国家发展模式。正是围绕建设中国特色社会主义,我们逐步探索并建立了切合中国社会主义初级阶段实际的基本制度,确立了中国特色社会主义经济、政治、文化发展道路。这一制度既与资本主义发展道路不同,也与其他国家社会主义确立的发展道路有许多不同。这条道路在制度安排上既体现了社会主义的共性,又具有区别于其他社会主义国家的"中国特色"。

在经济发展道路选择上,我们确立了中国特色社会主义基本经济制度。在所有制上,我国建立的是公有制为主体的、多种经济成分并存的所有制结构。这种所有制结构,既突破了传统意义上的,即单一的社会主义公有制,又不同于建立在私有制基础上的混合所有制。确立公有制为主体、多种所有制经济共同发展,是我们党根据我国的社会主义性质和初级阶段的国情决定的。实践证明,这种所有制结构适合我国现阶段生产力发展的水平,具有中国特色。因此,我们在

---

[1] 《十七大以来重要文献选编》上,中央文献出版社 2009 年版,第 9 页。

深化改革的过程中,既要反对单一的公有制,又要反对私有化;既要毫不动摇地发展公有制经济,又要毫不动摇地发展非公有制经济。在分配制度上,我国实行的是以按劳分配为主体的、多种分配形式同时并存的分配制度。这种分配制度既体现了科学社会主义的基本原则,又符合中国实际,具有中国特色。在经济管理和运行机制上,我们要建立的是社会主义市场经济体制。社会主义市场经济是同社会主义基本制度结合在一起的,它既不同于过去我们建立的计划经济体制,又不同于完全建立在私有制基础上的资本主义市场经济。

在政治发展道路的选择上,我们强调民主是社会主义的生命,没有民主就没有社会主义;强调绝不照搬西方政治发展模式,绝不走西方政治发展道路;强调坚持走中国特色社会主义政治发展道路。这一发展道路坚持党的领导、人民当家作主、依法治国有机统一,坚持和完善人民代表大会制度、中国共产党领导的多党合作和政治协商制度、民族区域自治制度以及基层群众自治制度,不断推进社会主义政治制度自我完善和发展。

在文化发展道路的选择上,我们确立了中国特色的文化发展道路。我们要建立的中国特色社会主义文化是以马克思主义为指导,以培育有理想、有道德、有文化、有纪律的公民为目标,面向现代化、面向世界、面向未来的,民族的科学的大众的社会主义文化。

在社会建设道路的选择上,我们强调走社会和谐的发展道路。党的十六大确立了"使社会更加和谐"的发展目标。党的十六届六中全会通过了《中共中央关于构建社会主义和谐社会若干重大问题的决定》。《决定》指出:"我们要构建的社会主义和谐社会,是在中国特色社会主义道路上,中国共产党领导全体人民共同建设、共同享有的和谐社会。"①党的十七大报告,专门增加了关于社会主义和谐社会建设的内容,强调"构建社会主义和谐社会是贯穿于中国特色社会主义事业全局的长期历史任务"。党的十七大报告还明确提出了和谐社会建设的指导思想、总体要求、基本原则、具体任务和工作部署,从而使我们对于如何走有利于社会更加和谐的发展道路的认识更加清醒。

改革开放的实践证明,中国特色社会主义制度完全符合中国实际,有利于推进社会主义事业的发展,我们必须坚持和完善。

三、中国特色社会主义道路是以经济建设为中心、坚持四项基本原则、坚持改革开放的发展道路

我国进入社会主义社会的历史条件和社会状况,决定了我们进入社会主义

---

① 《十六大以来重要文献选编》下,中央文献出版社 2008 年版,第 650 页。

社会以后,还必须经历一个很长的初级阶段,去实现别的许多国家在资本主义条件下实现的工业化和生产的商品化、社会化、现代化。中国社会发展道路的选择必须从初级阶段的社会主义这一实际出发。由于我们的社会主义还处于初级阶段,还是不发达、不太够格的社会主义,所以必须"以经济建设为中心";由于我们走的是以马克思主义为指导的社会主义道路,所以必须坚持四项基本原则;由于改革开放是社会主义发展的必由之路,是中国特色社会主义的发展动力,因此,我们必须坚定不移地实行改革开放。"一个中心、两个基本点"是这条发展道路的简要概括,也是我们党在社会主义初级阶段基本路线的核心内容。

改革开放以来,我国综合国力增强了,国际地位提高了,人民生活显著改善了,同外部世界的联系更紧密了。但我们必须清醒地看到,我国仍然是发展中的社会主义国家。2007年,党的十七大报告明确指出:"经过新中国成立以来特别是改革开放以来的不懈努力,我国取得了举世瞩目的发展成就,从生产力到生产关系、从经济基础到上层建筑都发生了意义深远的重大变化,但我国仍处于并将长期处于社会主义初级阶段的基本国情没有变,人民日益增长的物质文化需要同落后的社会生产之间的矛盾这一社会主要矛盾没有变。"①2011年,胡锦涛在"七一"讲话中再次强调:"我们已经取得了举世瞩目的伟大成就,但我国仍处于并将长期处于社会主义初级阶段的基本国情没有变,人民日益增长的物质文化需要同落后的社会生产之间的矛盾这一社会主要矛盾没有变,我国是世界上最大的发展中国家的国际地位没有变。"②这"三个没有变"告诉我们,继续推进中国特色社会主义事业,必须从社会主义初级阶段的实际出发,而不能脱离这个实际。

从社会主义初级阶段实际出发,继续推进中国社会主义事业,必须始终坚持党在社会主义初级阶段的基本路线。正如十七大报告所说:党的基本路线是党和国家的生命线,是推进中国特色社会主义事业科学发展的政治保证。以经济建设为中心是兴国之要,是我们党、我们国家兴旺发达和长治久安的根本要求;四项基本原则是立国之本,是我们党、我们国家生存发展的政治基石;改革开放是强国之路,是我们党、我们国家发展进步的活力源泉。在未来的发展过程中,"发展仍然是解决我国所有问题的关键。牢牢抓住和用好我国发展的重要战略机遇期,是我们赢得主动、赢得优势、赢得未来的关键所在,是对我们党执政能力的重大考验,也是对我们民族自强能力的重大考验。我们必须

---

① 《十七大以来重要文献选编》上,中央文献出版社2009年版,第11页。
② 胡锦涛:《在庆祝中国共产党成立90周年大会上的讲话》,《人民日报》2011年7月2日。

继续聚精会神搞建设、一心一意谋发展,不断夯实坚持和发展中国特色社会主义的物质基础"。①

四、中国特色社会主义道路是以解放和发展生产力、巩固和完善社会主义制度为根本任务的发展道路

生产力是社会发展最根本的决定性因素。社会主义必须建立在高度发达的生产力基础之上。社会主义革命是为了解放和发展生产力,社会主义改革也是为了进一步解放和发展生产力。早在《共产党宣言》中马克思、恩格斯就提出,无产阶级夺取政权以后,要大力发展生产力,尽可能快地增加生产力的总量。在长期的革命和建设实践进程中,我们党深刻地认识到,在我们这样经济文化比较落后的条件下建设社会主义,更必须把发展生产力作为根本的首要的任务。毛泽东曾指出:"中国一切政党的政策及其实践在中国人民中所表现的作用的好坏、大小,归根到底,看它对于中国人民的生产力的发展是否有帮助及其帮助之大小,看它是束缚生产力的,还是解放生产力的。"②邓小平指出:"发挥社会主义的优越性,归根到底是要大幅度发展社会生产力,逐步改善、提高人民的物质生活和精神生活。"③邓小平还特别强调解放和发展生产力在社会主义本质中的地位和作用。党的十三届四中全会以来,我们党强调,要把发展作为党执政兴国的第一要务,要大力发展生产力,要始终代表先进生产力的前进方向。为此,我们还制定了科教兴国、人才强国等战略,其目的在于代表先进生产力的发展方向,促进社会生产力的发展。因此,我们走的中国特色社会主义道路,是以解放和发展生产力为根本任务的发展道路。

要解放和发展生产力,必须实行改革,改革是中国特色社会主义发展的强大动力。改革作为一次新的革命,必须坚持正确的方向。历史反复告诉我们:只有社会主义才能救中国和发展中国。因此,改革不是也不允许否定和抛弃我们建立起来的社会主义基本制度,而是要推动我国社会主义制度的自我完善和发展,赋予社会主义新的生机活力,推进中国特色社会主义事业的科学发展。因此,中国特色社会主义道路又是巩固和完善社会主义制度的发展道路。

"不坚持社会主义,不改革开放,不发展经济,不改善人民生活,只能是死路一条。"④这是邓小平在分析苏东剧变原因、总结中国改革开放历史经验时得出

---

① 胡锦涛:《在庆祝中国共产党成立90周年大会上的讲话》,《人民日报》2011年7月2日。
② 《毛泽东选集》第3卷,人民出版社1991年版,第1079页。
③ 《邓小平文选》第2卷,人民出版社1994年版,第251页。
④ 《邓小平文选》第3卷,人民出版社1993年版,第370页。

的一个重要结论。这一结论至今仍然具有重要的现实意义。

五、中国特色社会主义道路是以促进社会全面发展、建设富强民主文明和谐的社会主义国家为发展目标的发展道路

社会主义是全面发展的社会。中国特色社会主义是一个全面发展、全面进步、全面现代化的社会。在改革开放和社会主义现代化建设实践中，我们党逐步形成并完善了中国特色社会主义总体布局。党的十二大明确提出了"三步走"的现代化建设战略部署，并且提出了包括经济富强、政治民主、精神文明在内的三位一体的现代化建设总体格局。十五大围绕社会主义现代化建设的总目标，在党的基本理论、基本路线的基础上，制定了建设中国特色社会主义经济、政治、文化的基本纲领，从而使"三位一体"的现代化建设格局更加明晰而深入。进入新世纪新阶段，面对错综复杂的国际形势和不断变化的国内格局，我们党顺应历史发展和时代变化的要求，在我国处于社会体制转型的特殊历史时期，正式提出了构建社会主义和谐社会的命题，使社会主义现代化建设的总体布局，由物质文明、政治文明、精神文明建设的"三位一体"深化拓展为包括和谐社会建设在内的"四位一体"。党的十八大报告将"生态文明建设"纳入社会主义现代化建设的总体布局中，形成了"五位一体"的建设布局，由此拓展深化了现代化建设的战略格局，也表明我们党对社会主义建设规律的认识越来越深刻。

在社会主义现代化总体布局越来越拓展的同时，我们党在社会主义初级阶段的奋斗目标也越来越明确。党的十二大明确提出，要把我国建设成为高度文明、高度民主的社会主义国家。党的十三大，根据社会主义初级阶段的实际，提出要把我国建设成为富强、民主、文明的社会主义现代化国家。党的十四大提出要围绕经济建设这个中心，加强社会主义民主法制和精神文明建设，促进社会全面进步。党的十五大确立的我国在新世纪的奋斗目标是，第一个十年实现国民生产总值比2000年翻一番，使人民的小康生活更加宽裕，形成比较完善的社会主义市场经济体制；再经过十年的努力，到建党一百年时，使国民经济更加发展，各项制度更加完善；到21世纪中叶新中国成立一百年时，基本实现现代化，建成富强民主文明的社会主义国家。党的十六大确立的全面建设小康社会的目标，是中国特色社会主义经济、政治、文化全面发展的目标。2006年召开的党的十六届六中全会，明确把中国特色社会主义发展的目标完善为"把我国建设成为富强民主文明和谐的社会主义现代化国家"。这一表述写进了党的十七大报告和新修订的党章。这一切说明，中国特色社会主义道路是建设社会主义市场经济、社会主义民主政治、社会主义先进文化、社会主义和谐社会、社会主义生态文明的发展道路，是以建设富强民主文明和谐的社会主义国家为发展目标的发展道路。

六、中国特色社会主义道路是一条和平发展的道路

当今世界正处在大变革大调整之中。和平与发展仍然是时代主题,求和平、谋发展、促合作已经成为不可阻挡的时代潮流。世界多极化不可逆转,经济全球化深入发展,科技革命加速推进,全球和区域合作方兴未艾,国与国相互依存日益紧密,国际力量对比朝着有利于维护世界和平方向发展,国际形势总体稳定。同时,世界仍然很不安宁。霸权主义和强权政治依然存在,局部冲突和热点问题此起彼伏,全球经济失衡加剧,南北差距拉大,传统安全威胁和非传统安全威胁相互交织,世界和平与发展面临诸多难题和挑战。

中华民族是热爱和平的民族,中国始终是维护世界和平的坚定力量。总结世界历史发展的经验教训,分析当今国际复杂多变的形势,我们党强调:中国始终不渝地坚持走和平发展道路,推动建设持久和平、共同繁荣的和谐世界。

这条和平发展道路是与时代潮流相随、与世界文明相伴的发展道路。中国特色的社会主义不是一个封闭的、远离当今世界的体系,而是一个无限开放的,与当今世界融为一体的体系。现在的世界是开放的世界,中国的发展离不开世界,世界的繁荣稳定也离不开中国。中国特色社会主义必须是实行对外开放的社会主义,必须是吸收和借鉴人类一切文明成果的社会主义。因此,在建设中国特色社会主义过程中,我们党强调,要具有世界眼光,注意向世界学习,要在中国与世界的互动中建设切合本国实际的社会主义。世界上每一种文明都有它自己的长处和优势,任何文明,包括中国自己的文明,都不可能在完全封闭的状态下得到发展。特别是在当代,随着经济活动范围的扩大,通信手段的改进,交通工具的发达,世界各种文明之间的联系和交往日益紧密。外部环境的变动会影响到中国。中国的发展,是立足于中国的发展,也是在与世界比较中的发展。因此,走中国特色社会主义道路,必须随时关注世界潮流的变动,紧紧瞄住世界生产力、文化等发展的动向和趋势,兼收并蓄,海纳百川,不断吸取其他国家、民族和文明的经验,把握时代发展的趋势,使我们的经济、政治、文化、社会都能充分体现时代精神和创造精神。

此外,这条道路还是以当代中国的马克思主义——中国特色社会主义理论体系为指导的发展道路。这条道路,是一条实现中国繁荣富强和中国人民幸福安康的正确道路。只有坚持走中国特色社会主义道路,才能发展中国、振兴中国。只有坚持走中国特色社会主义道路,才能实现全面建设小康社会的宏伟目标和中华民族的伟大复兴。

中国特色社会主义制度的多层次解读

中国共产党成立 90 多年来,我们党带领人民努力探索在中国这样经济文化落后的国家如何建立、巩固和发展社会主义这一重大理论与实践课题。围绕这一课题,我们党带领人民完成和推进了三件大事。这三件大事概括起来就是,推翻了封建专制制度,建立了社会主义基本制度,确立了中国特色社会主义制度。党的十八大一个非常突出的亮点是对中国特色社会主义制度作了全面系统的论述和阐释,指明了制度建设的重要性,论述了中国特色社会主义制度的科学内涵,并对如何坚持和完善中国特色社会主义制度作了具体部署。那么,到底什么是中国特色社会主义制度呢? 本文拟结合马克思主义经典作家关于社会主义制度的有关论述和学术界的相关研究,对"中国特色社会主义制度"作学理上的解读,以期加深对中国特色社会主义制度的认识。

一、何谓"社会制度"?

何谓社会制度(social institution)? 这是一个颇有争议的话题,对此学术界有各种不同的观点,在此不赘述。有关此问题的研究现状,我们曾有过大致的介绍。[①] 我们认为,制度就是规定,社会制度就是对社会的规定。它规定着社会的性质,通过一定的法律、法规和道德规范表现出来,是一套人民必须执行的强有力的行为规范,是一时期稳定的社会关系。社会制度是为了满足人类社会基本的生存与发展需要,在各个社会中具有普遍性,在一个历史时期里具有稳定性的社会规范体系。它是由一组相关的社会规范构成的,也是相对持久的社会关系的定型化。

研究社会制度,尤其是要正确理解中国特色社会主义制度,必须首先了解马克思主义关于"社会制度"方面的理论。从经典作家的论述看,马克思主义创始人很少单独地、抽象地使用"制度"这一概念,马克思、恩格斯所关注的制度主要是从社会形态的角度而言的。他们在各种不同场合还使用过"社会制度""经济制度""政治制度""法律制度"和"文化制度"等概念。具体来说,马克思主义经典作家关于社会制度的论述,主要包括:

第一,社会制度是人类社会发展到一定历史阶段的产物。社会生产力一定

---

① 参见秦宣、刘勇:《社会主义制度相关范畴考辨》,《人民论坛》2010 年第 11 期。

程度的发展是社会制度建立的基础,国家的建立是社会制度形成的主要标志。马克思曾明确指出,"在生产、交换和消费发展的一定阶段上,就会有相应的社会制度形式、相应的家庭、等级或阶级组织"。① 恩格斯曾指出,"生产以及随生产而来的产品交换是一切社会制度的基础"。② 从人类社会发展的历史看,社会制度的发展经历了不同的制度形式。每种社会的制度形式,都是一时期社会存在决定的社会认识上的稳定的社会关系。每一种新社会制度的建立都反映了社会生产力发展的客观要求,都体现了人类生存和发展的需要。每一种新制度的产生都曾在历史上起过十分进步的作用。每一种制度的灭亡都因为其阻碍了先进生产力的发展要求。由于社会制度的建立受生产力发展水平和社会历史条件的限制,因此,同一社会制度在不同的国家会有不同的表现形式。一个国家究竟应该建立什么样的社会制度,是由本国的生产力发展水平和特有的社会历史条件决定的,因而既反映出同一社会形态的共性,又体现出不同国家的个性。

第二,社会制度是一种社会形态。在马克思主义关于社会制度的分析中,社会制度首先是指社会形态。在《德意志意识形态》中,马克思明确提出了"社会形态"概念。他从所有制关系的角度把人类社会的发展划分为部落所有制、公社所有制和国家所有制、封建的或等级的所有制以及现代私有制等不同的社会形态。在《〈政治经济学批判〉序言》中,马克思进而提出了"经济的社会形态"的概念,并以生产关系为标志把人类社会划分为几个不同社会形态或社会制度更替的发展阶段。他说:"大体说来,亚细亚的、古希腊罗马的、封建的和现代资产阶级的生产方式可以看做是经济的社会形态演进的几个时代。"③对此,列宁曾经做出了明确解释,"一分析物质的社会关系(即不通过人们的意识而形成的社会关系:人们在交换产品时彼此发生生产关系,甚至都没有意识到这里存在着社会生产关系),立刻就有可能看出重复性和常规性,把各国制度概括为社会形态这个基本概念。只有这种概括才使人有可能从记载(和从理想的观点来评价)社会现象进而以严格的科学态度去分析社会现象"。④ 从马克思主义经典作家以上论述中,我们可以看出,在多数情况下,社会制度和社会形态或者经济社会形态的含义大体上是基本相通或接近的。

第三,社会制度是一个具有严密结构的有机整体。马克思对社会制度这个巨大而又复杂的系统结构及其内部要素之间的关系做过经典的论述。他说:"人们在自己生活的社会生产中发生一定的、必然的、不以他们的意志为转移的

---

① 《马克思恩格斯文集》第 10 卷,人民出版社 2009 年版,第 43 页。
② 《马克思恩格斯文集》第 3 卷,人民出版社 2009 年版,第 547 页。
③ 《马克思恩格斯文集》第 2 卷,人民出版社 2009 年版,第 592 页。
④ 《列宁专题文集 论辩证唯物主义和历史唯物主义》,人民出版社 2009 年版,第 161 页。

关系,即同他们的物质生产力的一定发展阶段相适合的生产关系。这些生产关系的总和构成社会的经济结构,即有法律的和政治的上层建筑竖立其上并有一定的社会意识形式与之相适应的现实基础。"①由此可见,马克思并不是从抽象的、一般的意义上论述社会制度,而是从社会有机体的角度,从不同制度所处的地位和相互的辩证关系的角度来说明制度是一个整体系统。这种整体系统就是我们今天所说的制度体系。马克思、恩格斯认为:"每一时代的社会经济结构形成现实基础,每一个历史时期的由法的设施和政治设施以及宗教的、哲学的和其他的观念形式所构成的全部上层建筑,归根到底都应由这个基础来说明。"②据此论断,列宁认为:"马克思认为经济制度是政治上层建筑借以树立起来的基础,所以他特别注意研究这个经济制度。"③很显然,马克思在这里侧重阐述了社会制度中经济制度与政治制度的关系,从而进一步说明社会制度是一个具有紧密联系的有机整体。

第四,社会制度是基本社会制度和具体体制的综合体。社会制度不仅指导社会形态,更主要是指导基本制度和具体的体制。基本制度是指建立在一定生产力水平基础上的生产关系的总和以及与其相适应的政治思想上层建筑,包括经济、政治、文化、社会等方面的制度和一定经济基础上的法律制度。其中,经济制度是指在一定历史阶段占主要地位的生产关系的总和,又称社会经济结构。一个国家的经济制度决定其政治制度、法律制度和社会意识形态,并受到政治法律制度的保护。经济制度包括基本经济制度、分配制度和经济管理制度等。政治制度是指在特定的社会中,统治阶级通过组织政权以实现其政治统治的原则和规则的总和。它包括国家政权的组织形式、国家结构形式、政党制度、选举制度等。文化制度是指一国通过宪法和法律规范社会文化生活,调整以社会意识形态为核心的各种文化生活的基本原则和规则的总和。社会建设制度是指与国家经济、政治、文化等相对应的社会领域的制度,包括教育制度、劳动就业制度、基本医疗卫生制度、社会保障制度、社会管理制度等一系列制度。法律制度则是指运用法律规范来调整各种社会关系时所形成的各种制度。法律制度的多少取决于它调整了多少社会关系。一般来说,法律制度调整了多少种社会关系就包含有多少种具体的法律制度。这些基本制度在社会制度体系中处于主导地位,规定了社会的基本性质和发展目标,表征着特定社会形态的基本特征和宏观结构。而具体制度(体制)是指在基本制度基础上建立起来的生产关系、上层建筑

---

① 《马克思恩格斯文集》第2卷,人民出版社2009年版,第591页。
② 《马克思恩格斯文集》第9卷,人民出版社2009年版,第29页。
③ 《列宁专题文集 论马克思主义》,人民出版社2009年版,第69页。

的各种具体形式,如经济体制、政治体制、文化体制、教育体制等的统称。这些具体制度在制度系统中的地位也相当重要,规定着社会的发展阶段和运行方式,表征着特定社会形态的基本形式和中观结构。基本制度和具体制度作为制度系统的两个不同层次,可以说前者是内容,后者是形式,前者反映普遍性,后者体现特殊性。在社会制度的社会历史实践中,基本制度和具体制度表现出较为复杂的关系。

根据马克思主义经典作家的论述,社会制度分为三个层次:一是总体社会制度,即社会形态,如资本主义制度、社会主义制度。它决定着该社会形态的社会性质,是制定各种制度的依据。二是一个社会中不同领域里的制度,如经济制度、政治制度、文化制度、社会建设制度等,它决定着不同领域内的具体模式和规则。三是建立在经济、政治、文化、社会制度基础上的具体体制。在制度系统中,作为社会形态的制度处于最内层,是制度系统的核心,也是制度设计的逻辑起点;基本制度处于中间层次,是制度系统最基础的部分,直接反映制度的本质;具体体制处于最外层,直接指导实践并接受实践的检验。同具体制度(体制)相比较,基本制度有很强的稳定性,并对具体制度(体制)有较强的制约作用。

二、何谓"社会主义制度"?

社会主义制度作为人类历史上一种崭新的制度发展阶段,具有多重的文本意义和解读角度。邓小平曾经指出:"我们建立的社会主义制度是个好制度,必须坚持。我们马克思主义者过去闹革命,就是为社会主义、共产主义崇高理想而奋斗。现在我们搞经济改革,仍然要坚持社会主义道路,坚持共产主义的远大理想,年轻一代尤其要懂得这一点。但问题是什么是社会主义,如何建设社会主义。我们的经验教训有许多条,最重要的一条,就是要搞清楚这个问题。"[①]要搞清楚如何建设社会主义,首先要搞清楚什么是社会主义,尤其要搞清楚什么是社会主义制度。我们认为,社会主义制度可以从以下几个方面来理解:

首先,社会主义制度是指社会主义的社会形态。按照马克思主义关于社会制度的理论,人类社会的制度形态大致经历了原始社会、奴隶社会、封建社会、资本主义社会和共产主义社会(社会主义社会是共产主义社会的第一阶段)五种形态。这五种社会制度形态是依次更替的,体现了人类社会由低级向高级发展的基本规律。在马克思主义经典作家的论述中,社会主义并非一个独立的社会形态,只是共产主义社会形态的第一个发展阶段。就社会主义制度产生以来的实践形态看,虽然社会主义仍然只是共产主义的初级阶段,但它毕竟是比资本主

---

① 《邓小平文选》第3卷,人民出版社1993年,第116页。

义更高一层次的社会形态。社会主义制度是高于资本主义、优于资本主义的一种社会制度。资本主义制度之所以会被社会主义制度所替代,是因为随着社会生产力的发展,资本主义制度特别是资本主义的生产关系,已经不再能容纳它自己创造的生产力的发展,资本主义生产关系阻碍了人类的进步,因而必将被打破,最终被社会主义社会形态所替代。邓小平曾指出:"我们的党和人民浴血奋斗多年,建立了社会主义制度。尽管这个制度还不完善,又遭受了破坏,但是无论如何,社会主义制度总比弱肉强食、损人利己的资本主义制度好得多。"①邓小平关于社会主义制度的这一论述,很显然是从社会形态这一角度讲的。

其次,社会主义制度是指社会主义的基本制度。社会主义基本制度是科学社会主义的本质特征、基本原则在制度上的体现。社会主义基本制度直接体现着社会主义的本质,决定着社会主义的性质。社会主义基本制度的改变,必然会引起社会主义性质的改变。马克思主义经典作家曾根据实现人的自由而全面发展这一共产主义目标,对社会主义社会进行了制度设计。根据马克思主义的原理,社会主义基本制度包括社会主义的基本经济制度、基本政治制度、基本文化制度和社会建设制度以及建立在一定经济基础和上层建筑基础之上的法律体系等。在基本经济制度上必须坚持公有制和按劳分配;在基本政治制度上必须坚持人民民主专政和无产阶级政党的领导,必须实行人民当家作主;在基本文化制度上必须坚持先进文化的指导地位,满足人民日益增长的文化生活需要;在基本社会管理制度上必须把消灭剥削、消除两极分化,实现共同富裕作为最终目标;在社会主义法律体系方面,必须把维护多数人的权益作为出发点,等等。马克思、恩格斯关于社会主义基本制度的这些设想,就是我们今天所说的科学社会主义的基本原则,它反映了社会主义制度的共性,体现着社会主义的本质,是社会主义制度区别于资本主义制度的最本质特征。我们通常讲的社会主义制度优势或者制度优越性,首先讲的是社会主义基本制度的优势和优越性。

再次,社会主义制度是指社会主义的具体制度(体制)。社会主义具体制度是社会主义基本制度的具体实现形式,它既受社会主义基本制度的制约,又随着时间、地点、条件的变化而变化。因此,在不同国家、同一国家的不同历史时期,社会主义具体制度可能是很不相同的。恩格斯指出:"所谓'社会主义社会'不是一种一成不变的东西,而应当和任何其他社会制度一样,把它看成是经常变化和改革的社会。"②这里所指的"变化和改革",首先指的就是社会主义具体制度的变化和改革。基于对中国社会主义建设经验教训的深刻总结,邓小平也明确

①　《邓小平文选》第 2 卷,人民出版社 1994 年版,第 337 页。
②　《马克思恩格斯文集》第 10 卷,人民出版社 2009 年版,第 588 页。

指出,社会主义制度并不等于社会主义的具体做法,"党和国家现行的一些具体制度中,还存在不少的弊端,妨碍甚至严重妨碍社会主义优越性的发挥"。① 邓小平在这里所讲的"具体做法"和"具体制度"就是社会主义的具体体制。相对于社会主义基本制度,社会主义的具体制度是最表层的,具有灵活性。社会主义的具体制度只有进行经常性的变革,才能够有效体现和发挥社会主义基本制度的优势和优越性。

总结社会主义发展的历史经验,我们不难发现,在探索实现社会主义基本制度的具体实现形式,即社会主义具体制度方面,由于没有现成的经验可以借鉴,不同的社会主义国家都曾犯过不少错误,但这些错误更多地体现在具体做法或具体体制上。苏联的解体并非因为其建立了社会主义的基本制度,而是其在社会主义建设的具体做法上犯了错误,出现了失误,最终背离了科学社会主义的基本原则,抛弃了社会主义的基本制度。就中国而言,1980 年,邓小平曾明确指出:"我们过去发生的各种错误,固然与某些领导人的思想、作风有关,但是组织制度、工作制度方面的问题更重要。这些方面的制度好可以使坏人无法任意横行,制度不好可以使好人无法充分做好事,甚至会走向反面。即使像毛泽东同志这样伟大的人物,也受到一些不好的制度的严重影响,以至对党对国家对他个人都造成了很大的不幸。"②邓小平在这里强调的"制度"很显然是社会主义的具体制度而非基本制度。邓小平意识到了制度建设和完善的重要性和长期性,1992年,邓小平强调:"恐怕再有三十年的时间,我们才会在各方面形成一整套更加成熟、更加定型的制度。在这个制度下的方针、政策,也将更加定型化。"在社会主义具体制度上,我们要经常"总结经验,对的就坚持,不对的赶快改,新问题出来抓紧解决"。③

三、何谓"中国特色社会主义制度"?

胡锦涛在纪念中国共产党成立 90 周年大会上明确指出:"经过 90 年的奋斗、创造、积累,党和人民必须倍加珍惜、长期坚持、不断发展的成就是:开辟了中国特色社会主义道路,形成了中国特色社会主义理论体系,确立了中国特色社会主义制度。""我们推进社会主义制度自我完善和发展,在经济、政治、文化、社会等各个领域形成一整套相互衔接、相互联系的制度体系。"④胡锦涛在这里使用了"制度"和"制度体系"两个概念。党的十八大报告在论述中国特色社会主义

---

① 《邓小平文选》第 2 卷,人民出版社 1994 年版,第 327 页。
② 《邓小平文选》第 2 卷,人民出版社 1994 年版,第 333 页。
③ 《邓小平文选》第 3 卷,人民出版社 1993 年版,第 372 页。
④ 胡锦涛:《在庆祝中国共产党成立 90 周年大会上的讲话》,《人民日报》2011 年 7 月 2 日。

制度时,运用了"根本政治制度""基本政治制度""基本经济制度""具体制度"等概念。那么,究竟该如何理解"中国特色社会主义制度"呢?

首先,中国特色社会主义制度是一种社会形态。中国的社会主义虽然仍处于初级阶段,但毕竟已进入马克思所阐释的社会主义阶段。改革开放以来,我们党在论述中国特色社会主义时,从来没有忽略其社会形态这一属性。当邓小平讲"我们的社会主义制度是有中国特色的社会主义制度"①时,这里的"制度"就是从社会形态角度论述的。当我们党的领导人一再强调"我们建立的社会主义制度是个好制度,必须坚持"②时,这里的制度仍然是从社会形态这一角度讲的。作为社会形态的中国特色社会主义制度,是我们党在长期的革命斗争中形成的。新民主主义革命的胜利,社会主义改造后社会主义基本制度的建立,为当代中国一切发展进步奠定了根本政治前提和制度基础。改革开放以来,我们党在新的历史条件下,经过努力探索,最终确立了中国特色社会主义制度。

其次,中国特色社会主义制度作为一个制度体系,包含有多个层次。党的十八大明确指出:"中国特色社会主义制度,就是人民代表大会制度的根本政治制度,中国共产党领导的多党合作和政治协商制度、民族区域自治制度以及基层群众自治制度等基本政治制度,中国特色社会主义法律体系,公有制为主体、多种所有制经济共同发展的基本经济制度,以及建立在这些制度基础上的经济体制、政治体制、文化体制、社会体制等各项具体制度。"③从十八大报告的论述看,中国特色社会主义制度除了包括社会形态这一层次外,还包括基本制度层次和具体制度层次。中国特色社会主义基本制度是由基本经济制度、基本政治制度、基本文化制度、基本社会建设制度和社会主义法律体系构成的。其中,中国特色社会主义经济制度主要包括三个方面:一是以公有制为主体、多种所有制经济共同发展的社会主义初级阶段基本经济制度;二是以按劳分配为主体、多种分配方式并存的社会主义初级阶段的分配制度;三是建立在基本经济制度和分配制度基础之上的各项经济管理制度。中国特色社会主义基本政治制度包括人民民主专政,人民代表大会制度,中国共产党领导的多党合作和政治协商制度,民族区域自治制度和基层群众自治制度。中国特色社会主义基本文化制度主要包括坚持马克思主义在意识形态领域的指导地位、加强思想道德建设、繁荣发展教育事业和哲学社会科学事业等方面的制度和体制。中国特色社会主义基本社会建设制度主要包括教育制度、劳动就业制度、基本医疗卫生制度、社会保障制度、社会管

---

① 《邓小平文选》第3卷,人民出版社1993年版,第218页。
② 《邓小平文选》第3卷,人民出版社1993年版,第116页。
③ 胡锦涛:《坚定不移沿着中国特色社会主义道路前进 为全面建成小康社会而奋斗——在中国共产党第十八次全国代表大会上的报告》,人民出版社2012年版,第12页。

理制度等一系列制度和体制。这些制度既反映了科学社会主义的基本原则,又体现了鲜明的中国特色。中国社会主义的具体体制,主要是指建立在基本制度基础上的具体经济体制、政治体制、文化体制、社会体制。对制度作层次的划分,对于我们坚持和完善社会主义制度具有重要的意义。十八大报告明确告诉我们,根本制度和基本制度是必须坚持和完善的,否则会亡党亡国。但基本制度不是抽象的,而是由具体体制构成的,因此,具体体制的变革必须有利于坚持和完善基本制度。对制度作多层次的划分,有利于我们在坚持中国特色社会主义制度不变的情况下,继续推进经济体制、政治体制、文化体制、社会体制改革创新,继续推动我国社会主义制度的自我完善和发展。

第三,中国特色社会主义制度是切合中国国情的社会制度,具有鲜明的特点和独特的优势。胡锦涛指出:"中国特色社会主义制度,是当代中国发展进步的根本制度保障,集中体现了中国特色社会主义的特点和优势。"①从中国特色社会主义实践结果看,这一制度的优势主要体现在以下几个方面:一是它符合人类社会发展规律,体现了社会主义建设规律;二是它符合我国国情,是切合中国实际的社会制度;三是它顺应时代潮流,有利于吸收和借鉴世界各国一切文明成果;四是它始终坚持人民群众的主体地位,始终以最广大人民群众的根本利益为出发点和落脚点,因而拥有广泛的群众基础。由于这种制度具有以上优势,因而这种制度有利于保持党和国家活力,调动广大人民群众和社会各方面的积极性、主动性、创造性,有利于解放和发展社会生产力、推动经济社会全面发展,有利于维护和促进社会公平正义、实现全体人民共同富裕,有利于集中力量办大事、有效应对前进道路上的各种风险挑战,有利于维护民族团结、社会稳定、国家统一。

第四,中国特色社会主义制度是尚待进一步完善的社会制度。党的十八大报告明确指出,发展中国特色社会主义是一项长期的艰巨的历史任务,必须准备进行具有许多新的历史特点的伟大斗争。十八大报告同时强调,发展中国特色社会主义必须以中国特色社会主义制度作为根本保障,为此必须坚持和丰富中国特色社会主义制度。为此,十八大报告强调了制度建设的重要性,提出了坚持和完善中国特色社会主义制度的目标,并在不同领域提出了坚持和完善中国特色社会主义制度的具体要求:在经济建设方面,要进一步完善社会主义基本经济制度和分配制度,完善社会主义市场经济体制。在政治建设方面,要把制度建设摆在突出位置,充分发挥我国社会主义政治制度优越性,积极借鉴人类政治文明有益成果,绝不照搬西方政治制度模式;要积极稳妥地推进政治体制改革,注重完善人民代表大会制度,健全社会主义协商民主制度,完善基层民主制度;要全

① 胡锦涛:《在庆祝中国共产党成立90周年大会上的讲话》,《人民日报》2011年7月2日。

面推进依法治国进程,完善中国特色社会主义法律体系。在文化建设方面,要深化文化体制改革,扎实推进社会主义文化强国建设。在社会建设方面,要围绕构建中国特色社会主义社会管理体系,加快形成党委领导、政府负责、社会协同、公众参与、法治保障的社会管理体制,要深化收入分配制度改革,完善社会保障制度。在生态文明建设方面,要加强生态文明制度建设。在党的建设方面,要特别注重制度建设,完善党员干部直接联系群众制度,健全党内民主制度体系,健全党员民主权利保障制度,完善党的代表大会制度,完善党内选举制度,深化干部人事制度改革,健全反腐败法律制度等。

四、几点结论

第一,制度建设至关重要,必须放在更加突出的位置。社会制度之所以重要,是因为它有很强的社会功能:它通过权利和义务系统确定个人的地位和角色,为人们提供思想和行为模式,使其较快地适应社会生活;它通过一系列规范协调社会行为,调适人际关系,发挥社会组织的正常功能,清除社会运行的障碍,建立社会正常秩序;它通过保存与传递人类的思想、信仰、风俗、习惯等,使之世代沿袭,并在空间上得到普及,从而促进文化的传承与创新。正因为如此,世界各国都把制度建设放在十分重要的位置。也正因为如此,我们党十分注重社会主义制度建设,并将中国特色社会主义制度作为建设中国特色社会主义的根本保障。

第二,社会制度是分层次的,包括社会形态、基本制度和具体制度(体制)三个层次。社会制度的三个层次从内到外依次展开,作为社会形态的制度处于制度体系的核心,是进行基本制度设计的逻辑起点,反映社会制度的性质。基本制度处于中间层,是社会制度中最重要的组成部分,是作为社会形态的制度在经济、政治、文化、社会等领域的体现,反映一种制度的特殊本质,也体现一种社会制度的共性。具体制度(体制)是基本社会制度在不同国家不同时期的具体体现,它具有很强的民族特色和时代特色。任何社会制度都不是凝固不变的,而是不断变化和改革的,改革是社会制度自我完善和发展的根本途径。社会制度的层次性决定了改革的层次性。改革绝不是要颠覆作为社会形态的制度,而是对基本制度和具体体制的变革。由于基本制度具有相对稳定性,因此,改革更多地应在具体体制层面展开。而具体体制的变革应在坚持基本制度的前提下进行,是为了基本制度的更加完善。否则,改革就演变成改向。

第三,坚持和完善中国特色社会主义制度体系,既要有“制度自信”,又要坚持“制度创新”。中国特色社会主义制度是我们党经过90多年的接力探索而逐步建立起来的,由于它来之不易,所以我们要倍加珍惜。制度不健全,制度不完善,制度执行不严格,依然是当前我国制度建设中存在的问题。继续完善各方面制度,保证制度严格执行,仍然是中国特色社会主义建设的一项重要而紧迫的任务。面向未来,面对风云变幻的国际形势,面对艰巨繁重的国内改革发展稳定任务,一方面,我们要坚定中国特色社会主义的制度自信,另一方面,我们还需要大胆进行制度创新。

第四,制度创新必须以理论创新为基础。关于中国特色社会主义制度的研究,是近几年来我国学术界的一个热门话题。2011年,胡锦涛在概括中国特色社会主义制度之后,学术界对此问题的研究广泛展开。从近几年国内研究情况看,我们觉得有几点明显不足,一是对社会制度没有作层次分析,作为社会形态、基本制度和具体体制的社会制度纠缠在一起,导致制度认同上的错位或混乱,甚至导致无谓的争论。二是对社会制度的概括不全面,在制度体系中出现了部分制度的缺失,导致社会制度体系的不完整。比如,我们已经概括了中国特色社会主义的基本经济制度、基本政治制度,但对于中国特色社会主义文化制度、社会管理制度等缺乏研究。三是我们对于制度的构成要件和衡量标准缺乏研究,缺乏对不同社会制度进行比较的宏观依据,导致我们在分析社会主义制度的优越性和中国特色社会主义制度的优势时,缺乏相应的学理依据。这些问题的存在,既影响到我们的制度自信,也影响到我们的制度创新。推进中国特色社会主义制度创新,必须深化对中国特色社会主义制度的理论研究。

第五,理论创新和制度创新必须克服对制度盲目崇拜的倾向。对社会制度的盲目崇拜是我国现阶段存在的另一种特殊现象。这种制度崇拜导致如下结果:一是制度的力量被无限放大,被放在了一个至高无上的地位。认为只要建构一系列精确、可靠的制度,中国经济社会发展中的诸多问题均可迎刃而解。二是把制度当作掩盖矛盾和问题的借口。许多人往往以制度缺失和制度不健全作为掩盖错误的借口。三是人的因素、尤其是人的素质因素被忽视,道德的因素被忽视,精神的因素被忽视。四是制度执行成本增加,但问题仍未解决。比如我们制定了八项规定等相关制度,但"四风"方面存在的突出问题仍然没有彻底解决。因此,面向未来,一方面,我们要继续坚持中国特色社会主义基本制度,通过改革来完善我们的基本制度和具体体制;另一方面,我们要不断提高人的素质,要不断加强思想道德建设,要用思想道德方面的软约束弥补制度刚性约束的不足,要形成软约束与刚性约束相配合的体制机制。

道路、理论体系、制度与总依据、总任务和总布局的关系

党的十八大报告明确指出：中国特色社会主义是由道路、理论体系和制度"三位一体"构成的，其中，"中国特色社会主义道路是实现途径，中国特色社会主义理论体系是行动指南，中国特色社会主义制度是根本保障，三者统一于中国特色社会主义伟大实践，这是党领导人民在建设社会主义长期实践中形成的最鲜明特色。"十八大报告同时指出："建设中国特色社会主义，总依据是社会主义初级阶段，总布局是五位一体，总任务是实现社会主义现代化和中华民族伟大复兴。"①自从这两个论断提出之后，学术界对此展开了多方面的研究，取得了一系列研究成果。但到底如何理解"三位一体"与"三总"之间的关系，仍然是中国特色社会主义研究中一个需要深入研究的重要问题。

一、道路、理论和制度是一个整体，三者统一于中国特色社会主义伟大实践

社会主义发展的历史明确告诉我们，社会主义是一个多层次的概念。它既是指一种思潮或理论，也是一种制度、一种运动、一种理想。社会主义就是理论、制度、运动、理想等多层次内容构成的统一体。这几个方面，既是紧密相联的，又具有相对独立性。社会主义与资本主义的发展历程明显不同，社会主义是先有理论或思潮，然后有实践或运动，最后再有制度；而资本主义是先有实践、制度，然后才有相对成熟的理论。社会主义作为一种思潮或理论和理想，如果从莫尔的《乌托邦》开始算起，至今已经有 500 年的历史。500 年来，这种思潮或理论从空想发展到科学，从欧洲发展到全世界，从未间断过，始终在指导着社会主义的运动。社会主义作为一种运动，如果从欧洲工人革命开始算起，已有一百多年的历史，其间虽然有成功、有失败，有高潮、有低潮，但这种运动从未停止过，始终在为理论发展提供实践经验，也始终在推进社会主义的发展。社会主义作为一种制度，如果从巴黎公社革命算起，只有 100 多年的历史；如果从十月革命算起，只有不到 100 年的历史，其间虽有波折，但仍然具有强大的生命力，至今依然是正在逐步彰显其优越性并代表着人类未来的一种美好制度。

---

① 胡锦涛：《坚定不移沿着中国特色社会主义道路前进　为全面建成小康社会而奋斗——在中国共产党第十八次全国代表大会上的报告》，人民出版社 2012 年版，第 13 页。

理论、运动和制度虽然具有十分紧密的联系,但又不能将它们等同起来,彼此具有相对的独立性。理论具有相对稳定性和长远指导性,它指导实践并接受实践检验,同时还要从实践中汲取理论发展的动力;它参与制度的顶层设计同时又需要制度为其提供保障。运动是在理论指导下开展的,缺乏理论指导的实践(运动)是盲目的,离开了目标就会失去方向,注定要失败。制度是在理论指导下、在运动实践中形成和发展起来的,缺乏科学理论指导构建的制度是不完善的,离开实践或运动的制度只能停留在书本上和人们的观念之中,不可能变成现实。

理解什么是社会主义、如何建设社会主义,必须把社会主义作为一个整体,不能将社会主义等同于单一的理论、运动或制度。如果我们将社会主义仅等同于理论,那么社会主义始终只能停留在纸上谈兵阶段从而陷入空想;如果把社会主义等同于单一的运动,某一次运动的失败就表明社会主义的失败;如果把社会主义等同于某一国家或地区的单一制度,那么某一国家的制度被颠覆,则说明社会主义被颠覆。福山的错误就在于它将社会主义等同于苏联的社会主义制度,苏联社会主义制度的失败成了他提出"历史终结论"的主要依据。

中国特色社会主义作为世界社会主义五百年发展的结晶,作为科学社会主义的"中国版",同样是道路、理论和制度的有机统一体。高举中国特色社会主义伟大旗帜,最根本的就是要坚持中国特色社会主义道路、理论体系和制度。

2011年,胡锦涛在纪念中国共产党成立90周年讲话时,明确概括并阐明了中国特色社会主义道路、理论体系和制度的内涵及三者的关系。胡锦涛指出:"经过90年的奋斗、创造、积累,党和人民必须倍加珍惜、长期坚持、不断发展的成就是:开辟了中国特色社会主义道路,形成了中国特色社会主义理论体系,确立了中国特色社会主义制度。"①其中,中国特色社会主义道路,是实现社会主义现代化的必由之路,是创造人民美好生活的必由之路。中国特色社会主义理论体系,是指导党和人民沿着中国特色社会主义道路实现中华民族伟大复兴的正确理论。中国特色社会主义制度,是当代中国发展进步的根本制度保障,集中体现了中国特色社会主义的特点和优势。

2012年,党的十八大进一步论述了三者的内涵和关系。党的十八大以来,习近平多次谈到道路、理论体系和制度,并论述了三者的关系。习近平明确指出:"中国特色社会主义是实践、理论、制度紧密结合的,既把成功的实践上升为理论,又以正确的理论指导新的实践,还把实践中已见成效的方针政策及时上升为党和国家的制度。所以,中国特色社会主义特就特在其道路、理论体系、制度

---

① 胡锦涛:《在庆祝中国共产党成立90周年大会上的讲话》,《人民日报》2011年7月2日。

上,特就特在其实现途径、行动指南、根本保障的内在联系上,特就特在这三者统一于中国特色社会主义伟大实践上。在当代中国,坚持和发展中国特色社会主义,就是真正坚持社会主义。"①

中国特色社会主义道路、理论体系和制度具有内在的逻辑联系,三者相互依存,相互衔接,相辅相成,构成"三位一体"的有机整体。从中国特色社会主义的形成发展过程来看,不论是道路、理论体系还是制度,都不是分别形成的,它们都是中国改革开放 30 多年实践经验的结晶,都是中国共产党在新中国成立 60 多年来持续探索的结果,都是中国共产党成立 90 多年来带领人民奋斗取得的伟大成绩。从着力要解决的中心问题看,道路、理论体系和制度都围绕着一个共同的主题,即像中国这样的经济文化落后国家如何建设、巩固和发展社会主义的问题,具体来说就是围绕着实现中国现代化和实现中华民族伟大复兴这一主题。从思想方法来看,道路、理论体系和制度,都始终坚持以马克思主义为指导,并把解放思想、实事求是作为根本的哲学思维方法。从功能和作用上看,道路是实现途径,理论体系是行动指南,制度是根本保障,三者共同支撑着中国特色社会主义伟大旗帜。因此,坚持和发展中国特色社会主义,既要注重实践创新,又要注重实践基础上的理论创新,更要注重把实践创新和理论创新的最终成果通过制度固定下来,从而为理论和实践提供制度保障。

二、总依据、总布局和总任务是紧密联系、不可分割的关系

党的十八大报告明确提出:建设中国特色社会主义,总依据是社会主义初级阶段,总布局是五位一体,总任务是实现社会主义现代化和中华民族伟大复兴。深刻领会和把握这个新概括,有助于我们深刻领会和把握中国特色社会主义的真谛和要义。做好中国特色社会主义这篇大文章,必须深刻领会和牢牢把握这个总依据、总布局、总任务。

第一,总依据是确立总布局和总任务的根本前提。建设中国特色社会主义,必须从中国实际出发,否则会犯"左"或右的错误。充分认清我国社会现在所处的历史阶段,是建设和发展中国特色社会主义的首要问题。新中国成立以来,经过我们党长时间的曲折探索,我们党清醒地认识到,当代中国最大的实际就是中国正处于并将长期处于社会主义初级阶段。搞建设、谋发展都不能脱离这个最大国情和最大实际。改革开放以来,虽然我国经济社会发展取得了巨大的成绩,顺利完成了从消灭贫困到逐步小康的历史性跨越,我国经济总量已跃居世界第

---

① 习近平:《紧紧围绕坚持和发展中国特色社会主义　学习宣传贯彻党的十八大精神——在十八届中共中央政治局第一次集体学习时的讲话》,人民出版社 2012 年版,第 4 页。

二,但"我国仍处于并将长期处于社会主义初级阶段的基本国情没有变,人民日益增长的物质文化需要同落后的社会生产之间的矛盾这一社会主要矛盾没有变,我国是世界最大发展中国家的国际地位没有变"。① 这"三个没有变",是立足于我国社会主义初级阶段基本国情得出的科学结论,构成了对我国社会主义初级阶段历史方位的清醒判断。推进中国特色社会主义伟大事业,全面建设小康社会,全面深化改革,全面依法治国,全面从严治党,必须牢牢把握这个最大国情,立足这个最大实际。

第二,总布局是基于总依据,围绕总任务而确立的宏伟蓝图。社会主义是全面发展的社会。社会全面发展是中国特色社会主义的本质属性。建设好中国特色社会主义必须做好谋篇布局,而谋篇布局必须从实际出发。党的十八大根据我国经济社会发展实际,在十六大、十七大确立的全面建设小康社会目标的基础上努力实现新的要求,这就是经济持续健康发展,人民民主不断扩大,文化软实力显著增强,人民生活水平全面提高,资源节约型、环境友好型社会建设取得重大进展。这里涉及经济、政治、文化、社会和生态文明建设五个方面。十八大确立的建设中国特色社会主义总布局就是紧紧围绕如何实现这五个方面的奋斗目标的。而这一总布局是依据社会主义初级阶段的基本国情确立的。因为实现经济持续健康发展,必须不断深化经济体制改革,大力发展经济;保障人民民主权利,必须积极稳妥地推进政治体制改革,发展民主政治;丰富人民的文化生活水平,必须深化文化体制改革,繁荣和发展中国特色社会主义文化;促进社会和谐,必须加强社会建设,实现社会治理现代化;促进人与自然的和谐,必须加强生态文明建设,建设美丽中国。正因为如此,习近平强调:"不仅在经济建设中要始终立足初级阶段,而且在政治建设、文化建设、社会建设、生态文明建设中也要始终牢记初级阶段;不仅在经济总量低时要立足初级阶段,而且在经济总量提高后仍然要牢记初级阶段;不仅在谋划长远发展时要立足初级阶段,而且在日常工作中也要牢记初级阶段。"② 从社会主义初级阶段的实际出发建设中国特色社会主义,既要坚决抵制抛弃社会主义的各种错误主张,又要自觉纠正超越阶段的错误观念和政策措施。

第三,总任务是基于总依据、总布局而确立的奋斗目标。实现社会主义现代化和中华民族的伟大复兴是建设中国特色社会主义的总目标。这一总目标的确立,就是基于社会主义初级阶段的实际,是由社会主义初级阶段的基本国情决定

---

① 胡锦涛:《坚定不移沿着中国特色社会主义道路前进 为全面建成小康社会而奋斗——在中国共产党第十八次全国代表大会上的报告》,人民出版社 2012 年版,第 16 页。

② 习近平:《紧紧围绕坚持和发展中国特色社会主义 学习宣传贯彻党的十八大精神——在十八届中共中央政治局第一次集体学习时的讲话》,人民出版社 2012 年版,第 6 页。

的。党和国家在整个社会主义初级阶段的奋斗目标,就是要按照现代化建设"三步走"的战略部署,建设富强民主文明和谐的社会主义现代化国家。党在社会主义初级阶段的基本路线体现了这一总目标的基本要求。因此,实现这一总目标,必须始终坚持党在社会主义初级阶段的基本路线。同时,实现这一总目标,必须依靠建设中国特色社会主义的总体布局,必须把这一总目标体现在经济、政治、文化、社会、生态文明建设等方面。

总依据、总布局和总任务是紧密相联的,三者之间具有十分紧密的逻辑联系。总依据是前提,是确定总布局和总任务的基础;总布局是围绕总任务展开的,但不能脱离总依据;总任务是基于总依据确定的,总任务又体现在总布局中,即体现在经济、政治、文化、社会和生态文明建设之中。脱离总依据谈总布局和总任务必然脱离实际,过去我们在社会主义建设中所犯的错误与脱离总依据有关,今天我们取得的成绩与密切联系总依据有关。离开总依据和总任务,总布局会迷失方向;脱离总依据和总布局谈总任务,只能陷入不切实际的幻想。因此,在建设中国特色社会主义的伟大实践中,必须正确处理好总依据、总布局和总任务的关系。

三、道路、理论和制度的"三位一体"同总依据、总布局和总任务的"三总"是内在统一的

道路、理论和制度的"三位一体"同总依据、总布局和总任务的"三总",是中国特色社会主义理论逻辑的相互联系、密切结合的两个方面。前者是从逻辑构架的角度对中国特色社会主义的认识,着重体现中国特色社会主义的整体结构;后者是从逻辑进程的角度对中国特色社会主义的认识,着重刻画中国特色社会主义进程的全貌。[1]

无论是中国特色社会主义道路、理论还是制度,都是以社会主义初级阶段为总依据的,"独特的文化传统,独特的历史命运,独特的国情,注定了中国必然走适合自己特点的发展道路"。[2] 这条"发展道路"就是中国特色社会主义道路,把在这条道路上积累的宝贵经验上升为理论就是中国特色社会主义理论,将这条道路上形成和发展起来的各种路线、方针、政策制度化就构成了中国特色社会主义制度体系。

无论是中国特色社会主义道路、理论还是制度,都是以"五位一体"的建设

---

① 顾海良:《中国特色社会主义的历史逻辑和理论逻辑探索》,《教学与研究》2013 年第 10 期。

② 习近平:《出席第三届核安全峰会并访问欧洲四国和联合国教科文组织总部、欧盟总部时的演讲》,人民出版社 2014 年版,第 43 页。

和发展为总布局的,中国特色社会主义道路还可以具体体现为中国特色社会主义经济发展道路、政治发展道路、文化发展道路、社会建设道路和生态文明建设道路。中国特色社会主义理论体系也涵盖经济、政治、文化、社会和生态文明建设;中国特色社会主义制度也包括根本政治制度、基本经济制度、基本政治制度、基本文化制度、社会管理制度和生态文明建设制度。

无论是中国特色社会主义道路、理论还是制度,也都是以实现社会主义现代化和中华民族的伟大复兴为总任务的。走自己的道路,建设中国特色社会主义,就是为了实现现代化和中华民族伟大复兴。中国特色社会主义理论体系的主题就是探索像中国这样经济文化落后的国家如何建设、巩固和发展社会主义,说到底还是实现现代化和中华民族的伟大复兴;中国特色社会主义制度,无论是根本制度、基本制度还是具体体制,也都是服务于实现总任务的。

同样,中国特色社会主义的"三总",即总依据、总布局和总任务,也总是在中国特色社会主义道路、理论体系和制度的发展中不断完善和前行的。对总依据即社会主义初级阶段及阶段性特征认识的深化,对总布局从两个文明一起抓,到经济、政治、文化三位一体,再到"五位一体"的完善,对总任务从"四个现代化"到"中国梦"的明确,都始终伴随着中国特色社会主义道路探索的成熟、理论的创新和制度的创新。

继续推进中国特色社会主义伟大事业,必须继续正确处理好"三位一体"和"三总"的关系。为此,必须做到以下几点:

第一,必须始终把握总依据,同时深化对总依据的认识。始终坚持走中国特色社会主义道路,不断丰富和发展中国特色社会主义理论体系,坚持和完善中国特色社会主义制度,必须准确把握社会主义初级阶段的基本国情,把握总体发展阶段没变而发展的阶段性特征在不断变化的关系,始终坚持党在社会主义初级阶段的基本路线。在实践中要始终坚持"一个中心、两个基本点"不动摇,既不偏离"一个中心",也不偏废"两个基本点"。要充分认识社会主义初级阶段的长期性,增强顽强奋斗、艰苦奋斗、不懈奋斗的自觉性坚定性。要综观国际国内大势,准确判断重要战略机遇期内涵和条件的变化,全面把握机遇,沉着应对挑战。与此同时,还要从总依据出发,继续实现理论创新和制度创新,实现理论体系的与时俱进和制度的自我完善。

第二,必须准确把握"五位一体"这个总布局,同时使道路更加宽广、理论更加成熟、制度更加定型。要坚持发展这个硬道理,牢牢抓好党执政兴国的第一要务,始终代表中国先进生产力的发展要求,坚持以经济建设为中心,在经济不断发展的基础上,协调推进政治建设、文化建设、社会建设、生态文明建设以及其他各方面建设。要按照这个总布局,促进现代化建设各方面相协调,促进生产关系与生产力、上层建筑与经济基础相协调。同时,要使经济、政治、文化、社会和生态文明建设方面的理论更加成熟,制度更加定型。

第三,必须牢牢把握实现现代化和中华民族伟大复兴这个总目标,同时围绕这个总目标实现理论上的与时俱进和制度上的不断完善。要把践行中国特色社会主义共同理想和坚定共产主义远大理想统一起来,把全面建成小康社会和实现社会主义现代化的宏伟目标结合起来。在全面建成小康社会的新阶段,最关键的是要按照党的十八大、十八届三中全会和四中全会提出的新要求,按照"四个全面"的战略布局,不断丰富中国特色社会主义的实践特色、理论特色、民族特色、时代特色,努力实现全面建成小康社会各项目标任务,继续实现推进现代化建设、完成祖国统一、维护世界和平与促进共同发展这三大历史任务,从而实现中国特色社会主义的持续健康发展。

毛泽东思想与中国特色社会主义
理论体系的关系

　　党的十七大对中国特色社会主义理论体系进行新概括之后,关于毛泽东思想与中国特色社会主义理论体系的关系问题,成为国内外学术界极为关注的一个热点问题。问题的焦点主要集中在三个方面:一是毛泽东对适合中国国情的社会主义建设道路作了哪些探索,取得了哪些成果? 二是为什么中国特色社会主义理论体系中不包括毛泽东思想中关于社会主义建设道路探索的内容? 三是中国特色社会主义理论体系到底在哪些方面继续和发展了毛泽东思想? 这三个问题,集中起来就是如何准确把握毛泽东思想与中国特色社会主义理论体系的关系。由于这个问题涉及对毛泽东的评价问题,涉及对改革开放前30年的评价问题,因此,这个问题不仅成为重要的学术问题,而且成为严肃的政治问题。弄清楚这一问题,对于坚持中国特色社会主义理论体系,具有十分重要的意义。

一、如何正确认识和评价毛泽东关于中国特色社会主义建设道路的探索

　　1949年,中华人民共和国成立。对于新中国的建立,毛泽东有喜有忧,喜的是中国人民从此站起来了,忧的是中国的问题并没有完全解决,尤其让他无比忧虑的是中国生产力水平的低下和工业的落后。如何在中国这样一个经济文化比较落后、人口众多、情况十分特殊、在国际社会中处于边缘的东方大国建设社会主义? 这是以毛泽东为主要代表的中国共产党人面临的全新课题。新中国成立初期,由于缺乏建设经验,也为了寻求苏联的经济援助,吸收和借鉴苏联社会主义建设积累的宝贵经验,中国的社会主义建设基本上照搬苏联模式。"苏联的今天就是我们的明天"一度成为响亮的口号。对于这一点,历来主张理论联系实际,勇于开拓创新的毛泽东"总觉得不满意,心情不舒畅"。①

　　1953年斯大林逝世以后,苏联发生的诸多变故,引起中国共产党的很大震动,也使毛泽东开始体察到苏联模式的弊端。在国内,到1955年底,随着我们在经济建设方面经验的积累,毛泽东也逐渐察觉到苏联的某些经验并不符合中国国情。正是基于这样的历史背景,在1955年年底,即在苏共二十大召开之前,毛泽东就在中央领导集体的小范围内提出了"以苏为鉴"、走中国自己的路的思

---

　　① 《毛泽东文集》第8卷,人民出版社1999年版,第117页。

想。薄一波后来回忆说:"在我的记忆里,毛主席是在 1955 年底就提出了'以苏为鉴'的问题。"①

1956 年 2 月苏共二十大的召开,使得毛泽东和党中央"以苏为鉴"、走自己道路的思想更加明确。在 1956 年 3 月的政治局会议上,毛泽东指出,搞社会主义建设不一定完全按照苏联那一套公式,可以根据本国的具体情况,提出适合本国国情的方针、政策。为此,毛泽东强调:在社会主义革命和建设时期,我们要进行马克思主义与中国实际的第二次结合,找到在中国进行社会主义建设的正确道路。② 这说明,毛泽东并不迷信苏联社会主义模式,而是力图像在民主革命时期开辟中国特色革命道路那样,寻找更加符合中国国情的社会主义建设道路。这充分显示了毛泽东作为伟大的无产阶级革命家的政治勇气和理论勇气。

1956 年 4 月,毛泽东作了《论十大关系》的重要讲话。"以苏为鉴",根据中国情况走自己的路,是贯穿《论十大关系》的基本精神。1958 年 5 月,毛泽东在中共八大二次会议各代表团团长会议上指出:"十大关系的基本观点,就是同苏联作比较。除了苏联办法之外,是否可以找到别的办法,比苏联、东欧各国搞得更快更好。"③《论十大关系》堪称走中国自己的社会主义建设道路的具有标志性的开篇之作。对此,毛泽东后来多次提及。1958 年 3 月,他在成都会议上指出:"一九五六年四月的《论十大关系》,开始提出我们自己的建设路线,原则和苏联相同,但方法有所不同,有我们自己的一套内容。"④1960 年 6 月,他在《十年总结》中还指出,前八年照抄外国的经验,但从 1956 年提出十大关系起,开始找到自己的一条适合中国的路线。《论十大关系》的发表,表明毛泽东对中国自己的社会主义建设道路已形成了比较系统的思路,从而使他的探索有了良好的开端。

1956 年 9 月,中国共产党召开第八次全国代表大会。这是党的历史上第一次以全面建设社会主义为主题的代表大会。八大提出了以发展生产力为中心任务,全面建设社会主义强大国家的基本路线。八大把《论十大关系》基本思想具体化,关于社会主义建设的思想理论更丰富、更具体、更全面。八大提出的关于中国社会主要矛盾以及党和国家主要任务的判断,关于执政党建设的理论,关于反对个人崇拜的思想,关于经济建设既反保守又反冒进的方针,关于民主法制建设、台湾问题、对外关系的新方针政策,关于"三个主体、三个补充"以及建立初步完整的工业体系的构想,是党中央和毛泽东在探索中国特色社会主义建设道路上取得的新成果。

---

① 《若干重大决策与事件的回顾》(修订本)上卷,中共中央党校出版社 1997 年版,第 488 页。
② 吴冷西:《忆毛主席》,新华出版社 1995 年版,第 9~10 页。
③ 参见逄先知、金冲及主编:《毛泽东传(1949—1976)》上,中央文献出版社 2003 年版,第 484 页。
④ 《毛泽东文集》第 7 卷,人民出版社 1999 年版,第 369~370 页。

1957 年 2 月，毛泽东又作了《关于正确处理人民内部矛盾的问题》讲话，后经修改和补充发表于同年 6 月 19 日的《人民日报》上。该文提出了社会主义社会基本矛盾，强调了要严格区分和正确处理两类不同性质的矛盾，特别是要正确处理人民内部矛盾。它是毛泽东对中国社会主义建设道路探索的标志性成果之一。它的发表，在怎样认识社会主义、实现马克思主义基本原理同中国社会主义建设实践的结合上，都具有划时代的意义。它把正确区分和处理人民内部矛盾作为党和国家政治生活的主题，为我们指明了用对立统一规律观察和处理社会主义社会矛盾和问题的科学方法，对探索社会主义社会的规律，具有重大的理论价值。

这一时期，毛泽东还立足于中国实际，提出了许多关于推进中国社会主义建设的重要观点，涉及政治、经济、文化、国防、外交、党的建设等多个方面。由于在中国这样一个落后的东方大国建设社会主义，是马克思主义和社会主义发展史上从未遇到的新课题，人们对如何走适合中国国情的社会主义道路还缺少规律性认识，加上当时严峻复杂的国际环境的影响，我们党在探索社会主义道路的过程中发生了失误和曲折，付出了沉重代价，留下了深刻的历史经验和教训。但毛泽东对中国社会主义建设道路的初步探索及其取得的理论成果，为中国共产党实现马克思主义中国化第二次历史性飞跃提供了良好的开端，为我们在新的历史条件下坚持和发展马克思主义奠定了基础。从这个意义上说，薄一波所说的马克思列宁主义与中国实际相结合的"第二次历史性飞跃""始于毛，成于邓"这个判断是非常准确的。[①]

今天，当我们总结新中国成立以来社会主义建设的历史经验时，我们必须尊重历史，不能将改革开放前后两个不同阶段作简单对比。不能因为毛泽东晚年犯过错误而否定毛泽东对中国社会主义建设作出的积极贡献和取得的丰硕成果；我们也不能因为毛泽东探索适合中国国情的社会主义建设道路出现过失误而否认毛泽东的理论贡献。我们至少应该清醒地看到：

第一，以毛泽东为核心的党的第一代中央领导集体带领全党全国各族人民建立新中国，彻底结束了 100 多年来中国人民受压迫、受奴役、受侵略的黑暗历史，彻底结束了旧中国四分五裂、民不聊生的黑暗历史，彻底结束了在中国绵延几千年的封建专制统治的黑暗历史，为当代中国一切发展进步奠定了根本政治前提。

第二，以毛泽东为核心的党的第一代中央领导集体，根据我国国情，确立了

---

① 薄一波：《在学习〈邓选〉和建设有中国特色社会主义理论研讨会上的讲话》，《人民日报》1994 年 12 月 23 日。

人民民主专政的国体,人民代表大会制度的政体,中国共产党领导的多党合作和政治协商制度的政党制度以及处理民族关系的民族区域自治制度,使中国这个占世界人口四分之一的东方大国进入了社会主义社会,实现了中国历史上最深刻、最伟大的社会变革,从而为我们党在新时期开辟中国特色社会主义道路、创立中国特色社会主义理论体系,奠定了根本的制度基础。

第三,在党和毛泽东领导下,改革开放前近30年中,我国逐步建立了独立的、比较完整的工业体系和国民经济体系,消除了新中国成立之初基础工业薄弱的瓶颈,为社会主义现代化建设奠定了重要的物质技术基础,而且积累了在中国这样的社会生产力水平十分落后的东方大国进行社会主义建设的重要经验。

第四,中国共产党对适合中国国情的社会主义建设道路的探索,开始于毛泽东时期,毛泽东对此作出了重要贡献。毛泽东在实现马克思主义与中国实际相结合的第一次历史性飞跃过程中积累的经验和提出的原则,为实现马克思主义与中国实际相结合的第二次历史性飞跃奠定了宝贵的思想基础。毛泽东对适合中国国情的社会主义建设道路的探索,为实现第二次历史性飞跃提供了良好的开端。

正因为如此,党的十七大指出,我们要永远铭记,改革开放伟大事业,是在以毛泽东为核心的党的第一代中央领导集体带领全党全国各族人民建立新中国、取得社会主义革命和建设伟大成就以及艰辛探索社会主义建设规律取得宝贵经验的基础上进行的。

二、为什么中国特色社会主义理论体系中没有包括毛泽东关于社会主义建设道路探索的积极成果

既然我们党对中国特色社会主义建设道路的探索开始于毛泽东,毛泽东思想中也包含着十分丰富的关于建设中国特色社会主义的内容,那么,为什么中国特色社会主义理论体系中没有包含毛泽东关于社会主义建设道路探索的内容呢?

我们认为,正确认识这一问题,必须注意以下几点:

第一,从马克思主义中国化的历史进程看,毛泽东思想属于马克思列宁主义与中国实际相结合的第一次历史性飞跃的理论成果,中国特色社会主义理论体系属于第二次历史性飞跃的理论成果。1987年召开的党的十三大曾明确指出:"马克思主义与我国实践的结合,经历了六十多年。在这个过程中,有两次历史性飞跃。第一次飞跃,发生在新民主主义革命时期,中国共产党人经过反复探索,在总结成功和失败经验的基础上,找到了有中国特色的革命道路,把革命引向胜利。第二次飞跃,发生在十一届三中全会以后,中国共产党人在总结建国三

十多年来正反两方面经验的基础上,在研究国际经验和世界形势的基础上,开始找到一条建设有中国特色的社会主义的道路,开辟了社会主义建设的新阶段。"①

1997 年,党的十五大报告进一步指出:"马克思列宁主义同中国实际相结合有两次历史性飞跃,产生了两大理论成果。第一次飞跃的理论成果是被实践证明了的关于中国革命和建设的正确的理论原则和经验总结,它的主要创立者是毛泽东,我们党把它称为毛泽东思想。第二次飞跃的理论成果是建设有中国特色社会主义理论,它的主要创立者是邓小平,我们党把它称为邓小平理论。这两大理论成果都是党和人民实践经验和集体智慧的结晶。"②

十三大到十五大这十年间,两次党的代表大会的权威论述表明:马克思列宁主义与中国实际相结合,有两次历史性飞跃,解决两大历史性课题。第一次历史性飞跃,所要解决的是切合中国实际的革命道路问题,第二次历史性飞跃要解决的是切合中国实际的社会主义建设道路问题。在第一次飞跃中,产生了"毛泽东思想"这一马克思主义中国化的理论成果,在第二次飞跃中,产生了中国特色社会主义理论体系这一马克思主义中国化的理论成果。第一次历史性飞跃已经结束,毛泽东思想就是属于第一次历史性飞跃的理论成果;第二次历史性飞跃虽然已经经过了几十年,但远没有结束。邓小平理论、"三个代表"重要思想和科学发展观,均属于第二次历史性飞跃的理论成果。党的十七大和十八大把邓小平理论、"三个代表"重要思想和科学发展观统一纳入中国特色社会主义理论体系之中,与党的十三大、十五大的表述是完全一致的。

第二,毛泽东思想作为一个完整的科学理论体系,既包括毛泽东关于新民主主义的正确思想,也包括毛泽东关于社会主义建设的正确思想,二者不容割裂。毛泽东思想是被实践证明了的关于中国革命和建设的正确的理论原则和经验总结,如果将"建设"的内容放入中国特色社会主义理论体系,则毛泽东思想会被肢解成两个部分,造成毛泽东思想的不完整。其实,把毛泽东关于社会主义建设道路探索的理论成果归于毛泽东思想,丝毫不贬低毛泽东这些理论成果的地位。我们认为,毛泽东关于如何建设社会主义所作的理论探索及其理论成果,属于马克思列宁主义与中国实际相结合的第一次历史性飞跃的延续,属于第二次历史性飞跃的准备。③ 从理论形态上看,毛泽东关于社会主义建设道路的探索,仍然属于毛泽东思想,仍然属于第一次历史性飞跃的理论成果。

① 《十三大以来重要文献选编》上,人民出版社 1991 年版,第 56 页。
② 《十五大以来重要文献选编》上,人民出版社 2000 年版,第 9 页。
③ 关于这一观点,中共中央党校龚育之先生在世时,曾在其主持的"马克思主义中国化的历史进程和基本经验"这一课题研究中多次谈到。

同时,我们还应看到,毛泽东思想中虽然包含着十分丰富的关于社会主义建设的思想,但是,在毛泽东思想中,毕竟没有完整地形成"中国特色社会主义"这么一个科学的概念。毛泽东对我国社会主义建设问题进行了不懈的探索,也提出了一些具有重大理论价值和实践价值的思想理论,但是,由于在总体上对什么是社会主义和怎样建设社会主义的问题没有完全搞清楚,因而,毛泽东思想关于建设社会主义的理论并未完整地形成中国特色社会主义这样一个科学思想。

第三,中国特色社会主义理论体系集中反映的是改革开放以来我们党理论创新的全部成果,其历史起点是十一届三中全会,自然也不应包括毛泽东思想中关于社会主义建设的探索。"中国特色社会主义"是个有特定内涵的历史概念。党的十三大报告明确指出:十一届三中全会以后,我们党"开始找到一条建设有中国特色的社会主义的道路,开辟了社会主义建设的新阶段"。十三大之后,我们党的几次代表大会都沿用了这一表述。既然十一届三中全会才是"社会主义建设的新阶段"的"开始",那么,"中国特色社会主义"的历史起点就是十一届三中全会。

中国特色社会主义理论体系的理论主题是如何建设适合中国国情的社会主义,邓小平是中国特色社会主义道路的开拓者和中国特色社会主义理论体系的创立者,以江泽民为核心的党的第三代领导集体和以胡锦涛为总书记的党中央坚持和发展了这一理论。正因为如此,党的十七大才作出了这样的判断:中国特色社会主义理论体系就是包括邓小平理论、"三个代表"重要思想和科学发展观等重大战略思想在内的科学的理论体系。这个理论体系不包括毛泽东思想中关于社会主义建设的思想,但并不是要否定毛泽东思想对我国社会主义建设的指导作用,恰恰相反,毛泽东思想对中国特色社会主义起到了科学世界观和科学方法的指导作用。今天我们建设中国特色社会主义,包括坚持中国特色社会主义理论体系离不开马克思列宁主义、毛泽东思想的根本指导作用。也就是邓小平所说的,"老祖宗不能丢",丢了就会丧失根本。

三、如何准确把握毛泽东思想和中国特色社会主义理论体系的继承发展关系

在我们准确把握毛泽东思想和中国特色社会主义理论体系的关系时,我们既不能把毛泽东思想和中国特色社会主义理论体系割裂开来,也不能把二者对立起来,一定要准确把握它们的继承发展关系。

第一,毛泽东思想与中国特色社会主义理论体系分别属于马克思列宁主义与中国实际相结合的二次历史性飞跃的理论成果,具有许多明显区别。一是二者形成和发展于不同的历史时期,其理论形成的时代背景和实践基础有着根本不同。毛泽东思想形成于战争与革命的时代背景下,长期的民族民主革命斗争实践是毛泽东思想形成的实践基础。毛泽东对中国社会主义建设的探索之所以出现了一些失误,对时代主题判断的失误也是其中一个重要原因。中国特色社会主义理论体系形成于和平与发展的时代背景下,以经济建设为中心、改革开放是中国特色社会主义理论体系形成的实践基础。

二是二者面临着不同时期的主要矛盾和根本任务。毛泽东时期的主要矛盾是帝国主义与中华民族的矛盾、封建主义与人民大众的矛盾,根本任务是实现民族独立和人民解放。社会主义初级阶段的主要矛盾是人民日益增长的物质文化需要同落后的社会生产之间的矛盾,实现国家富强和人民幸福是建设和发展中国特色社会主义的根本任务。

三是二者主体内容不同。毛泽东思想包括新民主主义理论、社会主义改造理论和社会主义建设理论。就其理论体系而言,新民主主义理论和社会主义改造理论是毛泽东思想的主体内容。中国特色社会主义理论体系之中包含的社会主义初级阶段理论、社会主义本质理论、社会主义市场经济理论和改革开放理论等,与毛泽东思想的主体内容有明显区别。

第二,毛泽东思想和中国特色社会主义理论体系同属于马克思主义中国化的理论成果,都是与马克思列宁主义一脉相承而又与时俱进的理论成果,具有相同点。毛泽东思想和中国特色社会主义理论体系,都是马克思主义同中国实际相结合的产物,都是在深刻把握时代特征和基本国情,努力推动马克思列宁主义同中国实际相结合的过程中产生的,都坚持解放思想、实事求是、与时俱进,有着共同的哲学基础特别是认识论基础,这主要就是唯物辩证法和历史唯物主义。

毛泽东思想和中国特色社会主义理论体系,立足于中国现阶段的特殊国情,有着共同的发展目标,这就是把中国建设成为社会主义现代化国家,实现中华民族的伟大复兴。有着共同的价值追求,就是实现最广大人民群众的根本利益。

在社会主义建设时期,毛泽东思想和中国特色社会主义理论体系,都始终坚持社会主义的基本经济制度,坚持人民民主专政的国体和以人民代表大会制度、中国共产党领导的多党合作和政治协商制度、民族区域自治制度为主体的社会主义基本政治制度,坚持以马克思主义意识形态为指导的社会主义基本文化制度;在社会主义经济建设、政治建设、文化建设、社会建设等方面,都坚持共同的基本原则。

看不到毛泽东思想和中国特色社会主义理论体系这些共同的思想基础和本质特征,看不到二者之间在发展中的吸收借鉴与交汇融合,把中国特色社会主义理论体系看作是同毛泽东思想完全不同的两回事,甚至以为互相矛盾,这是十分片面的。

第三,中国特色社会主义理论体系是对毛泽东艰辛探索社会主义建设规律重要思想成果的继承和发展。在对毛泽东思想和中国特色社会主义理论体系进行研究时,我们不能割裂二者的联系,要准确把握它们的继承发展关系。

首先,以邓小平为核心的党的第二代中央领导集体,开辟中国特色社会主义道路,创立中国特色社会主义理论,是从准确完整地理解毛泽东思想,系统阐释毛泽东思想科学体系开始的。如果没有对毛泽东思想的坚持,如果像苏联否定斯大林进而否定马克思主义那样否定毛泽东和毛泽东思想,中国很可能重蹈苏联东欧剧变的覆辙,绝不可能有中国特色社会主义道路的开辟和中国特色社会主义理论体系的形成和发展。

其次,我们党在新时期确立的路线方针政策,是毛泽东时期的延续。毛泽东思想中包含的许多关于社会主义建设的思想被中国特色社会主义理论体系直接继承下来,成为中国特色社会主义理论体系的直接思想来源。中国特色社会主义理论体系是毛泽东思想的继承和发展。

最后,在新的历史时期,中国特色社会主义理论体系,既继承了毛泽东探索社会主义建设规律留给我们的重要思想成果,又以改革开放新的实践为基础发展了这些重要思想成果。中国特色社会主义理论体系在建设中国特色社会主义的思想路线、发展道路、发展阶段、发展战略、根本任务、发展动力、依靠力量、领导力量和根本目的等问题上,形成了一系列独创性的重大理论观点,系统回答了中国这样一个十几亿人口的发展中大国如何摆脱贫困、加快实现现代化、巩固和发展社会主义的一系列重大问题,深化和丰富了对共产党执政规律、社会主义建设规律、人类社会发展规律的认识,把毛泽东思想发展到新的阶段——中国特色社会主义理论体系创立和发展的阶段。

总之,在马克思主义中国化的两次历史性飞跃中,毛泽东思想和中国特色社会主义理论体系,是前后接续、继承发展、与时俱进的关系。中国特色社会主义理论体系,源于毛泽东思想,坚持毛泽东思想,又根据变化了的时代主题、人民群众丰富的实践经验,创造性地发展了毛泽东思想。中国特色社会主义理论体系将从毛泽东思想中汲取的宝贵精神财富与改革开放和现代化建设中的理论创新和实践创新成果有机地融为一体,将继承与坚持、发展与创新有机地融为一体,集中体现了马克思列宁主义、毛泽东思想的当代价值和指导作用,集中体现了马克思列宁主义、毛泽东思想在当代中国的运用和发展。因此,中国特色社会主义理论体系就是当代中国的马克思主义,在当代中国,坚持中国特色社会主义理论体系,就是真正坚持马克思主义,就是坚持毛泽东思想。

如何理性看待"中国模式"

自 20 世纪 80 年代以来,国际社会开始关注中国发展道路问题,并提出了"中国模式"这一概念。进入新世纪以来,"中国模式"更是国际主流媒体关注的热点,2008 年北京奥运会、2009 年中华人民共和国成立 60 周年庆典以及 2007 年美国次贷危机引发全球金融危机,更是凸显了"中国模式"的影响。从国内外学者对"中国模式"的研究成果看,不同学者对"中国模式"概念的界定颇有差异,这种概念界定上的差异又进一步带来了理解上的差异。因此,在进一步讨论"中国模式"的过程中,有必要先对"中国模式"的内涵进行界定。

一、"中国模式"这个概念到底是何时提出来的

在许多人看来,"中国模式"这个概念首先是由美国《时代》周刊高级编辑、美国著名投资银行高盛公司高级顾问乔舒亚·库珀·雷默(Joshua Cooper Ramo)于 2004 年提出来的。2004 年 5 月,英国著名思想库伦敦外交政策中心发表了雷默的一篇论文,题为《北京共识:提供新模式》。该文对中国 20 多年的经济改革成就作了全面理性的思考与分析,指出中国通过艰苦努力、主动创新和大胆实践,摸索出一个适合本国国情的发展模式。他把这一模式称之为"北京共识"或叫"中国模式"。

其实,在雷默提出"中国模式"这个概念之前,国外早就有人在使用"中国模式"这个概念。比如说 1980 年,日本季刊《现代经济》刊登了日本一桥大学石川滋、东京大学宇泽弘文和内田忠夫等人对中国经济的看法,文中多次使用"中国模式"的概念,他们把 20 世纪 70 年代的"毛泽东战略"称为"中国模式"。[①] 同年 5 月 30 日,西德《时代周报》刊登罗斯·特里尔的一篇访华观感,题为"北京的粗暴刺耳的声音",副标题为"'中国模式'的结束",该文谈到的中心问题是改革开放初期北京大规模建设带来的问题。1984 年 12 月,在中国农村经济体制改革初见成效、广东沿海对外开放初具规模之后,苏联第一副总理阿尔希波夫来华访问。英国路透社记者撰写的新闻分析指出:"苏联批评中国经济改革但却对中国的成功感兴趣。"这篇文章多次提到"中国模式",其含义是指中国经济体制改

---

① 《日三位学者对中国经济政策的看法》,《参考消息》1980 年 6 月 11 日。

革和对外开放政策。①

1985 年 6 月,阿根廷《一周》杂志刊登对阿根廷众议院议长卡洛斯·普格列塞的采访记,普格列塞在回答记者提问时指出,中国人探索的是走现代化道路的综合方法。他认为,"中国已经抛弃了苏联模式,代之以中国模式"。②

1986 年,南斯拉夫《战斗报》发表托·米利诺维奇的文章说,苏联对中国经济体制改革很感兴趣,并提出要研究"中国模式"。③

1987 年 8 月 19 日,巴西学者在比较中巴两国技术模式优劣之后,在《商业新闻报》发表文章认为,中国自主发展技术堪为楷模,文章提出"中国模式应成为巴西的榜样"。④

1988 年底,法国《发展论坛报》发表《中国给外国投资者更多的保证》的文章,认为自邓小平宣布实行对外开放和经济现代化以来,"改革使中国模式逐渐变为计划经济与市场经济并存的中间模式"。⑤

1991 年 5 月,苏联解体之前,一批有影响的苏联政治学家认为:苏联应进行接近于中国模式的经济改革,在经济上以"技术突破"为基础,在政治上建立一种"强硬的权威的"政治结构。⑥

1991 年 11 月,已经失去执政地位的罗马尼亚共产党重新公开活动,并提出要在罗马尼亚采用中国模式。⑦

1992 邓小平南方谈话之后,尤其是党的十四大确立社会主义市场经济体制目标模式之后,国际范围内展开了关于"中国模式"的大讨论。1993 年 5 月,《匈牙利新闻报》发表文章认为,"中国模式"引起世界兴趣。7 月,墨西哥《至上报》发表文章,认为古巴正在模仿中国,学习"中国模式"。9 月,埃及《金字塔报》发表文章,盛赞中国经济体制改革和对外开放,认为"中国模式"既不同于东欧模式,也不同于俄罗斯模式,中国重新融入世界经济主流。

1997 年 11 月,南斯拉夫总统米洛舍维奇在访问中国后,明确表示希望按"中国模式"进行经济改革。⑧

1998 年年底,恰逢党的十一届三中全会召开 20 周年,一些海外著名学者、

---

① 路透社:《苏联批评中国经济改革但却对中国的成功感兴趣》,《参考消息》1984 年 12 月 26 日。

② 《阿根廷众议院议长谈访华观感》,《参考消息》1985 年 8 月 18 日。

③ 《苏联对中国经济体制改革很感兴趣》,《参考消息》1986 年 7 月 27 日。

④ 《中国自主发展技术堪为楷模》,《参考消息》1987 年 8 月 26 日。

⑤ 《对华投资是在中国立足的战略决定》,《参考消息》1989 年 1 月 2 日。

⑥ 《一批有影响的苏联政治学家认为:苏应进行接近于中国模式的经济改革》,《参考消息》1991 年 5 月 12 日。

⑦ 《罗马尼亚共产党重新公开活动》,《参考消息》1991 年 11 月 8 日。

⑧ 《南斯拉夫总统谈访华成果》,《参考消息》1997 年 11 月 18 日。

研究机构和新闻媒体等纷纷发表文章,评述我国改革开放的伟大成果及经验教训,认为中国发展模式是明智可取的。①

进入 21 世纪以来,国外学者继续关注中国发展模式问题,如 2003 年 9 月,俄罗斯《消息报》发表《什么是中国模式?》的文章,认为中国模式最显著的特点是中国改革注重民众利益。② 同年 11 月,美国《新闻周刊》发表杰弗里·加滕的文章《中国的经验》,作者建议学习中国模式。③ 2004 年以来,雷默拉开了国际社会大范围内讨论"中国模式"的序幕。这种讨论在北京奥运会期间、新中国成立 60 年庆典之际和中国应对国际金融危机过程中,不断被引向深入。

从上面的介绍中,我们至少可以得出以下结论:

第一,"中国模式"并不是进入 21 世纪后才提出来的概念,它从 20 世纪 80 年代初就开始出现在国际主流媒体上,雷默绝不是提出"中国模式"的第一人,而是"北京共识"的首创者。但需要承认的是,雷默对"中国模式"进行了比较系统的研究,这也许是国内学者认为雷默是"中国模式"的发明者的重要原因。

第二,从国外学者及政要的论述来看,他们使用"模式"这个概念比较随意。在讨论"中国模式"的同时,国外学者还使用了"中国经验""中国发展道路"等概念。此外,"毛泽东模式""东欧模式""苏联模式""日本模式""印度模式""美国模式""欧洲模式"等概念也在经常使用。"模式"这个概念并没有确切的内涵,有时指发展道路,有时指具体的方针政策。

第三,20 世纪最后 20 年国外学者讨论"中国模式"时,多指中国改革开放模式,尤其是指中国经济改革模式。绝大多数学者政要都是从经济的层面来概括"中国模式"的,很少涉及政治、文化方面的内容。而进入 21 世纪,国外学者对"中国模式"的讨论已经涉及中国经济社会发展的方方面面,参与这种讨论的人员也来自方方面面。这是"中国模式"广受世界各国关注的原因。

第四,近几年来,"中国模式"之所以被国际社会热炒,主要原因在于:一是中国经过 30 多年的改革开放,中国经济社会发展取得的成就有目共睹;二是随着中国经济实力的增强,中国在国际事务中的影响力逐步扩大;三是西方发展模式正遭受前所未有的挑战,而中国模式正好显示出比较优势;四是西方发达国家日益担心欧美发展模式被超越,从而失去主导地位;五是广

---

① 《中国发展模式明智可取》,《参考消息》1998 年 10 月 7 日。

② 《什么是"中国模式"?》,《参考消息》2003 年 9 月 28 日。

③ 《美刊建议学习"中国模式"》,《参考消息》2003 年 11 月 26 日。

大发展中国家希望从中国模式中找到可资借鉴的经验,以便推进本国的现代化进程。

二、我们到底可不可以使用"中国模式"这个概念

进入新世纪新阶段以来,在国外学者热炒"中国模式"时,中国的媒体和学者对这一概念的使用则显得比较谨慎,有些学者甚至不同意这样的提法,主张用"中国道路"或"中国经验",[①]有的学者主张用"中国特色",还有人主张用"中国案例"。[②] 产生这种现象的原因极为复杂,大致有以下几种:一是过去我们深受"模式"之苦。新中国成立之后,中国曾照搬照抄苏联社会主义模式(又称"斯大林模式"),在社会主义建设过程中遭遇过曲折,出现过失误。党的十一届三中全会以后的改革,首先针对的就是苏联社会主义模式的弊端。二是"中国模式"这个概念是由外国人提出来的,由于国外学者对"中国模式"的解释受到其使用动机的影响(如用来鼓吹"中国威胁论"),加之文化背景的差异,国外学者的解释有时难免有些偏颇,因此中国学者不太愿意接受。三是有一种担忧,害怕过多宣传"中国模式"会引起其他国家的反感,影响中国的外交关系,影响中国的国际形象。四是认为"中国模式"还面临着许多挑战,还处在形成和发展过程中,现在谈"中国模式"为时过早。

我个人认为,我们完全没有必要回避"中国模式"这个概念,完全可以使用"中国模式"这个概念来概括中国的发展道路和发展经验。其理由如下:

第一,"模式"(Pattern)一词的指涉范围非常广泛,它标志了事物之间隐藏的规律关系,而这些事物并不必然是图像、图案,也可以是数字、抽象的关系、甚至思维的方式。就社会发展这个意义上而言,"模式"往往指前人积累的经验的抽象和升华。简单地说,就是从不断重复出现的事件中发现和抽象出的规律,可以视之为解决问题的经验的总结。从一般意义上说,只要是一再重复出现的事物,就可能存在某种模式。

"模式"可以指经济模式,如"计划经济模式""市场经济模式""混合经济模式"等;"模式"也可以指政治模式,如"议会民主模式""威权主义模式""多党制模式""三权分立模式"等;"模式"还可以指社会发展模式,如"社会主义模式""资本主义模式"等;"模式"可以指大的区域发展模式,如"北美发展模式""欧洲发展模式""北欧福利国家模式""拉丁美洲模式""非洲发展模式"等;"模式"也可以指一个国家的发展模式,如"中国模式""瑞典模式""印度模式""苏联模

---

① 李君如:《我对"中国道路"的几点看法》,《北京日报》2009 年 11 月 16 日。

② 赵启正:《"中国模式"准确地说应该叫"中国案例"》,《北京日报》2009 年 11 月 16 日。

式""美国模式""日本模式"等;"模式"还可以指一个国家内某个地区的发展模式,如中国浙江的"温州模式"、福建的"晋江模式"、广东的"深圳模式"等。因此,"模式"是一个内涵十分丰富的概念,在社会发展意义上,使用"中国模式"这个概念并不存在任何疑义。

第二,经过60多年的探索和30多年的改革,中国在经济、政治、文化和社会等各个方面已经初步形成了比较定型的体制。党的十七大将我们党经过长期探索形成的社会发展道路定位为"中国特色社会主义道路",将我们党的理论创新成果命名为"中国特色社会主义理论体系"。"道路""理论""制度"共同构成了"中国模式"。用"中国模式"概括中国特色社会主义,十分简洁,也有利于开展国际对话。即使这个概念是外国人首先使用的,但并不妨碍我们也使用这个概念,"民主""自由""公正""社会主义"等概念不是首先在西方使用的吗?有人认为,"中国模式"还处于变动之中,因此不能使用"中国模式",如果是这样,那我们只能得出这样两点结论:一是当今世界没有任何模式,因为我们今天学术界和媒体所说的各种模式均处在变动、发展之中,都面临着挑战;二是如果只有完全定型的才能称之为"模式",那等于说"模式"必定是僵化的,这显然是不对的。

第三,改革开放以来,我国学术界曾广泛使用过"模式"这个概念,我们党的领导人和党的文件并没有回避使用"模式"这个概念。中国的改革,首先针对的是苏联社会主义模式或"斯大林模式"。20世纪80年代,在讨论中国经济社会发展道路时,我国学者曾广泛使用过"模式"这个概念,如在介绍东欧国家的改革经验时,我们曾使用过"匈牙利模式""波兰模式""南斯拉夫自治社会主义模式""保加利亚模式"等概念。有一段时间,"模式"问题甚至成为学术界研究的一个热点。

改革开放以来,党和国家领导人也并没有回避"模式"这个概念。1988年5月,邓小平在会见莫桑比克总统希萨诺时指出"中国有中国自己的模式"。① 1993年11月,江泽民在同克林顿会晤时指出:"各国人民根据各自国情,选择符合本国实际情况的社会制度和发展模式,制定行之有效的法律和政策,是合情合理的,应该受到尊重。"②2003年12月,胡锦涛在纪念毛泽东同志诞辰110周年座谈会上的讲话中指出:"各国的国情不同,实现发展的道路也必然不同,不可能有一个适用于一切国家、一切时代的固定不变的模式。"③要"同

① 《邓小平文选》第3卷,人民出版社1993年版,第261页。
② 《江泽民文选》第1卷,人民出版社2006年版,第331页。
③ 《十六大以来重要文献选编》上,中央文献出版社2005年版,第647页。

世界各国人民一道,倡导国际关系民主化和发展模式多样化"。① 2005 年 10 月,胡锦涛在 20 国集团财长和央行行长会议开幕式上发表题为《加强全球合作,促进共同发展》的讲话,各国要实现经济持续发展,关键是要形成符合自己国情、适应时代要求的发展模式以及与之相适应的经济体制和机制。2008 年 4 月 12 日,胡锦涛在博鳌亚洲论坛 2008 年年会开幕式上的演讲中指出:"世界上没有放之四海而皆准的发展道路和发展模式,也没有一成不变的发展道路和发展模式,必须适应国内外形势的新变化、顺应人民过上更好生活的新期待,结合自身实际、结合时代条件变化不断探索和完善适合本国情况的发展道路和发展模式,不断增加全社会的生机活力,真正做到与时代发展同步伐、与人民群众共命运。"②

进入 21 世纪,我们党的文件中也曾使用过"模式"的概念,如 2002 年,党的十六大报告就使用了"发展模式"的概念,十六大报告指出:"我们主张维护世界多样性,提倡国际关系民主化和发展模式多样化。"③

第四,"中国模式"概念提供了一种研究中国社会发展的新视角。我个人认为,中国学者不应该回避使用"中国模式"这个概念,④而应该在充分认识国外学者提出"中国模式"概念背景的基础上,分析他们对于"中国模式"概念解释的合理因素,并结合中国国情和中国语境加以内化,赋予其新的科学内涵,真正提出客观而科学的"中国模式"的概念解释。与此同时,中国学者应该抓住国际社会热议"中国模式"这一契机,采取多种方式,运用各种手段,向世界"说明中国",破除国外人士因不了解中国而对中国的"误读"(如国外学者把中国模式简化为"经济自由+政治专制"),减少这种"误读"在国际社会中产生的"误导"(如"中国威胁论")。要消除他们因偏见而形成的"误解",增进他们对中国更多的"了解",进而达到更高层次的"理解"。要让国际社会更多地了解中国的改革开放,了解中国改革开放进程中形成的"中国模式",进一步扩大中国在当今世界的影响。

---

① 《十六大以来重要文献选编》上,中央文献出版社 2005 年版,第 652 页。

② 胡锦涛:《坚持改革开放,推进合作共赢——在博鳌亚洲论坛二〇〇八年年会开幕式上的演讲》,人民出版社 2008 年版,第 2 页。

③ 《十六大以来重要文献选编》上,中央文献出版社 2005 年版,第 36~37 页。

④ 2004 年,我曾与《中国教育报》刘好光先生做过一次访谈,当时并不主张使用"中国模式"这个概念,而主张用"中国道路"或"中国经验",当时主要觉得"中国模式"还不够成熟,同时感觉到"中国模式"这个概念的内涵十分不确定。参见《中国人民大学秦宣教授谈:"北京共识"、"中国模式"与中国现代化之路》,《中国教育报》2004 年 9 月 28 日第 3 版。

三、到底如何界定"中国模式"的科学内涵

从国际社会关于"中国模式"的讨论中,我们可以看出,20世纪80年代以前,当少数国外学者谈到"中国模式"时,多是指"毛泽东模式",即毛泽东时期的方针政策,相对于"苏联模式";20世纪80年代,外国学者在谈到"中国模式"时,多指经济改革或对外开放,相对于"毛泽东模式",20世纪90年代国外学者谈"中国模式"时,多指中国渐进的、市场取向的经济体制改革,相对于俄罗斯的"休克疗法",有别于新自由主义倡导的"华盛顿共识"。

进入21世纪,在国际社会关于"中国模式"的广泛讨论中,由于人们关注的角度不同,立场不同,方法不同,因此对"中国模式"的解释不同。从国外学者及政要的论述来看,他们使用"模式"这个概念比较随意,有时指"发展道路",有时指"发展经验",有时指"发展理念",有时仅指具体的方针政策。在使用"中国模式"的同时,国外学者还使用了"中国经验""中国道路""北京共识"等概念,许多时候,这几个概念是混用的。而在国内学者的探讨中,有人把"中国模式"与"北京共识"等同起来,有人把"中国模式"与"中国经验"或"中国道路"等同起来。

从国际社会关于"中国模式"的讨论中,我们发现另外两个值得关注的现象:一是把"中国模式"简单化,认为"中国模式"就是经济自由和政治"独裁",这实际上是诋毁"中国模式"的积极影响;二是把"中国模式"泛化,使之成为"中国问题"的另一种表述,成为一个内涵很不确定的概念,这实际上也是企图消解"中国模式"的影响。

那么,到底该如何界定"中国模式"的科学内涵呢?我们认为,应注意以下几点:

第一,"中国模式"的地域定位是"中国",也就是说"中国模式"是在中国形成和发展起来的,它着力解决的是"中国问题"。[①] 这里的"中国"是整体性的。因此,我们在界定"中国模式"时必须注意:其一,"中国模式"绝非部门的,如"中国的金融监管模式""中国的国企改革模式"等;其二,"中国模式"也不是区域的,如"温州模式""晋江模式""深圳模式""西部开发模式""东北振兴模式"等。我们既不能把某一部门的模式上升到"中国模式",也不能把某一区域的模式上升到"中国模式"。

第二,"中国模式"的参照系是国外其他发展模式。"中国模式"是在横向和纵向比较中凸显出来的,它是相对于其他一些发展模式而言的。从横向比较看,

---

[①] 参见刘网成、刘畅:《从"发展"到"创新"——对"中国模式"的解读》,《当代世界》2008年第2期。

按照国外学者的解释,目前世界上主要有美国模式、德国模式、日本模式等几种模式。这几种主要模式均有自身的特点,而"中国模式"与这几种模式有明显不同。从纵向来看,中国模式是相对于以往的苏联社会主义模式和社会主义发展史上其他社会主义模式而言的。

第三,"中国模式"形成和发展的历史起点应该在 1978 年党的十一届三中全会以后。今天国内外学者热议的"中国模式"是在改革开放新时期逐步形成和发展起来的。从这个意义上讲,"中国模式"可以概括为中国特色社会主义的"道路""理论体系""发展实践"共同构成的社会发展模式。我们不能同意把这个时间段定位在新中国成立以来的 60 年历史,因为新中国 60 年中,前 30 年与后 30 年虽然具有十分紧密的联系,不能割裂开来,但前 30 年与后 30 年确实存在着较大的差别。我们更不能同意把"中国模式"的起点追溯到中国共产党成立之后开辟的农村包围城市、武装夺取政权的"革命模式"。这种把中国革命、建设和改革统一纳入"中国模式"的做法,很容易使"中国模式"泛化,从而失去讨论"中国模式"的意义。

第四,"中国模式"从内容上看,是指全方位的发展模式,而不是指某一个领域的。从严格意义上讲,"中国模式"是由中国在社会发展方面比较突出的特点和经验构成的。它是发展理念与发展实践的统一,是经济政治文化和社会发展的统一,是现实发展和未来可持续发展的统一,是国内发展与国际发展的统一。因此,在界定"中国模式"时,我们应该注意:其一,"中国模式"不能仅指发展理念,如国外学者所说的"北京共识",也不能仅指发展实践,如国内外学术界所说的"中国道路"。其二,"中国模式"不是指某一个发展领域的发展模式,如国外学者在谈"中国模式"时,有人关注的是中国经济模式(如市场经济模式、市场社会主义模式),有人关注的是中国政治发展模式,还有人关注的是中国外交模式。"中国模式"应该是综合的、全面的、整体的。雷默之所以被当作是"中国模式"这一概念的发明者,主要因为他是从整体上概括中国模式的。其三,"中国模式"不是固定不变的,它既是实践经验的概括,又体现出未来发展应遵循的原则,因此,我们不能把"中国模式"固定化。其四,"中国模式"是在经济全球化的大背景下形成的,它与人类文明发展相随,与时代发展同步。因此,我们不能脱离国际大背景来谈"中国模式"。

我们认为,所谓"中国模式",主要是指从中国改革开放 30 多年的经验中总结出来的一种社会发展模式。中国社会与西方社会有着不同的发展历程,不同的发展路径,不同的发展条件,不同的发展结果,这一系列的"不同"导致另一系列的"不同":不同的发展理念,不同的价值判断,不同的思维方式,不同的发展道路。"中国模式"既不同于冷战结束前的苏联和东欧的发展模式,也不同于当今世界颇为流行的几种模式,更不同于老牌的西方工业化国家的发展模式。

此外,我们必须清醒地认识到,在西方学者及政要对"中国模式"的认识中,依然存在对中国的偏见,有意淡化"社会主义"色彩。正因为如此,我们中国学者更应加强对"中国模式"的研究。

中国特色社会主义的国际影响

　　20 世纪 80 年代末 90 年代初苏联东欧剧变后，自 1978 年开始改革开放的中国逐渐引起国际舆论的高度关注。从国际主流媒体中流行的"中国崩溃论""中国威胁论"再到今天的"中国崛起论"，从"华盛顿共识""后华盛顿共识"再到今天的"北京共识"，从欧美模式、苏联模式再到今天的"中国模式"，反映了国外学者及政要对中国发展道路认识的变迁，也凸显出中国特色社会主义发展道路对国际社会的积极影响。本文试探讨国际社会对中国发展道路认识的变化，从一个视角展示中国特色社会主义的国际影响。

一、从"忽视"到"重视"：国外学者对中国模式的研究

　　中国是一个世界文明古国，也是一个发展中的大国。但在很长一段时间内，由于中国国力不强，世界影响趋弱，国外学者很少关注和研究中国问题，以至于在许多外国人的眼中，中国仍然还是一个"东亚病夫"的形象，几乎可以忽视。

　　20 世纪 80 年代末 90 年代初，苏联东欧剧变，社会主义运动进入前所未有的低潮。由于中国 1989 年曾经发生过政治风波，也由于苏联东欧剧变后中国仍然坚持走社会主义发展道路，因此中国社会主义的前途和命运开始引起国外学者的关注。于是，在国际主流媒体上，出现许多国外学者对中国前途和命运的预测。80 年代末东欧剧变之后，西方学者率先提出了所谓"中国崩溃论"，按照他们的认识逻辑，中国肯定经受不住东欧剧变带来的冲击，中国共产党会很快像东欧共产党那样丧失执政地位；在中国确立社会主义市场经济体制目标之后，西方学者又断言：市场经济将埋葬人民民主专政政权；香港回归之后，曾有人预言香港会成为"死港"；90 年代末东南亚金融危机之后，又有人预言中国顶不住金融危机的冲击。然而，铁的事实是：中国不仅没有像苏联东欧那样崩溃，反而打破了 1989 年政治风波之后的制裁重返国际社会；中国不断推进改革开放，加速社会主义市场经济体制改革，最终加入了世界贸易组织，成为经济全球化的重要影响因素；中国经济并没有衰退，不仅顶住了东南亚金融危机的压力，而且维持了较高的经济增长速度；香港回归之后，成功地保持了"一国两制"，并且顺利地度过了东南亚金融危机；澳门也顺利回到祖国的怀抱。在这些预测失败之后，面对快速发展的中国，西方又抛出了所谓"中国威胁论"。但事实是，中国高举和平与发展的旗帜，主张走和平发展道路，倡导建立和谐世界。中国不仅没有威胁世

界和平,反而成为世界和平最主要的维护者。

进入 21 世纪,中国改革开放的成绩进一步彰显出来,中国的软实力进一步增强,国际影响力进一步扩大,许多国家开始举办"中国年""中国文化周"。伴随着"孔子学院"在世界诸多地方的成立,不少国家又掀起了"汉语风"。在这种情形之下,我们又看到近来国际主流媒体流行"中国辉煌论""中国机遇论"和"中国崛起论"等新的观点。西方学者开始注意到,一个具有五千年文明、13 亿多人口的大国,经济持续增长了 30 多年,堪称"中国奇迹"。

2004 年以来,国外学者对中国发展道路展开了研究。2004 年 5 月 11 日,英国著名思想库伦敦外交政策中心发表了乔舒亚·库珀·雷默的一篇论文,题为《北京共识:提供新模式》。他认为,中国的经济发展模式不仅适合中国,也是追求经济增长和改善人民生活的发展中国家效仿的榜样。5 月 20 日,美国《国际先驱论坛报》网络版刊登的题为《中国将以自己的方式改变》的文章,称赞中国以循序渐进的方式推进政治改革果断明智。5 月 24 日,墨西哥《每日报》刊登的题为《中国:亚洲的地平线》的文章,认为中国奇迹是依照自身情况理智制定社会经济政策的结果。5 月 27 日,英国《卫报》发表文章,认为中国的崛起为其他国家提供了除西方发展模式之外的一个强有力的选择。7 月 20 日,美国著名经济学家、诺贝尔经济学奖获得者斯蒂格利茨教授对"中国模式"给予了充分肯定。他认为,中国经济的巨大成功,对世界经济产生了积极影响,其他国家也可分享到中国经济的成果。在全球经济持续低迷的背景下,"中国模式"具有启示性。2004 年底,俄罗斯《远东问题》双月刊第 5 期刊登了俄科学院院士季塔连科撰写的长文,列举了评价中国现代化进程的国际意义的主要标准,认为中国实现现代化、成功解决深刻的国内及国际矛盾的经验,不仅为发展中国家树立鲜活的榜样、提供切实可行的现代化模式,更为它们发展与中国的合作提供了广阔的平台。中国的经验可以成为缩小南北差距、打破"金元帝国"对世界格局垄断的基础。中国改革开放理论避免了社会主义危机,提出了解决中国国内和国际发展之间的社会经济和文明矛盾的最佳模式,具有深远的历史意义。

进入 2005 年以来,国际媒体对中国的关注不仅没有减少,反而逐步增多。2005 年 2 月,英国《泰晤士报》以发表《中国世纪》的长篇评述开头,前所未有地先后发表了 4 万多字的中国专题报道。3 月,英国广播公司专门开辟了"中国周"专栏,连续宣扬"中国制造进军世界市场","中国制造无所不在"。5 月中旬,世界《财富》论坛在北京召开,美国国际有线电视公司派出 42 人的强大记者阵容,在北京现场采访中国政府官员和老百姓,一周内向美国观众直播 30 多个小时的《看今日中国》系列报道。6 月以后,美国《华盛顿邮报》《纽约时报》《华尔街日报》《时代》《新闻周刊》,英国《金融时报》,德国《商报》等重要媒体,都先后推出中国问题的专题报道,争先恐后热议"中国正在崛起"。①

2006 年以后,国外学者对中国发展模式问题的关注进一步升温,更多的学者加入到中国发展道路和中国经验的讨论中来。近几年来,欧美国家先后出版了《当中国改变世界的时候》《中国世纪》等几十种专著,对中国经济崛起的现状和未来发展趋势做出种种评析,而"中国模式"是国际媒体中使用频率最高的话语。

在国外学者看来,"中国模式"具有以下几个明显特点:第一,"中国模式"具有特殊性。中国的国情是独一无二的,中国的经验是举世无双的。中国的成功在于选择了适合中国国情的发展道路。第二,"中国模式"具有包容性、兼容性和创新性,它把社会主义制度与市场经济结合起来,把经济高速增长与社会全面发展协调起来,把政府宏观调控与市场微观运行结合起来,把效率与公正协调起来,把传统与现代结合起来。第三,"中国模式"强调发展的人民性,以新自由主义为指导的"华盛顿共识"的目的是帮助银行家、金融家,而以中国特色社会主义为指导的"北京共识"的目标是帮助普通人,强调以实现绝大多数人的利益为本。第四,"中国道路"强调发展的积累性、渐进性,即通过累积效应来不断发展自己等。这种模式"以一种循序渐进、摸索与积累的方式,从易到难地进行改革,并吸取中外一切优秀的思想和经验"。②

从国外学者的研究中,我们可以得出这样几点结论:第一,国外学者意识到,中国 30 多年的发展是一个不可多得的研究样本,探索"中国成功之谜"远比探索"苏东剧变之谜"具有更大的吸引力和更深远的意义。第二,西方学者开始分析他们各种预言破产的原因,意识到他们的理论范式尚不能解释中国成功的原因,不能客观分析中国发展存在的问题,也不能为中国发展中存在的问题找到出路。诸如雷默认为,"以前在西方用于讨论中国的语言已不再适用",而要研究中国,必须了解中国,必须具有"中国眼光"。第三,他们虽然不愿意但又不得不承认,"中国模式"很可能成为一种全新的发展模式。这种发展模式不仅表现在经济方面,而且在政治、文化等方面也有自己的特色。第四,国外学术视野中的"中国模式"是相对于欧美模式、苏联模式、拉美模式等多种模式而言的;"北京共识"则是相对于"华盛顿共识""后华盛顿共识"而言的。这一切反映了中国改革开放新变化对国外学者的深刻影响,也凸显出"中国道路"对国际社会的积极影响。我们认为,30 多年来,中国一直按照自己独特的发展道路在发展,取得举世瞩目的成就,这里面的经验和教训的确值得总结。这种独特的发展道路,其实

---

① 韦章尧:《中国对"国际赞美"应保持清醒》,香港《镜报》2006 年 5 月号。
② 《中国将以自己的方式进行政治改革》,美国《国际先驱论坛报》2004 年 5 月 20 日。

就是中国特色社会主义发展道路。

二、从"否认"到"承认":国外政要对"中国模式"的关注

自新中国成立以来,由于冷战时期特有的意识形态差异,国外政要中绝大多数人对中国持反对态度。在相当长一段时期,西方国家政要中虽然不乏对中国友好的人士,但有相当多的政要对中国持敌视态度,挂在他们嘴边的常常是对中国并不友好的话语,如"中国是专制的","中国是有威胁的",等等。时至今日,此类话语仍然存在,时常导致国外许多不知情的民众对中国的"误读"。

但另一方面,我们清楚地看到,在中国经济快速发展,世界影响日益扩大,国际学术界频繁聚焦中国发展道路的同时,国际政要也开始关注中国发展道路问题。进入 21 世纪,国际社会比以往任何时候都看重中国,各国政要频频访问中国。越来越多的国际人士认为,中国与西方各国的发展差距明显在缩小,中国将崛起是不容回避的事情,至少在经济上是不容否认的事实。

2004 年 5 月,全球扶贫大会在上海国际会议中心开幕,"中国模式"引起与会者的高度关注,世界银行行长呼吁全球分享中国的脱贫经验。6 月,前联合国秘书长科菲·安南在圣保罗接受新华社记者提问时说,中国依靠独特模式实现发展的有益经验的确值得其他国家,特别是发展中国家借鉴。11 月,法国前总理拉法兰应邀参加了中国外交学院的外交论坛,发表了《中国的利益就是世界的利益》的演讲,在他看来,今天的中国已经在世界上承担着非常重大的责任:第一,中国代表着经济的增长和迅速的发展;第二,中国是有助于实现世界平衡的一支和平力量;第三,中国在思想文化方面对世界文明的多样性作出了贡献。

2006 年 1 月,世界经济论坛在非洲召开,非洲开发银行行长在会上也表示,非洲可以学习中国的经验。2006 年 4 月中旬,澳大利亚外长唐纳在会见参加中澳媒体论坛的中国官员时,高度评价中澳关系的发展。他认为,中国的发展不仅对中国有益,对澳大利亚和整个国际社会也是一个良好机遇。5 月,新加坡内阁资政李光耀在结束访华后表示,中国的开放和发展是"历史上难得一遇的契机",并敦促新加坡人不要错失在中国工作和学习等机会。9 月,联合国贸易和发展会议官员德特勒夫·科特表示:"中国确实是过去 10 至 15 年中经济发展最成功的国家。这主要是因为中国最初选择了与许多其他发展中国家不同的发展道路。中国不是单纯地依靠市场力量来发展经济,而是重视政策手段与市场力量的有机结合,这是一种成功的策略。中国在宏观经济政策、货币政策、汇率、利

率、管理方面的做法值得其他发展中国家借鉴。"①10月,法国总统雅克·希拉克在北京大学访问时对北大学生说:"明天,中国将是强大的国家之一,即使不是世界上最强大的国家。"有不少非洲国家领导人将中国发展模式概括为"以人为本","渐进改革,而非激进革命","一个致力于发展的政府","选择性学习","正确的优先顺序"等。② 近些年来,"中国因素"越来越成为人们不敢轻视的力量。国外政要承认中国改革开放取得巨大成就的人越来越多,愿意到中国访问并亲眼目睹中国发生什么样真实变化的人越来越多,希望自己在对华政策上发挥影响力的政治人物也越来越多。时至今日,"中国话题"已经成为世界性话题。

为什么国外政要从"否认中国"转变到"承认中国",原因是多方面的。从国外政要论述中,我们可以看到:第一,中国经济发展经历了 30 多年的高增长,国内生产总值提前实现翻两番,综合国力不断提升,国际影响力随之上升。中国的急剧增长"可能是本世纪的头等大事,从未有哪个国家以中国这么快的速度崛起",他们开始意识到,过去对中国的许多认识是存在偏见的,他们提出的"中国将会毁灭""中国是一个未来的敌人"等观点,几乎是明显的错误。第二,在政治上,中国并没有受西方多大的影响,不断摸索自己的道路,逐步形成了自己的政治发展模式。这种政治发展模式不仅为越来越多的发展中国家所认同和接受,而且也对像俄罗斯这样的国家产生了很大的影响。③ 第三,改革开放以来,中国在国际事务中的作用越来越明显,中国在全球金融危机、朝核危机、叙利亚问题等国际问题的处理上,充分发挥了作用。中国正日益成为国际社会中不可忽视的力量,发展全球经济,解决全球问题,必须考虑"中国因素"。第四,中国倡导的"和谐世界"理念和正在走的"和平发展"道路,对于应对全球危机,维护世界和平具有重要的启示意义。西方长期流行的要么"合作"、要么"孤立",要么任其发展、要么"进行制裁"的二维分析方法已经过时。西方政要明确地意识到,必须用一种全新的概念认识和评价中国,必须在国际领域内重新为中国定位。

此外,我们还应清醒地看到,在西方学者及政要对中国发展道路的关注中,有几点是必须注意的:第一,他们在谈"中国模式"时,经常淡化"马克思主义""社会主义"的色彩。他们不愿意或很少使用"中国化马克思主义""中国特色社会主义"这些概念,因为如果使用这两个概念,把中国取得的成绩归因为中国坚持了马克思主义,坚持走了社会主义道路,则等于承认他们过去关于"马克思主

---

① 刘国远:《中国经验值得发展中国家借鉴——专访联合国贸发会议官员德特勒夫·科特》,《参考消息》2006 年 9 月 14 日。

② 《国际舆论:中国"令世界惊叹仅仅是开始"》,《参考消息》2006 年 11 月 6 日。

③ 郑永年:《中国要加快国际政治话语的建设》,新加坡《联合早报》2008 年 1 月 8 日。

义的历史终结了""社会主义失败了"的许多论断是错误的。第二,西方学者和政要能够比较客观地承认中国的成就,但对取得成就的原因却讳莫如深。因为中国成就并非按西方的价值标准取得,而是根据中国特殊国情进行不断探索,艰苦奋斗后取得的。如果他们肯定中国的成就而又肯定它的方法与价值,那就等于否定了西方的价值标准。而这恰恰是他们不愿看到的。第三,尽管有许多国外领导人已经明显地意识到,否认中国取得的成绩是不客观的,忽视中国的存在是错误的,但我们必须清楚,国际社会仍有不少政要对中国怀有偏见,担心中国在国际事务中取代西方大国的地位,这是"中国威胁论"时常泛起的重要原因,也是在重大事件面前国外政要偶尔表示出对中国不友好的一个重要原因。第四,虽然中国的快速发展已经吸引住国外政要的眼球,但西方政要对中国的偏见仍然是存在的,在意识形态方面存在的差异不容我们忽视。这也说明,中国特色社会主义虽然给中国带来显著变化,甚至也影响到世界的发展,但必须承认我国在对外宣传中,对中国特色社会主义的宣传是明显不够的。如何打破西方的话语霸权,用中国的话语去宣传中国特色社会主义,讲好中国故事,传播好中国声音,这仍将是中国外交、外宣工作面临的重要问题,也是学术界面临的重大课题。

三、从"戒备"到"借鉴":外国政府对中国模式的借鉴

在 20 世纪相当长一段时间,受国外政要对中国并不友善的言论及国外学者研究中国得出的错误结论的影响,尤其是受意识形态差异的影响,许多国家对中国持戒备态度。有的国家担心中国在输出商品或劳务的同时,输出马克思主义、社会主义的意识形态;有的担心中国日益快速的经济发展,会对它们形成压力和威胁;有的担心中国的崛起会导致对其资源的掠夺;等等。因此,在西方国家率先鼓吹"中国威胁论"的影响下,许多发展中国家也加入到这一论调的宣传之中,甚至调整本国政府对中国的外交政策。

伴随中国的迅速发展,国外政府也在重新思考对中国的政策。在许多国家领导人看来,中国拥有世界上最多人口和最快的经济发展速度。如何与这个已经苏醒的巨人打交道,是他们必须思考的问题。

在欧美发达国家,许多国家议会或政府关注"中国模式"或中国发展道路。在他们看来:第一,过去主宰全球经济发展的欧美发展模式已受到新兴国家发展模式的严峻挑战,面对经济长期低迷、政治衰败、文化失落、人口加速老龄化、失业率居高不下、社会福利负担越来越重等问题,人们对过去的发展模式产生了怀疑,而"中国正在摇撼世界",中国崛起可称为欧洲扩张和文艺复兴以来人类历史上最重要的发展。如果把中国的和平与繁荣同西方的和平与繁荣联系在一起,双方最终都会从中受益,而"中国模式"提供了"一股有史以来最强烈的共同

繁荣的驱动力"。① 第二,中国在当今世界的影响力越来越大。2005 年,英国广播公司(BBC)对外部的民意测验显示,在调查所及的 22 个国家当中有 14 个国家的大多数或较多数公民认为,中国在世界上的影响力具有积极意义。总的来说,近一半(48%)的人认为中国的影响力比美国更具有积极意义。② 第三,经过30 多年的高速发展,目前中国已是世界第二大经济体,并已深深融入全球经济体系,中国经济和世界经济的相互联系越来越紧密,相互影响也越来越深化。中国经济崛起及同全球经济的紧密融合,对世界的影响甚至大于第二次世界大战后日本以及其他新兴经济体。欧美国家必须时刻关注全球经济中的"中国因素"。第四,由于人口众多,人均水平低,中国还有很大发展空间,并将在较长时期内保持快速发展势头。在经济方面,欧美国家已经成为中国最大的伙伴。中国已成为世界经济繁荣的重要推动力,给各国发展带来前所未有的机会。

在俄罗斯和东欧国家,政府领导人也在研究中国发展道路。在他们看来,原来采用的是激进改革模式,这种政治民主化和经济私有化同时进行的发展模式需要进行深刻反思。尽管这一激进模式曾被西方世界称颂一时,现在的领导人已深刻意识到,这一模式并不是他们经济发展的理想模式。在俄罗斯,俄领导人开始意识到,无论对本国资本还是对国际资本来说,民主政治或许并不是唯一的因素,更重要的乃是一个稳定的社会政治环境。越来越多的俄罗斯人开始关注、研究"中国模式",在很多领域里自觉不自觉地借鉴中国的做法。

在非洲,中国经济的快速发展以及国际地位的崛起成为非洲政府领导人关注的重点,中国发展模式对他们尤其具有吸引力。在他们看来,中国为非洲提供了一种可以借鉴的发展模式。第一,中国使非洲对西方不再着迷。苏联解体之后,许多非洲国家接受了"华盛顿共识",开放市场,稳定宏观经济,放松国家控制,增加政府的透明度。虽然一些国家经济增长率翻了一番,大多数国家控制住了通货膨胀,但经济改革没有提高民众的生活水平。第二,中国为非洲树立了榜样。中国在 30 多年的发展中,使几亿人摆脱了贫困,并使自己从一个落后的农业大国转变成为经济发展速度最快的国家,这对非洲一些资源丰富但尚未摆脱贫困的国家无疑具有最大的吸引力。第三,中国的文化价值观与非洲更接近。中国的技术和专业技能更适合非洲。中国的发展对非洲来说,利大于弊,机遇多于挑战。第四,中国向非洲提供的是一种建立在互利基础之上、不干涉国家内部事务的平等伙伴之间的商业关系。"中国没有对非洲进行说教,而是向非洲提供实实在在的帮助。"

---

① 迈克尔·谢里登:《中国摇撼世界》,英国《星期日泰晤士报》2006 年 4 月 9 日。
② 参见英国《生存》2006 年季刊夏季号。

在拉美国家,中国发展模式同样受到关注。在拉美国家领导人看来,"华盛顿共识"给他们提供的是毒药而非良药,使他们失去了 20 世纪最后十年。而中国巨大的市场使中国成为阿根廷、巴西、智利和秘鲁等资源丰富国家最大的客户。更为重要的是,中国的发展经验给他们提供了有别于欧美发展模式的更好的经验。如今许多拉美国家正在吸取过去的教训,借鉴中国的经验。

在亚洲,中国的发展模式更引人关注。印度正在着手研究"中国模式",以期从中获得有益的经验。在印度人看来,无论从人口、发展水平还是历史情况看,世界上没有哪个国家像中国这样,与印度如此相似,而中国现在已经走在印度的前面。印度正在仔细琢磨"中国模式",探索一条"印度特色"的发展之路。亚洲南面与我们同属社会主义的越南、老挝正在学习中国经验。东面的朝鲜注意到了中国的经济成就,自 2002 年以来谨慎地实施了一定程度的改革,给该国计划经济注入一些市场激励措施。

在中东,"中国模式"日益受到关注。2007 年 10 月,约旦国王阿卜杜拉二世在访问中国时指出:"中国的发展模式已成为许多中东国家学习的榜样,作为一个在国际上拥有重要地位的国家,中国的声音在这里备受关注。"①

虽然世界各国发展水平不一,意识形态、价值取向、宗教信仰存在较大差异,与中国的关系远近不一,但有一些共同点是值得关注的:第一,世界上许多政要已经明显意识到,世界的发展需要中国,世界要实现经济增长需要中国。他们同时也意识到,孤立中国既无必要、也无可能。强大的中国可能会带来挑战,但衰落、涣散和失控的中国则是一种后果难以估量的威胁。第二,中国作为世界上人口最多的国家,在石油、钢铁、煤炭方面的消费,会拉动世界经济的增长,中国的利益符合世界利益。未来可能更多的不再是世界如何改变中国,而是中国如何改变世界。第三,中国传统文化倡导和而不同,倡导世界不同文明和各种形式社会制度的包容互鉴。这些思想会替代冷战时期的对抗思维而成为 21 世纪的主流。② 第四,"中国模式"的最成功之处是从不照搬其他国家的模式,中国式的发展模式显然也不能照搬到其他国家,但其中包含的许多经验是值得学习和借鉴的。

总之,从国外学者和政要及国外政府对中国发展模式的高度关注中,我们可以清楚地看到,中国改革开放 30 多年所取得的成绩确实举世瞩目,中国特色社会主义发展道路确实已经对世界各国产生了极为深远的影响。但在国际舆论高

---

① 《约旦国王:中国成中东学习榜样,备受尊重!》,《参考消息》2007 年 11 月 1 日。

② [俄]弗拉基米尔·波波夫:《"北京共识"和文明的竞争:"亚洲价值观"与 21 世纪中美关系》,俄罗斯《政治杂志》周刊 10 月 11 日,转引自《参考消息》2006 年 10 月 17 日。

度关注中国的同时,我们要保持应有的清醒。既不能因为国外媒体"热炒中国"而洋洋自得,也不能因为国外媒体"诋毁中国"而忧心忡忡。再过几年,我们将纪念中国改革开放40年,又遇到了一个总结历史经验的良好时机。虽然我们觉得现在谈"中国模式"可能为时过早,也许我们要等到完成全面建成小康社会的目标之后才能理直气壮地谈"中国模式",①但我们觉得,经过长期的探索和实践,特别是经过改革开放30多年的伟大实践,中国已经形成了相对完整的发展思路,积累了非常丰富的成功经验。我们应该在深化中国特色社会主义理论体系研究过程中,对我国改革开放的历史经验进行全面系统的提炼和概括,对中国特色社会主义道路的科学内涵、主要特征进行深入的研究。要抓住一切可能机会,采取多种方式,运用各种手段,向世界宣传"中国模式",进一步扩大中国在当今世界的影响。

---

① 1992年,邓小平在南方谈话时说:"恐怕再有三十年的时间,我们才会在各方面形成一整套更加成熟、更加定型的制度。在这个制度下的方针、政策,也将更加定型化。"(《邓小平文选》第3卷,人民出版社1993年版,第372页。)这种定型了的制度也许就可以称为"中国模式",邓小平所说的30年恰好是全面实现小康目标完成之时。

第二编　邓小平理论研究

邓小平关于什么是马克思主义的思想

建设中国特色社会主义,必须始终坚持马克思主义。但坚持马克思主义,必须弄清楚我们坚持的是什么样的马克思主义。邓小平曾在多种场合下严肃地提出过两个紧密相联的重要问题,一是什么是马克思主义,如何坚持和发展马克思主义? 二是什么是社会主义,如何建设社会主义? 在中国革命、建设和改革过程中,围绕着第一个问题,邓小平形成了科学的马克思主义观,从而使他成为一位当代中国马克思主义者;围绕着第二个问题,邓小平形成了独特的社会主义观,从而开创了中国特色社会主义事业的新局面。

一、马克思主义是我们立党立国的根本指导思想,坚持马克思主义必须首先弄清楚什么是真正的马克思主义

邓小平认为,我们党是一个马克思主义的大党,我们国家是马克思主义指导下建立起来的社会主义大国,我们要建立的现代化是社会主义现代化。马克思主义是我们党的指导思想和立国之本。因此,在当代中国必须始终坚持马克思主义不动摇。他反复告诫我们:"坚持马克思主义对中国十分重要,坚持社会主义对中国也十分重要。……对马克思主义的信仰,是中国革命胜利的一种精神动力。……所以,我们多次重申,要坚持马克思主义,坚持走社会主义道路。"①

坚持马克思主义,必须以科学的态度对待马克思主义。邓小平之所以反复强调这个问题,是因为:

第一,我们党在对待马克思主义方面,有着极为深刻的经验教训。我们党从成立之日起,就十分明确以马克思主义为指导思想。但究竟如何理解马克思主义却一直存在着两种对立的态度:一种是把它当成教条,从中找现成答案;一种是把它当作行动的指南,从中找立场、观点和方法。在新民主主义革命时期,王明等人教条主义地理解马克思主义,结果招致革命事业的重大损失;毛泽东等人正确地理解马克思主义并使之与中国实际相结合,终于找到了夺取新民主主义革命胜利的正确道路,建立了新中国。新中国成立后,我党在指导思想上曾有一段时间背离了马克思主义,因而使社会主义事业遭受了重大损失。毛泽东逝世后,中国的路怎么走,社会主义建设怎样进行,尖锐地摆在全国人民面前。"两

---

① 《邓小平文选》第 3 卷,人民出版社 1993 年版,第 62~63 页。

个凡是"与"真理标准"之争,实质上就是坚持什么样的马克思主义之争。因此,在改革开放新时期,如何正确认识和理解马克思主义是一个长期未决的问题。

第二,这是改革开放和社会主义现代化建设实践发展的需要。邓小平认为,社会主义的改革开放,是一项全新的事业,是一项伟大的实践。马克思主义经典作家不可能在书本上给后人留下解决现实问题的锦囊妙计,因而不能生搬硬套马克思、恩格斯对未来社会的设想,不能照搬别国的社会主义模式。邓小平认为,长期以来,由于"左"的路线对人们思想的干扰,特别是"文化大革命"对人们思想造成的禁锢,在我们干部中,破除一切从本本出发这个问题并没有完全解决。他们不敢面对现实,不愿开动脑筋,不按实际情况办事,遵循的是"不从实际出发的本本主义","他们的观点,实质上是主张只要照抄马克思、列宁、毛泽东同志的原话,照抄照转照搬就行了。要不然,就说这是违反了马列主义、毛泽东思想,违反了中央精神,他们提出的这个问题不是小问题,而是涉及到怎么看待马列主义、毛泽东思想的问题"。① 与此同时,在改革开放中,来自右的干扰也十分严重,有的人假借改革开放来反对马克思主义。因此,如何正确理解马克思主义是排除"左"和右的干扰,保证改革开放和社会主义现代化建设顺利进行的需要。

第三,是建构中国特色社会主义理论的需要。1982 年邓小平在党的十二大开幕词中,第一次提出了"建设有中国特色的社会主义"的命题。1984 年他在进一步系统论述这一理论时指出:"我们多次重申,要坚持马克思主义,坚持走社会主义道路。但是,马克思主义必须是同中国实际相结合的马克思主义,社会主义必须是切合中国实际的有中国特色的社会主义。"②1987 年,在党的十三大开幕前夕,他又指出:十三大报告要在理论上阐述什么是社会主义,讲清我们的改革是不是社会主义。要阐述什么是中国特色社会主义,首先必须搞清什么是社会主义,而要搞清楚什么是社会主义,就必须正确理解和掌握马克思主义的精髓和基本原则。因为,中国共产党为之奋斗的社会主义是马克思主义的科学社会主义,而不是其他形式的社会主义。科学地理解马克思主义,是构建中国特色社会主义理论的必要前提和基础。

第四,是划清马克思主义与反马克思主义界限,坚持捍卫马克思主义的需要。马克思主义自从诞生以来,就一直遭到各种非马克思主义的诘难。我国从"文化大革命"结束之后,重新确立了马克思主义的思想路线,但也出现了一股否定马克思主义的思潮。极少数人或者"公然反对马克思主义的基本原理",反

---

① 《邓小平文选》第 2 卷,人民出版社 1994 年版,第 114 页。
② 《邓小平文选》第 3 卷,人民出版社 1993 年版,第 63 页。

对高举马克思主义的旗帜，或者口头上拥护马克思列宁主义，但是反对马克思列宁主义普遍真理与中国革命实践相结合而产生的毛泽东思想。为此，1979年邓小平提出"坚持四项基本原则"，其中一项就是坚持马克思列宁主义、毛泽东思想。在20世纪80年代，邓小平反复讲"我是一个马克思主义者"，"我们是一个马克思主义的大党"，强调坚持马克思主义对中国十分重要。他说，我们搞改革开放，把工作重心放在经济建设上，没有丢马克思，没有丢列宁，也没有丢毛泽东。20世纪80年代末90年代初，随着苏联东欧的剧变，社会主义运动进入低潮，针对国外关于马克思主义"消失了""失败了""没有用了"等论调，邓小平在南方谈话中明确指出，历史发展的总趋势不可逆转，但道路是曲折的，"某种暂时复辟也是难以避免的规律性现象"。他坚信，只要我们正确理解马克思主义，始终坚持并发展马克思主义，世界上赞成马克思主义的人会多起来。

二、马克思主义是由基本原理构成的科学体系，是关于共产主义的科学

邓小平认为，马克思主义是科学，它运用历史唯物主义揭示了人类社会的发展规律。"马克思主义并不玄奥。马克思主义是很朴实的东西，很朴实的道理。"[1]"我们坚持的和要当作行动指南的是马列主义、毛泽东思想的基本原理，或者说是由这些基本原理构成的科学体系。"[2]

邓小平认为，马克思主义的完整体系是由若干基本原理和基本观点组成的有机体，"对马克思列宁主义，应该准确地完整地理解它的体系。……否则非犯错误不可"。[3] 针对有些人肢解马克思主义，认为马克思主义原理过时了、个别论断有错误等糊涂认识，邓小平指出，我们坚持马克思主义，就要把马克思主义的科学体系和马列经典作家的个别论断区别开来，"至于个别的论断……无论马克思、列宁和毛泽东同志，都不免有这样那样的失误。但是这些都不属于马列主义、毛泽东思想的基本原理所构成的科学体系"。[4] 马克思主义的一系列观点都是在一定的历史条件下，针对一定的具体问题提出的，没有脱离一定时空、处处适用的灵丹妙药。如果说马克思主义基本原理有普遍性，那也只能从马克思主义的整个理论体系来理解，不能用马列经典作家的个别词句、个别论断代替马克思主义的科学体系。

马克思主义的最终目的是要解放无产阶级和全人类，实现共产主义。在马克思主义的三个组成部分的相互关系中，科学社会主义是核心。科学社会主义

---

① 《邓小平文选》第3卷，人民出版社1993年版，第382页。
② 《邓小平文选》第2卷，人民出版社1994年版，第171页。
③ 《邓小平文选》第2卷，人民出版社1994年版，第67页。
④ 《邓小平文选》第2卷，人民出版社1994年版，第171页。

是马克思主义哲学和政治经济学的落脚点和理论归宿,是马克思主义中最本质、最重要的东西。邓小平多次提到,"马克思主义的最高目的就是要实现共产主义"。① 他认为,我们马克思主义者过去闹革命,就是为社会主义、共产主义崇高理想而奋斗。我们现在搞改革开放,也是为了社会主义和共产主义崇高理想而奋斗。

1985 年 8 月,邓小平在谈到坚持四项基本原则的重要性时明确指出:"马克思主义的另一个名词就是共产主义。我们多年奋斗就是为了共产主义,我们的信念理想就是要搞共产主义。"②马克思主义是关于共产主义的科学,这种看法概括了马克思主义最主要的东西,揭示了马克思主义的本质和精神实质。这一观点告诉我们,理解马克思主义必须抓住它的本质,即科学社会主义这个核心。如果离开科学社会主义去谈马克思主义,这种马克思主义就不是无产阶级解放斗争的科学,就不是真正的马克思主义。正因为如此,改革开放以来,邓小平特别强调理想和信念的极端重要性,反复强调"对马克思主义的信仰,是中国革命胜利的一种精神动力"。③ 他提出要特别教育我们的下一代下两代,一定要树立共产主义的远大理想。"一定要让我们的人民,包括我们的孩子们知道,我们是坚持社会主义和共产主义的,我们采取的各方面的政策,都是为了发展社会主义,为了将来实现共产主义。"④

三、马克思主义是辩证唯物主义与历史唯物主义的基本方法,马克思主义的精髓是实事求是

马克思主义是由它的基本原理构成的科学体系。那么,贯穿各基本原理的根本观点和根本方法是什么呢? 这就是通常讲的马克思主义精髓或活的灵魂的问题。实事求是是马克思主义的精髓,这是邓小平的一个新概括。

马克思主义活的灵魂是具体地分析具体问题。马克思主义的创始人恩格斯在晚年曾一再强调指出:"马克思的整个世界观不是教义,而是方法。它提供的不是现成的教条,而是进一步研究的出发点和供这种研究使用的方法。"⑤这就是说,马克思主义所提供的是总的指导原理,信仰、实践马克思主义的人们,必须考虑生动的实际生活,必须考虑当前的确切事实,使之具体化、本土化。由于国情不同、条件不同,对马克思主义原理的运用也应各不相同。

---

① 《邓小平文选》第 3 卷,人民出版社 1993 年版,第 116 页。
② 《邓小平文选》第 3 卷,人民出版社 1993 年版,第 137 页。
③ 《邓小平文选》第 3 卷,人民出版社 1993 年版,第 63 页。
④ 《邓小平文选》第 3 卷,人民出版社 1993 年版,第 112 页。
⑤ 《马克思恩格斯选集》第 4 卷,人民出版社 1995 年版,第 742~743 页。

邓小平历来重视运用马克思主义世界观和方法论,认为马克思主义是辩证唯物主义与历史唯物主义的基本方法。1985年他指出:"二十年的历史教训告诉我们一条最重要的原则:搞社会主义一定要遵循马克思主义的辩证唯物主义和历史唯物主义,也就是毛泽东同志概括的实事求是,或者说一切从实际出发。"①针对一些人认为现在搞建设,只要学专业知识和管理知识,不必学马克思主义理论的错误认识,他指出:"马克思主义的活的灵魂,就是具体地分析具体情况。"②只有掌握马克思主义的基本理论,才能提高我们运用它的基本原则、基本方法来积极探索解决新的政治经济社会文化基本问题的本领,加强我们工作的原则性、系统性、预见性和创造性。

邓小平在阐述他的马克思主义观时,突出地强调了实事求是在马克思列宁主义、毛泽东思想中的理论地位,他从不同的角度和层面精辟地指出,实事求是,是无产阶级世界观的基础,是马克思主义的思想基础。实事求是,是毛泽东思想的出发点、根本点和精髓。回顾马克思主义中国化的历程,我们可以看到:正是由于把握和运用了这个精髓,才有毛泽东思想、邓小平理论、"三个代表"重要思想和科学发展观的创新和发展。

邓小平不仅强调了实事求是在马克思主义中的重要地位,而且还阐述了解放思想与实事求是的关系,从解放思想与实事求是的统一方面论述了实事求是对改革开放和建设中国特色社会主义的重要意义。他认为,要继承和发扬马克思列宁主义、毛泽东思想,就必须坚持解放思想、实事求是的原则。什么是解放思想,邓小平指出:"我们讲解放思想,是指在马克思主义指导下打破习惯势力和主观偏见的束缚,研究新情况,解决新问题。"③邓小平的这个论断告诉我们:其一,解放思想必须以马克思主义为指导,解放思想不是离开马克思主义的胡思乱想。其二,解放思想必须打破习惯势力和主观偏见的束缚。其三,解放思想的目的是研究新情况,解决新问题,达到新的实事求是,"就是使思想与实际相结合,使主观与客观相结合,就是实事求是"。邓小平认为:"只有解放思想,坚持实事求是,一切从实际出发,理论联系实际,我们的社会主义现代化建设才能顺利进行,我们党的马列主义、毛泽东思想的理论也才能顺利发展。"④

四、马克思主义的基本原则就是发展生产力

一个真正的马克思主义政党在执政以后面临的主要任务到底是什么?我们

① 《邓小平文选》第3卷,人民出版社1993年版,第118页。
② 《邓小平文选》第2卷,人民出版社1994年版,第118页。
③ 《邓小平文选》第2卷,人民出版社1994年版,第279页。
④ 《邓小平文选》第2卷,人民出版社1994年版,第143页。

过去对这个问题的认识并不是完全清楚的。在探索中国特色社会主义道路的过程中,邓小平反复强调,社会主义的任务很多,但根本的一条是发展生产力。因为马克思主义最注重发展生产力,"马克思主义的基本原则就是要发展生产力"。① 针对西方有人认为我们放弃了马克思主义的错误认识,邓小平明确指出:"这不确实。马克思主义有很多新发展。马克思主义归根到底是要发展生产力,贫困不等于马克思主义。"②我们在总结这些经验的基础上,"提出了整个社会主义历史阶段的中心任务是发展生产力,这才是真正的马克思主义"。③ 他还告诫我们:一个真正的马克思主义政党在执政以后,一定要致力于发展生产力,并在这个基础上逐步提高人民的生活水平。

提出马克思主义的基本原则是要发展生产力,其根据首先是马克思主义的基本原理。马克思主义的唯物史观认为,生产力是一切社会发展的最终决定力量,是人类全部历史的基础。在人类社会的基本矛盾,即生产力与生产关系、经济基础与上层建筑之间的关系中,决定性方面是生产力和经济基础。根据马克思主义基本原理,在社会主义制度没有建立之前,无产阶级要用革命的手段变革生产关系,以解放生产力;社会主义制度建立之后,就要把战略重点转移到社会主义经济建设上来,集中力量发展社会生产力,同时要不断改革那些不适应生产力发展要求的生产关系和上层建筑。所以,邓小平说:"我们是社会主义国家,社会主义制度优越性的根本表现,就是能够允许社会生产力以旧社会所没有的速度迅速发展,使人民不断增长的物质文化生活需要能够逐步得到满足。按照历史唯物主义的观点来讲,正确的政治领导的成果,归根结底要表现在社会生产力的发展上,人民物质文化生活的改善上。"④

其次,是根据马克思主义的最高目的。邓小平指出,马克思主义的最高目的就是要实现共产主义,而共产主义是建立在生产力高度发展的基础上的。社会主义是共产主义的第一阶段。"社会主义的任务很多,但根本一条就是发展生产力,在发展生产力的基础上体现出优于资本主义,为实现共产主义创造物质基础。"⑤

再次,是根据现实社会主义的发展状况。现实的社会主义并没有按照马克思、恩格斯的设想建立在发达资本主义国家的发达生产力基础之上,而是建立在原来经济和文化比较落后的基础之上。我们的社会主义社会是从半殖民地半封

---

① 《邓小平文选》第 3 卷,人民出版社 1993 年版,第 116 页。
② 《邓小平思想年谱(1975～1997)》,中央文献出版社 1998 年版,第 210 页。
③ 《邓小平文选》第 3 卷,人民出版社 1993 年版,第 254～255 页。
④ 《邓小平文选》第 2 卷,人民出版社 1994 年版,第 128 页。
⑤ 《邓小平文选》第 3 卷,人民出版社 1993 年版,第 137 页。

建社会脱胎出来的,社会主义制度虽然建立起来了,但还处于社会主义的初级阶段。社会主义初级阶段的主要矛盾,是人民日益增长的物质文化需要同落后的社会生产之间的矛盾。解决这个矛盾,就必须把全党和全国的工作着重点转移到以经济建设为中心的社会主义现代化建设上来,进一步解放和发展社会主义社会的生产力。

五、马克思主义是不断与实际相结合、不断发展的科学,坚持马克思主义必须发展马克思主义

邓小平认为,马克思主义是永远生机勃勃并充满创造性地向前发展的。它绝不是一种孤立的、静止的、封闭的思想体系。它紧密联系实际,随着实践的发展以及各门具体科学的发展而不断向前发展。

第一,马克思主义只有不断和实际相结合才有生命力。马克思主义是一门以实践为基础的学说,它来自实践,服务实践,并在实践中不断得到检验和发展。马克思主义指导中国实践,就必须与中国实际紧密结合起来。邓小平认为,一个国家面临的问题是多方面的,不论是在革命时期还是在建设时期,如何使马克思主义与各个时期的具体情况相结合,这是一个需要不断解决的问题。① 他曾反复告诫我们:一个党,一个国家,一个民族,如果一切从本本出发,只知道照抄照搬马克思、列宁、毛泽东的原话,"那它就不能前进,它的生机就停止了,就要亡党亡国"。②

第二,离开本国的实际谈论马克思主义没有意义。以往的哲学家们只是用不同的方式解释世界,问题在于改变世界。19世纪40年代,马克思和恩格斯根据无产阶级反对资产阶级的斗争的实践需要,在总结当时的自然科学的最高成果、批判地吸取历史上一切优秀的思想文化成果、特别是德国古典哲学的基础上创立了马克思主义。俄国十月革命为什么能够胜利?就是因为列宁把马克思主义的普遍原理同俄国革命相结合找到了适合俄国国情的革命道路。中国革命为什么能取得胜利?就是因为以毛泽东为首的中国共产党人,独立思考,把马克思列宁主义的普遍原理同中国的具体情况相结合,找到了适合中国情况的革命道路、形式和方法。因此,邓小平指出,只有结合中国实际的马克思主义,才是我们所需要的真正的马克思主义。

第三,坚持马克思主义必须发展马克思主义,不发展马克思主义不是真正的马克思主义。坚持马克思主义和发展马克思主义是统一的,它统一在社会实践

---

① 参见《邓小平文选》第1卷,人民出版社1994年版,第258页。
② 《邓小平文选》第2卷,人民出版社1994年版,第143页。

中。把马克思主义基本原理与本国具体实际相结合,它既是坚持马克思主义的过程,也是发展马克思主义的过程,不发展马克思主义就不可能真正坚持马克思主义。邓小平认为,我们面对的实际是变动不居的,实践的发展是无止境的,理论也必然随之发展。他指出:"马克思主义必须发展。我们不把马克思主义当作教条,而是把马克思主义同中国的具体实践相结合,提出自己的方针,所以才能取得胜利。……我们历来主张世界各国共产党根据自己的特点去继承和发展马克思主义,离开自己国家的实际谈马克思主义,没有意义。"①

　　邓小平是一个伟大的马克思主义者,他不仅用科学的态度去对待马克思主义,而且以此为起点,用巨大的政治勇气去开辟社会主义建设的新道路,同时又以此为依托,用巨大的理论勇气去开拓马克思主义的新境界。可以说,正是基于对什么是马克思主义的正确理解,邓小平在把马克思主义与中国具体实际相结合的过程中,以无产阶级革命家的非凡胆略和气魄,以改革开放总设计师的特有思维和智慧,将对马克思主义的理解、运用与坚持、发展马克思主义紧紧结合在一起,既继承前人又突破陈规,既借鉴世界经验又不照搬别国模式,因而创立了中国特色社会主义理论。这一理论是马克思主义同中国具体实际相结合的最新成果,是当代中国的马克思主义。邓小平以其对马克思主义的正确理解、科学态度和理论创新,使其成为当代中国坚持与发展马克思主义的典范。

---

①　《邓小平文选》第 3 卷,人民出版社 1993 年版,第 191 页。

邓小平理论与中国现代化

关于邓小平的现代化理论一直是邓小平理论研究中的一个热点问题,但对于邓小平的现代化理论与邓小平理论的关系,学术界的研究却极为稀少。我们认为,邓小平理论就是在改革开放和社会主义现代化建设的实践中逐步形成和发展起来的,如何实现中国现代化是邓小平在社会主义现代化建设新时期理论活动和实践活动的一个中心,邓小平理论的其他内容都是围绕中国现代化问题展开的。因此,邓小平的现代化理论在邓小平理论中居于中心位置。

一、邓小平理论是在总结我国社会主义建设历史经验的基础上,在解决我国社会主义现代化的伟大历史任务过程中逐步形成和发展起来的

中华民族自鸦片战争以来,主要面对着两大历史任务:一是求得民族独立和人民解放;二是实现国家繁荣富强和人民共同富裕,即摆脱贫穷,尽快实现中国的现代化。前一任务为后一任务扫清障碍,创造必要的前提。因此,实现现代化一直是近代以来中国无数仁人志士苦苦追寻的目标。但只有中国共产党把马克思主义与中国实际相结合,才实现了真正的民族独立和找到了走向社会主义现代化的正确道路。

中国共产党很早就把实现中国的现代化作为一个重要的奋斗目标。新中国成立以前,毛泽东在延安一次工业展览时说过:中国共产党人是致力于中国工业化的,工业是最有发展前途、最富于生命力、足以引起一切变化的力量,是决定中国的政治、经济、思想、文化这一切东西,是决定社会变化的。① 他还说过:"民主革命的中心目的就是从侵略者、地主、买办手下解放农民,建立近代工业社会。"②并且在《论联合政府》中提出:"中国工人阶级的任务,不但是为着建立新民主主义的国家而奋斗,而且是为着中国的工业化和农业的现代化而奋斗。"③

新中国成立后,建设社会主义现代化强国一直是党的重要工作目标。

① 《毛泽东年谱》中卷,中央文献出版社 2002 版,第 514~515 页。
② 《毛泽东书信选集》,人民出版社 1984 年版,第 237 页。
③ 《毛泽东选集》第 3 卷,人民出版社 1991 年版,第 1081 页。

1953年12月发表的《关于党在过渡时期总路线的学习和宣传提纲》宣布:"在革命胜利后,我们党和全国人民的基本任务就是要改变国家的这种经济状况,在经济上由落后的贫穷的农业国家,变为富强的社会主义的工业国家。这就需要实现国家的社会主义工业化。"①1954年,毛泽东在第一届人大会上提出"准备在几个五年计划之内,将我们现在这样一个经济上文化上落后的国家,建设成为一个工业化的具有高度现代文化程度的伟大的国家"。② 周恩来的政府工作报告,第一次提出了建立现代化的工业、现代化的农业、现代化的交通运输业(1964年12月改为科学技术)和现代化的国防的任务,即四个现代化的任务,并提出要把我国建设成为"一个强大的社会主义的现代化的工业国家"。③ 1957年后,由于"左"的思想的干扰,社会主义现代化建设在曲折中前进。"以阶级斗争为纲"的"文化大革命",破坏了中国现代化的进程,使国民经济遭受巨大损失。

粉碎"四人帮"后,邓小平总结历史经验,率领全党拨乱反正,在具有伟大转折意义的十一届三中全会上,果断地废止"以阶级斗争为纲",把全党全国人民的注意力和工作中心转移到社会主义现代化建设上来。1982年党的十二大的主题,就是《全面开创社会主义现代化建设的新局面》,大会确定的目标就是分两步走,在20世纪末实现工农业年总产值翻两番;1987年党的十三大的主题是"沿着有中国特色的社会主义道路前进",十三大报告不仅阐述了社会主义初级阶段理论,提出了党在社会主义初级阶段的基本路线,而且制定了到下个世纪中叶分三步走,实现现代化的发展战略;1992年党的十四大的主题是"加快改革开放和现代化建设步伐,夺取有中国特色社会主义事业的更大胜利",这次大会作出的一系列决策也是为了更快实现社会主义现代化;1997年党的十五大的主题是"高举邓小平理论伟大旗帜,把建设有中国特色社会主义事业全面推向二十一世纪"。十五大强调,坚持党的十一届三中全会以来的路线不动摇,就是高举邓小平理论旗帜不动摇。这充分说明十一届三中全会确立的社会主义现代化建设的路线和邓小平理论是完全一致的。邓小平理论就是在探索和回答在经济文化落后的中国如何实现社会主义现代化这个高难度的历史课题过程中逐步形成和发展起来的。我们完全有理由说,邓小平理论就是在社会主义现代化建设新时期我们党对中国现代化道路积极探索的理论成果,是我国社会主义现代化建设正反两方面历史经验的总结。它是毛泽东思想的继承和发展,是指导中国现

---

①　《建国以来重要文献选编》第4册,中央文献出版社1993年版,第704页。

②　《毛泽东著作选读》下册,人民出版社1986年版,第715页。

③　《周恩来选集》下卷,人民出版社1997年版,第136页。

代化建设的一面旗帜。

二、实现中国现代化是邓小平在社会主义现代化建设新时期理论活动和实践活动的中心

实现中国现代化是邓小平毕生的追求和奋斗目标。邓小平投身革命,为中华民族独立和解放、为夺取全国政权而奋斗,归根到底,是为了给中国实现现代化扫清道路。粉碎"四人帮"后,邓小平出来工作最为关注的就是抓大局,抓战略全局。而所谓大局、战略全局,就是实现中国的现代化。从邓小平1977年后近20年的理论活动和实践活动来看,他对中国现代化问题的关注主要体现在以下几个方面:

第一,站在历史的高度,把现代化确立为当今中国的中心任务,阐述了实现现代化的重要意义,解决了中国"为何"要实现现代化的问题。

邓小平认为,社会主义现代化代表着人民最大的利益、最根本的利益,实现社会主义现代化是巩固与发展我国社会主义制度的必然要求。党的十一届三中全会以后,邓小平反复强调实现现代化对我国的重要意义,强调集中力量进行现代化建设"是我们解决国际问题、国内问题的最主要的条件"。[①] 他认为:实现现代化是巩固社会主义制度的需要,"在无产阶级专政的条件下,不搞现代化,科学技术水平不提高,社会生产力不发达,国家的实力得不到加强,人民的物质文化生活得不到改善,那末,我们的社会主义政治制度和经济制度就不能充分巩固,我们国家的安全就没有保障"。[②] 实现现代化是提高我国国际地位的需要。我们在国际事务中起的作用的大小,要看我们自己经济建设成就的大小。"没有四个现代化,中国在世界上就没有应有的地位"。[③] 实现现代化也是实现祖国统一的需要。只有现代化建设搞好了,经济发展,综合国力增强了,我国实现祖国统一的力量就增大了。正是基于以上认识,邓小平多次强调:我们进入改革开放新时期以及今后相当长的一个时期的主要任务就是搞现代化建设,能否实现现代化,决定着国家的命运、民族的命运。他反复告诫我们:"我们党在现阶段的政治路线,概括地说,就是一心一意地搞四个现代化。这件事件,任何时候都不要受干扰,必须坚定不移地、一心一意地干下去。"[④]他要求每一个党员、团员,每一个爱国的公民,都必须在党和政府的统一领导下,专心致志地、聚精会神地搞四个现代化建设,千方百计地为实现四个现代化贡献出一切力量。

---

① 《邓小平文选》第2卷,人民出版社1994年版,第240页。
② 《邓小平文选》第2卷,人民出版社1994年版,第86页。
③ 《邓小平文选》第3卷,人民出版社1993年版,第357页。
④ 《邓小平文选》第2卷,人民出版社1994年版,第276页。

第二,根据中国国情,揭示了中国现代化的科学内涵,解决了中国式的现代化"是何"现代化的问题。

邓小平在探索中国现代化道路过程中曾反复强调:"我们搞的现代化,是中国式的现代化。"①"中国式的现代化"具有如下特征:首先,中国式的现代化必须是符合中国国情、从中国实际出发的现代化。而中国最大实际就是中国还"处于社会主义初级阶段,就是不发达阶段。一切都要从这个实际出发"。② 其次,中国式的现代化只能是社会主义的现代化。邓小平认为,"我们搞四个现代化,是搞社会主义的四个现代化,不是搞别的现代化。我们采取的所有开放、搞活、改革等方面的政策,目的都是为了发展社会主义经济"。③ 因为在今天的中国,只有社会主义制度才能根本解决中国的现代化问题。如果搞资本主义,十多亿人的吃饭问题就解决不了,至多是极少数人富起来,但整个国家却要成为资本主义的附庸,现代化的目标将落空。最后,中国式的社会主义现代化是社会全面进步、协调发展的现代化。我们现代化的目标是建立富强、民主、文明的社会主义强国。

第三,在总结我国以往发展战略的经验教训的基础上,提出了党在社会主义初级阶段的基本路线,制定了分"三步走",基本实现现代化的台阶式发展战略,解决了"如何"实现现代化的问题。

党的十一届三中全会以后,邓小平通过对我国实际状况和世界发展实际状况的正确分析,认识到在我国实现现代化,必然要有一个从初级到高级的过程。1979年他提出中国20世纪的目标是实现小康。此后,邓小平经过反复思考,科学地制定了党在新时期的基本路线和一系列方针政策,教导全党要坚持党的基本路线一百年不动摇;提出了分三步走,基本实现现代化的发展战略。为了使三步走发展战略得到正确实施,邓小平还深刻揭示了现代化的动力,确立了我国现代化建设的战略重点和战略措施。

第四,提出"对实现四个现代化是有利还是有害,应当成为衡量一切工作的是非标准。"④在社会主义现代化建设新时期,邓小平针对不同的工作领域提出过不同的判断标准,如"实践标准""生产力标准""人民利益标准""评价一个国家政治体制的标准""三个有利于"判断标准等。可以说这些标准,都是对实现现代化是有利还是有害这一标准的进一步展开。

回顾党的十一届三中全会以来我国改革开放和现代化建设的历史,我们可

① 《邓小平文选》第3卷,人民出版社1993年版,第29页。
② 《邓小平文选》第3卷,人民出版社1993年版,第252页。
③ 《邓小平文选》第3卷,人民出版社1993年版,第110页。
④ 《邓小平文选》第2卷,人民出版社1994年版,第209页。

以清楚地看到,邓小平对中国现代化事业倾注了他的全部心血。正是在以现代化思想为核心的邓小平理论指导下,中国才找到了一条走向现代化的成功之路,中国的现代化建设才取得了举世瞩目的伟大成就。也正因为如此,我们党把邓小平称为改革开放和现代化建设的总设计师。

三、邓小平现代化理论在邓小平理论中居于中心位置,其他所有理论观点都是围绕这一中心问题展开的

邓小平理论集中反映在《邓小平文选》中。仔细研读《邓小平文选》,我们可以清楚地看到,如何实现中国的现代化像一根红线贯穿其始终,邓小平理论中许多重要观点都是在回答中国社会主义现代化建设面临的各种现实问题时阐述的。可以说,怎样实现中国的现代化是邓小平思考与处理一切问题的出发点和落脚点,他创造性地提出的一系列观点、政策,都是紧紧围绕现代化这个中心的。

——解放思想、实事求是是邓小平理论的精髓,也是邓小平理论的活的灵魂。但在新时期邓小平为什么要强调和坚持解放思想,实事求是呢?很显然,解放思想,实事求是本身并不是目的,坚持解放思想、实事求是,是为了更快地实现中国的现代化。因为"不打破思想僵化,不大大解放干部和群众的思想,四个现代化就没有希望。"[1]"不解放思想,不实事求是,不从实际出发,理论与实践不相结合,不可能有现在的一套方针、政策,不可能把人民的积极性统统调动起来,也就不可能搞好现代化建设,显示出社会主义制度的优越性。"[2]

——为什么要弄清楚什么是社会主义,如何建设社会主义这个问题?因为我们的现代化是社会主义现代化,而我们在改革开放前所经历的曲折与失误,改革开放以来在前进中遇到的一些困惑,归根到底都在于对这个问题没有完全搞清楚。

——为什么我们的现代化建设要以经济建设为中心?因为"四个现代化,集中起来讲就是经济建设"。[3] 邓小平认为,现代化建设的任务是多方面的,各个方面需要综合平衡,不能单打一。但是说到最后,还是要把经济建设当作中心。离开了经济建设这个中心,就有丧失物质基础的危险。其他一切任务都要服从这个中心,围绕这个中心,决不能干扰它,冲击它。

——为什么要进行改革?因为原有的高度集中的政治经济体制已经不适应并束缚了生产力的发展,我们"要大幅度地改变目前落后的生产力,就必然要多

---

① 《邓小平文选》第 2 卷,人民出版社 1994 年版,第 143 页。
② 《邓小平文选》第 2 卷,人民出版社 1994 年版,第 191 页。
③ 《邓小平文选》第 2 卷,人民出版社 1994 年版,第 240 页。

方面地改变生产关系,改变上层建筑,改变工农业企业的管理方式和国家对工农业企业的管理方式,使之适应于现代化大经济的需要"。① 正因为如此,邓小平认为,改革是社会主义发展的直接动力,改革是中国的第二次革命。

——为什么要实行对外开放?因为中国是世界现代化的"后来者",我们同发达国家相比较,经济上差距较大,科技发展方面的差距也很大。我们进行现代化建设主要应依靠我们自己的努力,自己的资源,自己的基础。但我们实现现代化,必须吸收当代世界发达的科学技术和先进的文明成果。不打破封闭、半封闭状态,不引进和学习先进的东西,实现现代化是不可能的。因此,邓小平强调,"不开放不改革没有出路,国家现代化建设没有希望"。②

——为什么要坚持四项基本原则?因为四项基本原则"是实现四个现代化的根本前提"。③ 邓小平认为,如果动摇了这四项基本原则中的任何一项,那就动摇了整个社会主义事业,整个现代化建设事业。

——为什么要大力发展科学?因为当今世界科学技术的发展日新月异,科学技术是第一生产力,而我们的科学技术水平同世界先进水平的差距还很大,科学技术力量还很薄弱,远不能适应现代化建设的需要。因此,邓小平提出:"四个现代化,关键是科学技术的现代化。没有现代科学技术,就不可能建设现代农业、现代工业、现代国防。没有科学技术的高速度发展,也就不可能有国民经济的高速度发展。"④

——为什么要把教育摆在优先发展的战略地位?因为发展科学技术,进行各方面的改革,必须有知识,有人才,靠空讲不能实现现代化。"不抓科学、教育,四个现代化就没有希望,就成为一句空话。"⑤因此,邓小平提出:教育必须为社会主义现代化建设服务,教育要面向现代化,面向世界,面向未来。

——为什么要建立社会主义市场经济?因为现代化的有中国特色的社会主义经济就是在社会主义条件下发展市场经济,不断解放和发展生产力。市场经济不等于资本主义,而是人类社会创造的现代化文明成果,社会主义必须吸收和借鉴各种有利于发展社会生产力的现代化方法来进一步体现社会主义制度的优越性。所以我们经济体制改革的目标是建立社会主义市场经济。

——为什么要发展社会主义民主?因为建立高度的社会主义民主,是社会主义现代化的重要目标之一。邓小平认为,"没有民主就没有社会主义,就没有

---

① 《邓小平文选》第 2 卷,人民出版社 1994 年版,第 135~136 页。
② 《邓小平文选》第 3 卷,人民出版社 1993 年版,第 219 页。
③ 《邓小平文选》第 2 卷,人民出版社 1994 年版,第 164 页。
④ 《邓小平文选》第 2 卷,人民出版社 1994 年版,第 86 页。
⑤ 《邓小平文选》第 2 卷,人民出版社 1994 年版,第 68 页。

社会主义的现代化"。① 因此,为了适应社会主义现代化建设的需要,为了适应党和国家政治生活民主化的需要,我们要积极地、有步骤地继续推进政治体制改革,加强社会主义民主建设。

——为什么要发展有中国特色的社会主义文化,建立高度的社会主义精神文明?因为社会主义精神文明是社会主义的重要特征,是社会主义优越性的重要表现,是社会主义现代化建设的重要保证,是我国社会主义现代化建设的重要目标。邓小平提出要实现现代化,没有理想是不行的,没有纪律也是不行的。"我们历来提倡有理想、有道德、有文化、有纪律,其中最重要的是有理想、有纪律。理想就是社会主义现代化。"②

——为什么要依靠广大人民群众,坚持和发展新时期的爱国统一战线?因为人民群众是我们党的力量源泉和胜利之本,是社会主义现代化建设的主力军。只有紧紧依靠工人、农民、知识分子,充分发挥他们的历史主体精神,才能实现社会主义现代化;只有最广泛的爱国统一战线,才能调动一切积极因素,团结一切可以团结的力量,才能实现祖国的统一和国家的现代化。

——为什么需要稳定?因为获得一个安定团结的政治局面,是我们的社会主义现代化建设事业必不可少的条件和保证。"中国要摆脱贫困,实现四个现代化,最关键的问题是需要稳定。……如果没有一个稳定的环境,中国什么事情也干不成。"③

——为什么要反对霸权主义和强权政治,维护世界和平?因为进行社会主义现代化建设,不仅需要一个稳定的国内环境,也需要一个和平的国际环境。

——为什么要加强军队和国防建设?因为军队和国防现代化本身是现代化的重要内容,军队和国防建设,关系国家安危,关系国家的社会主义现代化的成败,实现军队和国防现代化也是全国人民的重大事业。

——为什么要坚持共产党的领导?因为在中国这样一个大国,没有共产党的领导,必然四分五裂,一事无成。因此,"中国由共产党领导,中国的社会主义现代化建设事业由共产党领导,这个原则是不能动摇的;动摇了中国就要倒退到分裂和混乱,就不可能实现现代化"。④

总之,实现社会主义现代化是我国当前及今后相当长一段时间的主要任务,是中国共产党的政治路线,是全中国人民的共同心愿,因而也是邓小平理

---

① 《邓小平文选》第 2 卷,人民出版社 1994 年版,第 168 页。
② 《邓小平文选》第 3 卷,人民出版社 1993 年版,第 209 页。
③ 《邓小平文选》第 3 卷,人民出版社 1993 年版,第 348 页。
④ 《邓小平文选》第 2 卷,人民出版社 1994 年版,第 267~268 页。

论的重要内容。在今天,我们学习和研究邓小平理论,必须准确把握邓小平理论的核心及其精神实质。只有这样,我们才能真正高举中国特色社会主义伟大旗帜,不断开创中国特色社会主义事业新局面,实现中国的繁荣富强和人民的共同富裕。

邓小平的民主与法制思想

党的十一届三中全会以来,邓小平在总结我国及其他社会主义国家现代化建设历史经验的基础上,根据我国社会主义现代化建设的新形势、新任务和新特点,对社会主义民主与法制建设的有关问题作了一系列的论述,从理论上揭示了在中国这样一个经济发展水平比较低的东方大国如何建设社会主义民主与法制的基本规律,形成了系统、科学的理论体系,为我国社会主义民主与法制建设指明了方向,并为确立依法治国战略奠定了坚实基础。

一、"我们要认真建立社会主义的民主制度和社会主义法制"

从中国的历史传统、中国的国情以及中国现代化建设的实际出发,邓小平对发展高度的社会主义民主和完备的社会主义法制,给予了高度重视。在改革之初的1979年,他就明确指出:"我们的国家已经进入社会主义现代化建设的新时期。我们要在大幅度提高社会生产力的同时,改革和完善社会主义的经济制度和政治制度,发展高度的社会主义民主和完备的社会主义法制。"[1]后来他又强调,"要继续发展社会主义民主,健全社会主义法制。这是三中全会以来中央坚定不移的基本方针,今后也决不允许有任何动摇"。[2] 邓小平从全局性、战略性的高度强调了民主与法制建设的重要性,这使得他的民主与法制思想从一开始就有一个鲜明的特征——"中国特色",即以中国国情作为民主与法制建设的客观依据。

第一,民主与法制建设是肃清封建专制主义影响的需要。邓小平在反复思考像中国这样一个经济文化落后的国家如何建设社会主义的民主与法制过程中充分认识到,我国的社会主义脱胎于落后的半殖民地半封建社会,生产力水平远远落后于发达的资本主义国家,人均国民生产总值居世界列。"我们这个国家有几千年封建社会的历史,缺乏社会主义的民主和社会主义的法制。"[3]"旧中国留给我们的,封建专制传统比较多,民主法制传统很少。"[4]"我们国家缺少执

---

① 《邓小平文选》第2卷,人民出版社1994年版,第208页。
② 《邓小平文选》第2卷,人民出版社1994年版,第359页。
③ 《邓小平文选》第2卷,人民出版社1994年版,第348页。
④ 《邓小平文选》第2卷,人民出版社1994年版,第332页。

法和守法的传统。"①"我们过去的一些制度,实际上受了封建主义的影响,包括个人迷信、家长制或家长作风,甚至包括干部职务终身制。"同时,邓小平还看到,我国原先是一个小生产占优势的国家,无政府主义影响不可低估。封建主义和无政府主义是民主与法制建设的重大障碍。因此,要消除封建主义和无政府主义的影响,"我们要认真建立社会主义的民主制度和社会主义法制。只有这样,才能解决问题"。②

第二,民主与法制建设是避免类似"文化大革命"那样的错误,建立法治社会的需要。邓小平认为,新中国成立以来,在"以阶级斗争为纲"的错误思想支配下,党和国家政治生活中逐步产生了轻视法制的法律虚无主义思想,因而"我们也没有自觉地、系统地建立保障人民民主权利的各项制度,法制很不完备,也很不受重视"。③"在民主的实践方面,我们过去作得不够,并且犯过错误"。④"对民主宣传得不够,实行得不够,制度上有许多不完善",⑤因而出现了"文化大革命"那样惨痛的教训,为了不使"文化大革命"那样的惨剧重演,使社会主义建设步入正轨,邓小平认为,最好的办法就是加强民主与法制建设,邓小平还首次谈到了法治问题,并把政治体制改革与法治联系起来,明确指出:要通过政治体制改革"处理好法治和人治的关系,处理好党和政府的关系"。⑥事实上,法治是民主政治的核心,要法治不要人治,是当今的时代潮流。邓小平关于建立法治社会的思想,改变了过去我们在相当长一段时间内重"人治"而轻法治的种种不合理做法,顺应了历史的潮流,丰富和发展了毛泽东的民主与法制思想。

第三,民主与法制建设是充分显示社会主义优越性的需要。一个现代化的国家,必然是一个高度民主和法制完备的国家,民主法制建设是现代化国家的标志。邓小平认为,我国是一个社会主义国家,"我们进行社会主义现代化建设,是要在经济上赶上发达的资本主义国家,在政治上创造比资本主义国家的民主更高更切实的民主"。⑦因此,我们"不仅经济要上去,社会秩序、社会风气也要搞好,两个文明建设都要超过他们,这才是有中国特色的社会主义"。⑧社会主义不仅需要民主;而且要创造比资本主义民主更高更切实的民主,"没有民主就

---

① 《邓小平文选》第 3 卷,人民出版社 1993 年版,第 163 页。
② 《邓小平文选》第 2 卷,人民出版社 1994 年版,第 348 页。
③ 《邓小平文选》第 2 卷,人民出版社 1994 年版,第 332 页。
④ 《邓小平文选》第 2 卷,人民出版社 1994 年版,第 168 页。
⑤ 《邓小平文选》第 2 卷,人民出版社 1994 年版,第 176 页。
⑥ 《邓小平文选》第 3 卷,人民出版社 1993 年版,第 177 页。
⑦ 《邓小平文选》第 2 卷,人民出版社 1994 年版,第 322 页。
⑧ 《邓小平文选》第 3 卷,人民出版社 1993 年版,第 378 页

没有社会主义,就没有社会主义的现代化";①社会主义不仅需要法制,而且需要创造比资本主义法制更高更切实的法制;只有这样,才能使社会主义立于不败之地,使社会主义的优越性充分发挥出来。

第四,民主与法制建设是新时期惩治腐败、打击各种犯罪活动的需要。改革开放以来,随着我国与世界各国的交往日益增多,西方资本主义世界的一些腐朽思想、生活作风会传播到我国,它们同封建残余思想,资产阶级自由化思潮结合在一起,会造成对社会主义肌体的腐蚀。党和国家的工作重心转移到经济建设上来后,国家的各种经济关系、社会关系将会进行调整,党内的腐败现象会蔓延,经济领域内的犯罪活动会不断增加,各种反对社会主义的力量会利用我们工作的失误对社会主义进行攻击。那么,怎样才能消除改革开放过程中出现的各种弊端呢?邓小平认为,惩治腐败,一要靠发扬民主,加强监督,二要靠法制。他认为:"对干部和共产党员来说,廉政建设要作为大事来抓。还是要靠法制,搞法制靠得住些。"②要"一手抓改革开放,一手抓惩治腐败";③在谈到打击经济犯罪问题时,邓小平更是强调了法制的重要作用。为此他提出了另一个两手抓,即"一手抓改革开放,一手抓打击各种犯罪活动",④并主张打击经济犯罪、扫除各种丑恶现象,要从快、从严、从重,"不能手软";在谈到打击各种反社会主义势力时,邓小平强调了无产阶级专政的作用,他指出:"对于这一切反社会主义的分子仍然必须实行专政。不对他们专政,就不可能有社会主义民主。"⑤

第五,民主与法制建设是保护人权、保护绝大多数人的权利的需要。改革开放以来,西方一些人士总是喋喋不休地诽谤和攻击我们不重视人权,不尊重人权,以宣扬"人权、民主、自由"为借口,推行他们"西化""分化"的图谋,以图颠覆中国的社会主义制度。对此,邓小平一针见血地指出:"什么是人权?首先一条,是多少人的人权?是少数人的人权,还是多数人的人权,全国人民的人权?"⑥他深刻地剖析了资产阶级的人权、自由、民主的实质,认为"资本主义社会讲的民主是资产阶级的民主,实际上是垄断资本的民主",⑦"他们那一套人权、自由、民主,是维护恃强凌弱的强国、富国的利益,维护霸权主义者、强权主义者利益的"。⑧ 而社会主义民主是工人、农民、知识分子和其他劳动者所共同享有

① 《邓小平文选》第2卷,人民出版社1994年版,第168页。
② 《邓小平文选》第3卷,人民出版社1993年版,第379页。
③ 《邓小平文选》第3卷,人民出版社1993年版,第314页。
④ 《邓小平文选》第3卷,人民出版社1993年版,第378页。
⑤ 《邓小平文选》第2卷,人民出版社1994年版,第169页。
⑥ 《邓小平文选》第3卷,人民出版社1993年版,第125页。
⑦ 《邓小平文选》第3卷,人民出版社1993年版,第240页。
⑧ 《邓小平文选》第3卷,人民出版社1993年版,第345页。

的民主,是历史上最广泛的民主,社会主义人权是绝大多数人的人权。只有社会主义的民主与法制,才能保证人民真正享有社会主义制度赋予的各项民主权利,这是任何其他制度所难以做到的。因此,要保护社会主义的人权,保护绝大多数人的利益,必须努力建设社会主义的民主与法制。

第六,民主与法制建设是保持政治稳定的需要。政治稳定是经济发展和社会进步的前提条件。邓小平在领导中国社会主义现代化建设的过程中反复强调,"中国不允许乱","稳定压倒一切"。针对"文化大革命"时期出现的那种混乱局面和改革开放中出现的不稳定因素,他明确指出:"中国的问题,压倒一切的是需要稳定。没有稳定的环境,什么都搞不成,已经取得的成果也会失掉。"①"中国不能乱哄哄的,只有在安定团结的局面下搞建设才有出路。一切反对、妨碍我们走社会主义道路的东西都要排除,一切导致中国混乱甚至动乱的因素都要排除。"②而要保持政治稳定,必须推进社会主义民主政治,必须维护社会主义法制的权威。邓小平认为,不能将国家的稳定建立在个人威望上,而应该建立在完善的民主与法制上。1989年9月邓小平会见李政道教授时指出:"我历来不主张夸大一个人的作用,这样是危险的,难以为继的。把一个国家、一个党的稳定建立在一两个人的威望上,是靠不住的,很容易出问题。"③1992年他再次强调,"还是要靠法制,搞法制靠得住些"。

二、"搞四个现代化一定要有两手,即一手抓建设,一手抓法制"

民主与法制同经济有不解之缘,民主与法制服从于经济,服务于经济。尤其是在市场经济条件下,民主与法制具有特别重要的意义。邓小平在全面思考中国现代化建设的整体方案时,从战略上提出问题,肯定了民主与法制建设同经济建设的关系。他强调,在社会主义现代化建设的新时期,一方面,我们必须要转移全党工作重心,必须以经济建设为中心,大力发展生产力;另一方面,"为了实现四个现代化,必须发扬社会主义民主和加强社会主义法制。"他提出了著名的"两手抓":"即一手抓建设,一手抓法制。"④并十分强调用经济方法和经济法规来管理经济,通过经济立法来调整经济关系,通过法制来打击经济领域内的各种犯罪。他认为:"国家和企业;企业和企业、企业和个人等等之间的关系……也有不少要通过法律来解决。"⑤针对我国经济立法不能满足经济发展需要这一基

---

① 《邓小平文选》第3卷,人民出版社1993年版,第284页。
② 《邓小平文选》第3卷,人民出版社1993年版,第212页。
③ 《邓小平文选》第3卷,人民出版社1993年版,第325页。
④ 《邓小平文选》第3卷,人民出版社1993年版,第154页。
⑤ 《邓小平文选》第2卷,人民出版社1994年版,第147页。

本事实,邓小平在改革开放初期就指出:"应该集中力量制定刑法、民法、诉讼法和其他各种必要的法律,例如工厂法……劳动法、外国人投资法等等,经过一定的民主程序讨论通过。"①邓小平这里所说的"其他各种必要的法律",主要就是指经济法。

把民主与法制同经济建设结合起来,这一思想是对毛泽东法律思想的重大发展。毛泽东作为中国新民主主义革命和社会主义革命的领导者,其法律思想也十分丰富,他对中国旧法制的揭露和批判,对社会主义法律性质和重要性的阐述,对平等原则的肯定,对立法原则和方式方法的论述等,都表现了他的法律思想的科学性。在民主与法制的实践中,毛泽东也提出了一系列重要的指导思想和方针政策,对中国革命作出了重大贡献。他的民主与法制思想在今天仍然闪耀着灿烂的光辉。邓小平把民主与法制建设同经济建设直接联系起来,而且把民主与法制摆在与党和国家的中心工作(经济建设)同等重要的位置,并将其作为党和国家的基本方针、基本任务和基本目标,这在我党的历史上和新中国成立以后的40多年的历史中,还是第一次。这一思想肯定了民主与法制的经济职能和社会职能,确定了民主与法制建设在我国社会主义现代化建设中的地位,充分揭示了经济建设与民主法制建设的内在联系,从而使他的民主与法制思想具有了鲜明的时代特征。

三、"社会主义民主与社会主义法制是不可分的"

民主与法制相统一,这是邓小平反复强调的一个思想。1979年3月,邓小平在《坚持四项基本原则》的讲话中就强调:我们一定要向人民和青年着重讲清民主问题,在宣传民主的时候,一定要把民主与法制结合起来。1980年2月,邓小平进一步指出:"发扬社会主义民主,健全社会主义法制,两方面是统一的。"②同年12月,邓小平再次指出:"社会主义民主与社会主义法制是不可分的。不要社会主义法制的民主,不要党的领导的民主,不要纪律和秩序的民主,决不是社会主义民主。"③1987年3月,邓小平在会见坦桑尼亚总统时又指出:"在发扬社会主义民主的同时,还要加强社会主义法制……这是一整套相互关联的方针政策。"④

邓小平反复强调的民主与法制相互统一的思想告诉我们,社会主义民主与法制是相辅相成的。一方面,民主是法制的前提和基础。这是因为:第一,民主

---

① 《邓小平文选》第2卷,人民出版社1994年版,第146页。
② 《邓小平文选》第2卷,人民出版社1994年版,第276页。
③ 《邓小平文选》第2卷,人民出版社1994年版,第359页。
④ 《邓小平文选》第3卷,人民出版社1993年版,第210页。

的实质是国家制度,只有人民掌握了国家政权,争得了民主,才能把自己的意志上升为国家的法律,建立自己的法律制度,而且能够保证这种法制的社会主义的方向和本质。第二,只有发展社会主义民主,才能健全社会主义法制。社会主义民主发展了,才能集中人民群众的正确意见,制定出真正反映人民意志和利益的法律;社会主义民主发展了,才能使法律的执行和实施受到人民群众的监督,才能增强人民当家作主的主人翁意识,自觉遵守法律。第三,社会主义法制的完善,有赖于社会主义民主的发展,民主愈发展,法律愈健全。另一方面,法制是民主的体现和保障。这是因为:第一,一切权力属于人民,人民当家作主的根本权力,要由社会主义法制来确认。第二,人民的各项民主自由权利,由社会主义法制来保障。第三,对于侵犯和破坏人民民主权利的行为,由社会主义法律来制裁。

在邓小平看来,离开民主讲法制,法制就失去依据,丧失了存在的基础,就变成了专制。离开法制讲民主,民主就失去了保障,就可能导致无政府状态。民主既是法制的前提和基础,又必须在法制的轨道上发展。中国需要扩大民主,但同时需要法制。没有完备的法制。民主就失去了保障,也就无法使民主制度化、法律化。正因为如此,邓小平指出:"民主和法制,这两个方面都应该加强,过去我们都不足。要加强民主就要加强法制。没有广泛的民主是不行的,没有健全的法制也是不行的。……民主要坚持下去,法制要坚持下去。这好像两只手,任何一只手削弱都不行。"①

四、"民主必须制度化、法律化"

邓小平的政治战略思想是要建立高度的社会主义民主政治。那么怎样才能建立高度的社会主义民主政治呢? 邓小平认为,社会主义民主政治建设关键是从制度上解决问题,使民主制度化、法律化,因为制度具有决定性、根本性。改革之初,他在强调民主是解放思想的重要条件时,十分精辟地指出:"为了保障人民民主,必须加强法制。必须使民主制度化、法律化,使这种制度和法律不因领导人的改变而改变,不因领导人的看法和注意力的改变而改变。"②"不是说个人没有责任,而是说领导制度、组织制度问题更带有根本性、全局性、稳定性和长期性。"③他认为,"要从制度方面解决问题。……要认真建立社会主义的民主制度和社会主义法制。只有这样,才能解决问题。"④要消除封建残余的影响,"重点

---

① 《邓小平文选》第 2 卷,人民出版社 1994 年版,第 189 页。
② 《邓小平文选》第 2 卷,人民出版社 1994 年版,第 146 页。
③ 《邓小平文选》第 2 卷,人民出版社 1994 年版,第 333 页。
④ 《邓小平文选》第 2 卷,人民出版社 1994 年版,第 348 页。

是切实改革并完善党和国家的制度,从制度上保证党和国家政治生活的民主化、经济管理的民主化、整个社会生活的民主化。"①要克服特权现象,"也要解决制度问题"。②

那么,究竟怎样才能从制度上解决问题,使民主制度化和法律化呢?邓小平认为:第一,我们不能照搬西方的模式。必须从中国实际出发,走自己的路。他在会见美国前总统卡特时,有这么一段深刻的话:"人们往往把民主同美国联系起来,认为美国的制度是最理想的民主制度。我们不能照搬你们的。……中国如果照搬你们的多党竞选、三权鼎立那一套,肯定是动乱局面"。③ 为什么不能照搬西方民主呢?因为它不符合中国国情,因为它否定了人民主权的统一性,否定了人民的最高和最后的决定权和制约权,这与人民当家作主的社会主义民主是背道而驰的,与体现人民意志的社会主义法制也是相矛盾的。

第二,要进一步健全人民代表大会制度,充分发挥人民代表大会在立法和法律监督等方面的作用;要进一步完善共产党领导的多党合作制度,更好地发挥民主党派和无党派爱国人士在国家政治生活中的作用,认真听取他们对社会主义民主与法制建设的意见和建议;要采取有力措施保障公民的民主权利,调动人民群众的积极性,使之更好地行使监督国家机关及其工作人员的权利。

第三,要借鉴世界文明成果,包括资本主义民主与法制的某些文明成果。邓小平在谈到我国的政治体制改革时指出:我国的社会主义制度,可以从世界各国吸收进步的因素,成为世界上最好的制度。邓小平认为,资本主义国家民主与法制建设上的某些具体的做法和形式,社会主义可以借鉴吸收。例如资本主义社会中"能上能下"的干部制度、"不论资排队"的人才制度以及比较完善的退休制度等。邓小平指出,"不要给自己设置障碍,不要孤立于世界之外。根据中国的经验,把自己孤立于世界之外是不利的。要得到发展,必须坚持对外开放、对内改革,包括上层建筑领域的政治体制的改革"。④

第四,要坚持"有法可依,有法必依,执法必严,违法必究"的原则,加快立法程度,加大执法力度,加强法制教育,以适应社会主义市场经济建设的需要。

从制度上解决问题,使民主制度化、法律化,这是邓小平对中国及其他社会主义国家民主与法制建设经验教训的科学总结,是对马克思主义民主与法制建

---

① 《邓小平文选》第 2 卷,人民出版社 1994 年版,第 336 页。
② 《邓小平文选》第 2 卷,人民出版社 1994 年版,第 332 页。
③ 《邓小平文选》第 3 卷,人民出版社 1993 年版,第 244 页。
④ 《邓小平文选》第 3 卷,人民出版社 1993 年版,第 202 页。

设理论的又一重大贡献。

五、实现民主与法制,"一定要有步骤,有领导"

民主与法制建设绝不是一朝一夕的事,而是一个过程。在我们这样一个人口大国,发展高度的社会主义民主和完备的社会主义法制,是开创性的工作,是一项长期而艰巨的任务。既不能操之过急,也不能等闲视之。邓小平曾经预言:"恐怕再有三十年的时间,我们才会在各方面形成一整套更加成熟、更加定型的制度。"①为了搞好民主与法制建设,邓小平根据中国实际,提出了并论证实现民主与法制"要有步骤,有领导"的思想。

首先,民主与法制建设不能搞"大跃进",必须有步骤地推进。他说:"我们是要发展社会主义民主,但匆匆忙忙地搞不行。"②"实现民主和法制,同实现四个现代化一样,不能用大跃进的做法,不能用'大鸣大放'的做法。就是说,一定要有步骤,有领导。否则,只能助长动乱,只能妨碍四个现代化,也只能妨碍民主和法制。"③之所以会如此,一是历史原因,我国封建专制主义影响较深,缺乏民主与法制的传统;二是文化教育的原因,相对来说,我国的国民素质较低,有许多文盲、法盲;三是发展阶段的原因,我国现阶段还处于社会主义初级阶段,不能盲目地做超越阶段的违背客观规律的事。当然,民主法制建设不能"大跃进",但也不能等闲视之。因此,邓小平一再强调,要解放思想,实事求是,大胆探索,勇于创新,要通过不断制定和完善各种符合社会主义原则的制度和法律来加强民主与法制建设;特别是建立社会主义市场经济体制以后,他更重视法律对市场经济的引导、推进和保障作用,主张加快立法的步伐,提出各项法律"有比没有好,快搞比慢搞好",主张加大执法的力度,保障各项法律的贯彻实施,保障社会主义市场经济健康有序地发展。

其次,民主与法制建设必须在党的领导下进行。中国共产党是执政党,党是否重视和加强对民主与法制建设的领导,是民主与法制建设成败的关键。这是因为,在中国这样的大国,离开了党的正确领导,民主法制建设就不可能有领导有秩序地进行。加强党对民主与法制建设的领导,第一,要求党的决策机关、各级领导干部要提高民主与法制意识,树立法制观念,把民主与法制建设摆到重要议事日程,下大力气抓好这项工作,同时要带头遵守宪法和法律,严格依法办事。第二,党要制定正确的政策来指导民主与法制建设。在我国,法律是党的政策的

---

① 《邓小平文选》第 3 卷,人民出版社 1993 年版,第 372 页。
② 《邓小平文选》第 3 卷,人民出版社 1993 年版,第 285 页。
③ 《邓小平文选》第 2 卷,人民出版社 1994 年版,第 257 页。

体现,是党的政策的具体化和定型化,从一定意义说,没有党的正确政策,就没有民主与法制建设的健康发展。邓小平认为,加强党对法制建设的领导,并不是要党代替国家机关去直接立法,也不是直接干涉执法、司法机关独立行使职权。他指出,党对国家的领导是政治领导、思想领导和组织领导,是通过制定并保证实施路线、方针、政策来实现的。"纠正不正之风、打击犯罪活动中属于法律范围的问题,要用法制来解决,由党直接管不合适"。"党干预太多,不利于在全体人民中树立法制观念"。①

邓小平的民主与法制思想充满辩证唯物主义和历史唯物主义的精神,他贯穿始终的一个鲜明特点,就是解放思想,实事求是,立足国内,放眼世界,瞻望未来,把马克思主义的民主与法制思想同中国的具体实际相结合,从当今世界的时代特征出发,从中国具体的国情出发,从社会主义初级阶段出发,从我国的历史文化传统和现实经济发展的状况出发,从有利于解放和发展生产力出发,既继承马克思主义、毛泽东思想关于民主与法制的基本原理,又使这些原理更加丰富,更加结合中国实际,更具有时代精神;既借鉴别国民主与法制建设的成功经验,吸取人类的共同文明成果,又积极探索具有中国特色的社会主义民主和社会主义法制。总的来看,邓小平的民主与法制思想,既具有鲜明的时代特征和中国特色,又具有很高的理论性和很强的实践性。在现阶段,认真学习邓小平的民主与法制思想,全面地、准确地理解和掌握邓小平民主与法制思想的精神实质,有助于推动我国的民主与法制建设。

---

① 《邓小平文选》第3卷,人民出版社1993年版,第163页。

邓小平的政治文明建设思想

邓小平作为一位伟大的无产阶级革命家、政治家,在领导中国革命和建设的过程中,十分关注中国的政治发展和政治建设,并致力于使中华人民共和国成为"政治大国"而立足于世界。虽然他没有直接提出"政治文明"这一概念,但是他站在 20 世纪世界社会主义运动的大背景下,在改革开放和建设中国特色社会主义的实践中,以开放的胸襟提出了"没有民主,就没有社会主义,就没有社会主义现代化"的伟大构想,形成了具有中国特色社会主义的政治文明建设思想。

一、政治文明思想是邓小平理论的重要组成部分

政治文明是人类社会政治生活中相对于政治蒙昧和政治野蛮而表现出的一种政治进步状态,是人类社会文明进步即新的生产关系和新的社会政治制度的建立和发展的集中体现与重要标志。它包括政治理念文明、政治制度文明和政治行为文明等多方面内容,其中政治制度文明是现代政治文明的精髓。任何进步的政治观念、政治行为,归根到底都要以创建、发展和完善先进的政治法律制度为目的,而政治理念和政治行为又需要由先进的政治法律制度来具体规范。

从邓小平的大量论述看,邓小平并没有使用过"政治文明"这一概念。但这并不意味着邓小平没有关于政治文明建设的思想。现在有这样一种说法:邓小平只讲"物质文明"和"精神文明"两个文明,没有讲"政治文明",因此邓小平的文明观不全面。我们不同意这种观点。

第一,邓小平是我国社会主义改革开放和现代化建设的总设计师,他所构建的改革框架,从一开始就是全面的改革,既包括经济体制改革,也包括政治体制和文化体制改革。其中,政治体制改革就是为了推动中国的政治发展和政治文明建设。而且邓小平在制定改革政策时,最早强调的是政治改革,如简政放权。如果没有政治方面的改革,经济体制改革的政策是无法制定的。他所制定的开放政策,是一个全方位的开放政策,既包括经济方面的开放,也包括政治、文化方面的开放。他所确定的现代化战略目标从一开始就包括经济、政治、文化几个方面。比如,1980 年 8 月,邓小平在中共中央政治局扩大会议上讲话指出,我们进行社会主义现代化建设,是要在经济上超过发达的资本主义国家,在政治上创造比资本主义国家的民主更高更切实的民主,并且造就比这些国家更多更优秀的人才。这里实际上邓小平已提出我国现代化的三大目标,即物的现代化、制度的

现代化和人的现代化。其中,物质的现代化就是物质文明,制度的现代化就是政治文明,人的现代化就是精神文明。

第二,邓小平是中国特色社会主义理论的创立者。这一理论第一次比较系统地初步回答了中国社会主义的发展道路、发展阶段、根本任务、发展动力、外部条件、政治保证、战略步骤、党的领导和依靠力量以及祖国统一等一系列基本问题,指导我们党制定了在社会主义初级阶段的基本路线。它是贯通哲学、政治经济学、科学社会主义等领域,涵盖经济、政治、科技、教育、文化、民族、军事、外交、统一战线、党的建设等方面比较完备的科学体系。在邓小平理论中,政治文明建设思想是重要的组成内容,缺少政治文明建设的内容,邓小平理论就是不全面的。在邓小平理论指导下,我们党制定的社会主义初级阶段的基本纲领就包括了中国特色社会主义经济、政治、文化三个方面,这三个方面紧密相联,缺一不可。

第三,邓小平是一位伟大的政治家,说一位政治家没有政治文明建设方面的思想,是难以理解的。邓小平在中国改革开放和社会主义现代化建设过程中,总是从大局着眼,从讲政治了高度来观察和处理各种重大问题。面对贫穷落后的中国,邓小平的确十分重视中国经济的发展,强调在改革开放的过程中,要始终坚持以经济建设为中心,要死死扭住这个中心不放。他对中国的政治文明建设,尤其是社会主义民主政治的建设给予了高度的关注。他曾说:"在经济问题上,我是个外行,也讲了一些话,都是从政治角度讲的。"[1]他把实现中国的现代化当作"中国最大的政治",强调"经济工作是当前最大的政治,经济问题是压倒一切的政治问题",[2]邓小平讲的"两手抓",有时指一手抓物质文明,一手抓精神文明;有时则指一手抓物质文明,一手抓政治文明。1992年邓小平在南方谈话中说:"要坚持两手抓,一手抓改革开放,一手抓打击各种犯罪活动。这两只手都要硬。""还是要靠法制,搞法制靠得住些。"这些都是在讲政治文明建设。他所提出的"没有民主,就没有社会主义,就没有社会主义的现代化"这一命题尤为凸显了他对社会主义民主的关注,表明他抓住了社会主义政治文明建设的核心。

第四,在邓小平领导中国现代化建设过程中,中国的政治文明建设取得十分显著的成就,我们坚持了我国的基本政治制度,在经济建设取得巨大成就的同时,政治建设方面也了很大进展。社会主义民主制度不断发展,原有的高度集中的政治体制被新型民主政治体制所代替;社会主义法制建设取得辉煌成就,初步建立起与社会主义市场经济体制相适应的法律体系,广大人民群众当家作主的

---

① 《邓小平文选》第3卷,人民出版社1993年版,第77页。
② 《邓小平文选》第2卷,人民出版社1994年版,第194页。

权利得到了基本保障;广大人民群众的民主意识、参政意识、法律意识不断提高,参政能力明显增强。执政党的建设取得巨大成就,党的执政能力显著提高,执政党的地位越来越巩固。这一系列成就的取得,与邓小平的政治文明建设思想的科学指导是分不开的。可以说,没有邓小平政治文明建设思想的指导,就没有当代中国政治发展取得的辉煌成就。

总之,邓小平理论中包含着十分丰富的政治文明建设思想,如果仅以是否使用某一概念作为衡量是否存在某一理论的标准,是有失偏颇的。

二、邓小平政治文明建设思想的科学体系和主要内容

在改革开放和社会主义现代化进程中逐步形成、发展起来的邓小平政治文明建设思想第一次比较系统地初步回答了像中国这样的经济文化比较落后、封建传统比较浓厚的国家如何建设社会主义政治文明的问题,用新的思想、观点继承和发展了马克思主义的政治文明观。邓小平政治文明建设思想包含十分丰富的内容。具体包括以下几个方面:

——在社会主义政治文明建设的战略地位问题上,邓小平提出了"没有民主就没有社会主义,就没有社会主义的现代化"的著名论断,侧重论述了政治文明与社会主义、政治文明与社会主义现代化的关系。强调以社会主义民主为核心内容,社会主义政治文明是社会主义的内在要求和政治上的本质特征,是社会主义优越性的表现,是社会主义制度的保障。阐述了在社会主义初级阶段加强社会主义政治文明建设的极端重要性。

——在社会主义政治文明建设目标问题上,指出"民主是我们的目标",强调我们进行社会主义现代化建设,是要在经济上超过发达的资本主义国家,在政治上创造比资本主义国家的民主更高更切实的民主。建设高度的以社会主义民主政治为内核的社会主义政治文明是社会主义现代化建设的基本内容和主要目标之一。

——在社会主义物质文明、精神文明与政治文明关系问题上,强调物质文明、政治文明和精神文明是相互联系、相互制约的有机整体。物质文明是社会政治文明和精神文明的前提条件,精神文明对物质文明和政治文明建设起着积极的推动作用。精神文明为物质文明和政治文明建设提供精神动力和智力支持,保证和导引物质文明和政治文明建设的方向。加强以社会主义民主为核心的政治文明建设是社会主义物质文明和精神文明建设的重要保证。

——在社会主义政治文明建设的本质问题上,强调人民当家作主是社会主义政治文明的本质,"中国人民今天所需要的民主,只能是社会主义民主或人民民主,而不是资产阶级的个人主义的民主"。提出发展社会主义民主政治,建设

社会主义政治文明,要始终把人民当家作主作为出发点和归宿,立足于一切为了人民,一切依靠人民,一切工作从根本上说都要致力于为广大人民谋利益。

——在社会主义政治文明建设道路问题上,强调政治文明必须是具体的、历史的,不同的历史传统、不同的国情、不同的社会制度下,政治文明应该有自己的特点。在政治文明建设的道路和途径上,邓小平反对盲目照搬和模仿其他国家的发展模式,强调绝不照搬西方国家的三权分立、议会民主模式。强调要从自己的特点出发,走具有本国特色的政治文明建设之路。强调始终坚持社会主义道路、坚持人民民主专政、坚持中国共产党的领导、坚持马克思列宁主义毛泽东思想。

——在社会主义政治文明建设的基本方略问题上,强调完备的社会主义法制是社会主义民主政治的主要标志之一,也是推进社会主义现代化建设的基本保障。提出社会主义法制与社会主义民主不可分割,要加强社会主义民主,就必须加强社会主义法制,"民主必须制度化、法律化"。提出了坚持"两手抓、两手都要硬"的方针,要求做到有法可依,有法必依,执法必严,违法必究。

——在社会主义政治文明建设的前提条件问题上,强调"中国的问题,压倒一切的是需要稳定。没有稳定的环境,什么都搞不成,已经取得的成果也会失掉。中国一定要坚持改革开放,这是解决中国问题的希望,但是要改革,就一定要有稳定的政治环境"。① 提出"我们搞四化,搞改革开放,关键是稳定"。② "在政治体制改革方面,最大的目的是取得一个稳定的环境。……中国的最高利益就是稳定。"③"中国要实现自己的发展目标,必不可少的条件是安定团结的国内环境和和平的国际环境"。④

——在社会主义政治文明建设的动力问题上,强调改革是一场革命,是中国现代化的必由之路。提出"政治体制改革同经济体制改革应该相互依赖、相互配合。只搞经济体制改革,不搞政治体制改革,经济体制改革也搞不通"。要加强政治体制改革,通过政治体制改革完善社会主义民主制度,推进社会主义政治文明的发展。政治体制改革的目标,是以完善人民代表大会制度、共产党领导的多党合作与政治协商制度为主要内容,发展社会主义民主政治。

——在社会主义政治文明建设的关键问题上,强调党内民主是社会主义民主政治的基本内容,共产党执政,就是领导和支持人民当家作主,最广泛地动员和组织人民群众依法管理国家和社会事务,管理经济和文化事业,维护和实现人

---

① 《邓小平文选》第 3 卷,人民出版社 1993 年版,第 284 页。
② 《邓小平文选》第 3 卷,人民出版社 1993 年版,第 286 页。
③ 《邓小平文选》第 3 卷,人民出版社 1993 年版,第 313 页。
④ 《邓小平文选》第 3 卷,人民出版社 1993 年版,第 360 页。

民群众的根本利益。党全心全意为人民服务的宗旨、党代表中国最广大人民根本利益的要求、党保持同人民群众血肉联系的优良传统,都体现了社会主义民主政治的本质。在社会主义条件下,党内民主与社会主义民主政治建设的关系尤为密切。党内民主不仅是党的生命线,而且它构成了社会主义民主政治的重要方面。

——在社会主义政治文明建设的根本保证问题上,强调加强社会主义政治文明建设,必须始终加强和改进党的领导。强调中国共产党是中国社会主义现代化建设事业的坚强的领导核心,也是中国社会主义政治文明建设的坚强的领导核心。"我们人民的团结,社会的安定,民主的发展,国家的统一,都要靠党的领导"。① 只有坚持中国共产党的领导,才能保证我们的政治文明建设沿着社会主义的方向前进。要加强党的领导,必须以改革开放的思维和视野,以创新的精神,去适应社会的发展和时代变化的需要,切实加强和改进党的领导。

总之,邓小平的政治文明思想论述了社会主义政治文明建设的战略地位、目标、任务、本质、道路、基本方略、前提条件、动力、关键和根本保证等问题,初步形成了一个关于社会主义政治文明建设的科学体系。

三、邓小平政治文明建设思想的历史地位和指导意义

邓小平政治文明建设思想,与邓小平理论一样,既是马克思主义的,又是有中国特色的,是马克思主义政治文明观在中国社会主义现代化建设新时期的应用和发展,是社会主义国家党的建设和政权建设正反两方面经验教训的总结,对于我国新时期政治文明建设具有重大指导意义。

第一,邓小平政治文明思想是对马克思主义政治文明观的继承和发展。马克思主义政治文明观是人类历史上崭新的文明观,它的形成、完善和发展经历了一个半世纪之多。马克思、恩格斯在创立马克思主义的时候就提出了科学的政治文明范畴和思想。1844 年马克思在《关于现代国家的著作的计划草稿》一文中不仅广泛涉及"国家""政党""政治制度""法律""权力的分开""国家管理和公共管理""选举权"等问题,而且直接使用了"集权制和政治文明"的表述,提出了政治文明的范畴。马克思的这篇文章基本涵盖了政治文明所包含的政治思想、政治活动、政治制度文明等内容。马克思、恩格斯不但提出了政治文明的范畴,而且从来都是把文明作为一个系统,政治文明是其中的重要组成部分来看待的。在马克思列宁主义的多本经典著作,如《共产主义原理》《共产党宣言》《〈政治经济学批判〉序言》《家庭、私有制和国家的起源》《国家与革命》《论国家》等

---

① 《邓小平文选》第 2 卷,人民出版社 1994 年版,第 342 页。

著作中,蕴涵着丰富的政治文明思想。马克思曾在《〈政治经济学批判〉序言》中指出:"人们在自己生活的社会生产中发生的一定的、必然的、不以他们意志为转移的关系,即同他们的物质生产力的一定发展阶段相适合的生产关系。这些生产关系的总和构成社会的经济结构,即有法律的和政治的上层建筑竖立其上并有一定的社会意识形式与之相适应的现实基础。物质生活的生产方式制约着整个社会生活、政治生活和精神生活的过程。"①可见,马克思、恩格斯把经济的社会形态和社会生活一分为三,把政治法律上层建筑和政治生活领域凸显出来,透露出一个深邃的思想:人类社会整体文明作为改革客观世界(自然界和社会)的成果表现,内含有物质文明、政治文明、精神文明三种文明形态的划分。马克思主义经典作家曾对政治文明中的根本性问题,即作为"文明社会的概括"的国家的起源、本质、职能和消亡规律,对政治文明在阶级社会中的阶级属性,都作了系统深入的论述。他们对资产阶级的民主与法制进行了辩证的历史的分析,肯定了它在人类社会文明发展中的巨大进步和作用,揭示了它产生、发展和必然灭亡的规律;他们还对社会主义政治文明中的本质内容,即社会主义民主和法制的本质、形式及其同资产阶级民主、法治的联系和根本区别作了科学的论述。

毛泽东把马克思主义政治文明观与中国的具体实际相结合,遵循马克思主义关于社会结构三维划分的思路,在《新民主主义论》等著作中创造性地阐述了新民主主义经济、政治、文化及其相互关系。新中国成立后,中国共产党人开始探索中国式的政治发展道路。作为伟大的政治家、战略家,毛泽东在长期的革命斗争实践中,一直高度重视民主政治建设,明确地把争取民主,建立民主政治作为中国的头等大事和中国革命的首要任务,并为之不断奋斗。在这一奋斗过程中,毛泽东创造性地把马克思主义的无产阶级专政学说同中国革命的具体实际相结合,逐步形成了人民民主专政理论,并以此为指导,在全党全国人民的共同努力下,成功地确立了社会主义政治制度。在社会主义建设时期,以毛泽东为核心的第一代中央领导集体在社会主义政治文明建设方面,积累了不少宝贵经验。这主要体现在:其一,强调中国的国体是以工农联盟为基础的人民民主专政,社会主义民主是对人民实行民主和对敌人实行专政相结合的民主,提出了民主与专政是辩证统一关系的思想;其二,设计、创建了人民代表大会制度这一根本政治制度,首创了中国共产党领导的多党合作和政治协商制度,成为具有中国特色的民主政治制度;其三,阐明了社会主义国家一切权力属于人民的思想,坚持全心全意为人民服务的宗旨,倡导"从群众中来,到群众中去"的群

---

① 《马克思恩格斯选集》第2卷,人民出版社1995年版,第32页。

众路线,等等。

由于历史和社会政治体制的局限,毛泽东的社会主义政治文明理论和实践也存在严重缺陷,主要表现在:在社会主义改造完成以后,社会主义民主制度在中国得以建立,没有及时完成政治发展的重点转移,仍把阶级斗争看作是贯穿于社会主义整个历史阶段的主线,忽视经济建设的重要性,严重危害了社会主义民主政治的发展。在对民主地位的认识上,毛泽东首先认为民主是一种手段,是作为调动群众积极性的一种手段,是作为达到集中的手段,对民主是社会主义建设的一个基本目标的认识还不够明确。这些认识,成为他晚年错误地发动"文化大革命"的一个重要思想根源。更加遗憾的是,毛泽东政治文明思想中的许多正确的东西没有在实践中一以贯之地坚持下去,甚至在特殊的历史条件下还出现倒退和逆转的倾向。比如毛泽东曾科学地阐明了国体民主与政体民主的辩证关系,创建了人民代表大会制度这一充分体现人民当家作主的政体形式,但在后来的实践中却未能采取切实有效的措施健全和完善人民代表大会制度,未能坚持和保障各级人民代表大会的权力地位,直至"文化大革命"时期陷于瘫痪状态,出现国体与政体之间的矛盾和反差,民主政治建设遭到破坏。

邓小平继承和发展马克思列宁主义、毛泽东思想,在新的历史条件下,在解决"什么是社会主义和怎样建设社会主义"这个根本的历史性课题时,把"建设社会主义民主政治"纳入到实现社会主义现代化的伟大目标,通过政治体制改革,把民主与社会主义、民主与社会主义现代化、民主与法制紧密联系起来,用日益完备的政治制度和法律把社会结构和社会生活领域中的民主原则、民主程序予以确认和固定下来,逐步形成了他的政治文明建设思想,用新的思想、观点丰富和发展了马克思主义政治文明观。

第二,邓小平政治文明思想为党的第三代中央领导集体确立系统的政治文明思想奠定了基础。党的十三届四中全会以来,在邓小平政治文明建设思想的指导下,以江泽民为核心的中国共产党中央领导集体继续推进政治文明建设,并作出了突出的历史性巨大贡献。根据邓小平关于政治体制改革的思想,1992年10月,江泽民在党的十四大报告中明确提出我国政治体制改革的目标是建设有中国特色的社会主义民主政治,要积极推进政治体制改革,使社会主义民主和法制建设有一个较大的发展。1996年2月,江泽民在中南海法制讲座结束时的讲话中,充分肯定了"依法治国,建设社会主义法制国家"的命题,明确提出"依法治国是社会进步、社会文明的一个重要标志,是我们建设社会主义现代化国家的必然要求"。1997年9月,江泽民在党的十五大上,明确提出:"依法治国,是党领导人民治理国家的基本方略,是发展社会主义市场经济的客观需要,是社会文明进步的重要标志,是国家长治久安的重要保障"。① 十五大向全党全国人民提出"依法治国,建设社会主义法治国家"的庄严任务。2001 年初,江泽民在全国宣传部长会议上明确提出:"法治属于政治建设、属于政治文明",②这是江泽民第一次使用"政治文明"这一概念。2001 年 7 月 1 日,江泽民在庆祝中国共产党成立 80 周年的讲话中,多次强调积极推进政治体制改革,加强和改进党的制度建设。2002 年 5 月 31 日,江泽民在中央党校省部级干部进修班毕业典礼上的讲话中,第一次提出,发展社会主义民主政治,建设社会主义政治文明,从而开启了民主政治建设的新航程。

党的十六大对政治文明建设的基本问题作了全面深刻阐述。首先,明确提出,发展社会主义民主政治,建设社会主义政治文明是全面建设小康社会的重要目标。其次,十六大提出了政治文明建设的目标:坚持四项基本原则,继续积极稳妥地推进政治体制改革,扩大社会主义民主,健全社会主义法制,建设社会主义法治国家,巩固和发展民主团结、生动活泼、安定和谐的政治局面。其三,提出了政治文明建设的任务:坚持和完善社会主义民主制度,加强社会主义法制建设,改革和完善党的领导执政方式,改革和完善决策机制,深化行政管理体制改革,推进司法体制改革,深化干部人事制度改革,加强对权力的制约和监督,维护社会稳定。其四,指明了政治文明建设的途径:一是积极推进政治体制改革,坚持和完善社会主义民主制度,丰富民主形式,扩大公民有序的政治参与,保证人民依法实行民主选举、民主决策、民主管理和民主监督。二是加强社会主义法制建设,坚持有法可依、有法必依、执法必严、违法必究,使整个国家的经济、政治、文化生活在法制的轨道上健康发展。三是改革和完善党的领导方式和执政方式,按照总揽全局、协调各方的原则,规范党委与人大、政府、政协以及人民团体的关系,加强对工会、共青团和妇联等人民团体领导。四是深化行政管理体制改革,进一步转变政府职能,改进管理方式,推进司法体制改革,从制度上保证审判机关和检察机关依法独立公正地行使审判权和检察权;深化干部人事制度改革,努力把优秀人才集聚到党和国家的各项事业中来。

十六大对政治文明建设基本问题的论述是重大的理论创新。十六大第一次在全国党的代表大会上提出要建设社会主义政治文明,并把它作为全面建设小康社会的重要目标。在全面建设小康社会的进程中,强调加强政治文明建设,意义深远。它表明,全面建设小康社会追求的是物质文明、精神文明和政治文明的协调发展,政治文明建设是中国发展和现代化不可缺少的一环,没

---

① 《十五大以来重要文献选编》上,人民出版社 2000 年版,第 30 页。
② 《江泽民文选》第 3 卷,人民出版社 2006 年版,第 200 页。

有政治文明,就没有社会主义,就没有社会主义现代化,就不可能全面建设小康社会。

党的十六大正式提出"建设社会主义政治文明"的任务并写入《中国共产党章程》,这是我们党对马克思主义理论宝库的又一重大贡献,是对邓小平政治文明建设思想的丰富和发展。党的第三代中央领导集体的政治文明建设思想与邓小平政治文明建设思想是一脉相承的。可以说,没有邓小平政治文明思想,就不可能有党的第三代中央领导集体的政治文明建设思想。

第三,邓小平政治文明思想对于指导新世纪新阶段我国政治文明建设具有十分重要的指导意义。党的十一届三中全会以来,我们党在深刻总结新中国成立以来社会主义曲折发展的历史经验,特别是总结"文化大革命"的沉痛教训的基础上,愈来愈明确地认识到,必须从关系党和国家前途命运的高度,从关系社会主义现代化建设全局的高度,确立社会主义政治文明建设的重要战略地位,坚定不移地推进社会主义民主政治,加强社会主义政治文明建设。邓小平把党的十一届三中全会以来的大政方针概括为两条:政治上发展民主,经济上实行改革。经济体制改革与政治体制改革并重,物质文明与政治文明相互促进,同步发展。他一再要求,要始终不渝地坚持发展社会主义民主的方针。在建设中国特色社会主义的进程中,民主已经写进了我们的旗帜上,政治文明建设已作为我们党在社会主义初级阶段的奋斗目标,民主与富强、文明一起成为全党全国人民的共同奋斗目标,物质文明、政治文明和精神文明三大文明成为我国全面建设小康社会的重要目标。

在中国这样一个具有五千年文明史、经济文化相对落后且发展又很不平衡、封建主义的影响深远而缺少民主法制传统的大国,建设社会主义政治文明,任务艰巨,情况复杂,风险巨大。不发展民主不行,不建设社会主义政治文明不行,但盲目发展民主,冒失地进行社会主义政治文明建设也不行,必须有正确的理论指导。十年"文化大革命"时期,在所谓的无产阶级专政下继续革命理论的误导下,我国发展起来的所谓"大民主",实质是动乱、大灾难。建设社会主义政治文明,必须要有正确的理论作指导。邓小平政治文明建设思想全面地、系统地、深刻地规定了社会主义政治文明建设的战略地位、战略目标、性质、过程和基本的操作原则等内容,是我们建设社会主义政治文明的理论指南。

在新世纪新阶段,我们必须从全面建成小康社会的战略全局出发,认真学习邓小平政治文明思想,充分认识社会主义政治文明建设的重要性,深刻把握社会主义政治文明建设的规律,坚持正确的政治方向,继续积极稳妥地推进政治体制改革,扩大社会主义民主,健全社会主义法制,依法治国,建设社会主义法治国家,实现社会主义民主政治的制度化、规范化和程序化,巩固和发展民主团结、生动活泼、安定和谐的政治局面。我们要紧密联系全面建设小康社会的实践,紧密联系社会主义民主法制建设的实践,不断研究新情况、解决新问题、积累新经验,努力探索和发展社会主义政治文明建设的新形式新机制新途径,把我国建设成为物质文明、精神文明和政治文明协调发展的社会主义强国。

邓小平的制度文明建设思想

1992 年,邓小平在南方谈话中提出:"恐怕再有三十年的时间,我们才会在各方面形成一整套更加成熟、更加定型的制度。在这个制度下的方针、政策,也将更加定型化。"①这段话已经成为我们党加强制度建设的指导思想,也成为我们制度建设的阶段性目标。邓小平为何如此重视制度建设?为何提出要用 30 年的时间建立"更加成熟、更加定型的制度"?怎样才能建立更加成熟、定型的制度?笔者拟循着邓小平的思路,对这一问题加以论述。

一、制度问题更带有根本性、全局性、稳定性和长期性

人类摆脱蒙昧和野蛮状态,进入文明时代的一个重要标志,就是人类在长期的实践过程中形成了基本的社会秩序和政治秩序,而制度在社会与政治秩序形成过程中发挥着基础性作用。可以说,制度是人类社会生活不可或缺的重要支架。马克思主义认为,社会制度是适应社会存在发展的需要而逐渐形成和发展起来的。社会生产力一定程度的发展是社会制度建立的基础,每一种新社会制度的建立都反映了社会生产力发展的客观要求,都体现了人类生存和发展的需要。人类历史发展证明,制度就是保证社会有序性、稳定性和公正性的一种定型化和规范化的社会关系,能不能形成良好的制度,对于人类行为及社会秩序的稳定、公正、效率等影响极大。

中国曾是一个具有完备封建制度的国家,但由于中国的社会主义制度建立在经济文化相对落后的基础之上,且缺乏建设社会主义制度的经验,因此,新中国成立之后,国家虽然建立了社会主义制度,但这一制度并不完善。进入改革开放新时期,邓小平从理论与实际的结合,从历史、现实与未来的结合上论述了制度建设的极端重要性。

第一,制度问题关系到党和国家的命运。

邓小平认为,制度建设可以增强人们行为的规范性和可预测性,避免或减少个别领导人和公务人员因决策失误或工作失误而造成的重大损失。1980 年,在起草《关于建国以来党的若干历史问题的决议》期间,邓小平在谈到正确评价毛泽东晚年错误时指出:"单单讲毛泽东同志本人的错误不能解决问题,最重要的

---

① 《邓小平文选》第 3 卷,人民出版社 1993 年版,第 372 页。

是一个制度问题。"①"我们说,制度是决定因素,那个时候的制度就是那样。"②
1980年8月,在《党和国家领导制度的改革》一文中,邓小平深刻总结了党和国
家政治生活中的曾经有过的严重教训,更加系统地论述了制度建设极端重要性
的思想。他说:"我们过去发生的各种错误,固然与某些领导人的思想、作风有
关,但是组织制度、工作制度方面的问题更重要。这些方面的制度好可以使坏人
无法任意横行,制度不好可以使好人无法充分做好事,甚至会走向反面。即使像
毛泽东同志这样伟大的人物,也受到一些不好的制度的严重影响,以至对党对国
家对他个人都造成了很大的不幸。我们今天再不健全社会主义制度,人们就会
说,为什么资本主义制度所能解决的一些问题,社会主义制度反而不能解决呢?
这种比较方法虽然不全面,但是我们不能因此而不加以重视。斯大林严重破坏
社会主义法制,毛泽东同志就说过,这样的事件在英、法、美这样的西方国家不可
能发生。他虽然认识到这一点,但是由于没有在实际上解决领导制度问题以及
其他一些原因,仍然导致了'文化大革命'的十年浩劫。这个教训是极其深刻
的。不是说个人没有责任,而是说领导制度、组织制度问题更带有根本性、全局
性、稳定性和长期性。这种制度问题,关系到党和国家是否改变颜色,必须引起
全党的高度重视。"③"如果不坚决改革现行制度中的弊端,过去出现过的一些严
重问题今后就有可能重新出现。只有对这些弊端进行有计划、有步骤而又坚决
彻底的改革,人民才会信任我们的领导,才会信任党和社会主义,我们的事业才
有无限的希望。"④邓小平在这里提出的制度问题更带有"根本性、全局性、稳定
性和长期性"的论断,关于"党和国家现行的一些具体制度中,还存在不少的弊
端,妨碍甚至严重妨碍社会主义优越性的发挥。如不认真改革,就很难适应现代
化建设的迫切需要,我们就要严重地脱离广大群众"⑤的观点,不仅一般性地指
出了制度的特性和制度建设的重要性,而且更进一步地把制度建设与增强党和
人民群众的血肉联系,与巩固社会主义制度联系起来,从而赋予了制度建设以鲜
明的政治意义。在这篇讲话之后不久,邓小平在回答意大利记者奥琳埃娜·法
拉奇关于怎样才能避免或防止发生诸如"文化大革命"这样可怕的事情的提问
时,他回答说:"这要从制度方面解决问题。……我们现在正在研究避免重复这
种现象,准备从改革制度着手。"⑥

---

① 《邓小平文选》第2卷,人民出版社1994年版,第297页。
② 《邓小平文选》第2卷,人民出版社1994年版,第308~309页。
③ 《邓小平文选》第2卷,人民出版社1994年版,第333页。
④ 《邓小平文选》第2卷,人民出版社1994年版,第333页。
⑤ 《邓小平文选》第2卷,人民出版社1994年版,第327页。
⑥ 《邓小平文选》第2卷,人民出版社1994年版,第348页。

在论述制度建设重要性的问题时，邓小平还提出了一个非常深刻的思想，即认为解决制度问题是解决思想作风问题的前提。长期以来，对于党内和社会上存在的一些问题，人们习惯于从思想认识上去分析和解决问题，认为社会主义制度建立以后，制度问题就一劳永逸地解决了，剩下的问题只是思想认识问题，以为只要思想认识问题解决了，一切问题就迎刃而解了。对此，邓小平深刻地指出："制度问题不解决，思想作风问题也解决不了。"①邓小平这一思想是对上述错误认识的有力纠偏。

第二，"肃清封建主义残余影响"必须从制度建设入手。

中国的社会主义脱胎于半殖民地半封建社会。邓小平清醒地看到了当代中国的历史基础极其独特的性质，认为中国是一个有着悠久的封建主义传统的国家，封建主义的影响根深蒂固。封建主义及其在封建主义残余影响之下形成的终身制、家长制、一言堂、个人崇拜、官僚主义等，都是制度不文明的表现。他指出："我们这个国家有几千年封建社会的历史，缺乏社会主义的民主和社会主义的法制。现在我们要认真建立社会主义的民主制度和社会主义法制。只有这样，才能解决问题。"②他说："旧中国留给我们的，封建专制传统比较多，民主法制传统很少。解放以后，我们也没有自觉地、系统地建立保障人民民主权利的各项制度，法制很不完备，也很不受重视，特权现象有时受到限制、批评和打击，有时又重新滋长。克服特权现象，要解决思想问题，也要解决制度问题。"③他说："我们进行了二十八年的新民主主义革命，推翻封建主义的反动统治和封建土地所有制，是成功的，彻底的。但是，肃清思想政治方面的封建主义残余影响这个任务，因为我们对它的重要性估计不足，以后很快转入社会主义革命，所以没有能够完成。"④因此，邓小平强调："我们过去的一些制度，实际上受了封建主义的影响，包括个人迷信、家长制或家长作风，甚至包括干部职务终身制。我们现在正在研究避免重复这种现象，准备从改革制度着手。"⑤

从我国的具体国情出发，邓小平指出："肃清封建主义残余影响，重点是切实改革并完善党和国家的制度，从制度上保证党和国家政治生活的民主化、经济管理的民主化、整个社会生活的民主化，促进现代化建设事业的顺利发展。"⑥他强调，要"并继续制定和完善各种符合于社会主义原则的制度和法律来清除这

---

① 《邓小平文选》第 2 卷，人民出版社 1994 年版，第 328 页。
② 《邓小平文选》第 2 卷，人民出版社 1994 年版，第 348 页。
③ 《邓小平文选》第 2 卷，人民出版社 1994 年版，第 332 页。
④ 《邓小平文选》第 2 卷，人民出版社 1994 年版，第 335 页。
⑤ 《邓小平文选》第 2 卷，人民出版社 1994 年版，第 348 页。
⑥ 《邓小平文选》第 2 卷，人民出版社 1994 年版，第 336 页。

些影响"。① 从政治发展的视角看,社会主义民主是封建主义及其思想影响的对立物。也就是说,相对于社会主义民主的基本原则而言,只有彻底清除封建主义残余的影响,高度发达的社会主义民主才能建立起来。

第三,只有加强制度建设,才能使我们的制度成为"世界上最好的制度"。

邓小平充分认识到,在封建主义影响根深蒂固,经济文化较为落后的中国,进行制度建设是一项艰巨和长期的历史任务。他说:"改革并完善党和国家各方面的制度,是一项艰巨的长期的任务,改革并完善党和国家的领导制度,是实现这个任务的关键。对此,我们必须有足够的认识。""这个任务,我们这一代人也许不能全部完成,但是,至少我们有责任为它的完成奠定巩固的基础,确立正确的方向。"②邓小平对建立中国特色的制度文明充满了信心,他说:"我们的党和人民浴血奋斗多年,建立了社会主义制度。尽管这个制度还不完善,又遭受了破坏,但是无论如何,社会主义制度总比弱肉强食、损人利己的资本主义制度好得多。我们的制度将一天天完善起来,它将吸收我们可以从世界各国吸收的进步因素,成为世界上最好的制度。"③这说明,社会主义的政治、经济、文化制度和其他各项制度是对资本主义制度的扬弃,是历史上更高类型的制度文明形态。

二、制度建设的根本任务是实现社会主义民主政治的制度化、规范化、程序化

加强社会主义制度文明建设,关键是不断完善中国特色社会主义的基本政治制度和各项具体制度,实现社会主义民主政治的制度化、规范化、程序化。

第一,改革和完善人民代表大会制度。人民代表大会制度是中国的根本政治制度。它代表了我国民主政治发展的根本方向,涵盖了我国民主政治生活的主要内容。邓小平指出:"西方的民主就是三权分立,多党竞选,等等。我们并不反对西方国家这样搞,但是我们中国大陆不搞多党竞选,不搞三权分立、两院制。我们实行的就是全国人民代表大会一院制,这最符合中国实际。"④但是,我们的人民代表大会还是应该改进,如选举人民代表的直接选举方法可以从基层逐步推广。邓小平主张通过提高人大代表和委员的素质,把真正代表人民利益、乐于为人民服务、敢于反映人民呼声、有管理国家才能的人,选举到各级人民代表大会及其常委会里来,真正发挥人民代表的作用。同时,要改进人民代表及人大机关的工作方式方法。人民代表大会应有专门机关、固定的办公地点,来履行职责。应该设立各级人大的常委会和各专门委员会,使之能够真正代表人民行

---

① 《邓小平文选》第 2 卷,人民出版社 1994 年版,第 368 页。
② 《邓小平文选》第 2 卷,人民出版社 1994 年版,第 342~343 页。
③ 《邓小平文选》第 2 卷,人民出版社 1994 年版,第 337 页。
④ 《邓小平文选》第 3 卷,人民出版社 1993 年版,第 220 页。

使好自己的权力。

第二,改进共产党领导下的多党合作和政治协商制度,建立新型的民主政党体系。邓小平特别强调要加强与民主党派的政治协商,发挥民主党派在社会主义民主政治建设中的作用。他指出:"对于我们党来说,更加需要听取来自各个方面包括各民主党派的不同意见,需要接受各个方面的批评和监督,以利于集思广益,取长补短,克服缺点,减少错误。"①他还指出:"人民政协是在中国共产党领导下实现各民主党派和无党派人士团结合作的重要组织,也是我们政治体制中发扬社会主义民主、实行互相监督的重要形式,它在我国各族人民中享有很高的威信。……今后人民政协要广泛联系各界人士,充分发挥民主协商和监督。"人民政协"是我国政治体制中发扬社会主义民主和实行互相监督的重要形式。我们应当很好地总结经验"。② 在新的历史条件下,我国的各民主党派已经成为以社会主义劳动者或建设者为主体的、为社会主义服务的政党。他们代表了社会主义社会各阶层的利益。因此,我国的多党合作关系是平等的、民主的、独立的、长期共存和互相监督的。所以,充分发挥各民主党派的参政、议政作用,是发展人民民主参与的重要方式,也是社会主义民主政治加强的重要表现。除了继续加强和完善政治协商会议制度之外,在人民代表大会和人民政府中,各民主党派都应有一定比例的代表,并担任部分领导工作,从而在组织上保障各民主党派参政议政、共管国家大事的合法地位和权利。这样,就能够使共产党和各个民主党派之间形成一种良性的、协调的、共同促进社会主义民主政治健康发展的不同于西方的政党制度的结构体系。

第三,深化干部人事制度改革,建立国家公务员制度。干部制度是国家重要的政治制度之一,其公开、民主、公平的选拔制度决定着人民参与国家管理、行使管理国家权力的公民权利能否实现的问题,它也是判断一个社会是否民主、文明的重要标志。只有建立了公开、公平、公正的无差别的政府官员的选拔制度,才能为治理国家选拔出真正的优秀人才,也才能够让广大的公民具有管理国家的积极性和主动性。同样,对干部的管理是否公开、干部是否接受人民的直接监督,也关系到公民民主权利的行使。过去,由于我国的干部人事制度缺乏明确的科学分类管理、严格的依法管理,也严重缺乏公开性和竞争性,结果是在用人问题上存在着任人唯亲、论资排辈、重学历和资历轻能力等弊端,妨碍了优秀人才脱颖而出;同时也造成机构臃肿、人浮于事,并滋长了严重的官僚主义。人民的

---

① 《邓小平文选》第 2 卷,人民出版社 1994 年版,第 205 页。
② 《邓小平建设有中国特色社会主义论述专题摘编(新编本)》,中央文献出版社 1995 年版,第 407 页。

呼声和要求,得不到及时反映和解决;人民对政府官员的监督缺乏可以依据的法律;人民也无办法罢免那些不称职的官员。这样,直接影响了人民民主参与国家管理积极性的发挥。因此,"关键是要健全干部的选举、招考、任免、考核、弹劾、轮换制度,对各级各类领导干部(包括选举产生、委任和聘用的)职务的任期,以及离休、退休,要按照不同情况,作出适当的、明确的规定"。① 根据邓小平的干部管理改革方面的思想,党的十三大正式提出了建立国家公务员制度的决定,在1993年,我国的公务员条例出台,初步走上了向科学化的依法管理国家公务员前进的道路。

第四,发展民主,健全法制,建设社会主义法治国家。法治是人类在国家治理中发现和创造的重要文明成果之一。把民主法制化,实行社会主义法治是邓小平制度文明思想的一个重要内容。邓小平主张通过政治体制改革,逐步建立起社会主义的法治国家。改革开放之前,我们没有真正认识到法律在国家治理中的地位和作用,也没有认真解决在国家治理中法律权威和党的领导的关系问题,在一部分党员和党的领导干部中,宪法意识和法制观念十分淡薄,甚至产生了"党大还是法大"的疑问。"文化大革命"中,我国的法制建设遭受了严重的破坏。十一届三中全会以后,邓小平最早认识到宪法和法律的重要性,提出要加强社会主义法律的权威性、稳定性和连续性。总结国际国内正反两方面的经验教训,他在不同场合,从不同角度多次强调,要通过政治体制改革,"处理好法治和人治的关系,处理好党和政府的关系",实行党政分开,以保证国家的长治久安。改革开放30多年来,邓小平这一重要思想,不仅极大地推进了我国社会主义的法制建设,提高了社会主义法制的权威,而且大大改善和加强了党的领导。对于我们党形成依法治国战略,建立法治中国产生了巨大影响。

第五,下放权力,理顺中央和地方的关系。在新中国成立前,我们国家历史上曾是一个长期中央高度集权的封建专制主义的国家。新中国成立后中央逐步认识到高度的集权妨碍地方政府官员积极性和主动性的发挥,也降低了中央政府管理的效率,导致一些比较小的事情长期得不到解决,积小成大,最后酿成为影响全国政局的重大问题。因此,邓小平特别强调要改变中央高度集权的模式,正确处理中央和地方的关系。改革开放初期,他就明确指出:"权力过分集中,越来越不能适应社会主义事业的发展。对这个问题长期没有足够的认识,成为发生'文化大革命'的一个重要原因,使我们付出了沉重的代价。现在再也不能不解决了。"②他主张通过下放权力来平衡中央与地方的权限关系,充分发挥中

① 《邓小平文选》第2卷,人民出版社1994年版,第331页。
② 《邓小平文选》第2卷,人民出版社1994年版,第329页。

央和地方两个积极性,特别是发挥地方的积极性。他指出:"权力要下放,解决中央和地方的关系,同时地方各级也都有一个权力下放问题。"①他还把下放权力和发扬社会主义民主联系起来:"我们要精兵简政,真正下放权力,扩大社会主义民主,把人民群众和基层组织的积极性调动起来。"②邓小平把下放权力、理顺中央和地方的关系作为扩大社会主义民主的举措是非常引人深思的。解决权力下放的问题实际上涉及了解决我国政治体制中权力配置严重不合理、不科学的问题。重新配置政治体系的权力是发扬民主的措施,也是民主发展的条件。

三、制度建设的关键是"改革并完善党和国家的领导制度"

现代国家的民主政治都呈现出政党政治的特点,也就是说国家权力都是由政党来执掌和行使的。因此,政党政治的状况也是检验政治文明的一个尺度。共产党执政就是领导和支持人民依法掌握管理国家的权力,实行民主选举、民主决策、民主管理和民主监督,保证人民依法享有广泛的权利和自由,尊重和保障人权。党的十八大指出,坚持走中国特色社会主义政治发展道路,关键是坚持党的领导、人民当家作主和依法治国三者的统一。这一政治发展道路的选择与邓小平的探索是分不开的。邓小平作为一个伟大而成熟的政治家,清醒地认识到,党和政府是直接管理党和国家事务的主体。党和国家的领导制度是否健全完善,结构是否优化,职权是否明确,管理与决策是否科学,监督和反馈机制是否完备,功能是否有效发挥,直接关系到党和国家的事业,影响到党与人民群众的关系,因此,改革党和国家的领导制度就成了当务之急。围绕着党和国家的领导制度改革,邓小平提出了一系列构想。

第一,坚持党的领导必须改善党的领导。邓小平认为:"改革党和国家的领导制度,不是要削弱党的领导,涣散党的纪律,而正是为了坚持和加强党的领导,坚持和加强党的纪律。……我们人民的团结,社会的安定,民主的发展,国家的统一,都要靠党的领导。坚持四项基本原则的核心,就是坚持党的领导。问题是党要善于领导;要不断地改善领导,才能加强领导。"③在改革中加强党的领导是邓小平的一个极其重要的思想,既反对了那种以加强党的领导为名,不思改革、惧怕改革的错误倾向;又反对了以改善党的领导为幌子,否定党的领导的错误倾向。

第二,改善党的领导,必须实行党政分开。党政职能不分、以党代政是我国原有政治体制的一个重大弊端。这种状况造成我们党管了许多不该管也管不好

---

① 《邓小平文选》第3卷,人民出版社1993年版,第177页。
② 《邓小平文选》第3卷,人民出版社1993年版,第160页。
③ 《邓小平文选》第2卷,人民出版社1994年版,第341~342页。

的事情,同时还造成我们的国家权力机关、司法机关和行政机关不能充分发挥自己在国家治理中应该有的功能,损害了国家机关整体运行的有效性。邓小平在改革开放初期就提出了党政分开的思想。他认为,"我们坚持党的领导,问题是党善于不善于领导。党要善于领导,不能干预太多,应该从中央开始。这样提不会削弱党的领导。"①要着力改革和完善党的领导方式和执政方式,规范党委与人大、政府、政协等关系。具体来说:一是要正确处理党与人大、政协的关系,党委要支持人大依法履行国家权力机关的职能,经过法定程序,使党的主张成为国家意志;要支持政府履行法定职能,依法行政;要支持政协围绕团结和民主两大主题履行职能。二是要正确处理党和政府的关系问题。他指出:"党要管党内纪律的问题,法律范围的问题应该由国家和政府管。党干预太多,不利于在全体人民中树立法制观念。这是一个党和政府的关系问题,是一个政治体制的问题。"②三是要搞清楚"党同政府、经济组织、群众团体等等之间如何划分职权范围的问题"。③ 对于那些各级党政领导机关不该管、管不好、管不了的事情,要通过法律制度,下放到企业、事业、社会单位,让他们真正按照民主集中制自行处理;建立严格的自上而下的行政法规和个人负责制,使每个人都有章可循,都能依法处理各自所应当处理的问题,做到各负其责,提高办事效率。四是要实行分工负责制。"集体决定了的事情,就要分头去办,各负其责,决不能互相推诿。失职者要追究责任。""要提倡领导干部勇于负责,这同改变个人专断制度是两回事,不能混淆"。④ 很显然,邓小平在这里已经提出了正确处理党与政府、党与企事业以及党与社会的关系的构想。

第三,要废除干部领导职务终身制。废除干部领导职务终身制是新时期干部制度改革的一项重要举措。对此,邓小平作出了重要贡献。改革开放初期,邓小平就提出要废除干部领导职务终身制,健全干部的选举、招考、任免、考核、弹劾、轮换制度。他认为,任何领导干部的任职都不能是无限期的。⑤ 他主张,要建立干部正常的录用、奖惩、退休、退职、淘汰办法,打破领导干部工作好坏都一样的铁饭碗。要"始终保持党和国家的活力。这里说的活力,主要是指领导层干部的年轻化"。"要制定一系列制度包括干部制度和教育制度,鼓励年轻人"。⑥

① 《邓小平文选》第3卷,人民出版社1993年版,第164页。
② 《邓小平文选》第3卷,人民出版社1993年版,第163页。
③ 《邓小平文选》第2卷,人民出版社1994年版,第329页。
④ 《邓小平文选》第2卷,人民出版社1994年版,第341页。
⑤ 《邓小平文选》第2卷,人民出版社1994年版,第331~332页。
⑥ 《邓小平文选》第3卷,人民出版社1993年版,第179页。

第四，要完善法制和群众监督制度。邓小平特别强调法律的权威。他认为，在法律面前人人平等，任何犯了法的人都不能逍遥法外。谁也不能违反党章党纪，不管谁违反，都要受到纪律处分。"要有群众监督制度，让群众和党员监督干部，特别是领导干部。凡是搞特权、特殊化，经过批评教育而又不改的，人民就有权依法进行检举、控告、弹劾、撤换、罢免，要求他们在经济上退赔，并使他们受到法律、纪律处分。对各级干部的职权范围和政治、生活待遇，要制定各种条例，最重要的是要有专门的机构进行铁面无私的监督检查。"①

第五，要发扬党内民主。邓小平十分重视党内民主建设。他说："不论是担负领导工作的党员，或者是普通党员，都应以平等态度互相对待，都平等地享有一切应当享有的权利，履行一切应当履行的义务。"②各级党委实行集体领导和个人分工负责相结合的制度，既要反对独断专行的家长制，又要反对极端民主化和无政府主义。在制度建设中，邓小平十分强调加强党的集体领导制度建设。他认为改革党的领导制度，最要害的问题就是要解决权力过分集中的问题。官僚主义、家长制、干部领导职务终身制等弊端，都是由此派生出来的。为了克服权力过分集中的现象，邓小平指出，各级党委要健全党委的集体领导制度，凡是涉及党的路线、方针、政策的大事，关系到群众利益方面的重大问题，都应由党委集体讨论决定，不得由个人专断。在党委内部讨论决定问题，要严格遵守少数服从多数的原则，不许搞"一言堂"。要采取各种措施，从制度上健全和加强党的集体领导。

第六，要始终坚持和完善民主集中制。在制度建设中，邓小平尤其重视民主集中制度的改进和完善。他认为，民主集中制是我们党和国家的根本制度，也是最便利、最合理的制度，永远不能丢；民主集中制是党的组织建设的规律，是党的根本组织原则，是群众路线在党的生活中的运用。他主张通过健全党的民主集中制，保证决策的科学化、民主化，以保证党制定和执行正确的路线、方针、政策，使党的领导正确、有效；在党内要建立民主的科学决策的制度，要建立保障各级党组织和党员的民主权的制度，要坚持党员个人服从党的组织、少数服从多数、下级组织服从上级组织、全党各级组织和全体党员服从党的全国代表大会和中央委员会的制度，坚持党员在党的纪律面前人人平等的制度，要坚持党内政治生活制度和完善党的集体领导制度。

邓小平作为中国改革开放和现代化建设的总设计师、中国特色社会主义的开创者，为推进中国现代化和开创党的建设新的伟大工程作出了不可磨灭的贡

① 《邓小平文选》第2卷，人民出版社1994年版，第332页。
② 《邓小平文选》第2卷，人民出版社1994年版，第331页。

献。他的制度文明建设思想曾极大地推动了中国特色社会主义民主政治的发展,并为我们坚持和完善中国特色社会主义制度指明了方向。他的这一思想不仅丰富和发展了马克思主义的政治文明思想,而且对于当代中国坚持和完善中国特色社会主义制度,实现国家治理体系和治理能力的现代化具有重要的理论意义和现实意义。

邓小平党内民主建设思想研究

在社会主义条件下,执政党的党内民主与社会主义民主政治建设的关系尤为密切。执政党的党内民主不仅是党的生命线,而且它构成了社会主义民主政治的重要方面。在建设中国特色社会主义历史进程中,邓小平曾对党内民主建设作过一系列重要的论述,形成了丰富的党内民主建设思想。这些思想至今仍具有重要的理论意义和实践价值。

一、党内民主是党的生命线

党内民主,就是在党的政治生活中,全体党员一律平等地表达意愿、主张,直接或间接地参与管理党内事务的制度。党内民主首先是一种制度。党内民主如果缺乏具体制度的安排,就难有保障。民主集中制作为党的根本组织制度和领导制度,正是党内民主的制度表现。它所规范的主要是广大党员以民主为基础的党的各级代表大会和代表会议制度,以及党委会的集体领导原则,要求充分发扬民主;同时坚持党的集中统一领导原则,把权力集中于党组织而非个人手里。党内民主还是一种政党运作机制,它在实践中具体表现为党内议事和决策机制,干部任用的科学化、民主化制度,党内监督机制和党员民主权利的保障机制。

共产党是为争取最广大人民的民主权利的实现而产生的。在国际共产主义运动史上,从"共产主义者同盟"开始,马克思、恩格斯就把民主制度的基本原则引用到党内生活中来,创立了党内民主制度。恩格斯说,共产主义同盟的"组织本身完全是民主的","一切都按这样的民主制度进行"。[1] 他还指出,无产阶级政党"完全有权把'民主'一词写在自己的旗帜上"。[2] 列宁进一步阐明了党内民主的内涵,他说:"现在整个党组织是按民主原则建立的。这就是说,全体党员选举负责人即委员会的委员等等,全体党员讨论和决定无产阶级政治运动的问题,全体党员确定党组织的策略方针。"[3] 又说:"俄国社会民主工党是民主地组织起来的。这就是说,党内的一切事务是由全体党员直接或者通过代表,在一律平等和毫无例外的条件下来处理的,并且,党的所有负责人员、所有领导成员、所

---

[1] 《马克思恩格斯选集》第 4 卷,人民出版社 1995 年版,第 200 页。
[2] 《马克思恩格斯全集》第 2 卷,人民出版社 1957 年版,第 664 页。
[3] 《列宁全集》第 13 卷,人民出版社 1987 年版,第 191 页。

有机构都是选举产生的,必须向党员报告工作,并可以撤换。"①马克思主义经典作家的有关论述说明,确保党员的民主权利是党内政治生活中的首要的和根本的问题。

发展党内民主,是我们党在长期的革命、建设和改革实践中形成的优良传统和基本原则。新中国成立以前,党的第一代中央领导集体就十分关注党内民主建设问题。1938年10月,毛泽东在《中国共产党在民族战争中的地位》一文中深刻指出:"由于我们的国家是一个小生产的家长制占优势的国家,又在全国范围内至今还没有民主生活,这种情况反映到我们党内,就产生了民主生活不足的现象。这种现象,妨碍着全党积极性的发挥。同时也就影响到统一战线中、民众运动中民主生活的不足。……扩大党内民主,应看作是巩固党和发展党的必要的步骤,是使党在伟大斗争中生动活泼,胜任愉快,生长新的力量,突破战争难关的一个重要的武器。"②

邓小平历来非常重视发展党内民主,重视党内民主对于整个社会主义民主的推动作用。在社会主义现代化过程中,邓小平对党内民主建设在执政党的建设中地位和作用作了十分明确的阐述。

第一,加强党内民主建设是保障党员民主权利的需要。邓小平认为,我国原有的按苏联模式建立起来的政治体制,其最大弊端在于中央高度集权、权力过于集中。一方面权力过分集中于上层,领导层次越高,权力越大,这导致部分领导对下属惯于颐指气使,难以建立良好的上下关系,党员的民主权利遭到侵蚀。另一方面,在横向上,权力过于集中于一把手,第一书记,什么都要书记挂帅、拍板,导致领导者个人专权现象。邓小平曾说:"假如说中国是一个半封建的缺乏民主的国家,则反映到党内的是:共产党员一般缺乏民主的习惯,缺乏民主政治斗争的常识与锻炼。"③因此,要破除这种集权的利益格局,就必须充分扩大党员的民主权利。针对过去在党内民主实践方面走过的弯路,尤其是一个时期内所搞的"无情斗争、残酷打击"的错误做法,邓小平说:"我们要创造民主的条件,要重申'三不主义':不抓辫子,不扣帽子,不打棍子。在党内和人民内部政治生活中,只能采取民主手段,不能采取压制、打击手段。宪法和党章规定的公民权利、党员权利、党委委员的权利,必须坚决保障,任何人不得侵犯。"④

第二,加强党内民主建设,是进一步解放思想,形成生动活泼政治局面的基本条件。解放思想、开拓创新,是引导和推动社会前进的强大动力。而解放思

---

① 《列宁专题文集 论无产阶级政党》,人民出版社2009年版,第346页。
② 《毛泽东选集》第2卷,人民出版社1991年版,第529页。
③ 《邓小平文选》第1卷,人民出版社1994年版,第10页。
④ 《邓小平文选》第2卷,人民出版社1994年版,第144页。

想、开拓创新,必须以发展党内民主为前提。邓小平指出,解放思想,开动脑筋,一个十分重要的条件就是要真正实行民主集中制。我们需要集中统一的领导,但是必须有充分的民主,才能做到正确的集中。只有发展党内民主,在全党形成认真学习、民主讨论、积极探索和求真务实的风气,广大党员才能敞开思想,畅所欲言,各抒己见,才能敢讲真话、实话、心里话,也才能充分表达新见解、新观点、新思想。只有发展党内民主,才能把全体党员的积极性、主动性、创造性充分调动起来,把全党的智慧集中起来,把全党的意志凝聚起来,使广大党员积极投身于党的事业,形成推进中国特色社会主义事业的强大力量。只有发展党内民主,充分听取党员和下级党组织的意见,才能集思广益,群策群力,使决策科学化、民主化,保证党所制定的路线、方针和政策的科学性,使党和国家的事业始终沿着正确的方向前进。只有发展党内民主,才能形成良好的氛围,使全党始终拿起批评和自我批评的武器,开展积极的思想斗争,对领导干部实行切实有效的党内监督,不断提高解决自身问题的能力,从而保证党对国家经济建设和其他各项事业实施正确的领导。

第三,加强党内民主建设是维护党的团结统一的根本保障。团结就是力量。加强党的团结,是同党、国家和民族的命运紧密联系在一起的。全党朝气蓬勃,团结奋斗,我们的事业就有了胜利的保证。团结不是一团和气,也不是强制压服,而是通过健康健全的民主生活来实现的,是平等参与、民主讨论和充分开展批评与自我批评的结果。我们这样一个大党,只有加强党内民主建设,才具有强大的力量。由于党组织中各个党员的经历和所处的环境不同,对实际情况了解的深浅程度不同,思想方法和觉悟程度不同等原因,在党员之间、党员个人与组织之间、党的各级组织之间,经常会发生各种各样的矛盾。对于这些矛盾和意见分歧,既不能采取放任自流的态度,也不能搞强制压服。集中是在民主基础上的集中。如果没有民主,只有集中和服从,有不同意见的人就不会心情舒畅,就不利于党的团结,即使有正确的决策,也不利于顺利和有效地实施。只有按照民主集中制的原则正确处理党内的各种矛盾,建立正常的党内生活秩序,才能使党的团结统一不断得到巩固和发展。

第四,加强党内民主建设,也是反对腐败的需要。首先,发展党内民主是对权力进行制约的基本条件。无产阶级执政党防腐反腐,从根本上说,是通过发展党内民主来对权力进行制约。主要体现在两个方面:一方面,人民享有宪法和法律所赋予的各项权利,每个公民都可以直接行使这些权利。党员享有党章规定的各项权利,每个党员都可以直接行使这些权利。邓小平指出:"凡是搞特权、特殊化,经过批评教育而又不改的,人民就有权依法进行检举、控告、弹劾、撤换、罢免,要求他们在经济上退赔,并使他们受到法律、纪律处分。"①另一方面,人民掌握着国家政权,选举产生国家权力机关和执行机关,并继续以权力所有者的身份,运用国家政权的力量,可以对权力运行进行间接制约。无论是对权力的直接制约还是对权力的间接制约,都是为了使权力体现人民的意志,体现执政党广大党员的意志。其次,发展党内民主是促进党内监督的动力因素。无产阶级执政党防腐反腐,最重要的是要创造一种适合自身特点的内在制约机制,切实加强有效的党内监督。无论党内的监督和党外的监督,其关键在于发展党和国家的民主生活。再次,发展党内民主是调动党内外群众防腐反腐的重要手段。开展反腐败的斗争,需要有一定的政治氛围和政治声势。这种政治氛围、政治声势,除了有利于形成反腐败的社会环境和舆论环境外,更重要的是有利于党内外群众对反腐败的理解、支持和参与,以便调动、发挥其积极性。发展党内民主,正是以引导、保护、发挥广大党员积极性为出发点,紧密结合党组织的职能和党员的权利、义务而展开,并鼓励党员敢讲真话,敢于坚持真理。这些都有利于创造反腐败斗争的政治氛围和政治声势,有利于调动党内外群众防腐反腐的积极性。实践证明,党内民主的渠道越畅通,党内外群众参与反腐败斗争的热情就越能得到保护,防腐反腐就越能抓出成效,消极腐败现象也就容易被孤立、被遏制。

总之,党内民主是党的事业兴旺发达的重要保证,是党的生命线。没有党内民主,就没有党的兴旺发达。

二、党内民主是国家民主的基础,对人民民主具有重要的示范和带动作用

执政党的党内民主是整个社会主义民主的核心和前提,党内民主制约和影响着全社会和国家的民主,党内民主的不断发展和进步,在很大程度上决定和影响着整个社会的民主建设。一方面,党内民主是我们党能够健康发展、正确决策的基本保证,直接决定着党的领导水平和执政水平,从而对人民民主的发展起重要的指导作用;另一方面,党内民主的状况必然会产生示范效应,促使全社会学习和仿效,推动人民民主建设的发展。党内民主是人民民主的核心和灵魂,是发展人民民主的关键。在我国改革开放和现代化建设发展到一个新的历史阶段的条件下,大力推进党内民主建设,由此促进人民民主的发展,就成为摆在我们党面前的严峻而紧迫的任务。党内民主与国家民主到底是一种什么关系,邓小平对此作了深入的论述。

第一,党内民主与人民民主是相辅相成的。在我国,"党内民主"和"人民民主"构成社会主义民主的两个基本方面。但党内民主和人民民主,无论就其主

---

① 《邓小平文选》第 2 卷,人民出版社 1994 年版,第 332 页。

体、范围还是发展程度来说,都是有重大差别的。后者属于国家民主的范畴,前者属于非国家民主的范畴。党内民主作为一种政党制度,其规范表现为党章党规;人民民主作为一种国家制度,其规范表现为国家宪法、法律法规。由党的性质和宗旨、国家性质和国情所决定,党内民主和人民民主在层次上和发展程度上会有很大不同。人民民主作为国家制度,其主体包括工人、农民、知识分子和其他劳动者等不同阶级、阶层和社会集团以及不同民族的广大人民群众,他们的利益关系、政治思想状况和文化程度等有很大差异,极不平衡,因此必然受到主客观条件的限制,其发展程度总是有限的。而党内民主则由党的先进性和党员的状况所决定,在任何时候都应该比人民民主发展得更高、更充分。就其主体而言,党内成员作为自愿地加入党的组织,并愿为实现党的宗旨和使命而共同奋斗的先进分子,一般地说,较之作为国家公民的普通群众具有更高的政治、思想和文化素质。这就使得党内民主的发展具有了比人民民主的发展更充分的主客观条件。党作为中国工人阶级的先锋队、中国人民和中华民族的先锋队,是整个社会的表率,广大党员特别是党的干部在党内生活中培养起来的民主意识、民主作风和民主习惯,必将对民主政治建设产生重大的导向和示范作用。因此,党内民主虽然不能不受到一定时期社会历史条件的制约,也不能不在一定程度上受到人民民主发展程度的制约和影响,但总是应该也可能比人民民主发展得更高、更充分。

邓小平十分重视处理党内民主与人民民主的关系。1962 年 2 月,在扩大的中央工作会议上发表讲话指出:在我们党内和国家内必须造成毛泽东提出的"又有集中又有民主,又有纪律又有自由,又有统一意志、又有个人心情舒畅、生动活泼,那样一种政治局面",认为:"这种局面首先要从党内造成。我们的国家也要造成这样一种局面。但是,如果党内不造成,国家也造不成。我们党一定要造成这样的生动活泼的政治局面,我们党内一定要有充分的民主。"①十一届三中全会前后,邓小平多次强调了加强党内民主建设的重要性。1980 年 12 月,在中共中央工作会议上,邓小平明确指出:"我们各种政治制度和经济制度的改革,要坚定地、有步骤地继续进行。这些改革的总方向,都是为了发扬和保证党内民主,发扬和保证人民民主。"②

在社会主义条件下尤其是社会主义初级阶段,党内民主同人民民主又是紧密联系、相互作用的,而且党自身的民主化在社会主义民主政治建设中起关键作用。中国共产党在国家政治生活中的领导地位,是由长期革命斗争的历史形成

---

① 《邓小平文选》第 1 卷,人民出版社 1994 年版,第 306~307 页。
② 《邓小平文选》第 2 卷,人民出版社 1994 年版,第 372~373 页。

的,也是由宪法规定了的。共产党在国家政治生活中的这种领导地位和其他因素决定了党自身的民主化与社会主义民主政治建设的关系极大。可以说,国家的民主化要取决于实现党自身的民主化,或者说,没有党自身的民主化就不可能有国家的民主化。总之,党内民主是人民民主发展的政治前提,人民民主是社会主义民主政治的最高形态和根本目标;党内民主与人民民主相互影响、相互作用、相互制约,二者统一于建设社会主义政治文明的伟大实践。

第二,有了党自身的民主,才能用民主的方式来加强和改善对国家政治生活的领导。在中国共产党一党执政,其他民主党派参政的条件下,往往容易产生如邓小平所多次指出的"党政不分、以党代政"的弊端。把党执政变成"以党代政",容易使党产生凌驾于国家权力之上的特殊权力,而使由人民依法选举产生的国家政权机关形同虚设的弊端。不仅如此,这种执政方式又很容易把党和国家的权力集中到少数人以至个别人手里,从而出现权力的滥用。邓小平在分析这种权力过分集中的政治体制的特征时指出:"权力过分集中的现象,就是在加强党的一元化领导的口号下,不适当地、不加分析地把一切权力集中于党委,党委的权力又往往集中于几个书记,特别是集中于第一书记,什么事都要第一书记挂帅、拍板。党的一元化领导,往往因此而变成了个人领导。"①权力过分集中主要表现在以党代政,以及党内权力过分集中。因此,"改革的内容,首先是党政要分开,解决党如何善于领导的问题。这是关键,要放在第一位"。②

党政职能分开,是党执政方式的重大改革。邓小平在十一届三中全会提出了这个问题,后来多次作了深刻阐述。他在 1980 年 10 月的一次重要谈话中,对党组织同国家政权机关和其他组织的关系、党的领导的内容和方式等重大问题作了全面的论述。他说:"党的各级组织的权力、任务、工作方式都要改善。从基层来说,要下决心改变党员高于一切群众、支书高于一切干部、党组织高于一切组织的状况。党委不能再包揽、干预一切。党的领导要体现在如何制定和实现党的路线、方针、政策上。党的工作的核心,是支持和领导人民当家作主。整个国家是这样,各级党的组织也是这样。党的组织、党员,都要永远站在人民一边,同人民在一起,了解他们的要求,倾听他们的呼声,采取各种办法保护和争取他们的利益。党的组织不是政府,不是国家的权力机关。要认真考虑党在整个国家社会生活中的地位,党的机关、国家机关怎么改革这些问题。"③党和国家政权机关的性质不同,职能不同。改变以党代政,党对国家事务实行政治领导的主

---

① 《邓小平文选》第 2 卷,人民出版社 1994 年版,第 328~329 页。
② 《邓小平文选》第 3 卷,人民出版社 1993 年版,第 177 页。
③ 《邓小平思想年谱(1975—1977)》,中央文献出版社 1998 年版,第 173 页。

要方式应当是使党的主张经过法定程序变成国家意志,通过党组织的活动和党员的模范作用带动广大人民群众,实现党的路线、方针、政策。党的主张的形成过程和变成国家意志的过程,是发扬党内民主和人民民主的过程。因此,改变以党代政的方式,就是代之以民主的方式、依法治国的方式。

第三,加强党的民主制度建设,才能推进国家民主制度的建设。邓小平指出:"国要有国法,党要有党规党法。党章是最根本的党规党法。没有党规党法,国法就很难保障。"①在国家政治生活中居于领导地位的政党,如果不首先使党内民主制度化,使每一个党员不论职位多高都严格地按照制度办事,体现人民民主的法制就没有切实的保证。历史证明,作为执政党,党内出现个人专断现象,不仅会损害党内民主,而且会对人民民主造成严重破坏。"十年动乱"是从党内乱起的,党的民主制度、民主集中制受到严重损害。所以要通过健全和完善党内民主制度,把党的各级领导置于全体党员的监督之下,以保证把担负国家公职的党员置于人民的监督之下,置于国家法律的约束和监督之下。

邓小平主张,要用党内民主的发展来推动人民民主,建设社会主义民主政治。因为,党是政治制度的核心,是国家和社会生活的领导者和组织者。执政党的地位,决定了党内生活民主化对于国家政治生活民主化的决定性制约作用。从党的任务看,党的大事也就是国家的大事,党内重大问题能够民主决策,国家政治生活民主化就有了基础。从党与社会的关系看,党是先锋队,"是整个社会的表率",党理所当然地应该成为民主的模范。党员特别是党的干部,在党内民主生活中树立了民主观念,养成了民主习惯,培养了民主作风,形成了民主传统,就会以身作则,言传身教,把党内民主的经验、作风和传统带到各自的工作岗位,带动自己工作领域的民主风气。党内民主健全了,全国人民就会学习、效法。从这个意义上说,党内民主是人民民主的核心和灵魂,是发展人民民主的关键。只有积极发展党内民主,才能有力地推动人民民主的发展。

第四,发展党内民主,才能真正有力地支持人民当家作主。由于在国家政权机关、社会组织、经济组织中的领导人员乃至骨干中,共产党员占很大比重,如果不发展党内民主,使广大党员在党内生活中培养民主意识、民主作风和民主习惯,就不可能真正支持人民当家作主。共产党员模范地按照民主原则办事,把在党内生活中培养起来的民主意识和作风带到各级组织中去,带头切实推进人民民主,就可以有效地推动整个社会主义民主政治的建设。

同时,人民民主的发展反过来也会促进党内民主,两者是相辅相成的。因为人民民主发展的成果通过宪法和法律的确认,在国家范围对任何政党、组织和个

① 《邓小平文选》第2卷,人民出版社1994年版,第147页。

人都有普遍的约束力。我们党领导人民制定的现行宪法规定,"一切国家机关和武装力量、各政党和各社会团体、各企事业组织都必须遵守宪法和法律","任何组织或者个人都不得有超越宪法和法律的特权"。党必须在宪法和法律范围内活动的原则表明,党的活动和民主虽然有其自身的内容和特点,但不能和国家的宪法和法律相抵触;党内斗争要根据党的原则,但又必须在法律许可的范围内进行,决不允许任意侵犯党员作为公民所享有的权利,不允许党员和党的负责干部享有超越法律的任何特权。这无疑对促进党内民主有十分重要的意义。此外,社会主义法律规定,公民对国家机关及其工作人员有监督权,这在实际上体现了人民群众对担任公职的党员的监督权,有利于防止和克服党员干部的官僚主义、特权思想、腐败现象的产生和滋长,也有利于增强党内的民主观念。

党的十一届三中全会以来,正是在邓小平关于加强党内民主建设思想的指导下,党内民主建设得到了加强。党的十三大报告指出,以充分实现党内民主来逐步推动人民民主,是发展社会主义民主政治的一条切实可行、易于见效的途径。这是一个带有规律性的科学结论。十四大报告指出:"要进一步发扬党内民主,加强制度建设,切实保障各级党组织和党员民主权利。"①党的十四届四中全会在《关于加强党的建设几个重大问题的决定》中强调党内民主建设的重要性时指出:"发扬党内民主必然推进人民民主,这也是建设社会主义民主政治的一条重要途径。"②党的十六大报告指出,党内民主"对人民民主具有重要的示范和带动作用"。③ 正是在党中央的正确部署之下,党内民主的优良传统和作风得到恢复和发扬,并且随着时代的前进和党的事业的发展有了长足的进步,取得了显著的成效。

三、发展党内民主,推进社会主义政治文明建设

党内民主是一个系统工程,发展党内民主是多层次、多方面、多途径的。邓小平从以下几个方面论述了加强党内民主建设的途径。

第一,始终坚持党的民主集中制原则。民主集中制是党的根本组织制度和领导制度,其核心是实行民主基础上的集中和集中指导下的民主相结合。党内民主是党内集中的前提和基础,党内集中是党内民主发展的必然要求和结果,二者是相辅相成,内在统一的。没有民主,就没有正确的集中;没有集中,就不能形成正确的路线方针政策,不能形成全党的统一意志。邓小平认为,民主集中制

---

① 《十四大以来重要文献选编》上,人民出版社 1996 年版,第 44 页。
② 《十四大以来重要文献选编》中,人民出版社 1997 年版,第 961 页。
③ 《十六大以来重要文献选编》上,中央文献出版社 2005 年版,第 39 页。

"是党的根本的组织原则,也是党的工作中的群众路线在党的生活中的应用"。①发展党内民主,关键是要健全党的民主集中制,建设具有健全的民主集中制的党。他强调,民主集中制是我们党和国家的根本制度,也是最便利的制度,最合理的制度,永远不能丢。他认为,健全民主集中制,最根本的是要把这个好的原则具体化为严格完备的制度,用法治来取代人治,使任何人都必须遵守制度和法规,必须接受党和人民的监督。他还提出了健全党的代表大会制度、集体领导制度、党内生活会制度、监督制度,维护中央的权威、理顺中央与地方的关系等一系列重要意见。

1956年9月,邓小平在党的八大所作的《关于修改党的章程的报告》中指出:"一切发展党内民主的措施都不是为了削弱党的必需的集中,而是为了给它以强大的生气勃勃的基础。"②党内民主的核心问题是集体领导。在这方面,过去"党的生活是有严重缺陷的","许多重大问题往往是一两个人说了算,别人只能奉命行事"③,"命令主义、少数人或个人独断专横的现象是十分严重的"。④因此"在党内生活和国家政治生活中,要真正实行民主集中制和集体领导。一言堂、个人说了算,集体做了决定少数人不执行等等毛病,都要坚决纠正"。⑤在邓小平看来,党内民主是国家民主的基础,如果在党的组织中,在党章和党纪面前人人平等的意识不能成为全党的共识和稳固的制度,上面"一言堂"、下面"一边倒"的现象不能消除,要实现真正意义上的国家民主只能是一句空话。

第二,实行决策科学化、民主化。决策的科学化、民主化是实行民主集中制的重要内容和环节。我们党是执政党,党内的大事就是国家和人民的大事,党内重大问题的决策能否实现科学化、民主化,直接影响着国家各项大政方针的制定能否实现科学化、民主化。

实现决策的科学化、民主化,重要的一条就是走群众路线。群众路线是我们党的根本工作路线。党的一切工作和事业,都必须真心实意地依靠广大党员群众才能做好。只有始终坚持党的群众路线,相信群众,依靠群众,广开言路,听民声,察民意,知民情,我们的事业才能获得最可靠的力量源泉,我们的各项决策才能获得最广泛的群众基础。如果没有民主,不知民情,不解民意,不用民智,只由少数人拍脑袋做决策,那就难免主观主义,难免造成决策的失误,给党的事业带来损害。因此,各级党组织在决策前应深入调查研究,广泛听取群众意见和呼

---

① 《邓小平文选》第1卷,人民出版社1994年版,第225页。
② 《邓小平文选》第1卷,人民出版社1994年版,第234页。
③ 《邓小平文选》第2卷,人民出版社1994年版,第142页。
④ 《邓小平文选》第1卷,人民出版社1994年版,第305页。
⑤ 《邓小平文选》第2卷,人民出版社1994年版,第360页。

声,认真吸收群众中好的或比较好的建议,获取充分的科学依据。

实现决策科学化、民主化,还必须注意充分发扬党内民主,也就是让党员和党组织的意愿、主张能够充分表达和创造性地发挥出来。党的各级组织和领导干部,只有认真执行民主集中制的原则,健全党内民主制度和民主决策程序,广泛听取党员群众的意见,发挥全体党员的聪明才智,才能集中正确的意见,形成正确的决策。要切实保障党员的民主权利,拓宽党内民主渠道,增强党员对党内事务的了解和参与。凡属党组织工作中的重大问题,都应力求组织广大党员讨论、协商,充分听取各种意见。通过建立有效的机制,保证基层党员和下级党组织的意见能及时反映到上级党组织。要鼓励党员解放思想,实事求是,勇于探索,敢讲真话。邓小平提出,好的意见不那么敢讲,对坏人坏事不那么敢反对,这种状况不改变,怎么能叫大家解放思想,开动脑筋?四个现代化怎么化法?他一再强调要创造民主的条件,要广开言路,广开才路,让各方面的意见、要求、批评和建议充分反映出来,以利于集中正确意见,及时发现和纠正工作中的缺点、错误,做到科学执政、民主执政,把我们的各项事业推向前进。

第三,切实保障党员的民主权利。发扬党内民主必须切实保障党员的民主权利。党员是党的主体,党员不仅要履行应尽的义务,而且还享有规定的权利。只有将党员的义务与权利结合起来,党员才能真正意识和体会到自己在党内政治生活中的主人翁地位,也才能深切了解自己作为党的主体应负的责任和应发挥的作用。邓小平强调,宪法和党章规定的公民权利、党员权利,必须坚决保障,任何人不得侵犯。侵犯党员权利的行为,是严重违犯党的纪律的。为了保障党员的民主权利,要着重抓好以下几个环节:一是保障党员的知情权。要疏通和拓宽党内民主渠道,使党员对党内事务有更多的了解。要把党的方针政策、指示决议,及时传达给下级党组织和党员。二是保障党员的参与权。党员有权在党的会议上和党报党刊上,参加关于党的政策和理论问题的讨论,有权对党的工作提出建议和倡议。三是保障党员的选举权和被选举权。凡是党章规定应由选举产生的党组织负责人,一律实行选举产生,不得以委任制代替选举制。要改进和完善党内选举制度,使选举人能真实地表达自己的意愿。四是保障党员的监督权。要普遍建立对领导干部的民主评议、民主监督制度。要健全信访制度,使党员的意见、建议和批评能及时反映上来,并受到应有的重视。

保障党员权利是党的各级领导干部的重要职责。为此,领导干部必须确立党内同志之间的平等关系。作为党的领导干部,代表各级组织行使党内权力,这种权力是全体党员赋予的,而不是来自于党员之上或是领导者个人的特权。在保障党员民主权利方面,我们过去的体制存在的主要问题是党的上级组织对下级组织重视不够,对党员个人的民主权利重视不够。邓小平早就发现了这一问题。1956 年 9 月,他在《关于修改党的章程的报告》中就曾指出:"在目前,党的上下级关系中的缺点,从总的方面说来,主要地还是对于发扬下级组织的积极性创造性注意不足。不适当的过分的中央集权,不但表现在经济工作、文化工作和其他国家行政工作中,也表现在党的工作中。"①可惜的是,他的这个正确的思想被人们忽视了。在改革开放新时期,邓小平特别强调应充分发挥下级组织和普通党员的民主权利。在 1978 年 12 月召开的中央工作会议闭幕会上的讲话中,邓小平指出:"我们需要集中统一的领导,但是必须有充分的民主,才能做到正确的集中。""当前这个时期,特别需要强调民主。因为在过去一个相当长的时间内,民主集中制没有真正实行,离开民主讲集中,民主太少。"②邓小平指出,下级服从上级,说的是对于上级的决定、指示,下级必须执行,但是不能因此否定党内同志之间的平等关系。"不论是担负领导工作的党员,或者是普通党员,都应以平等态度互相对待,都平等地享有一切应当享有的权利,履行一切应当履行的义务。上级对下级不能颐指气使,尤其不能让下级办违反党章国法的事情;下级也不应当对上级阿谀奉承,无原则地服从、'尽忠'。不应当把上下级之间的关系搞成毛泽东同志多次批评过的猫鼠关系,搞成旧社会那种君臣父子关系或帮派关系。"③领导干部如果发生侵犯党员权利的行为,应该受到惩处。

总之,邓小平关于党内民主建设的思想是极为丰富的,这些思想对于我们推进社会主义政治文明建设,对于扩大党内民主进而推进社会主义民主政治建设,对我们党科学执政、民主执政、依法执政具有重要的现实意义。

---

① 《邓小平文选》第 1 卷,人民出版社 1994 年版,第 227 页。
② 《邓小平文选》第 2 卷,人民出版社 1994 年版,第 144 页。
③ 《邓小平文选》第 2 卷,人民出版社 1994 年版,第 331 页。

邓小平改革开放思想研究

改革开放是当代中国最鲜明的特色。邓小平是中国改革开放和现代化建设的总设计师。今天,我们重温邓小平关于改革开放的论述,对于构建社会主义和谐社会,进而推进中国特色社会主义事业具有重要的意义。

一、邓小平改革开放思想的主要内容

重读《邓小平文选》《邓小平年谱》,我们可以发现,邓小平改革开放思想构成一个完整的思想体系。这些思想包括以下几个方面:

第一,关于改革开放的必要性。对此问题,邓小平从正反两个方面作了深入阐释。从正面说,"发展才是硬道理",中国"要得到发展,必须坚持对外开放、对内改革"。[①]"中国一定要坚持改革开放,这是解决中国问题的希望",[②]"是决定中国命运的一招";[③]从反面说,"如果现在再不实行改革,我们的现代化事业和社会主义事业就会被葬送",[④]"不开放不改革没有出路,国家现代化建设没有希望",[⑤]"如果放弃改革开放,就等于放弃我们的根本发展战略"。[⑥] 邓小平认为,改革是社会主义发展的直接动力,改革是当代中国不可抗拒的时代潮流,改革是一场革命,改革是中国现代化的必由之路。关于对外开放,邓小平从历史、现实与未来作了论述:其一,回顾历史,"中国长期处于停滞和落后状态的一个重要原因是闭关自守",[⑦]其二,面向现实,"现在的世界是开放的世界",[⑧]任何一个国家要发展,孤立起来,闭关自守是不可能的。其三,展望未来,"关起门来搞建设是不能成功的,中国的发展离不开世界"。[⑨]

第二,关于改革的历史地位和重要意义。邓小平认为,改革是一场革命,是中国的第二次革命。改革的意义,"是为下一个十年和下世纪的前五十年奠定

---

① 《邓小平文选》第 3 卷,人民出版社 1993 年版,第 202 页。

② 《邓小平文选》第 3 卷,人民出版社 1993 年版,第 284 页。

③ 《邓小平文选》第 3 卷,人民出版社 1993 年版,第 368 页。

④ 《邓小平文选》第 2 卷,人民出版社 1994 年版,第 150 页。

⑤ 《邓小平文选》第 3 卷,人民出版社 1993 年版,第 219 页。

⑥ 《邓小平文选》第 3 卷,人民出版社 1993 年版,第 347 页。

⑦ 《邓小平文选》第 3 卷,人民出版社 1993 年版,第 78 页。

⑧ 《邓小平文选》第 3 卷,人民出版社 1993 年版,第 64 页。

⑨ 《邓小平文选》第 3 卷,人民出版社 1993 年版,第 78 页。

良好的持续发展的基础。没有改革就没有今后的持续发展。所以……这件事必须坚决干下去。"①邓小平说:"改革开放要贯穿中国整个发展过程,不是三年、五年、十年、八年,也不是二十年。"②他从中华民族伟大复兴和社会主义事业的兴衰成败来看改革的地位和意义,认为"这场改革不仅影响中国,而且会影响世界",③"可以对世界上的社会主义事业和不发达国家的发展提供某些经验。"④

第三,关于改革的性质和方向。邓小平明确指出:"改革的性质同过去的革命一样,也是为了扫除发展社会生产力的障碍,使中国摆脱贫穷落后状态。从这个意义上说,改革也可以叫做革命性的变革。"⑤这次革命的特点在于:其一,其性质是社会主义制度的自我完善而不是对它的否定。"改革是社会主义制度的自我完善。"其二,这种革命不再采取阶级对抗的形式。改革"不是对人的革命,而是对体制的革命"。⑥其三,这种革命是为了改变障碍生产力发展的旧体制,为生产力的大发展开辟道路。其四,这种革命是在党和国家的领导下,马克思主义指导下,依靠社会主义制度本身的力量,依靠亿万人民的实践自觉进行的。

第四,关于改革的目标和任务。邓小平对改革目标设计给予了高度重视。改革伊始,他就对中国社会发展的目标作了高度概括,即在大幅度提高社会生产力的同时,改革和完善社会主义的经济制度和政治制度,在建设高度物质文明的同时,提高全民族的科学文化水平,发展高尚的丰富多彩的文化,建设高度的社会主义精神文明。此后,随着改革的深入,邓小平反复论述了这个问题,使中国社会主义发展的战略目标内涵越来越清晰。1987年党的十三大明确提出要"把我国建设成为富强、民主、文明的社会主义现代化国家"。这样"富强、民主、文明"就成了我国现代化建设和改革开放的总目标。关于改革的任务,邓小平说得更为明确。他指出:"改革是解放生产力的必由之路。""革命是解放生产力,改革也是解放生产力。"⑦社会主义改革的任务是发展生产力。

第五,关于改革开放的内容。改革是全面的改革,开放是全方位的开放。邓小平指出:"改革是全面的改革,包括经济体制改革、政治体制改革和相应的其他各个领域的改革。"⑧改革涉及生产关系和上层建筑的所有方面和环节,是社会经济、政治、科技、教育、文化体制的全面改革。开放有两个内容:对内开放和

---

① 《邓小平文选》第3卷,人民出版社1993年版,第131页。
② 《邓小平文选》第3卷,人民出版社1993年版,第265页。
③ 《邓小平文选》第3卷,人民出版社1993年版,第118页。
④ 《邓小平文选》第3卷,人民出版社1993年版,第135页。
⑤ 《邓小平文选》第3卷,人民出版社1993年版,第135页。
⑥ 《邓小平文选》第2卷,人民出版社1994年版,第397页。
⑦ 《邓小平文选》第3卷,人民出版社1993年版,第370页。
⑧ 《邓小平文选》第3卷,人民出版社1993年版,第237页。

对外开放;对外开放不只是对西方国家开放,而是对世界所有国家开放,对所有类型国家开放。中国要谋求展,就"必须大胆吸收和借鉴人类社会创造的一切文明成果,吸收和借鉴当今世界各国包括资本主义发达国家的一切反映现代社会化生产规律的先进经营方式、管理方法"。①

第六,关于改革的方法和步骤。邓小平强调了这样几点:一是改革开放是天翻地覆的事业,是很大的试验。因此,要用扎扎实实稳步前进的办法,去解决现行制度的改革和新制度的建立问题。具体章法,要在试验中步步立起来。二是改革是一项崭新的事业,既无现成的模式可供选择,又无成功的经验可资借鉴,一切全靠我们自己去实践。因此必须解放思想,敢干和善于创新,"没有一点闯的精神,没有一点'冒'的精神,没一股气呀,劲呀,就走不出一条好路,走不出一条新路,干不出新的事业。"②三是改革是一项充满风险的事业,"改革要成功,就必须有领导有步骤地进行。""我们的方针是,胆子要大,步子要稳,走一步,看一步。……重要的是走一段就要总结经验。"③

第七,关于改革开放必须坚持的原则。为保证改革的航向,邓小平明确了改革开放的方向和原则。其一,一切从实际出发,实事求是。他说:"改革、开放是一个新事物,没有现成的经验可以照搬,一切都要根据我国的实际情况来进行。"④他强调:"改革开放必须从各国自己的条件出发。……别人的经验可以参考,但是不能照搬。"⑤中国有自己的实际情况,我们只能按照中国的国情进行改革。"我们既不能照搬西方资本主义国家的做法,也不能照搬其他社会主义国家的做法,更不能丢掉我们制度的优越性。"⑥其二,在改革开放过程中,必须始终坚持正确的方向,具体而言,就是必须始终四项基本原则。邓小平认为,坚持四项基本原则,是实现中国现代化的根本前提。如果动摇了这四项基本原则中的任何一项,那就动摇了整个社会主义事业,整个现代化建设事业。其三,既要反"左",又要反右。邓小平多次强调,搞改革不会一帆风顺,"一定会有来自各方面的干扰,有'左'的干扰,也有右的干扰"。⑦要坚定地执行改革、开放政策,必须坚决排除这些干扰,有"左"反"左",有右反右。其四,必须始终保持稳定。邓小平指出,中国一定要坚持改革开放,这是解决中国问题的希望。"但是

① 《邓小平文选》第3卷,人民出版社1993年版,第373页。
② 《邓小平文选》第3卷,人民出版社1993年版,第372页。
③ 《邓小平文选》第3卷,人民出版社1993年版,第113页。
④ 《邓小平文选》第3卷,人民出版社1993年版,第248页。
⑤ 《邓小平文选》第3卷,人民出版社1993年版,第265页。
⑥ 《邓小平文选》第3卷,人民出版社1993年版,第256页。
⑦ 《邓小平文选》第3卷,人民出版社1993年版,第199页。

要改革,就一定要有稳定的政治环境。"①邓小平曾反复强调,"中国的最高利益就是稳定","稳定压倒一切","没有安定的政治环境,什么事情都搞不成"。

第八,关于改革是非得失的判断标准。邓小平指出:"按照历史唯物主义的观点来讲,正确的政治领导的成果,归根到底要表现在社会生产力的发展上,人民物质文化生活的改善上。"②他强调,"对实现四个现代化是有利还是有害,应当成为衡量一切工作的最根本的是非标准"。③ "社会主义经济政策对不对,归根到底要看生产力是否发展,人民收入是否增加。这是压倒一切的标准。"④1992年初,在南方谈话中,邓小平进一步明确指出,"判断的标准,应该主要看是否有利于发展社会主义社会的生产力,是否有利于增强社会主义国家的综合国力,是否有利于提高人民的生活水平"。⑤ 符合"三个有利于"的改革就是成功的,这是判断社会主义改革的最高标准。

第九,关于改革的主体力量。改革开放是我国亿万人民群众自己的事业,人民群众是我们党的力量源泉和胜利之本。邓小平曾说:"我们党提出的各项任务,没有一项不是依靠广大人民的艰苦努力来完成的。"邓小平主张争取整个中华民族的大团结,建立和巩固最广泛的爱国统一战线,充分调动广大群众的积极性和创造性。有勤劳勇敢、富于智慧的亿万人民的支撑,"中国是不可战胜的","中国大有希望"。改革开放是为了人民群众,改革开放要依靠人民群众。改革愈是深入,开放愈是扩大,就愈能把人民群众的积极性、主动性和创造性发挥出来,把人民群众的利益维护好、实现好、发展好。

第十,关于改革的领导核心。邓小平强调,建设中国特色社会主义,关键在于坚持、加强和改善党的领导。他曾明确指出,坚持四项基本原则的核心是坚持党的领导,"我们的改革不能离开社会主义道路,不能没有共产党的领导,这两点是相互联系的,是一个问题。没有共产党的领导,就没有社会主义道路"。⑥改革开放以来,我国各条战线举世瞩目的伟大胜利,都是在党的领导下取得的。

以上是邓小平改革开放思想的主要内容,这些思想系统阐释了社会主义改革进程的不可逆性、改革地位的重要性、改革目标的科学性、改革方向的明确性、改革内容的全面性、改革步骤的渐进性、改革原则的坚定性、改革实践的创新性、改革方法的灵活性和改革过程的长期性。这些思想形成了一个体系,丰富和发

---

① 《邓小平文选》第3卷,人民出版社1993年版,第284页。
② 《邓小平文选》第2卷,人民出版社1994年版,第128页。
③ 《邓小平文选》第2卷,人民出版社1994年版,第209页。
④ 《邓小平文选》第2卷,人民出版社1994年版,第314页。
⑤ 《邓小平文选》第3卷,人民出版社1993年版,第372页。
⑥ 《邓小平文选》第3卷,人民出版社1993年版,第242页。

展了马克思主义关于社会发展与改革的思想,成为我们改革开放新时期必须长期坚持的重要指导思想。

二、邓小平改革开放思想的实践及其经验

党的十一届三中全会以来,在邓小平改革开放思想的指导下,从农村改革到城市改革,从国有企业改革到宏观管理体制改革,从所有制结构改革到分配制度改革,从经济领域改革到政治、文化和社会等方面的全面改革,中国大地上描绘了一幅波澜壮阔的历史画卷。我国社会生产力得到极大的解放和发展,国民经济保持了持续快速增长,我国社会主义市场经济体制日趋完善,社会主义物质文明、政治文明、精神文明建设和党的建设不断加强,综合国力大幅度提高,人民生活显著改善,社会政治长期保持稳定。

首先,通过改革,基本实现了由高度集中的计划经济体制向社会主义市场经济体制的根本性转变。一是公有制为主体、多种所有制经济共同发展的基本经济制度已经确立。二是多种层次、比较完备的市场体系已经形成。商品和服务价格基本上由市场决定。资本、土地、劳动力、技术等要素市场加快发展。三是政府职能转向经济调节、市场监管、社会管理和公共服务,以间接手段为主的宏观调控体系趋向成熟,国家计划、财政政策和货币政策相互配合的机制初步形成。四是以城镇职工养老、医疗、失业保险为主要内容的社会保障制度逐步健全。五是全方位、宽领域、多层次的对外开放格局基本形成,实现了从封闭型经济体系向开放型经济体系的转变。六是与社会主义市场经济相适应的法制建设取得显著进展,相关法律法规不断完善。

其次,经济体制的根本性转变极大地解放和发展了社会生产力。在邓小平改革思想的指导下,我们保持了国民经济持续快速健康发展,社会生产力、综合国力和人民生活水平上了一个大台阶。主要工农业产品产量位居世界前列。我国发展经济和抵御各种风险的物质技术基础大大增强。

第三,政治体制改革的不断深化,使中国社会主义民主政治建设在实践中取得了许多重大进展。人民代表大会制度、中国共产党领导的多党合作和政治协商制度、民族区域自治制度等国家民主制度不断完善和发展,城乡基层民主不断扩大,公民的基本权利得到尊重和保障,中国共产党民主执政能力进一步提高,政府民主行政能力显著增强,司法民主体制建设不断推进。国家领导制度、立法制度、行政管理制度、决策制度、司法制度、人事制度和监督制约制度等方面的改革取得了显著成效。

第四,文化、教育、科技体制的改革也取得巨大的成绩。改革开放以来,适应社会主义市场经济发展的要求,不断深化文化体制改革,在加强宏观管理、调整

产业结构、转换经营机制、培育和规范文化市场、推进集团化建设和对外开放等方面,文化建设取得了显著成绩。科技事业实现了新的跨越。科技创新能力逐步增强,科学知识生产数量增长迅速,科技对经济社会发展的贡献不断增大。教育事业不断跃上新的台阶,为社会主义现代化建设提供了有力的人才支撑和智力保证。职业教育、成人教育总体规模扩大、结构改善。高等教育蓬勃发展,顺应了人民群众的强烈愿望,在一定程度上满足了经济社会发展对高层次人才的需求。教育事业的发展已经成为推动我国经济总量提高和现代化建设各项事业迅速发展、社会全面进步的关键性因素。

第五,生产力的发展使人民群众的物质文化生活水平显著提高。可以说,改革开放促进了城乡居民收入增长,让群众得到了更多实惠。

党的十一届三中全会以来取得的辉煌成就雄辩地证明,改革开放是中国走向繁荣富强的必由之路,是中国特色社会主义发展前进的成功之路。社会主义要保持强大的生命力,就必须通过改革不断完善自己。

改革开放实践积累了宝贵的经验:必须清醒地认识到改革进程的不可逆性,毫不动摇地坚持改革开放。改革开放是强国之路,社会主义不改革开放,只是死路一条。任何时候,反对改革、阻碍改革的做法都是错误的;必须坚持正确的指导思想,改革必须以马克思列宁主义、毛泽东思想和中国特色社会主义理论体系为指导,那种主张按新自由主义方式对中国进行改革的思想是绝对错误的;必须坚持正确的改革方向。我们的改革是社会主义制度的自我完善和发展,改革不坚持社会主义的方向,同样是死路一条。苏联东欧的剧变充分证明了这一点。必须坚持改革内容的全面性,改革是一项庞大的系统工程,不能单兵突进,必须政治、经济、文化、社会改革全面推进;必须把握改革步骤的渐进性。中国改革从一开始就采取逐渐推进的战略、策略,实践证明这种渐进性改革,能较好协调各方面的经济利益,避免出现大的利益对抗,使旧体制逐步地、平稳地向新体制过渡;必须坚持改革原则的坚定性,始终坚持四项基本原则;必须坚持改革过程的长期性,改革开放要贯穿中国整个发展过程。

三、以邓小平改革开放思想为指导,深化改革,扩大开放

虽然我国改革开放取得了十分显著的成就,积累了宝贵的经验。但同时,我们必须清醒地认识到,我国正处于并将长期处于社会主义初级阶段,人民日益增长的物质文化需要同落后的社会生产之间的矛盾仍然是我国社会的主要矛盾,统筹兼顾各方面利益任务艰巨而繁重。特别要看到,我国已进入改革发展的关键时期,经济体制的深刻变革,社会结构的深刻变动,利益格局的深刻调整,思想观念的深刻变化,给我国发展进步带来巨大活力,也必然带来这样那样的矛盾和

问题。主要是:城乡、区域、经济社会发展很不平衡,人口资源环境压力加大;就业、社会保障、收入分配、教育、医疗、住房、安全生产、社会治安等方面关系群众切身利益的问题比较突出;体制机制尚不完善,民主法制还不健全;一些社会成员诚信缺失、道德失范,一些领导干部的素质、能力和作风与新形势新任务的要求还不适应;一些领域的腐败现象仍然比较严重;敌对势力的渗透破坏活动危及国家安全和社会稳定。新的形势和新的任务要求我们,必须勇于探索、敢于攻坚、善于创新,以与时俱进的精神推进改革开放。

深化改革,首先要进一步坚定改革的信心和决心。面向未来,改革的进一步推进,将更多地涉及利益的调整,改革的阻力会加大。只有深化改革,使关系经济社会发展全局的重大体制改革取得突破性进展,完善落实科学发展观的体制机制,才能进一步解放和发展社会生产力,使上层建筑进一步适应经济基础的发展,使中国特色社会主义始终充满生机和活力。我们必须充分认识改革的必要性、艰巨性和复杂性,进一步增强改革的使命感和紧迫感,以更大的决心加快推进改革。对一切妨碍发展的思想观念都要坚决冲破,对一切束缚发展的做法和规定都要坚决改变,对一切影响发展的体制弊端都要坚决革除。

深化改革,要毫不动摇地坚持正确的方向。改革是社会主义制度的自我完善和发展,改革必须坚持社会主义方向,必须始终坚持四项基本原则。四项基本原则是我们的立国之本。离开了四项基本原则和改革开放,中国就不成其为社会主义国家,就不能建设社会主义和谐社会。社会主义市场经济体制是同社会主义基本制度结合在一起的。要始终坚持社会主义市场经济体制的改革方向,进一步坚持和完善公有制为主体、多种所有制共同发展的基本经济制度。要坚持把社会主义市场经济体制和社会主义基本制度紧密结合起来,更好地发挥市场经济的长处,更好地发挥社会主义制度的优越性。

深化改革,必须正确分析形势和条件,不失时机地努力在一些重要领域和关键环节实现改革的新突破,努力使关系经济社会发展全局的重大体制改革取得突破性进展。首先,要围绕消除不利于发挥市场基础性作用的体制机制障碍深化改革,重点是改革行政管理体制、完善所有制结构、推进现代市场体系建设;其次,要围绕消除不利于贯彻落实科学发展观的体制机制障碍深化改革。最后,要围绕消除不利于构建和谐社会的体制机制障碍深化改革,最重要的是就业、收入分配和社会保障制度改革,教育和卫生体制改革,要建立有利于改变城乡二元经济结构、有利于实现基本公共服务均等化的体制,完善社会管理体制。

深化改革,要进一步解放思想,大胆进行体制创新。我国初步建立的社会主义市场经济体制还不完善,现在发展处于关键时期,经济体制改革仍处于攻坚阶段。深化改革和调整结构是解决经济社会发展中深层次矛盾的根本措施,但在推进过程中不仅过去长期积累的深层次矛盾会显现出来,而且还会出现新的矛盾和不稳定因素。为此,深化改革必须突出重点,分别轻重缓急。改革措施要兼顾不同群体的利益,认真考虑每项改革措施对社会各方面的影响,把握好改革出台的时机和节奏。要注重增强改革措施的协调性,努力实现经济体制改革与政治体制改革、文化体制改革、社会领域改革相协调,宏观改革与微观改革相协调,城市改革与农村改革相协调,扎扎实实地推进各项改革。

深化改革,要充分尊重群众的首创精神,保护和调动群众的积极性和创造性,提高改革决策的科学性。人民群众是改革的主体,是推动经济社会发展的决定力量。要进一步完善深入了解民情、充分反映民意、广泛集中民智、切实珍惜民力的决策机制。每项改革政策和措施的出台,都必须经过必要的程序,广泛听取群众的意见,照顾到各方面的利益,努力在最大范围内取得共识。对群众反映强烈、涉及群众切身利益的问题,必须高度重视,采取切实可行的措施,认真加以解决,让改革发展的成果惠及全体人民,不断提高社会和谐的程度。

邓小平的稳定观及其现代意义

党的十一届三中全会以来,邓小平作为改革开放和中国现代化的总设计师,在高度关注中国经济社会发展的同时,对维护国家的稳定给予了高度关注。他在不同时期、不同场合,对"什么是稳定""为什么要维护稳定"和"如何实现稳定"有过十分深入的思考,形成了比较系统的稳定观。今天,我们之所以要继续研究邓小平的稳定观,主要原因有三个:

第一,关于改革发展稳定,邓小平曾有三句令人难忘的名言:"改革是中国的第二次革命""发展才是硬道理""稳定压倒一切"。这三句名言告诉我们,改革、发展、稳定在推动经济社会发展中都特别重要,三者缺一不可。改革是动力,发展是目的、稳定是前提,这是我们在改革开放中得出的基本结论和积累的宝贵经验。但现实生活中,人们发现这三者通常是矛盾的,促进发展需要改革和稳定,而改革有可能导致不稳定,维护稳定有可能牺牲改革和发展。因此,如何正确理解稳定显得十分重要。

第二,回顾改革开放30多年的历史,我们必须承认一个事实,即改革在不断深化,社会在不断进步,但中国维护稳定的费用却在不断增加,投入的人力在不断增多,维护稳定的任务更加艰巨了。稳定是推动改革和经济社会发展必不可少的前提,但不是最终目的。因此,在新的历史时期,如何认识稳定?如何维护稳定,考验我们的智慧,需要理性思考和顶层设计。

第三,邓小平作为中国改革开放和现代化建设的总设计师,对"什么是稳定""为什么要维护稳定"和"如何实现稳定"有过十分深入的思考,形成了比较系统的稳定观。他的稳定观是我们正确处理改革发展稳定的关系,对于推进中国特色社会主义事业的发展起过十分重要的作用,今天仍然具有重大的现实意义。

一、什么是稳定?

社会稳定作为一个复杂的动态平衡系统,是指社会系统各个要素、各个层次、各个部分内部及相互之间为维持社会的良性协调持续发展,通过人们的自觉控制、调节而达到的一种相对平衡和有序运行的状态,具体表现为经济稳定、政治稳定、思想稳定、社会秩序稳定、国际环境稳定等方面。简单地说,稳定就是指社会的可控和有序状态,是在国家政权和国家根本制度的性质不变条件下的动态平衡。

作为一个伟大的政治家,邓小平从来没有像专家学者那样对稳定下一个明确、完整、规范、具有学术性的定义,也没有系统而专门的论述。但是,邓小平在不同的时期、不同的场合回答不同问题时,曾从不同角度谈到了稳定问题,强调了保持稳定在现代化事业中的地位,突出了保持稳定在改革和发展中的作用。从《邓小平文选》《邓小平年谱》中我们可以看到,他对有关稳定的论述非常丰富。从邓小平的大量论述看,他的稳定思想在内容上包括了"稳定的政治环境""经济形势和政治形势能否稳定""稳定社会秩序"等方面,主要体现在以下几个方面:

第一,国家政权体系的稳定。这种稳定是指社会不出现剧烈的暴力冲突和不发生要推翻国家基本制度的动乱。在改革开放时期,邓小平从立国之本的角度反复强调要坚持四项基本原则,就是想维护整个国家政权体系的稳定。他反复强调改革是社会主义制度的自我完善和发展,也多是从这一角度讲的。邓小平的稳定思想是与社会主义的改革和经济社会发展紧密连为一体的。他强调的稳定,是指在社会主义根本制度范围内能够促进改革、加速发展的一种可控和有序状态或动态平衡。

第二,国家政局的稳定。邓小平曾反复强调:"中国不能乱哄哄的,只有在安定团结局面下搞建设才有出路。"①他指出:"没有一个安定团结的政治局面,就不能安下心来搞建设。……如果没有一个安定团结的政治局面,就一切都不可能,连生动活泼也不可能。"②他在对党的第三代中央领导集体讲话时强调指出:"中国问题的关键在于共产党要有一个好的政治局,特别是一个好的政治局常委会。只要这个环节不发生问题,中国就稳如泰山。""这样保持五十年,六十年,社会主义中国将是不可战胜的。"③

第三,方针政策的稳定。邓小平曾把政治稳定概括为两句话,即"政局稳定"和"政策稳定"。④他同港澳同胞谈国家统一时,强调"一国两制"长期不变,关注的是政策稳定;他在即将退休同中央领导同志谈话时强调:"改革开放政策稳定,中国大有希望。"⑤他在南方谈话中指出:"基本路线要管一百年,动摇不得。只有坚持这条路线,人民才会相信你,拥护你。谁要改变三中全会以来的路线方针政策,老百姓不答应,谁就会被打倒。""联产承包责任制不变。一变就人

---

① 《邓小平文选》第3卷,人民出版社1993年版,第212页。
② 《邓小平文选》第2卷,人民出版社1994年版,第251~252页。
③ 《邓小平文选》第3卷,人民出版社1993年版,第365页。
④ 《邓小平文选》第3卷,人民出版社1993年版,第217页。
⑤ 《邓小平文选》第3卷,人民出版社1993年版,第315页。

心不安,人们就会说中央的政策变了。……城乡改革的基本政策,一定要长期保持稳定。"①在邓小平看来,只要我们的方针政策稳定,能够始终保持改革开放政策的连续性,中国就大有希望。

第四,国际环境的稳定。"中国要实现自己的发展目标,必不可少的条件是安定的国内环境与和平的国际环境。我们不在乎别人说我们什么,真正在乎的是有一个好的环境来发展自己。"②邓小平认为,有利的国际环境是稳定的外部条件,如果国际环境极不稳定,也会引起国内环境的不稳定,中国现代化就会受到影响。因此,持久的和平的国际环境是中国稳定的国际条件。在中国加速建设社会主义现代化的时期,世界的和平环境对于我们格外重要。邓小平认为,当代世界已不是"革命和战争"的时代,而是"和平与发展"的时代,中国的社会主义建设就在这个大背景下进行的。"要建设,没有和平环境不行。"③中国的现代化建设,不仅需要有国内安定团结的政治局面和社会稳定的条件,而且需要有国际的和平与稳定的环境。

从上面的分析中,我们可以看出,邓小平的稳定观不是机械的稳定观,而是动态的发展的稳定观。稳定不是固守陈规、停滞不变的僵化状态,也不是为了稳定而稳定,而是要在保证推动改革和社会发展基础上的稳定。我们常说,发展是目的,改革是动力,稳定是前提。要充分发挥改革的力量促进中国社会迅速发展,则必须依赖社会稳定这个基础与前提。改革在本质上是中国社会的第二次革命,是对束缚生产力发展的一切因素(政治的、经济的、社会的、文化的等)进行变革。改革本身就是对旧有体制、秩序的改变。它本身就会带来某种不稳定的因素。然而,中国改革与发展的特殊要求就在于,它要在一定程度、一定范围内打破原有的秩序与平衡,而同时又要保证这种不稳定的因素在中国共产党领导层的可控制能力之内。邓小平确定的原则方法是"胆子要大,步子要稳"。改革要敢闯敢冒,勇于创新,但不能有损大局的稳定。稳定是改革与发展的良好环境,但也不能以稳定为借口而束缚了改革与发展的手脚。这是邓小平稳定观的基本思想,也是邓小平指导中国社会主义现代化事业时处理改革、发展和稳定关系的基本原则。

二、为什么需要稳定?

邓小平为何如此重视稳定对于社会主义现代化的意义呢? 根据他的论述,

① 《邓小平文选》第3卷,人民出版社1993年版,第371页。
② 《邓小平文选》第3卷,人民出版社1993年版,第360页。
③ 《邓小平文选》第3卷,人民出版社1993年版,第233页。

有以下原因:

第一,稳定是中国进行社会主义现代化建设必备条件。新中国成立后,由于我们缺乏建设社会主义的经验,曾一度忽视了国家的经济发展,特别是"文化大革命"使中国的现代化建设受到了严重挫折,人民群众长期未能摆脱贫困状态。改革开放新时期,邓小平反复:"我们当前以及今后相当长的一个历史时期的主要任务是什么? 一句话,就是搞现代化建设。能否实现四个现代化,决定着我们国家的命运、民族的命运。"①邓小平把"摆脱贫困、实现四个现代化"作为中国的大局,要求"全国党政军民一心一意地服从国家建设这个大局,照顾这个大局。"②

从这个大局出发,他认为维护稳定是一个治国理政的大道理,要管许多小道理。他说:"总之,一个目标,就是要有一个安定的政治环境。不安定,政治动乱,就不可能从事社会主义建设,一切都谈不上。治理国家,这是一个大道理,要管许多小道理。"③邓小平认为,只有维持社会的稳定局面,才能一心一意搞建设,才能让国家强大,人民富裕。邓小平是把安定团结的政治局面当作现代化建设的前提条件提出来的。他指出,要实现现代化建设的目标,"需要两个条件,一个是国际上的和平环境,另一个是国内安定团结的政治局面"。④也就是说,现代化建设要具备许多条件,其中稳定是带关键性的,少了这个条件现代化建设也就无从谈起。一句话:"没有安定的政治环境,什么事情都干不成。"⑤邓小平的这个结论,是从中国近百年的历史中总结出来的,是从中国社会主义建设的经验教训中总结出来的,也是从他那一代人和他本人的亲身经历中总结出来的。

第二,稳定才能保证改革开放有领导、有秩序的进行。改革开放是中国进行现代化建设,发展生产力的必由之路。但改革是对社会结构与社会体制的调整和变更,要通过利益的再分配和社会秩序的重构表现出来。这样的变革涉及社会各个阶层、各个地区的利益变更,这样的变更过程中必然会出现一些问题,在某种程度上它会使社会出现不稳定的状态。如果这些问题不能及时地得到正确解决,就会引起社会的震荡,影响社会主义建设的正常进行。正如邓小平所说:"在实现四个现代化的进程中,必然会出现许多我们不熟悉的、预想不到的新情况和新问题。尤其是生产关系和上层建筑的改革,不会是一帆风顺的,它涉及的面很广,涉及一大批人的切身利益,一定会出现各种各样的复杂情况和问题,一

① 《邓小平文选》第2卷,人民出版社1994年版,第162页。
② 《邓小平文选》第3卷,人民出版社1993年版,第99页。
③ 《邓小平文选》第3卷,人民出版社1993年版,第124页。
④ 《邓小平文选》第3卷,人民出版社1993年版,第210页。
⑤ 《邓小平文选》第3卷,人民出版社1993年版,第244页。

定会遇到重重障碍。"①因此,改革开放必须在安定团结的政治局面下,在稳定和谐的环境中进行。各国现代化建设的历史进程表明,一个国家改革和现代化目标能否实现,是与其能否维持稳定的政治秩序、社会秩序密切相关的。

中国的现代化建设是由改革来推动的,改革要能够继续坚持下去,必须保持社会的可控性和有序性。政治稳定是改革有领导、有秩序进行下去的保证。邓小平指出:"改革要成功,就必须有领导有秩序地进行。……党中央、国务院没有权威,局势就控制不住。"②他还说:"开放不简单,比开放更难的是改革,必须有秩序地进行。所谓有秩序,就是既大胆又慎重,要及时总结经验,稳步前进。如果没有秩序,遇到这样那样的干扰,把我们的精力都消耗在那上面,改革就搞不成了。"③这些话,简明扼要地阐述了保持稳定对我国改革的保证作用。

第三,只有国内稳定,才能排除外来的干扰。邓小平认为,当今社会主义国家如果发生动乱,皆由国际大气候和国内小气候共同造成。国内不稳定因素的发展,是发生动乱的内因;西方国家的煽动、推行"和平演变"战略是发生动乱的外因。一旦内外因结合,动乱便不可避免。要排除外部的不稳定因素的干扰,关键是稳住国内,把自己的事情做好。事实证明,当社会主义国家发生动乱的时候,西方敌对势力必乘虚而入;当社会主义国家不得不采取断然措施平息动乱的时候,他们又会以"人权"为幌子,压你就范。这就给社会主义国家的经济建设、改革开放和国家安全带来许多困难和问题。因此,邓小平特别强调:"要让外国人看到中国政局是稳定的。如果搞得乱七八糟、一盘散沙,那还有什么希望?过去帝国主义欺侮我们,还不是因为我们是一盘散沙?"④中国自己要稳住阵脚,否则,人家就要打我们的主意。对这个问题,决不可掉以轻心。

第四,只有稳定才能保证和促进社会主义政治文明的发展。政治文明发展的目标就是要在坚持四项基本原则的前提下,积极稳妥地推进政治体制改革,扩大社会主义民主,实现社会主义民主政治的制度化、法律化、规范化、程序化,建设社会主义民主宪政国家。我国宪法规定:"一切权力属于人民。"这决定了人民是民主的享有者,是政权的主人,享有管理国家的权力。我国政治建设的最终目标是发展社会主义民主政治。社会主义民主是一种新型民主,它的本质是人民当家作主。建设社会主义民主政治是一项庞大的系统工程,需要长期而艰苦的努力,需要持之以恒不间断地进行。这样,安定团结的政治局面就显得特别重

① 《邓小平文选》第2卷,人民出版社1994年版,第152页。
② 《邓小平文选》第3卷,人民出版社1993年版,第277页。
③ 《邓小平文选》第3卷,人民出版社1993年版,第199页。
④ 《邓小平文选》第3卷,人民出版社1993年版,第197页。

要。邓小平认为,没有稳定的政治局面,党和国家政治生活中的民主就会遭到破坏,党的纪律和社会主义法制就不可能健全,我国民主政治建设的目标就不可能实现,"文化大革命"就是惨痛的教训。因此,邓小平多次强调,改革必须有领导有秩序地进行,必须保持社会的稳定。他语重心长地指出:"一旦不稳定甚至动乱,什么建设也搞不成。我们有过'大民主'的经验,就是'文化大革命',那就是一种灾难。我们的经济体制改革,也是有领导有秩序地进行,不能搞无政府主义。"①邓小平在这里把发展社会主义民主与保持社会稳定的关系说得非常清楚。

三、如何保持稳定?

邓小平认为,要实现稳定需要多方面的努力,需要全方位、立体化的措施才能达到目的。"真正要巩固安定团结,主要地当然还是要依靠积极的、根本的措施,还是要依靠发展经济、发展教育,同时也要依靠完备法制。经济搞好了,教育搞好了,同时法制完备起来,司法工作完善起来,可以在很大程度上保障整个社会有秩序地前进。"②

第一,必须坚定正确的政治方向,始终坚持四项基本原则,坚持党的基本路线。1979年3月,邓小平在著名的《坚持四项基本原则》中就明确指出:"我们要在中国实现四个现代化,必须在思想政治上坚持四项基本原则。这是实现四个现代化的根本前提。"③如果离开了四项基本原则,尤其是离开了共产党的领导和社会主义道路,中国就会天下大乱。他说:中国不搞社会主义不行,不坚持社会主义不行。如果没有共产党的领导,不搞社会主义,不搞改革开放,就呜呼哀哉了,哪里能有现在的中国? 而如果走资本主义道路,中国的混乱状态就不能结束,贫困落后的状态就不能改变。因此,我们任何时候都要始终坚持四项基本原则,尤其要坚持中国共产党的领导,"这个丢不得,一丢就是动乱局面,或者是不稳定状态。"④

第二,必须保证社会生产力的发展,为稳定提供物质保障。从发展中国家政治发展的经验看,经济落后是产生政治不稳定的最终根源,经济现代化则是通向政治稳定的必由之路,经济发展既能为政治发展提供物质基础,也能为政治稳定提供物质保障。邓小平曾深刻地指出,稳定的"最根本的因素,还是经济增长速度,而且要体现在人民的生活逐步地好起来。人民看到稳定带来的实在的好处,

---

① 《邓小平文选》第3卷,人民出版社1993年版,第252页。
② 《邓小平文选》第2卷,人民出版社1994年版,第254～255页。
③ 《邓小平文选》第2卷,人民出版社1994年版,第164页。
④ 《邓小平文选》第3卷,人民出版社1993年版,第252页。

看到现行制度、政策的好处,这样才能真正稳定下来"。①邓小平在谈到1989年政治风波时指出:"如果没有改革开放的成果,'六·四'这个关我们闯不过,闯不过就乱,乱就打内战,'文化大革命'就是内战。为什么'六·四'以后我们的国家能够很稳定? 就是因为我们搞了改革开放,促进了经济发展,人民生活得到了改善。"②只有发展生产力,使我国经济持续、稳定、协调、健康地发展,不断提高人民生活水平,才能为解决我国国内面临的各种经济社会问题,逐步清除不稳定因素提供物质条件。

第三,必须从严治党、惩治腐败,巩固党的群众基础。在我国,共产党是执政党,是社会主义现代化建设的领导核心力量,它的状况如何,直接决定着社会和政局的稳定。邓小平指出:"中国要出问题,还是出在共产党内部。"③"只有共产党的领导,才能有一个稳定的社会主义中国"。④ 要坚持党的领导,巩固党的执政地位,必须保证我们党始终代表广大人民群众的利益,保证我们党员干部和群众是廉洁奉公的。针对党内存在的官僚主义、以权谋私和权钱交易等不正之风和腐败现象,邓小平反复强调要从严治党、反对腐败、保持稳定。他向全党提出,反腐败斗争具有紧迫性、长期性和艰巨性,在整个改革开放过程中都要反对腐败。他多次强调:"共产党能够消灭丑恶的东西。在整个改革开放过程中都要反对腐败。"⑤他要求把抓改革开放和抓惩治腐败结合起来,这样"就可以使我们的政策更加明朗,更能获得人心。"⑥他在对第三代中央领导集体做政治交代时,要求他们聚精会神地做几件使人民满意的事情,要在行动上扎扎实实地反腐败,体现出共产党是真正反腐败的,不是假的,不是包庇腐败,否则就会丧失人心,影响社会政治稳定。

第四,积极推进政治体制改革,健全社会主义民主和法制。政治稳定离不开社会主义民主政治的发展,只有民主发扬了,群众的愿望得到了充分反映,人民的权利得到了保证,人民真正地成为了主人,他们才能成为政治稳定的牢固基础;只有充分发扬民主,才能进一步增强社会凝聚力,有效地抑制和消除市场经济发展过程中所带来的不稳定因素;只有充分发扬民主,才能及时理顺人民群众的各种思想,从而最大限度地减少诱发社会动荡的因素;只有充分发扬民主,才能对极少数敌对分子实行有效的专政,从而实现

① 《邓小平文选》第3卷,人民出版社1993年版,第355页。
② 《邓小平文选》第3卷,人民出版社1993年版,第371页。
③ 《邓小平文选》第3卷,人民出版社1993年版,第380页。
④ 《邓小平文选》第3卷,人民出版社1993年版,第357页。
⑤ 《邓小平文选》第3卷,人民出版社1993年版,第379页。
⑥ 《邓小平文选》第3卷,人民出版社1993年版,第314页。

国家的长治久安。因此,邓小平把发展民主政治的任务提高到战略高度,指出:"没有民主就没有社会主义,就没有社会主义的现代化。"①他主张通过政治体制改革,健全民主制度,扩大公民有序的政治参与,实现人民当家作主。同时,他强调,必须加强社会主义法制建设,否则,政治体制改革也不可能达到保持政治稳定的目的。

第五,加强教育、化解矛盾,从思想上保持稳定。邓小平强调要发挥我党的思想政治工作的优势,加强思想政治教育,使人民从思想上保持稳定。首先,应该加强社会主义精神文明建设抓好思想教育工作,对全国人民进行理想教育、纪律教育,提高其明辨是非的能力。"不加强精神文明的建设,物质文明的建设也要受破坏,走弯路。"②其次,要把国家的形势和困难、党的工作和政策如实地告诉群众,取得群众的支持和理解;再次,要及时果断地运用纪律和法律的手段,控制矛盾的发展和蔓延,将不稳定因素消灭在萌芽状态。他十分重视思想文化建设在维护社会稳定方面的重要作用。他说:"我们这么大一个国家,怎样才能团结起来,组织起来呢? 一靠理想,二靠纪律。组织起来就有力量。没有理想,没有纪律,就会像旧中国那样一盘散沙,那我们的革命怎么能够成功? 我们的建设怎么能成功?"③所以,邓小平一再强调,我们在抓物质文明的同时,一定要抓精神文明建设,要教育好我们的青年,尤其是要教育好我们的下一代和下两代,一定要树立共产主义的远大理想和坚定的信念。

第六,保持社会稳定,必须严厉打击破坏社会风气、危害社会治安的违法犯罪活动。随着改革开放的不断深入,新旧体制、新旧秩序的交替,必然会给各种犯罪分子以可乘之机,从而危害社会稳定。邓小平十分重视社会风气的综合治理,他反复告诫我们:"抓党风、社会风气好转,必须狠狠地抓,一天不放松地抓,从具体事件抓起。"④"但风气如果坏下去,经济搞成功又有什么意义? 会在另一方面变质,反过来影响整个经济变质,发展下去会形成贪污、盗窃、贿赂横行的世界。"⑤要求我们"打击各种犯罪活动,扫除各种丑恶现象,手软不得。"⑥解决这些问题的方法,邓小平主张运用法律手段。"还是要靠法制,搞法制靠得住些。"⑦充分运用法律武器,正确区分和处理两类不同性质的

① 《邓小平文选》第2卷,人民出版社1994年版,第168页。
② 《邓小平文选》第3卷,人民出版社1993年版,第144页。
③ 《邓小平文选》第3卷,人民出版社1993年版,第111页。
④ 《邓小平文选》第3卷,人民出版社1993年版,第152页。
⑤ 《邓小平文选》第3卷,人民出版社1993年版,第154页。
⑥ 《邓小平文选》第3卷,人民出版社1993年版,第378页。
⑦ 《邓小平文选》第3卷,人民出版社1993年版,第379页。

矛盾,正确处理新形势下的人民内部矛盾特别是各种利益矛盾;运用法律来保障人民的民主权利、人身权利和合法权益;保障社会主义教育和科学文化事业的发展,促进精神文明建设;运用法律打击各种违法犯罪行为,扫除社会丑恶现象,实现社会局势的稳定。

邓小平论中国发展模式

近几年来,国内外学术界和新闻媒体掀起了关于"中国模式"的大讨论。到底能不能使用"中国模式"这个概念,"中国模式"的含义是什么,如何认识和评价"中国模式",学术界展开激烈的争论。其实,中国共产党虽然曾遭遇过"模式"之苦,但从不避讳使用"模式"这个概念。邓小平作为中国改革开放的总设计师,在许多场合多次谈到中国发展模式问题。他的许多论述对于我们今天研究中国模式和中国道路具有重要的理论意义和现实意义。

一、"世界上的问题不可能都用一个模式解决","固定的模式是没有的,也不可能有"

当今世界有两千多个民族、二百多个国家和地区,所处的自然环境不同,社会发展经历各异,生活方式、价值观念、宗教信仰和文化传统多种多样,因而选择的社会制度和发展模式也是多种多样的。这已经成为国际社会的一种共识。然而,一些西方国家总是希望按照西方模式改造整个世界,并对异己者横加指责与干涉。邓小平在领导中国改革开放和现代化建设的过程中,反复强调这样一个道理:世界上没有统一的固定不变的发展模式,各国的现代化面临的问题是不一样的,各国的现代化建设,必须从本国的实际出发,走适合本国国情的现代化道路。

进入改革开放新时期,中国共产党作为执政党,面临的首要问题就是中国选择什么样的现代化道路问题。邓小平对此作了认真探索。1980 年 4 月,邓小平在接受卢森堡电视台制片主任鲍利等的电视采访时明确指出:"任何一个国家的革命,任何一个国家的问题的解决,都必须根据本国的实际情况。毛泽东主席最伟大的地方,就是把马列主义同中国的具体实际结合起来,取得了中国革命的胜利。根据我们自己的经验,我们尊重各个国家、各个地区共产党自己的选择。他们应该根据自己国家或地区的特点,制定自己的方针、政策。"[①]"制定自己的方针、政策",其实就是强调要走自己的路,不能照搬别的模式。同年 5 月,他在同党内负责同志谈话时指出:"一个党评论外国兄弟党的是非,往往根据的是已有的公式或者某些定型的方案,事实证明这是行不通的。各国的情况千差万别,

① 《邓小平年谱(一九七五——一九九七)》(上),中央文献出版社 2004 年版,第 627 页。

人民的觉悟有高有低，国内阶级关系的状况、阶级力量的对比又很不一样，用固定的公式去硬套怎么行呢？"①同年 11 月，邓小平在会见圣地亚哥·卡里略率领的西班牙共产党代表团指出："世界各国，拿欧洲来说，欧洲的问题只能由欧洲人民自己来解决。每个国家情况不同，甚至一个很小的国家，也有自己的特点。"②正是基于对发展道路的深入思考，1982 年，在党的十二大开幕词中，邓小平提出了"走自己的路，建设有中国特色的社会主义"这一重要命题，并从此确立了党在新时期理论创新的主题。

到 1987 年党的十三大，中国的十年改革已经吸引了世界上许多国家政要和学者的高度关注，国外媒体已经开始用"中国模式"这个概念来概括中国的经济改革举措，也有许多发展中国家领导人到中国来访问"取经"。面对众多来访的外国政要，邓小平反复强调，各国国情不同，应该走自己的路，不要期望有一种模式解决所有问题。1988 年 5 月，他在会见莫桑比克总统希萨诺时指出："每个国家都有自己的情况，各自的经历也不同，所以要独立思考。""世界上的问题不可能都用一个模式解决。"③同年 10 月，他在会见罗马尼亚共产党总书记、罗马尼亚总统齐奥塞斯库时指出，每个国家、包括资本主义发达国家之间的情况都是千差万别的，"各国建设社会主义的方法，一定要根据自己的实际情况，要多种形式，各有自己的特点。各国只能根据本国的实际情况来制定自己的发展战略和与之相适应的方法、方式，制定适合自己具体实际的政策。社会主义国家之间的经验相互可以参考、借鉴，但绝不能照搬，都是一个模式不行。"④

中国的改革也引起了苏联的关注。1989 年 5 月，时任苏共中央总书记的戈尔巴乔夫访华，邓小平在会见时明确指出："固定的模式是没有的，也不可能有。墨守成规的观点只能导致落后，甚至失败。"⑤今天重读此段论述，实在令人回味。因为苏联斯大林时期曾把苏联社会主义模式当作固定模式，向全世界推广，遭到其他社会主义国家不同程度的抵制。而苏联恰恰因为对这一模式改革的力度不够，而在与美国的抗争中逐渐处于弱势地位。

1990 年 5 月，邓小平在会见埃及总统穆罕默德·胡斯尼·穆巴拉克时进一步指出："时代不同了，任何一种僵化的思想和僵化的模式都不能解决问题。"⑥同年 7 月，他在会见加拿大前总理特鲁多时指出："国际关系新秩序的最主要的

① 《邓小平文选》第 2 卷，人民出版社 1994 年版，第 318 页。
② 《邓小平年谱（一九七五——一九九七）》（上），中央文献出版社 2004 年版，第 693 页。
③ 《邓小平文选》第 3 卷，人民出版社 1993 年版，第 260~261 页。
④ 《邓小平年谱（一九七五——一九九七）》（下），中央文献出版社 2004 年版，第 1254 页。
⑤ 《邓小平文选》第 3 卷，人民出版社 1993 年版，第 292 页。
⑥ 《邓小平年谱（一九七五——一九九七）》（下），中央文献出版社 2004 年版，第 1313~1314 页。

原则,应该是不干涉别国的内政,不干涉别国的社会制度。要求全世界所有国家都照搬美、英、法的模式是办不到的。"①他认为,世界上那么多国家根本不可能实行西方的所谓民主制度,这是世界局势的一个大背景。如果西方发达国家坚持干涉别国内政,干涉别国的社会制度,那就只会形成国际动乱。冷战结束的国际局势变化,充分证明了邓小平这一预见的正确性。

邓小平的上述思想,后来演变成我们党的共识。2000 年 9 月,江泽民在联合国千年首脑会议上的讲话时明确指出:"世界是丰富多彩的。如同宇宙间不能只有一种色彩一样,世界上也不能只有一种文明、一种社会制度、一种发展模式、一种价值观念。"②2003 年 12 月,胡锦涛在纪念毛泽东同志诞辰 110 周年座谈会上的讲话中指出:"各国的国情不同,实现发展的道路也必然不同,不可能有一个适用于一切国家、一切时代的固定不变的模式。"③2008 年 12 月,在纪念党的十一届三中全会召开 30 周年大会上,胡锦涛再次强调:"世界上没有放之四海而皆准的发展道路和发展模式,也没有一成不变的发展道路和发展模式。"④

从邓小平和党的其他领导人的上述论述中,我们至少可以得出这样几点结论:

第一,世界各国国情显著不同,发展阶段不一样,面临的任务也不一样,不可能有一种放之四海而皆准的发展道路和发展模式。西方国家企图在全世界推销自己的发展模式,这只能导致国际动乱。

第二,世界各国面临的问题只能在各国人民自主自愿的基础上解决。各国人民最了解本国的具体情况,最有资格找到适合本国的发展道路。因此,各国的事务归根到底应该由本国政府和人民自己去管,别人不要干涉。

第三,任何模式都不是固定不变的,不可能有一个适用于一切国家、一切时代的、完美无缺的、固定不变的发展道路和发展模式。世界形势日新月异,特别是现代科学技术发展很快。现在的一年抵得上过去古老社会几十年、上百年甚至更长的时间。真正的马克思主义者必须根据现在的情况,认识、继承和发展马克思主义,必须在现实实践中不断开辟未来。

第四,"模式"这个概念并不是一个新概念,也不只是西方学者才使用的概念,邓小平在 20 世纪 80 年代末 90 年代初曾多次使用。所以现在国内有人认为,"模式"是西方学术界的一个范畴,中国学者不应使用,这是没有道

---

①　《邓小平文选》第 3 卷,人民出版社 1993 年版,第 259~260 页。

②　《江泽民文选》第 3 卷,人民出版社 2006 年版,第 110 页。

③　胡锦涛:《在纪念毛泽东同志诞辰 110 周年座谈会上的讲话》,《人民日报》2003 年 12 月 27 日。

④　胡锦涛:《在纪念党的十一届三中全会召开 30 周年大会上的讲话》,《人民日报》2008 年 12 月 19 日。

理的。

二、"中国有中国自己的模式"

既然世界各国都有资格探寻自己的发展模式,那么,中国是否应该有自己的模式?中国是否已经形成了中国自己的模式?这是目前国内学术界颇有争议的问题。邓小平认为,中国革命有自己的模式,中国的改革开放和社会主义现代化建设也有自己的模式。

在总结中国革命的成功经验后,邓小平坚持认为,中国的社会主义革命就与苏联和其他社会主义国家的革命不同,有自己的独特模式。比如,1980 年 11 月,他在会见圣地亚哥·卡里略率领的西班牙共产党代表团指出:"中国并不是按照十月革命的模式建立无产阶级专政、建立共产党领导的国家的。"[①]1983 年 4 月 29 日,他在会见印度共产党(马克思主义)中央代表团时指出:"中国革命为什么能取得胜利?就是以毛泽东同志为首的中国共产党人,独立思考,把马列主义的普遍原理同中国的具体情况相结合,找到了适合中国情况的革命道路、形式和方法。"[②]这里的"道路""形式"和"方法"就构成了中国革命模式的主要内容。

在改革开放新时期,邓小平特别强调中国一定要探索自己的发展模式。1979 年 3 月,他在党的理论工作务虚会上指出:"过去搞民主革命,要适合中国情况,走毛泽东同志开辟的农村包围城市的道路。现在搞建设,也要适合中国情况,走出一条中国式的现代化道路。"[③]邓小平这里所说的"中国式的现代化道路",实际上就是今天我们说的"中国模式"的另一种表述。

1980 年 4 月,邓小平接受卢森堡电视台制片主任鲍利等的电视采访。他在回答关于中国现代化建设问题时说:"中国是一个大国,又是一个穷国。我们提出实现四个现代化的时候,必须看到这两个基本特点。中国既然是个大国,完全依靠外国资金来建设我们的国家是不可能的,必须立足于国内,立足于自力更生这个基本原则。就是立足于自己,也要照顾自己的特点,完全按照别的国家的模式来建设中国是不可能的。"[④]他特别强调,各国必须根据自己的特点制定自己的方针政策,也就是探索适合本国国情的发展模式。

1980 年代初,中国农村经济改革初见成效,对外开放初具规模。1984 年 10 月,中共中央作出了《关于经济体制改革的决定》。到此时,中国开始逐步走出

---

① 《邓小平年谱(一九七五——一九九七)》(上),中央文献出版社 2004 年版,第 693 页。
② 《邓小平文选》第 3 卷,人民出版社 1993 年版,第 27 页。
③ 《邓小平文选》第 2 卷,人民出版社 1994 年版,第 163 页。
④ 《邓小平年谱(一九七五——一九九七)》(上),中央文献出版社 2004 年版,第 626 页。

适合自己的现代化道路。对此,国外学者高度关注,"中国模式"这一概念也开始出现在国外媒体中。1985 年 6 月,阿根廷《一周》杂志刊登对阿根廷众议院议长卡洛斯·普格列塞的采访记,普格列塞在回答记者提问时指出,"中国已经抛弃了苏联模式,代之以中国模式。"①1986 年,南斯拉夫《战斗报》发表托·米利诺维奇的文章,提出要研究"中国模式"。② 由此可见,"中国模式"这个概念并不是进入新世纪后才被外国人使用的,而在 20 世纪 80 年代中期国外学者已经开始使用了。

1987 年 4 月,邓小平在会见西班牙工人社会党副总书记、政府副首相格拉时指出:"中国是这么大的国家,我们做的事是前人没有做过的。中国有自己的特点,所以我们只能按中国的实际办事,别人的经验可以借鉴,但不能照搬。"③邓小平在此继续强调中国要有自己的模式,并向格拉介绍了"中国式的现代化"的"三步走"战略目标和步骤。同年 8 月,巴西学者在比较中巴两国技术模式优劣之后,提出"中国模式应成为巴西的榜样"。④

在接下来的一段时间内,邓小平频繁接见外国领导人,并强调中国要有自己的发展模式。1988 年 5 月,邓小平在会见莫桑比克总统希萨诺时指出:我们党的十一届三中全会的基本精神是解放思想,独立思考,从自己的实际出发来制定政策。我们过去照搬苏联搞社会主义的模式,带来很多问题。我们很早就发现了,但没有解决好。他说:"中国有中国自己的模式,莫桑比克也应该有莫桑比克自己的模式。"那么,中国自己的模式应该是怎样的呢?邓小平虽然没有明示,但却表示,中国的发展模式,在马克思的本本上找不出来,在列宁的本本上也找不出来,这个发展模式就是"具有中国自己特色的社会主义"。⑤ 而"有中国特色的社会主义"的基本要点已被 1987 年召开的党的十三大概括为"十二条"。十三大之后,国外学者仍然在关注中国发展道路,即"中国模式"问题。1988 年底,法国《发展论坛报》发表文章,认为"改革使中国模式逐渐变为计划经济与市场经济并存的中间模式"。⑥

邓小平之后,党的中央领导集体继承了邓小平这一思想,并作了进一步的阐发。党的十六大报告明确指出:"我们主张维护世界多样性,提倡国际关系民主化和发展模式多样化。世界是丰富多彩的。世界上的各种文明、不同的社会制

---

① 《阿根廷众议院议长谈访华观感》,载《参考消息》1985 年 8 月 18 日。
② 《苏联对中国经济体制改革很感兴趣》,载《参考消息》1986 年 7 月 27 日。
③ 《邓小平文选》第 3 卷,人民出版社 1993 年版,第 229 页。
④ 《中国自主发展技术堪为楷模》,载《参考消息》1987 年 8 月 26 日。
⑤ 《邓小平文选》第 3 卷,人民出版社 1993 年版,第 261 页。
⑥ 《对华投资是在中国立足的战略决定》,载《参考消息》1989 年 1 月 2 日。

度和发展道路应彼此尊重,在竞争比较中取长补短,在求同存异中共同发展。各国的事情应由各国人民自己决定,世界上的事情应由各国平等协商。"①

从邓小平的上述论断中,我们可以得出如下几点结论:

第一,世界各国情况千差万别,实现社会主义的道路和模式可以是多种多样的。不同的国家应该选择适合本国国情的革命道路和建设道路。中国革命有自己的独特模式,中国的现代化建设也必须有中国自己的模式。

第二,中国是一个大国,也是一个穷国,中国的社会主义尚处于初级阶段。中国过去曾照搬苏联模式,虽然取得了一定的成绩,但后来的实践证明,这种模式不适应社会生产力的发展,所以必须进行改革,必须探索适合自己国情的发展模式。

第三,中国的改革没有任何现成模式可以照抄照搬。对别国的经验,我们可以借鉴,但不能照搬,正确的做法还是我们党反复强调的,坚持把马克思主义的普遍真理同中国具体实践相结合,坚定不移地走自己的路,探索中国特色的社会主义道路。

三、模式"是不能像商品那样随意输出或输入的"

在研究中国模式的过程中,有一种观点认为,模式必然是可以复制的,也就是说可以搬到别的国家运用。正因为如此,西方有一些人士特别担心中国模式会替代欧美模式而影响世界,也正因为如此,"中国模式"被西方别有用心的一些人士当作"中国威胁论"的一个论据。其实,中国共产党人特别反对照搬照抄别国的模式,过去我们也曾深受照搬别国模式之苦。新中国成立之后,特别是改革开放新时期,邓小平很早就对此做过详细的论述。

早在 1965 年 6 月,他就明确指出:"我们历来对兄弟党讲,制定自己的适合于本国情况的战略和策略,纲领和要求,只能由各国党自己搞。……我们党对兄弟党只是介绍我们的经验,这些经验哪些可以借鉴,哪些不能借鉴,完全由各个党自己去选择。"②这段话告诉我们,一个国家关起门来搞建设,肯定是不行的,必须学习和借鉴别的经验。但学习别国的经验,不能照搬照抄,必须从本国实际出发,必须有选择地学习和借鉴。

进入改革开放新时期后,他在许多场合分析照搬照抄别国经验的危害,他在会见外宾时反复强调:"过去我们搬用别国的模式,结果阻碍了生产力的发展,

---

① 中共中央文献研究室编:《改革开放 30 年重要文献选编》(下),中央文献出版社 2008 年版,第 1264~1265 页。

② 《邓小平文选》第 2 卷,人民出版社 1994 年版,第 340 页。

在思想上导致僵化,妨碍人民和基层积极性的发挥。"①同时,他还反复强调,要把马克思主义基本原理与本国实际结合,走自己的路,建立符合本国国情的社会主义。

1980年4月,邓小平在接受外国记者电视采访时指出:"一个国家的人民革命取得胜利,主要地依靠自己的力量,革命是不能像商品那样随意输出或输入的。""任何一个国家的革命,任何一个国家的问题的解决,都必须根据本国的实际情况。"②因此,他告诫中央负责同志:"既然中国革命胜利靠的是马列主义普遍原理同本国具体实践相结合,我们就不应该要求其他发展中国家都按照中国的模式去进行革命,更不应该要求发达的资本主义国家也采取中国的模式。……各国的事情,一定要尊重各国的党、各国的人民,由他们自己去寻找道路,去探索,去解决问题,不能由别的党充当老子党,去发号施令。我们反对人家对我们发号施令,我们也决不能对人家发号施令。这应该成为一条重要的原则。"③

1982年9月,在中国共产党第十二次全国代表大会开幕词中,邓小平明确指出:"我们的现代化建设,必须从中国的实际出发。无论是革命还是建设,都要注意学习和借鉴外国经验。但是,照抄照搬别国经验、别国模式,从来不能得到成功。"④

1985年8月,邓小平在会见坦桑尼亚联合共和国总统尼雷尔时指出:"我们的改革不仅在中国,而且在国际范围内也是一种试验,我们相信会成功。如果成功了,可以对世界上的社会主义事业和不发达国家的发展提供某些经验。当然,不是把它搬给别国。"⑤同月,他在会见津巴布韦非洲民族联盟主席、政府总理穆加贝时进一步指出:"外国的经验可以借鉴,但绝对不能照搬。"⑥邓小平的这段话明确告诉我们,"经验""模式"是不可以复制的。9月,他在会见加纳国家元首、临时全国保卫委员会主席杰里·约翰·罗林斯时指出:"中国的经验不能照搬。我们正在建设具有中国特色的社会主义,我们的方针政策是根据中国的特点和实际制定的。过去我们照搬苏联模式,也有发展,但不顺当。我们正在探索一条适合中国实际情况的发展道路。看来,我们的路子走对了。如果说中国有什么适用的经验,恐怕就是按照自己国家的实际情况制定自己的政策和计划,

---

① 《邓小平文选》第3卷,人民出版社1993年版,第237页。
② 《邓小平年谱(一九七五——一九九七)》(上),中央文献出版社2004年版,第626页。
③ 《邓小平文选》第2卷,人民出版社1994年版,第318~319页。
④ 《邓小平文选》第3卷,人民出版社1993年版,第2页。
⑤ 《邓小平文选》第3卷,人民出版社1993年版,第135页。
⑥ 《邓小平文选》第3卷,人民出版社1993年版,第140页。

在前进过程中及时总结经验。"①

1987年6月，邓小平在会见南斯拉夫共产主义者联盟中央主席团委员科罗舍茨时指出："我想有一点最重要，就是任何大党、中党、小党，都要相互尊重对方的选择和经验，对别的党、别的国家的事情不应该随便指手画脚。"②此后，邓小平在会见外宾时，反复强调，任何一个国家要关起门来搞建设是不行的，必须通过对外开放吸收人类文明的一切成果，必须尊重他国、他党的选择和经验。

从邓小平的上述论述中，我们可以得出如下结论：

第一，世界是丰富多彩的，世界上不可能只有一种文明、一种社会制度、一种发展模式、一种价值观念。世界上的各种文明、不同的社会制度和发展模式应彼此尊重。各国应尊重各国的历史文化、社会制度和发展模式，承认世界多样性的现实。

第二，任何国家不可能把自己封闭起来，与世隔绝。世界上不同发展模式应在竞争比较中取长补短，在求同存异中共同发展。

第三，任何国家都不要期望把自己的模式推广到全世界。虽然中国的发展模式，可以对世界上的社会主义事业和不发达国家的发展提供某些经验，但不能把它照搬给别国。

---

① 《邓小平年谱(一九七五——一九九七)》(下)，中央文献出版社2004年版，第1080~1081页。
② 《邓小平文选》第3卷，人民出版社1993年版，第236页。

第三编 "三个代表"重要思想研究

"三个代表"重要思想提出的
时代背景和社会历史条件

　　一个无产阶级政党究竟依靠什么去渡过现实的难关、迎接未来的挑战？究竟依靠什么去赢得人民的支持、接受人民的选择？究竟依靠什么去支撑起振兴民族的使命、实现国家的富强和人民的幸福？这是无产阶级政党必须反复思考的问题，也是各种非无产阶级政党认识评价无产阶级政党的重要依据。江泽民"三个代表"重要思想，站在千年更替、世纪之交的历史节点，面对世界多极化趋势继续发展、经济全球化进程加快、现代科学技术迅猛发展的时代潮流，科学地回答了这些问题，从而把马克思主义的建党学说推向了一个新的发展阶段。

　　一、冷战结束后世界的深刻变化是"三个代表"重要思想提出的国际背景，"三个代表"重要思想，是在国际形势发生重大变化的条件下对党的建设面临的严峻考验的科学回应

　　既然要革命，就要有一个善于领导革命的党；既然要建设，就要有一个善于始终走在时代前列、永远保持先进性的党。这是自中国共产党成立以来中国革命与建设充分证明了的一个真理。而党的先进性总是与时代前进的步伐息息相关的。一个跟不上时代步伐、落后于时代要求的政党，就不可能说是具有先锋队性质和保持先进性的党。列宁曾说，作为马克思主义者，"只有首先分析从一个时代转变到另一个时代的客观条件，才能理解我们面前发生的各种重大历史事件"。"只有在这个基础上，即首先考虑到各个'时代'的不同的基本特征（而不是个别国家的个别历史事件）。我们才能够正确地制定自己的策略"。①

　　20世纪90年代后，伴随着冷战的结束，中国与世界的联系越来越紧密，国际环境越来越复杂。因此，新世纪怎样建设党？建成一个什么样的党？就不能没有战略的眼光。放眼未来的世界，我们所处的外部环境有什么变化？时代的发展将呈现什么样的走势？这样的国际大局向我们提出了什么样的挑战？对我们党的建设提出了什么样的要求？这是中国共产党必须认真研究并加以回答的重大问题。江泽民之所以在世纪之交提出"三个代表"的重要思想，首先在于我们所面对的时代发生了巨大变化，我们所面对的外部世界已经发生还正在发生

---

　　① 《列宁专题文集　论资本主义》，人民出版社2009年版，第91页。

着前人难以想象的激烈的变化。正如江泽民在纪念建党 80 周年讲话中指出:在当今世界,"和平与发展是时代的主题。世界多极化和经济全球化的趋势在曲折中发展,科技进步日新月异,综合国力竞争日趋激烈,世界的力量组合和利益分配正在发生新的深刻变化。"①

第一,从世界格局来看,多极化趋势越来越明显。20 世纪 80 年代末 90 年代初,伴随东欧的剧变和苏联的解体,原有的两极对峙格局结束,世界开始进入多极化进程。这一重大变化,使得世界出现许多新情况:大国关系在重新调整,一些过去被两极格局掩盖的矛盾,如地区冲突、民族矛盾和宗教纷争等问题开始暴露出来。特别是新的霸权主义和强权政治有所抬头,以美国为首的西方资本主义国家分化西化的图谋不会改变。尽管和平与发展是世界主题不会改变,但"我们必须清醒地看到,由于世界力量对比严重失衡,美国在经济、科技、军事上处于超强地位,世界走向多极化的进程不会一帆风顺,将会经历一个较长的发展过程",②这一过程必然会充满着各种政治力量的激烈斗争。这将决定,威胁我国主权和安全的未来可能发生战争的危险依然存在。我们同西方敌对势力渗透与反渗透、遏制与反遏制、分裂与反分裂、颠覆与反颠覆、演变与反演变的斗争,是长期、复杂、尖锐的。这一切又对中国共产党在错综复杂矛盾的世界中,在各种政治文化力量激荡中始终保持先进性提出了更高的要求。

第二,从世界经济发展态势来看,经济全球化已成为一个不可阻挡的历史潮流。世纪之交,经济全球化的微观载体——跨国公司的生产经营和规模迅速发展,以强强联合为特征的兼并浪潮风起云涌,跨国公司成为影响世界经济发展的重要因素。伴随经济全球化进程,区域经济集团化倾向也在发展着,北美自由贸易区、欧盟、拉美南方共同市场、亚太经合组织等世界经济组织开始有了实质性的意义。经济全球化迅猛发展,对所有国家特别是像中国这样发展中的大国发展带来空前的机遇和严峻的挑战,它既给共产党提供了实现先进性的前所未有的可能和条件,也给执政的共产党领导民族国家参与经济全球化进程提出了前所未有的挑战。正如江泽民所说:"经济全球化作为一个客观进程,具有两重性。西方发达国家力图主导经济全球化,发展中国家总体上处于弱势,如果没有正确的对策就会落入更加不利的地位。"③改革开放 20 多年来,我国综合国力大大增强,但与发达国家相比,还有很大差距。对外开放不断扩大,特别是加入世界贸易组织后,我国经济发展受国际经济运行的影响也会随之增加,在国际竞争

---

① 《江泽民文选》第 3 卷,人民出版社 2006 年版,第 297 页。
② 江泽民:《论"三个代表"》,中央文献出版社 2001 年版,第 28 页。
③ 江泽民:《论"三个代表"》,中央文献出版社 2001 年版,第 28 页。

中我们会学到很多东西,但也将面临许多不利因素,竞争会更加激烈。保持我国经济发展的良好势头、维护国家经济利益和安全,任务将更为艰巨。

第三,从文化上看,20世纪90年代以来,以信息技术和生物技术为核心的现代科学技术的迅猛发展,对经济、社会的影响日益增强。科技的创新、知识经济的发展,信息的网络化和数字化,不仅影响和改变着国家的经济结构、综合国力,而且影响政治格局、改变人类社会生活,有许多变化现在也许还无法预料。现在许多国家都在研究对策,力争在国际竞争中抢占一席之地。一些发达国家,依靠自己的经济实力和科技优势,正投入巨资,力图发展本国的所谓"新经济"。广大发展中国家包括我国,通过学习发达国家的先进技术和经验赶上去的难度将增加。此外,我们还必须看到,在经济全球化和信息网络化的条件下,世界各国优秀文明成果不断传播,各种思想文化相互激荡,不同意识形态的斗争长期存在,有时会相当复杂、尖锐。西方敌对势力不愿意看到社会主义中国发展壮大,千方百计地想搞垮中国共产党的领导和社会主义制度。

总之,面对国际范围内各种复杂的矛盾和问题,我们党能否抓住机遇,抵御各种风险和战胜各种困难,继续把中国特色的社会主义事业推向前进,领导中国人民在新的世纪实现中华民族的伟大复兴,是一个关系广大人民根本利益,关系国家兴衰,关系党和社会主义前途命运的重大问题。正如江泽民2000年5月在视察西北五省党建工作和西部开发工作座谈会上所说:"时代在发展,形势在变化,我们党要不断巩固自己的执政地位,必须紧跟世界发展进步的潮流,始终代表中国先进生产力的发展要求、先进文化的前进方向和最广大人民的根本利益,坚决解决党内存在的突出问题。提出坚持'三个代表'的要求,其出发点和着眼点就在这里。"

二、马克思主义的政党理论是"三个代表"思想提出的理论依据,"三个代表"重要思想是在新的历史条件下对马克思主义党的性质理论特别是先进性理论的丰富和发展

党的性质问题是无产阶级政党学说及党的建设的核心问题。江泽民提出的"三个代表"重要思想体现了中国共产党的根本性质,同马克思列宁主义、毛泽东思想、邓小平理论中关于党的建设的基本理论一脉相承的。

马克思、恩格斯在《共产党宣言》中曾对党的性质,特别是党的先进性做过深刻的阐述,指出:共产党人始终坚持和强调整个无产阶级的共同的利益,因此它是代表"绝大多数人的,为绝大多数人谋利益的","他们没有任何同整个无产阶级的利益不同的利益";"共产党人始终代表整个运动的利益"①,"共产党人为工人阶级最近的目的和利益而斗争,但是他们在当前的运动中同时代表着运动的未来"。②马克思、恩格斯在分析无产阶级政党性质和先进性时还指出,共产党的先进性归根结底是来自于无产阶级同现代社会化大生产联系在一起的先进性,共产党人的使命和生命也在于这种联系。这也是共产党的诞生和社会主义制度必定要胜利的根本原因。

在社会主义实践中,列宁第一个面对在一个经济文化落后、小农人口占多数的国家建设一支无产阶级政党的任务。他结合俄国的情况,明确提出了"党是阶级的觉悟的、先进的阶层,是阶级的先锋队"的重要思想,阐明了党必须以先进的理论为指南,必须是组织的有机整体,必须是工人阶级中优秀分子的集合体等。

继列宁之后,以毛泽东为代表的中国共产党人又在列宁建党理论直接指导下创建了毛泽东的建党理论。毛泽东指出,共产党作为无产阶级先锋队,是以"为人民谋利益作为自己全部活动的出发点和归宿"的,衡量一切政党也包括共产党的标准,就是看它是否能够在中国解放生产力,代表并维护最广大人民群众的根本利益,并提出了党一定要坚持"一切为了群众,一切依靠群众,从群众中来,到群众中去"的群众路线,以及与此相关的三大优良作风等在中国保持党的先进性的一系列理论。

在改革开放新时期,邓小平在开辟中国特色社会主义道路的过程中,对党的建设理论中"左"的观念和理论进行了清理,提出社会主义的根本任务是发展生产力,党的领导的工作重点是经济建设,发展生产力是解决当代中国一切问题的关键,还特别强调了科学技术是第一生产力,并明确提出"把我们党建设成为有战斗力的马克思主义政党,成为领导全国人民进行社会主义物质文明和精神文明建设的核心",③对毛泽东思想的党的建设和党的性质的理论有了重要的丰富和发展。

改革开放以来,我国的社会阶层构成发生了新的变化,出现了民营科技企业的创业人员和技术人员、受聘于外资企业的管理技术人员、个体户、私营企业主、中介组织的从业人员、自由职业人员等社会阶层。而且,许多人在不同所有制、不同行业、不同地域之间流动频繁,人们的职业、身份经常变动,社会流动进一步加快。这种变化还会继续下去。阶级阶层的新变化,对执政党如何保持党的先

---

① 《马克思恩格斯选集》第 1 卷,人民出版社 1995 年版,第 285 页。
② 《马克思恩格斯选集》第 1 卷,人民出版社 1995 年版,第 306 页。
③ 《邓小平文选》第 3 卷,人民出版社 1993 年版,第 39 页。

进性,如何巩固自身的阶级基础和群众基础提出了新的挑战。党的第三代中央领导集体,高举邓小平理论伟大旗帜,继续开创了新时期党的建设新的伟大工程,十五大报告强调要把党建成用邓小平理论武装起来的,全心全意为人民服务、思想上政治上组织上完全巩固、能够经受住各种风险、始终走在时代前列,领导全国人民建设有中国特色社会主义的马克思主义政党。其核心问题仍是解决建立一个什么样的党,即保持党的工人阶级先锋队性质问题。在庆祝中国共产党成立80周年大会上,江泽民进一步指出:"我们党始终坚持人民的利益高于一切。党除了最广大人民的利益,没有自己特殊的利益。党的一切工作,必须以最广大人民的根本利益为最高标准。全党同志要始终坚持一切为了群众、一切依靠群众的根本观点,坚持党的群众路线,深入群众,深入基层,倾听群众呼声,反映群众意愿,集中群众智慧,使各项决策和工作符合实际和群众要求。"①"贯彻'三个代表'要求,我们必须坚持党的工人阶级先锋队的性质,始终保持党的先进性,同时要根据经济发展和社会进步的实际,不断增强党的阶级基础和扩大党的群众基础,不断提高党的社会影响力。"②

马克思主义关于党的性质和党的先进性的理论是江泽民提出"三个代表"重要思想的重要理论来源。江泽民关于坚持党的先进性的重要论述,对马克思主义关于党的先进性的思想作了新的提炼和概括,进一步从社会发展规律和党的执政规律的高度,揭示了党的"先进性"的实质和内涵,说明了只有正确把握生产力与生产关系的矛盾运动,始终代表中国先进生产力的发展要求;正确把握物质文明与精神文明的辩证关系,始终代表中国先进文化的前进方向;正确把握党与人民群众的血肉联系,始终代表中国最广大人民的根本利益,党才能始终保持工人阶级先锋队的阶级性和先进性,才能保持党的根本性质不变,才能从思想上、政治上完全巩固,才能始终走在时代的最前列。

三、国际共产主义运动正反两方面的历史经验是"三个代表"重要思想提出的历史依据,"三个代表"是对中外无产阶级政党长期执政的历史经验的深刻总结

东欧剧变和苏联解体后,国际社会主义运动进入低潮,中国成了世界上最大的社会主义发展中国家,中国共产党成为世界上最大的无产阶级执政党。西方发达资本主义国家正在利用其经济、科技和军事等方面的优势,从各个方面对我

---

① 江泽民:《论"三个代表"》,中央文献出版社2001年版,第162页。
② 江泽民:《论"三个代表"》,中央文献出版社2001年版,第167页。

国施加压力,千方百计地想搞垮中国共产党和社会主义制度。在相当长一段时期内,"一球两制"、西强东弱、资强社弱、北强南弱的这种态势不会改变。这种情况对我们这个执政党如何驾驭复杂的国际局势,掌握斗争的主动权以及如何在已有成就的基础上继续开辟社会主义的美好未来,把社会主义运动进行到底将是一个严峻的考验。

国际共产主义运动的历史经验告诉我们:在像中国这样经济文化落后的国家建设社会主义,必须始终坚持共产党的领导。正如江泽民在庆祝中国共产党成立80周年大会上的讲话指出:"在我们这样一个多民族的发展中大国,要把十二亿多人的力量凝聚起来,向着社会主义现代化的目标前进,必须有中国共产党的坚强领导。否则,就会成为一盘散沙,四分五裂,不仅现代化实现不了,而且必然陷入混乱的深渊。这是总结近代以来中国发展的历程得出的结论,也是分析许多国家发展的经验教训得出的结论。"①

国际共产主义运动的历史经验表明,党的建设是一个十分严峻的历史任务,也是一个十分艰难的历史过程。在一个半世纪的历史长河中,世界各国无产阶级政党在自身建设方面几乎无一例外地走了许多弯路,尤其是取得执政地位的党在如何执政、如何巩固执政地位的问题上,留下了许多发人深省的教训。原因虽然颇多,其中最根本的原因,就是严重背离了马克思主义建党思想的基本点,即背离了社会生产力的发展要求,背离了先进文化的前进方向,背离了广大人民群众的根本利益。而在20世纪的后半期,社会主义走进低谷,往往同执政的共产党在"三个代表"方面出现一系列失误联系在一起,这些失误主要是:没有始终不渝地解决好解放和发展生产力的问题,许多国家没有能够对僵化的体制进行成功的改革,没有始终保持对"科学技术第一生产力"的高度敏感,甚至一再丧失发展的机遇;对封建主义影响估计不足,对社会主义与资本主义关系处理不当,对资本主义及其几百年发展形成的世界文明进行简单否定和排斥,结果使社会主义在一定程度上离开了人类文明大道孤立发展;没有不断满足人民日益增长的物质文化的需要,没有很好防止官僚主义复活和腐败因素的滋长,并始终解决好党同人民群众的密切联系问题等。苏联解体的原因是多方面的,但最根本的原因是没有抓好党的建设,失去了广大人民群众的支持。戈尔巴乔夫在总结苏联解体的教训时感叹:"最关键的是不能失去人民的支持。……失去了人民的支持,就失去了主要的资源,就会出现政治冒险家和投机家。这是我犯的错误,最主要的错误。"②

---

① 江泽民:《论"三个代表"》,中央文献出版社2001年版,第163~164页。
② 李永全:《戈尔巴乔夫访谈录》,载《科学社会主义》2001年第2期。

中国共产党发展的历史经验启示我们：无论面对什么样的形势和挑战，党的建设始终是我们党克敌制胜的一大法宝。过去，中国共产党在敌人的腥风血雨中能够由小变大、由弱变强，领导人民建立起社会主义的新中国，最根本的是靠我们党始终代表中国最广大人民的利益，因而始终保持强大的凝聚力和战斗力；在国际风云变幻，各种挑战与压力接踵而至的各个紧要关头，我们党能够领导全国人民战胜挑战，克服困难，保持稳定，不断开创改革和建设的新局面，关键就在于党始终自觉地加强和改进党的建设，不断增强党的创造力、凝聚力和战斗力，不断适应形势和任务的发展，不断研究和解决党内出现的新情况、新问题，不断推进党的建设，提高党的领导水平和执政能力。这是我们党领导中国革命与建设的一条十分重要的经验。

中国共产党发展的历史经验昭示我们：党要巩固自己的执政地位，永葆社会主义事业的青春和活力，必须高度重视社会生产力问题，把解放和发展生产力作为自己的根本任务，始终代表先进社会生产力的发展要求，这是立党的根基；必须高度重视社会主义文化建设，创造具有本国特色而又符合时代要求的新文化，始终代表先进文化的前进方向，这是立党的支柱；必须高度重视人民的意志和利益，不断解决人民日益增长的物质文化需要与落后的社会生产之间的矛盾，始终代表最广大人民的根本利益，这是立党的源泉。正如江泽民所说："'三个代表'要求，是我们党的立党之本、执政之基、力量之源，也是我们在新世纪全面推进党的建设，不断推进理论创新、制度创新和科技创新，不断夺取建设有中国特色社会主义事业新胜利的根本要求。"①

中国共产党发展的历史经验启迪我们：面对当今世界机遇与挑战并存的局面，面对前进道路上可能出现的各种困难和风险，我们党只有按照"三个代表"的要求，进一步增强党的凝聚力和战斗力，抓紧解决党内存在的突出问题，适应新的情况不断提高党的领导水平和执政能力，才能坚强有力地领导人民抓住机遇，迎接挑战，使中国特色社会主义事业充满生机与活力，使中华民族巍然屹立于世界民族之林，使世界社会主义运动走低潮走向新的高潮。

四、新时期中国共产党面临的新任务是"三个代表"重要思想提出的现实依据，"三个代表"重要思想是在新的历史条件下对党的根本任务和前进方向的进一步明确

党的建设历来是与党所领导的伟大任务紧密联系在一起的。世纪之交，我

---

① 江泽民：《论"三个代表"》，中央文献出版社 2001 年版，第 153 页。

国改革进入攻坚阶段,开放步入新的境界,发展处于关键时刻,稳定面临新的情况。在新的世纪,继续推进现代化建设,完成祖国统一大业,维护世界和平与促进共同发展,是我们党肩负的三大历史任务。要完成这三大历史任务,把我们的事业全面推向 21 世纪,就是要抓住机遇而不可丧失机遇,开拓进取而不可因循守旧,围绕经济建设这个中心,经济体制改革要有新的突破,政治体制改革要继续深入,精神文明建设要切实加强,各个方面相互配合,实现经济发展和社会全面进步。实现这个伟大的历史性目标任重而道远,各种困难和风险,使我们党的领导水平和执政水平面临新的考验。随着改革的深化和社会主义市场经济体制的建立,我国社会生活发生了广泛而深刻的变化,社会经济成分、组织形式、利益分配和就业方式呈现多样化。在社会生产力获得大解放、大发展,综合国力不断增强的同时,我们的改革与发展也遇到了新的矛盾、新的问题,如国有企业改革问题、"一手硬、一手软"问题、部分职工下岗就业问题、贫富收入差距问题,等等。我们虽已走出一条光明大道,但在前进的道路上,还会遇到各种困难和风险,包括可以预料的和难以预料的,来自国内的和来自国外的,经济生活中的和社会政治生活中的,等等。

这样一种充满良好机遇与严峻挑战的国际国内背景,为我们党提出了一系列重大而又严肃的时代课题:面对新世纪,在我们这样一个东方大国,怎样抓住机遇,迎接挑战,迎头赶上时代的潮流,在激烈的国际竞争中始终立于不败之地?面对前进道路上可能出现的各种困难和风险,怎样以强大的综合国力站稳脚跟、求得发展?面对国际社会主义处于低潮的严峻现实,我们党怎样从中汲取经验教训,保持和增强社会主义的生命力、吸引力和战斗力?面对世界各种思想文化的相互激荡,我们党怎样牢固地坚持马克思主义的指导地位?面对西方敌对势力对我实行"西化""分化"的政治图谋,我们党怎样坚持用邓小平理论武装全党、教育干部和人民,不断增强广大党员、干部拒腐防变和抵御风险的能力?这些问题的解决,关键取决于我们党自身,取决于在新世纪把我们党建设成为一个什么样的党和怎样建设党,取决于我们党如何适应时代的要求和建设有中国特色社会主义事业继往开来的需要,把党的建设提高到一个新的水平。江泽民以马克思主义政治家和战略家的洞察力,观察和把握复杂的国内外形势发展的本质和规律,站在世纪之交的历史制高点上,准确地运用辩证唯物主义和历史唯物主义的世界观与方法论,从事关国家的前途命运出发,提出关于"三个代表"的科学论断,全面深刻地回答了这个重大问题。"三个代表"的科学论断是在新的历史条件下对我们党的性质、宗旨和任务的新概括,是加强新时期党的建设的根本指导思想,是对马克思主义建党学说创造性地运用和发展。江泽民的"三个代表"重要思想为我们党面向新世纪进一步巩固自己、加强自己、提高自己,提供了强大的思想武器和行动指南。只要我们党坚定不移地贯彻落实"三个代表"要求,扎扎实实搞好自身建设,始终坚持"三个代表"、忠实履行"三个代表",就一定能够使我们党在复杂的国内外形势下始终保持旺盛的生命力,成为领导社会主义的坚强核心,带领全国各族人民推进中国特色社会主义的宏伟事业,实现中华民族的伟大复兴。

"三个代表"重要思想的科学体系

深刻理解"三个代表"重要思想的科学内涵,准确把握"三个代表"重要思想的精神实质,全面贯彻"三个代表"要求,还必须准确把握"三个代表"重要思想的科学体系。胡锦涛在 2003 年"七一"讲话中明确指出:"十三届四中全会以来,以江泽民同志为主要代表的当代中国共产党人,高举邓小平理论伟大旗帜,准确把握时代特征,科学判断我们党所处的历史方位,围绕建设中国特色社会主义这个主题,集中全党智慧,以马克思主义的巨大理论勇气进行理论创新,逐步形成了'三个代表'重要思想这一系统的科学理论。"①我们认为,"三个代表"重要思想这一系统科学理论的科学体系,可以分为以下四个层次:

一、"三个代表"重要思想的核心内容"三个代表"本身就是一个完整的体系

"三个代表"作为"三个代表"重要思想的核心内容,虽然其中的每个"代表"都有其特定的内涵和要求,但它们不是孤立的,而是一个相互联系、相互促进的、完整的体系。

始终代表先进生产力的发展要求,对应着物质文明,它是发展先进文化,实现最广大人民根本利益的基础条件。由于生产力在社会发展中起着最终的决定作用,生产力的先进性决定着文化的先进性,生产力的发展水平决定着人民根本利益的实现程度。因此,发展先进生产力是发展先进文化和实现、维护最广大人民根本利益的物质基础和保证,离开了这个基础和保证,发展先进文化就会失去依托和后劲,代表最广大人民的根本利益只能成为空中楼阁。中国共产党只有始终代表先进生产力的发展要求,不断推进生产力的发展,不断增强国家的经济实力,我们建设中国特色社会主义的文化和实现全国人民的根本利益才会具有强大的物质基础,我们党作为先进社会生产力发展要求的代表的性质也才能从根本上得到保证。

代表中国先进文化的前进方向对应着精神文明,它是灵魂,因为先进文化是人类社会发展的内在驱动力和凝聚力,是人类社会不断进化发展、实现自身本质力量的重要手段,它为经济发展和社会进步提供精神动力和智力支持。是否拥有先进文化,是否代表先进文化的前进方向,如同能否代表先进生产力的发展要

---

① 胡锦涛:《在"三个代表"重要思想理论研讨会上的讲话》,人民出版社 2003 年版,第 4 页。

求和最广大人民的根本利益一样,决定着一个政党、国家和民族的兴衰存亡。只有努力发展先进文化,才能更好地解放和发展社会生产力,更好地实现和维护人民的根本利益。

代表中国最广大人民的根本利益则对应着政治文明,它是宗旨,是目的。因为,"从根本上说,政治问题主要是对人民群众的态度问题、同人民群众的关系问题"。① 无论发展先进生产力还是发展先进文化,归根结底都是为了实现好、维护好、发展好最广大人民的根本利益。社会主义政治、经济、文化的发展,从根本上说都是为了实现最广大人民的根本利益。人民群众既是物质文明、政治文明和精神文明的创造主体,也是实现自身利益的根本力量。"衡量一个领导干部是不是讲政治,一个重要标准就是看他是不是时刻把人民群众放在心上,是不是诚心诚意地为人民谋利益。"②中国共产党只有真正代表中国最广大人民的根本利益,才能代表中国先进生产力的发展要求和先进文化的前进方向。

"三个代表"重要思想体现了生产力与生产关系、经济基础与上层建筑的统一,体现了物质文明建设、政治文明建设、精神文明建设的统一,体现了尊重社会发展规律与发挥历史创造者主观能动性的统一。它坚持了马克思主义的世界观和方法论,又赋予它鲜明的时代精神和实践要求。正因为如此,2003 年 7 月 1日,胡锦涛在"三个代表"重要思想理论研讨会上指出:"'三个代表'重要思想所具有的基本点,马克思主义经典作家都有论述,但把发展先进生产力和先进文化、实现最广大人民的根本利益同坚持党的先进性联系在一起,上升到党的性质和宗旨的高度,上升到党的指导思想的高度,构成一个完整的体系,这是当代中国共产党人对辩证唯物主义和历史唯物主义的创造性运用和发展。"③

可见,"三个代表"本身就构成了一个相互贯通、内在统一的完整的理论体系,也就是说"三个代表"重要思想的核心内容本身就不是单纯的某一个观点,而是一个完整的体系。

二、以"三个代表"为核心内容的"三个代表"重要思想是一个系统的科学理论

"三个代表"重要思想的核心内容是"三句话",但"三个代表"重要思想又不是简单的三句话,而是指党的第三代中央领导集体在十三届四中全会以来根据时代发展要求和国情与党情的新变化提出的一系列新思想、新论断、新观点。那么,这些新思想、新论断、新观点到底是零碎的、杂乱无章的呢,还是系统的、有严

---

① 《江泽民论有中国特色社会主义(专题摘编)》,中央文献出版社 2002 年版,第 638 页。
② 《江泽民论有中国特色社会主义(专题摘编)》,中央文献出版社 2002 年版,第 706 页。
③ 胡锦涛:《在"三个代表"重要思想理论研讨会上的讲话》,人民出版社 2003 年版,第 6 页。

密逻辑联系的呢?

我们认为,一种理论要成为系统的科学理论体系,至少要具有下面一些基本的要素:一是要有一个坚实的理论基础;二是要有一个贯穿全部理论的明确的主题;三是要有一系列围绕这个主题的首尾一贯、紧密联系、相互贯通的基本观点;四是它在实践基础上产生又回到实践中去指导实践并为实践证明其正确性。"三个代表"重要思想符合这些要求,即具备了构成科学体系的上述各种条件。

"三个代表"重要思想有自己坚实的理论基础,这就是辩证唯物主义和历史唯物主义的世界观和方法论。这种世界观和方法论具体为党的思想路线,就是坚持一切从实际出发,理论联系实际,实事求是,在实践中检验真理和发展真理。解放思想、实事求是、与时俱进是这一思想路线的精髓,它贯穿于"三个代表"重要思想的始终,因而是"三个代表"重要思想的精髓。

"三个代表"重要思想有贯穿其中的理论主题,这就是建设中国特色社会主义。这一主题的核心内容是搞清楚什么是社会主义、怎样建设社会主义和建设什么样的党、怎样建设党的问题,并特别突出了在新的历史条件下建设什么样的党、怎样建设党的问题。

"三个代表"重要思想围绕理论主题和理论核心,进一步回答了建设中国特色社会主义的一系列基本问题,丰富和发展了中国特色社会主义理论。正如胡锦涛在"三个代表"重要思想理论研讨会上所说:"这一科学理论在建设中国特色社会主义的思想路线、发展道路、发展阶段和发展战略、根本任务、发展动力、依靠力量、国际战略、领导力量和根本目的等重大问题上取得了丰硕成果,用一系列紧密联系、相互贯通的新思想、新观点、新论断,进一步回答了什么是社会主义、怎样建设社会主义的问题,创造性地回答了建设什么样的党、怎样建设党的问题。"①

"三个代表"重要思想是不断在实践的基础上向前发展的,它从最初提出时的一个重要观点,逐渐发展成为一个内涵丰富、寓意深刻、思想全面的理论体系;从指导中国共产党自身建设的一个重要纲领,发展成为不仅指导党的工作,而且指导整个国家工作、指导整个建设中国特色社会主义事业的理论体系,党的十三届四中全会以来党领导人民进行中国特色社会主义的伟大实践已充分证明其正确性。

"三个代表"重要思想在理论上贯通马克思主义哲学、政治经济学、科学社会主义等马克思主义理论的各个组成部分和诸多学科领域,在政策上涵盖了实际工作的各个领域。"三个代表"重要思想提出的新思想、新观点和新论断,包

---

① 胡锦涛:《在"三个代表"重要思想理论研讨会上的讲话》,人民出版社2003年版,第4页。

括党在社会主义初级阶段的基本路线、基本纲领和基本经验的内容,涵盖了经济、政治、文化和党的建设各个领域;体现在改革发展稳定、内政外交国防、治党治国治军各个方面;它在邓小平理论的基础上,进一步回答了什么是社会主义、怎样建设社会主义的问题,科学地回答了在无产阶级成为执政党长期执政以后,如何在极其复杂多变的国内外环境中始终保持党的先进性,解决好共产党执政兴国、执政为民的重大问题,为我们党在新的历史形势下坚定地站在时代潮流的前头,团结和带领全国各族人民,实现推进现代化建设、完成祖国统一、维护世界和平与促进共同发展的历史任务,在建设中国特色社会主义的道路上实现中华民族的伟大复兴的新的庄严使命,奠定了坚实的理论基础。

总之,"三个代表"重要思想有其特定的时代背景,深厚的历史根据,鲜明的理论主题,明确的理论核心,坚实而宽广的实践基础,全面、系统的理论内容,丰富的学科视角。它集中概括了江泽民的一系列重要思想,凝聚着党的第三代中央领导集体一系列重大理论创新的成果,是中国共产党集体智慧的结晶,是新世纪新阶段全党全国人民继往开来、与时俱进,实现全面建设小康社会宏伟目标的根本指针。"三个代表"重要思想如同马克思列宁主义、毛泽东思想、邓小平理论一样是一个系统的科学理论。正因为它是一个系统的科学理论,所以它才与马克思列宁主义、毛泽东思想和邓小平理论一道被确定为党必须长期坚持的指导思想。

三、"三个代表"重要思想同马克思列宁主义、毛泽东思想和邓小平理论是一脉相承而又与时俱进的科学体系

把握"三个代表"重要思想的科学体系,必须正确理解和准确把握"三个代表"重要思想同马克思列宁主义、毛泽东思想和邓小平理论之间的关系。胡锦涛在"三个代表"重要思想理论研讨会上明确指出,"三个代表"重要思想同马克思列宁主义、毛泽东思想和邓小平理论是一脉相承而又与时俱进的科学体系。这一科学论断表明了两层含义:第一,"三个代表"重要思想是同马克思列宁主义、毛泽东思想和邓小平理论一脉相承的,"三个代表"重要思想在理论形态上是属于马克思主义的,是对马克思主义的继承和坚持。第二,"三个代表"重要思想又是与时俱进的科学理论,是马克思主义在中国发展的最新成果,"三个代表"重要思想是对马克思主义的创新和发展。"三个代表"重要思想始终坚持了马克思主义的基本原理,是坚持马克思主义的典范;"三个代表"重要思想又从实际出发,深刻总结实践创造的新鲜经验并上升为理论,从而推动了马克思主义的发展,所以"三个代表"重要思想又是发展马克思主义的典范。

"三个代表"重要思想与马克思列宁主义、毛泽东思想、邓小平理论都以辩证唯物主义和历史唯物主义作为哲学基础。中国共产党成立以来,党在不同时期、不同条件下,面临的实际情况和具体任务各不相同,得出的具体结论也各不相同,但是,党的路线、纲领、方针、战略、策略,始终是在辩证唯物主义和历史唯物主义指导下分析当时面临的具体实际制定的。毛泽东思想和邓小平理论都是在不同的历史条件下,创造性地把马克思主义基本原理与具体实际相结合的产物。江泽民对"三个代表"重要思想的系统阐发,同样是以马克思主义基本原理为指导的。"三个代表"重要思想坚持马克思主义的世界观和方法论,创造性地运用它们分析当今世界和中国的实际,为我们在新的时代条件下运用辩证唯物主义和历史唯物主义认识和把握社会发展规律、更好地推进我国社会主义事业作出了新的理论概括。

"三个代表"重要思想与马克思列宁主义、毛泽东思想、邓小平理论都具有与时俱进的理论品格。马克思主义的生命力在于以科学的实践观为基础的理论与实践的统一、科学性与革命性的统一。马克思主义的理论来源于实践,服务于实践,为实践所检验,随实践而发展。马克思恩格斯曾再三强调,他们的学说不是教条而是行动的指南。他们生前多次根据变化了的实际情况修改自己的某些具体结论,包括以序言的形式修改《共产党宣言》中的某些结论。列宁在帝国主义和无产阶级革命时代的新情况下,提出了社会主义革命可以在一国或几国首先取得胜利的理论;毛泽东在科学分析半殖民地半封建的旧中国特殊情况的基础上,提出了关于中国革命的理论;邓小平在新的历史条件下,创立了中国特色社会主义的理论,这些都是与时俱进的典范。"三个代表"重要思想坚持马克思主义与时俱进的理论品质,体现了马克思主义理论创新的巨大勇气,为我们坚持马克思主义基本原理、不断在实践中推进理论创新打开了新的理论视野。

"三个代表"重要思想与马克思列宁主义、毛泽东思想、邓小平理论都视人民利益高于一切。马克思主义从诞生之日起就公开申明,自己是工人阶级的精神武器,是代表工人阶级和广大劳动群众利益的。"三个代表"重要思想是代表和维护最广大人民根本利益的思想。这体现着与马克思列宁主义、毛泽东思想、邓小平理论一脉相承的价值取向。中国共产党从登上历史舞台的第一天起,就是中国人民根本利益的忠实代表。毛泽东把党的宗旨概括为为人民服务,制定了党的群众路线,把从群众中来、到群众中去提到党的根本工作路线的高度,这是对马克思主义的重大发展。邓小平提出的"三个有利于",归根结底是着眼于最广大人民的根本利益的。在新的历史时期,江泽民提出的"三个代表"重要思想坚持马克思主义关于无产阶级政党必须植根于人民的政治立场,注重从人民群众的实践中吸取养分,为我们坚持马克思主义的群众观点、不断实现最广大人民的根本利益提出了新的理论要求。

"三个代表"重要思想与马克思列宁主义、毛泽东思想、邓小平理论都把实现共产主义作为最高理想和奋斗目标。实现物质财富极大丰富、人民精神境界极大提高、每个人自由而全面发展的共产主义社会,是马克思主义最崇高的社会理想。"三个代表"重要思想强调树立共产主义的远大理想和坚定信念,同时强调共产主义只有在社会主义充分发展和高度发达的基础上才能实现,实现共产主义是一个非常漫长的历史过程,要立足我国正处于并将长期处于社会主义初级阶段这个实际,脚踏实地地为实现党在现阶段的基本纲领而不懈努力。"三个代表"重要思想坚持党的最高纲领和最低纲领的统一,为我们坚持马克思主义的最终奋斗目标、根据实际制定和实施推动我国社会主义发展的科学战略提供了新的理论基础。

正是因为"三个代表"重要思想与马克思列宁主义、毛泽东思想和邓小平理论是一脉相承而又与时俱进的科学体系,所以胡锦涛指出:学习贯彻"三个代表"重要思想,既要全面把握它同马克思列宁主义、毛泽东思想和邓小平理论一脉相承的特征,也要全面把握它在继承前人基础上不断与时俱进的特征。在新的历史条件下,坚持"三个代表"重要思想,就是真正坚持马克思列宁主义、毛泽东思想和邓小平理论;高举"三个代表"重要思想的旗帜,就是真正高举马克思列宁主义、毛泽东思想和邓小平理论的旗帜。

四、"三个代表"重要思想是一个需要不断发展的科学体系

马克思主义是一个开放的科学体系,也是一个需要随着时代发展不断向前发展的科学体系。与时俱进是马克思主义的理论品质;理论创新,是马克思主义的本质特征,是其永葆生命力的不竭源泉。马克思主义创始人不仅创立了科学的理论,而且塑造了这一理论与时俱进、不断创新的品格。在马克思主义创立伊始,恩格斯就明确声明"我不主张我们树起任何教条主义的旗帜",[1]马克思主义基本原理的实际运用,"随时随地都要以当时的历史条件为转移",[2]马克思主义不是教条,而"是活的行动理论,即同工人阶级在其每个可能的发展阶段一道工作的理论"。[3] 创新使马克思主义在一个半世纪的时间里,不断得到丰富和发展,并在其发展的每一阶段都走在时代的前列。

"三个代表"重要思想作为中国化的马克思主义,本身也是一个开放的理论体系,也是一个需要不断丰富和发展的科学体系。江泽民在党的十六大报告中

---

① 《马克思恩格斯全集》第47卷,人民出版社2004年版,第64页。
② 《马克思恩格斯选集》第1卷,人民出版社1995年版,第248页。
③ 《马克思恩格斯全集》第38卷,人民出版社1974年版,第93~94页。

指出:"世界在变化,我国改革开放和现代化建设在前进,人民群众的伟大实践在发展,迫切要求我们党以马克思主义的理论勇气,总结实践的新经验,借鉴当代人类文明的有益成果,在理论上不断扩展新视野,作出新概括。只有这样,党的思想理论才能引导和鼓舞全党和全国人民把中国特色社会主义事业不断推向前进。实践基础上的理论创新是社会发展和变革的先导。通过理论创新推动制度创新、科技创新、文化创新以及其他各方面的创新,不断在实践中探索前进,永不自满,永不懈怠,这是我们要长期坚持的治党治国之道。"[①]在十六大报告中,江泽民还指出:"'三个代表'重要思想是发展的、前进的。全党必须在思想上不断有新解放,理论上不断有新发展,实践上不断有新创造。"

胡锦涛在"三个代表"重要思想理论研讨会上也特别强调要坚持运用理论和发展理论相结合。他指出:全党同志必须认识到,我国社会主义的自我完善和发展还有许多重大课题需要进一步探索和回答,还有大量工作需要去做。比如,如何切实抓好发展这个党执政兴国的第一要务,如何进一步完善公有制为主体、多种所有制经济共同发展的基本经济制度,如何建成完善的社会主义市场经济体制,如何走新型工业化道路、统筹城乡经济社会发展,如何扩大就业和促进再就业,如何进一步深化收入分配制度改革、健全社会保障体系,如何在更大范围、更广领域和更高层次上参与国际经济技术合作和竞争,如何推动整个社会走上生产发展、生活富裕、生态良好的文明发展道路,如何更好地实现坚持党的领导、人民当家做主和依法治国的有机统一,如何最广泛最充分地调动一切积极因素、不断为中华民族的伟大复兴增添新力量,如何在新的历史条件下不断巩固马克思主义在意识形态领域的指导地位,如何弘扬和培育民族精神,如何改革和完善党的领导方式和执政方式,如何以加强党的执政能力建设为重点全面推进党的建设新的伟大工程,等等。"三个代表"重要思想既是我们推动实践创新的根本指针,又是我们深化理论探索的崭新起点。

---

① 《十六大以来重要文献选编》上,中央文献出版社 2005 年版,第 9 页。

"三个代表"重要思想的理论创新

党的十三届四中全会以来,以江泽民为代表的中国共产党人,在建设中国特色社会主义的伟大实践中,集中全党的集体智慧,创立了"三个代表"重要思想。"三个代表"重要思想,是我们党与时俱进,不断推进理论创新的集中体现和根本标志。它反映了"世情""国情""党情"的新变化对党和国家的新要求,体现了历史与时代、继承与发展、理论与实践的统一。它既坚持了马克思主义的基本原理,又以新的思想、观点、论断继承、丰富和发展了马克思列宁主义、毛泽东思想、邓小平理论,开拓了马克思主义的新境界。

一、"三个代表"重要思想回答了在新的历史条件下,中国共产党"为谁执政"的重大问题,丰富和发展了马克思主义的唯物史观

治国必先治党,治党必须首先解决"建设一个什么样的党"的问题,而"建设一个什么样的党"最重要的是解决建设一个"为什么人执政的党"的问题。本来这个问题,马克思主义经典作家早已解决。马克思主义一诞生,它的创始人就公开申明,自己的学说是代表无产阶级和广大劳动群众利益的,是为他们服务的。中国共产党从成立之日起,就是中国人民根本利益的忠实代表,毛泽东把党的宗旨概括为"为人民服务"。我们党自创立以来,一直在为实践全心全意为人民服务这个根本宗旨。但是,在新的历史时期,中国共产党作为执政党,坚持这一宗旨面临着严峻的考验。在市场经济条件下,由于错误思潮的渗透、各种诱惑的增多,一些党员干部理想信念淡化,世界观人生观价值观扭曲,淡忘了党的根本宗旨;有些人不是成为最广大人民根本利益的代表,而是成为少部分人利益的代表;有些人不能正确对待手中的权力,大搞权力特殊化和权力商品化,搞以权谋私、中饱私囊,或权权交易、权钱交易、权色交易,把人民赋予的权力变为向党和人民讨价还价的筹码。在市场经济条件下,经济成分、组织形式、利益分配和就业形式出现了多样化的趋向,共产党在执政过程中,到底为谁服务,到底代表什么人的利益,就成为我们党必须认真研究并加以解决的大课题,"三个代表"重要思想的首要创新之处在于它解决了这一问题。为解决共产党执政"为什么人"的问题,江泽民提出了一系列新论断、新观点和新思想。

第一,"全心全意为人民服务,立党为公,执政为民,是我们党同一切剥削阶级政党的根本区别。"①我们党来自人民,植根于人民,服务于人民。党的全部任务和责任,就是团结和带领人民群众为实现自己的根本利益而奋斗。我们党作为长期执政的党,面临的最根本的课题,是能不能始终代表最广大人民的根本利益,始终全心全意为人民服务。江泽民深刻总结了历史上特别是20世纪80年代以来,世界上一些执政几十年的政党先后下台的教训,指出:纵观历史,不少政治组织和政治集团,在夺取政权的阶段,其政策主张或多或少地代表了人民群众的利益,但是在取得政权之后,就忘乎所以,骄傲起来,久而久之,就脱离了人民群众,不再代表群众的利益,最后被群众所抛弃。这些政党垮台的原因尽管很复杂,但人心向背的变化是很重要的一个原因。"人心向背,是决定一个政党、一个政权兴亡的根本性因素。"②"一个政权也好,一个政党也好,其前途与命运最终取决于人心向背,不能赢得最广大群众的支持,就必然垮台。"③我们党作为执政党,必须高度重视关注人心向背问题,每个领导干部都应好好想一想,参加革命是为什么?现在当干部应该做什么?将来身后应该留点什么?不管社会怎么发展,党的宗旨不能变。

第二,人民是国家的主人,是决定我国前途和命运的根本力量,是历史的真正创造者。江泽民指出:"人民群众是先进生产力和先进文化的创造主体,也是实现自身利益的根本力量。不断发展先进生产力和先进文化,归根到底都是为了满足人民群众日益增长的物质文化生活需要,不断实现最广大人民的根本利益。"④他再三强调,建设中国特色社会主义,是我国各族人民为实现自己利益、创造美好生活的共同事业,是亿万人民群众广泛参与的创造性事业。我们全部工作的出发点和落脚点,就是不断维护好、实现好、发展好最广大人民群众的利益。江泽民强调:在任何时候任何情况下,与人民群众同呼吸共命运的立场不能变,全心全意为人民服务的宗旨不能忘,坚信群众是真正英雄的历史唯物主义观点不能丢。

第三,始终代表中国最广大人民的根本利益,"最重要的是必须首先考虑并满足最大多数的人的利益要求。"因为群众是分层次的,群众的利益是多种多样的,但"最大多数人的利益是最紧要和最决定性的因素"。首先考虑并满足最大多数人的利益要求,关系到"三个全局",即始终关系党的执政全局,关系国家经济政治文化发展的全局,关系全国各族人民的团结和社会安定的全局。因此,江泽民强调:"党的一切工作,必须以最广大人民的利益为最高标准。全党同志要

---

① 江泽民:《论"三个代表"》,中央文献出版社2001年版,第161页。
② 江泽民:《论"三个代表"》,中央文献出版社2001年版,第111页。
③ 江泽民:《论"三个代表"》,中央文献出版社2001年版,第72页。
④ 江泽民:《论"三个代表"》,中央文献出版社2001年版,第163页。

始终坚持一切为了群众、一切依靠群众的根本观点,坚持党的群众路线,深入群众,深入基层,倾听群众呼声,反映群众意愿,集中群众智慧,使各项决策和工作符合实际和群众要求。"①

第四,领导干部要牢固树立正确的权力观。是执政为民还是执政为己,是事关我们党和我国政权性质的大问题。中国共产党是中国工人阶级的先锋队,同时是中国人民和中华民族的先锋队,党执的是人民之政,执的是人民民主专政的社会主义政权,这就决定了人民是社会主义政权的主体,党执政的出发点、合法性和归宿就在于"为民"。江泽民指出:"在执政条件下,共产党员坚持全心全意为人民服务的宗旨,坚持廉洁奉公,必须正确认识和对待我们手中的权力。我们干部必须时刻记住,自己手中掌握的权力是人民赋予的,只能用来为人民谋利益,绝不能用来为个人或小团体捞取好处,绝不能损害人民的利益。"②江泽民强调,领导干部要牢固树立正确的权力观,而树立正确的权力观,最根本的是要解决好始终保持同人民群众的血肉联系的问题。

贯彻"三个代表",本质在执政为民。"三个代表"重要思想强化了以"执政为民"为价值取向的马克思主义政党的执政理念,这就为我们党在新世纪代表中国最广大人民的根本利益,保持和加强党与人民群众的血肉联系提出了明确的要求并指明了方向,同时极大地丰富了马克思主义唯物史观,从而深化了我们党对人类社会发展规律的认识。

二、"三个代表"重要思想回答了在新的历史条件下,中国共产党"如何治党"的重大问题,丰富和发展马克思主义党建学说

治国必先治党,"我们党已经从一个领导人民为夺取全国政权而奋斗的党,成为一个领导人民掌握着全国政权并长期执政的党;已经从一个在受到外部封锁的状态下领导国家建设的党,成为全面改革开放条件下领导国家建设的党",③在面临着国际环境发生重大变化、国内环境发生重大变化、党的队伍状况发生重大变化的情况下,我们党究竟该如何治党呢?"三个代表"重要思想的创新就在于,它敏锐地抓住"世情""国情""党情"的新变化,创造性地把党的建设同当今世界和当代中国的发展趋势,同中国特色社会主义制度的自我完善和发展,同实现中华民族的伟大复兴联系起来,科学地回答了中国共产党如何治党的问题,揭示了执政党建设的规律,从而为马克思主义的党建学说增添了鲜活的时

---

① 江泽民:《论"三个代表"》,中央文献出版社 2001 年版,第 162 页。
② 《十四大以来重要文献选编》中,人民出版社 1997 年版,第 1194 页。
③ 江泽民:《论"三个代表"》,中央文献出版社 2001 年版,第 164 页。

代内容。

第一,"三个代表"重要思想构建了新时期党建理论的新体系。科学地概括和综合是理论创新的重要形式。"三个代表"重要思想对党建理论的创新,首先表现在"三个代表"重要思想这一理论体系提出本身。应当说,无论是代表先进生产力的发展要求,代表先进文化的前进方向,还是代表最广大人民的根本利益,马克思主义经典作家都曾分别强调过这些内容。然而,把马克思主义若干基本原理和建党原则综合、提炼、归纳为"三个代表",使之作为一个有机整体集中而鲜明地运用于党的建设,这是对马克思主义建党理论的重大创新。"三个代表"是一个统一的整体,每个"代表"都有明确的要求,但三者之间相互联系、相互促进。这种辩证统一关系,体现了生产力与生产关系、经济基础与上层建筑的统一,也体现了物质与精神,经济、政治与文化的统一。把"三个代表"在实践中统一起来,就成为我们党的立党之本、执政之基、力量之源。

第二,"三个代表"重要思想从党的建设角度对党的性质、宗旨和根本任务进行了新概括。过去,我们对党的性质、宗旨和根本任务的认识,一直是从党与工人阶级和人民群众关系的角度出发的。这无疑是正确的。江泽民用"三个代表"概括党的性质、宗旨和根本任务,则是从加强党的建设的角度,对党80年历史经验的新总结,是站在历史和时代高度,深入思考和研究党的建设面临的新情况、新课题,把党的性质、宗旨、根本任务与社会历史发展的客观规律和人民群众的历史作用紧密联系起来所得出的必然结论。在党的性质中加上"三个代表",不仅从根本上深化了对党的性质的认识,而且为党的性质增添了代表先进文化的前进方向的新内涵,并使之与社会历史发展的主题相联系。把党的宗旨由全心全意为人民谋利益具体为"三个代表",不仅明确了代表人民的根本利益这一实现宗旨的方式,而且明确了代表先进生产力发展要求和先进文化前进方向这两个实现宗旨的根本途径。把党的根本任务由解放和发展生产力界定为"三个代表",并全面落实到经济、政治、文化的建设上,则进一步深化了对党的先进的认识。

第三,"三个代表"重要思想对党的先进性作出了新的更加完整的概括。共产党凭什么执政?凭的是党的先进性。党的先进性体现在哪里呢?最重要的是体现在我们党的理论和纲领上。在2001年"七一"重要讲话中,江泽民指出:看一个政党是否先进,是不是工人阶级的先锋队,主要应看它的理论和纲领是不是马克思主义的,是不是代表社会发展的正确方向,是不是代表最广大人民的根本利益。在十六大报告中,江泽民进一步指出:党的先进性是具体的、历史的,必须放到推动当代中国先进生产力和先进文化中去考察,放到维护和实现最广大人民群众根本利益的奋斗中去考察,归根到底要看党在推动历史前进中的作用。

同时,他还指出:贯彻"三个代表",核心在坚持党的先进性。这些新论断,既重申了党的阶级性,也鲜明地展现了新的历史条件下党的先进性,将马克思主义政党理论中所包含的阶级性与先进性的统一起来,使党的阶级基础伴随着社会的进步更加坚实深厚,党的先进因素在新的历史变革中体现得更加充分完整,更具时代精神。这不仅为党的先进性赋予了新的内涵,而且使马克思主义党的性质理论,特别是先进性理论得到了新的发展。

第四,"三个代表"重要思想提出了新时期党的建设的新要求。为了全面推进党的建设新的伟大工程,江泽民提出:其一,党的建设必须按照党的政治路线来进行,围绕党的中心任务来展开,朝着党的建设总目标来加强,不断提高党的创造力、凝聚力和战斗力。其二,党的建设的中心任务是,加强党的执政能力建设,不断提高科学判断形势的能力、驾驭市场经济的能力、应对复杂局面的能力、依法行政的能力、总揽全局的能力。其三,推进党的建设新的伟大工程的总要求是:"一定要高举邓小平理论伟大旗帜,全面贯彻'三个代表'要求,保证党的路线方针政策全面反映人民的根本利益和时代发展的要求;一定要坚持党要管党、从严治党的方针,进一步解决提高党的领导水平和执政水平、提高拒腐防变和抵御风险能力这两大历史性课题,始终保持党同人民群众的血肉联系;一定要准确把握当代中国社会前进的脉搏,改革和完善党的领导方式和执政方式、领导体制和工作制度,使党的工作充满活力;一定要把思想建设、组织建设和作风建设有机结合起来,把制度建设贯穿其中,既立足于经常性工作,又抓紧解决存在的突出问题;通过锲而不舍的努力,保证我们党始终成为中国工人阶级的先锋队,同时是中国人民和中华民族的先锋队,始终是中国先进生产力的发展要求、中国先进文化的前进方向和中国最广大人民根本利益的忠实代表,始终是建设有中国特色社会主义事业的领导核心,"[①]江泽民强调,在新的历史条件下,党必须把自身建设成为始终贯彻"三个代表"的无产阶级先锋队。"三个代表"既是党的建设总目标在现阶段的具体化、明确化,也是党的建设在现阶段的任务,同时,它也是实现党的建设总目标的途径。

第五,"三个代表"重要思想将党的建设同世界文明的最新发展结合起来,提出了以开放的姿态建设党的全新思路。当今时代是一个开放、发展、变革、创新的时代,各个国家各个政党都在世界性与民族性、统一性与多样性的复杂关系中寻求自己的发展道路。中国共产党要跟上时代发展的步伐,就要把自己置身于开放的世界中,在开放的环境中锻造自己、完善自己、发展自己,这样才能经受住来自开放世界的各种风险和考验。"三个代表"重要思想鲜明地表达了这一

[①] 《江泽民论有中国特色社会主义(专题摘编)》,中央文献出版社 2002 年版,第 576 页。

全新的观点。在开放的世界中,中国共产党要代表先进生产力的发展要求,就必须用世界的眼光追寻、把握先进生产力的最新趋势;党要代表先进文化的前进方向,就必须在马克思主义指导下,继承本民族的优秀文化,广泛学习和吸收外国优秀文化,不断提升本民族的文化;党要代表最广大人民的根本利益,就必须从满足和实现人民日益增长的物质文化需要出发,在学习借鉴世界优秀文明成果的同时,加快社会主义现代化建设的进程。以开放的姿态建设党,是"三个代表"重要思想的题中应有之义,是最具创新的理论观点。

三、"三个代表"重要思想回答了在新的历史条件下,中国共产党"如何执政兴国"的重大问题,丰富和发展了马克思主义的社会主义理论

走自己的路,建设中国特色社会主义,这是邓小平的伟大创造。党的十三届四中全会以来,我们党坚持运用马克思主义立场、观点、方法,结合当今中国实际和时代特征,集中全党全国人民的智慧,正确回答了建设中国特色社会主义实践中迫切需要解决的重大问题,形成了新的理论成果。"三个代表"重要思想是这些新的理论成果的集中体现,它从根本上回答了中国共产党"如何执政兴国"的重大问题,把我们党对建设中国特色社会主义的科学认识提高到新的水平。正因为此,党的十六大才强调,"三个代表"重要思想是推进我国社会主义自我完善和发展的强大理论武器。

执政兴国,必须明确我们应该举什么样的旗,走什么样的路。在新的历史时期,江泽民再三强调,必须坚持以马克思列宁主义、毛泽东思想和邓小平理论为指导,不断推进理论创新,不断开创中国特色社会主义事业新局面。同时指出:马克思主义是我们立党立国的根本指导思想,邓小平理论是我们的旗帜,党的基本路线和基本纲领是各项工作的根本指针。无论遇到什么困难和风险,都必须坚持党的基本理论和基本纲领不动摇。只有社会主义才能救中国,只有中国特色社会主义才能发展中国,不论遇到什么困难和风险,必须坚持走中国特色社会主义道路,坚持用马克思列宁主义、毛泽东思想和邓小平理论武装全党、教育人民,不断解放思想、实事求是;坚持"与时俱进"这个贯彻"三个代表"重要思想的关键,不断开拓创新,不断开创中国特色社会主义事业的新局面。

执政兴国,必须深化对我国社会主义所处发展阶段的认识。"三个代表"重要思想依据马克思主义尤其是邓小平理论关于社会主义发展阶段的原理,创造性地概括了社会主义初级阶段的主要特征。根据初级阶段的国情和党在社会主义初级阶段的基本路线,我们党制定了党在社会主义初级阶段的基本纲领,提出了建设中国特色社会主义的经济、政治和文化的基本目标和政策。为了实现党的基本纲领,江泽民提出,要正确处理改革、发展和稳定的关系,认为发展是目

的,是深化改革、保持稳定的出发点和落脚点,改革是发展的根本途径和强大动力,稳定是发展和改革的前提。这些思想进一步发展邓小平提出的社会主义初级阶段理论。

执政兴国,必须明确社会主义的根本任务。"三个代表"重要思想依据马克思主义关于生产力和生产关系、经济基础和上层建筑关系的基本原理,依据科学技术是第一生产力、人是生产力中最具有决定性的因素的基本原理,结合我国改革开放和现代化建设的实际,要求党的理论、路线、纲领、方针、政策和各项工作,必须努力符合生产力发展的规律,体现不断推动社会生产力的解放和发展的要求;强调要始终注意把发挥我国社会主义制度的优越性,同掌握、运用和发展先进的科学技术紧密地结合起来。

执政兴国,必须制定科学的发展战略。"三个代表"重要思想依据邓小平提出的"三步走"发展战略,面向新的实际,提出了新的"三步走"战略:在21世纪第一个10年实现国民生产总值比2000年翻一番,到建党100年时,使国民经济更快发展,各项基本制度更加完善,到新中国成立100年时,基本实现现代化。为了全面推进中国现代化进程,我们党在邓小平提出的"两个大局"战略思想的基础上,在条件具备后,适时提出了西部大开发战略;根据邓小平提出的科学技术是第一生产力的思想,根据当今世界发展的新形势,及时提出了科教兴国战略;根据邓小平提出的要注意发展的可持续性等思想,明确提出了我国的可持续发展战略思想。新世纪之初,在中国社会总体达到小康水平之后,党的十六大又提出了全面建设小康社会的发展目标和发展战略,强调要把发展作为执政兴国的第一要务,深化改革,扩大开放,保持国民经济持续快速健康发展,加快推进社会主义现代化进程。

执政兴国,必须全面推进中国特色社会主义的全面发展。"三个代表"重要思想依据马克思主义物质文明和精神文明协调发展,经济、政治、文化相互作用的原理,强调社会主义社会是全面发展、全面进步的社会,中国特色社会主义是社会主义市场经济、社会主义民主政治和社会主义先进文化的有机统一,是社会主义物质文明、政治文明和精神文明的全面发展。江泽民提出:开创中国特色社会主义事业新局面,要坚持以经济建设为中心,用发展的办法解决前进中的问题;不断推进改革开放,建立和完善适应生产力发展要求的经济制度和社会主义市场经济体制;坚持四项基本原则,发展社会主义民主政治,建设社会主义政治文明,建设社会主义法治国家;坚持物质文明和精神文明两手抓,实行依法治国和以德治国相结合,不断提高全民族的思想道德和科学文化素质,弘扬民族精神、增强民族凝聚力。

执政兴国,还必须制定正确的方针政策,营造良好的发展环境。国家的统

一、民族的团结与良好的外部环境,是执政兴国的必备条件。关于国家统一问题,江泽民在邓小平提出的"一国两制"科学构想的基础上,进一步阐述了解决台湾问题,实现祖国完全统一的新主张;关于维护民族的团结,江泽民根据新时期出现的新情况,强调要巩固和发展平等、团结、互助的社会主义民族关系,推动各民族发展进步和共同繁荣,积极引导宗教与社会主义社会相适应。为了营造良好的外部环境,江泽民提出了正确把握世界多极化和经济全球化的发展趋势,坚持独立自主的和平外交政策,维护我国的独立、主权和安全,促进世界和平与发展的一系列新主张。

执政兴国,必须有科学的判断标准。"三个代表"提供了衡量我们党执政兴国成败的标准,进一步回答了如何实现党和国家长治久安的问题。面向新世纪,我们党承担着执政兴国的重要任务。怎样才能把这个任务完成好?检验执政兴国成败得失的标准是什么?"三个代表"为我们提供了依据。江泽民指出:"全党同志在贯彻党的理论、路线和方针政策时,在从事的各项事业中,都要牢记落实'三个代表'的要求,看看我们所采取的措施、所做的工作,是不是符合'三个代表'的要求,符合的就毫不动摇地坚持,不完全符合的需要调整补充的积极调整补充,不符合的就勇于实事求是地纠正,以利我们的改革和建设不断向前迈进,充分体现共产党人的先进性和时代精神。"①"三个代表"这一新标准,不仅继承了邓小平在视察南方讲话中提出的"三个有利于"标准,而且是对"三个有利于"标准的创造性的丰富和发展。

总之,"三个代表"重要思想,在马克思列宁主义的指导下,在邓小平理论的基础上,更为全面、更为系统地回答了中国特色社会主义的发展道路、发展阶段、根本目的、发展动力、外部条件、政治保证等问题,深化了我们党对人类社会发展规律、社会主义建设规律和执政党执政规律的认识。它是贯通马克思主义哲学、政治经济学、科学社会主义等领域,涵盖经济、政治、科技、教育、文化、民族、宗教、军事外交等方面的完备的科学理论。

---

① 江泽民:《论"三个代表"》,中央文献出版社 2001 年版,第 20 页。

"三个代表"重要思想对科学
社会主义理论的创新

科学社会主义是开放的科学,是在实践中发展的科学。在继承中发展,在实践中创新,是科学社会主义历久弥新,永葆强大生命力的根源所在。对科学社会主义的认识是一个动态的过程。马克思主义者对科学社会主义的认识必须在不同历史时期、不同历史阶段和不同的历史条件下,及时总结新经验、分析新情况、提出新观点、制定新方略。20世纪90年代,以江泽民为核心的党的第三代中央领导集体形成后,面对国际国内形势的新变化,坚持以马克思主义为指导,继续围绕建设中国特色社会主义这一理论主题,深入总结新形势下改革开放和现代化建设的新特点、新经验,在政治经济文化、改革发展稳定、内政外交国防、治党治国治军等方面,提出了一系列相互联系、相互贯通的新思想、新观点、新论断,形成了"三个代表"重要思想。"三个代表"重要思想进一步回答了什么是社会主义、怎样建设社会主义的问题,创造性地回答了在长期执政的历史条件下建设什么样的党、怎样建设党的问题,深化了对中国特色社会主义的认识,把科学社会主义理论推向了一个新的发展阶段。

一、强调"社会全面发展",深化了对人类社会发展规律的认识

社会主义社会应当是一个全面发展、全面进步的社会,这是马克思主义的基本观点,是马克思、恩格斯从对资本主义社会畸形发展的批判中得出的科学结论。但是,当社会主义制度在一些经济文化比较落后的国家中建立起来后,为了抵御帝国主义的扼杀,并加速实现现代化进程,曾建立起高度集中的经济政治体制,这种体制曾在社会主义的发展过程中发挥了重要的作用,但随着历史的发展也越来越暴露出其局限性及弊端,诸如片面发展重工业或军事工业,忽略人民群众物质文化生活的全面改善;实行高度的行政命令体制,不注意维护个人的民主权利,等等。在我国社会主义的发展中,既出现过忽视发展生产力而片面追求生产关系变革以及片面强调上层建筑和精神作用的倾向,也出现过片面追求经济发展,认为经济可以决定并取代一切,而忽视政治文明建设和精神文明建设的情况。这些都影响了社会主义事业的健康发展及优越性的发挥,影响了社会主义在人民群众中间的吸引力和感召力。

十一届三中全会以来,邓小平领导我们党制定了"一个中心,两个基本点"

的基本路线,提出了"两手抓、两手都要硬"的根本方针,逐步明确了以经济建设为中心,推动社会全面发展的总体战略思路。邓小平围绕社会主义现代化建设,从各方面论述过社会全面发展问题。根据邓小平理论,我们党确立了"把我国建设成为富强、民主、文明的社会主义现代化国家"这样一个总的奋斗目标。

进入 20 世纪 90 年代,国际国内形势的发展,对中国经济社会发展提出了新的要求。从国际范围来看,经济社会发展不协调问题也已引起人们越来越多的关注。从国内情况看,回顾整个 80 年代,我国改革和建设成就巨大,但也存在不少问题。与经济发展相比,社会发展总体上偏慢,科教文卫及其他社会事业投入不够,相应的基础设施水平还比较低,各种公益服务事业和福利事业尚不能完全满足人民群众生产生活的需要;国家经济实力虽有所增强,但可持续发展还受着国民经济整体素质较低和资源、人口、环境等严重问题的制约。同时,在社会经济体制转轨过程中,我国还面临着既发展经济,又解决由经济快速发展所带来的一系列社会问题这样的双重任务。

针对国际国内形势的新变化,党的第三代中央领导集体立足于我国实际,从 20 世纪 90 年代开始,就突出强调了社会全面发展问题,更自觉地把争取社会全面协调发展置入中国特色社会主义发展战略的总体考虑当中。1989 年 9 月,在庆祝中华人民共和国成立 40 周年大会上,江泽民指出:"社会主义不仅要实现经济繁荣,而且要实现社会的全面进步。"[①]1991 年 10 月,在浙江考察时,他指出:"既促进经济的发展,又促进社会的全面进步,这是社会主义的本质要求。"[②]1992 年 6 月,江泽民在中央党校发表讲话指出:"我们进行的社会主义现代化建设的各项事业,是相互协调和全面发展的事业,不但经济建设要上去,人民的思想道德、科学文化素质和社会秩序、社会风气都要搞好,这样才能促进社会的全面进步和整个社会文明的全面发展。"[③]1996 年 10 月,在十四届六中全会上,他指出:"社会主义社会是全面发展、全面进步的社会。社会主义现代化建设事业是物质文明和精神文明协调发展、相辅相成的事业。缺少任何一个方面,都不成其为有中国特色的社会主义。"[④]1997 年,江泽民在党的十五大报告中,立足于中国特色的社会主义现代化事业的要求,从政治、经济、军事、外交、文化几个层面上全面系统地勾画了体现中国现代化事业全面发展、社会全面进步的宏伟蓝图。江泽民的这些论述将全面协调发展纳入中国社会主义现代化战略的总体考虑之中,使经济、政治、文化建设,都将得到切实加强,各个方面相互配合,最终实

---

① 《江泽民论有中国特色社会主义(专题摘编)》,中央文献出版社 2002 年版,379 页。
② 《江泽民论有中国特色社会主义(专题摘编)》,中央文献出版社 2002 年版,379 页。
③ 《十三大以来重要文献选编》,人民出版社 1993 年版,第 2080 页。
④ 《江泽民文选》第 1 卷,人民出版社 2006 年版,第 571 页。

现经济发展和社会全面进步的目标。2002 年,江泽民在十六大报告中明确提出了全面建设小康社会的奋斗目标:经济更加发展、民主更加健全、科教更加进步、文化更加繁荣、社会更加和谐、人民生活更加殷实。这些思想深刻反映了党的第三代中央领导集体对人类社会发展规律认识的不断深化。

"三个代表"集中体现了社会全面发展的要求,"始终代表中国先进生产力的发展要求",体现了发展社会主义经济、建设社会主义物质文明的理想和价值目标;"始终代表中国先进文化的前进方向",体现了发展社会主义文化、建设社会主义精神文明的理想和价值目标;"始终代表中国最广大人民的根本利益",强调以人民群众的利益、要求和实践为最高价值标准和评价标准,体现了我们党的宗旨和我们国家的性质。"三个代表"重要思想从社会全面发展的高度揭示了社会主义制度自我完善和发展的途径,说明社会主义制度的自我完善和发展只有具备雄厚的物质基础、强大的文化支撑和广泛的群众支持才能得以实现。

二、突出人的全面发展,深化了对社会主义本质的认识

社会主义本质是社会主义本身所固有的,决定社会主义面貌、性质和发展方向的根本属性。社会主义本质的实现是随社会主义历史发展进程的深入逐渐展开的动态过程。"三个代表"重要思想将现实的社会主义道路指向人类社会发展的核心价值与终极目标:实现人的自由而全面的发展,从而深化了对社会主义本质的认识,进一步丰富和发展了科学社会主义理论。

人是社会交往、社会建构和社会发展的本质和目的。人的自由而全面的发展,是社会发展的根本取向和最高价值,是衡量社会发展和历史进步的最高价值尺度。马克思主义创始人认为,共产主义作为一种社会革命的过程,最终目的是使人得到自由而全面的发展。以往的各种社会形态对于推进作为总体的人的发展有其进步作用,但在这些社会形态中,人的发展是片面的和不公正、不合理的,一些人的发展以另一些人的发展权被剥夺为前提,因而注定要被更高级的社会形态——共产主义社会所代替。因此,谋求人的自由而全面的发展,既是社会主义社会未来发展的一种理想目标,同时也是社会主义社会应确立的价值目标。

党的第三代中央领导集体坚持马克思主义基本原理,秉承马克思主义科学精神,紧密结合中国实际,从深化对社会主义建设规律和人类社会发展规律认识的新高度,系统而深刻地阐述了关于"促进人的全面发展"的思想。江泽民指出:"我们建设有中国特色社会主义的各项事业,我们进行的一切工作,既要着眼于人民现实的物质文化生活需要,同时又要着眼于促进人民素质的提高,也就是要努力促进人的全面发展,这是马克思主义关于建设社会主义新社会的本质

要求。"①"三个代表"重要思想关于实现人的全面发展的思想主要包括以下内容。

第一,阐述了实现人的全面发展的必要性。人的全面发展是社会主义的本质规定,因而努力促进人的全面发展就是社会主义建设的题中应有之义。社会主义制度是以人为本的制度。实现人的自由而全面的发展,是社会主义的本质所在。社会主义只有更大程度地实现人的自由而全面的发展,才能真正超越资本主义。在党领导社会主义革命和建设的实践中,只有做到充分反映人民群众的根本利益和愿望要求,重视促进人的全面发展,我们的事业才会兴旺发达、社会主义的优越性才能充分体现。人越全面发展,积极性和主动性越高,社会的物质文化财富就会创造得越多,人民的生活就越能得到改善。

第二,分析了实现人的全面发展的可能性。进入新世纪,中国已进入全面建设小康社会、加快推进社会主义现代化建设的新的发展阶段,促进人的全面发展的经济文化条件已基本具备。经过改革开放,我们的综合国力大大增强,人民的物质文化生活水平显著提高,正迈向全面建设小康社会、加快推进社会主义现代化进程的新阶段。生产力的巨大发展和社会的迅速进步,为人的自由而全面的发展提供了充分的条件,同时也对人的素质能力提出更高的要求。只有在经济社会不断发展的基础上不断促进人的自由而全面的发展,才能充分调动人民群众建设社会主义现代化的积极性和创造性。

第三,提出了致力于人的全面发展的主要途径。"三个代表"重要思想不仅强调了促进人的全面发展的紧迫性和重要性,而且从经济生活、政治生活、文化生活等方面,具体提出了现阶段我们致力于人的全面发展所要解决的主要问题,即:在经济上努力全面建设小康社会,不断提高人民的物质生活水平。在政治上保证人民群众依法管理好自己的事情,充分发挥人民群众的主观能动性和创造精神,实现人民的利益和愿望。在文化上努力提高全民族的思想道德素质和科学文化素质,实现人们思想和精神生活的全面发展。在人与自然的关系上努力实现人与自然的和谐共生,使人们在优美的生态环境中工作和生活。在人的发展与经济社会发展的关系上,把推进人的全面发展同社会经济、政治、文化的全面发展协调统一起来,围绕人的全面发展谈社会的发展,通过社会的发展促进人的全面发展,通过促进人的全面发展促进社会的发展。这就使人的全面发展提上社会主义现代化建设的日程,并为我们党提出坚持以人为本的科学发展观奠定了基础。

---

① 《江泽民文选》第3卷,人民出版社2006年版,第294页。

三、提出建设中国特色社会主义是社会主义很长历史阶段的起始阶段,深化了对社会主义初级阶段的认识

关于社会主义发展阶段问题,一直是科学社会主义理论着重探讨的重要理论问题。在社会主义历史发展进程中,各国共产党对此问题的认识既有正确的地方,也有许多失误。社会主义初级阶段理论,是中国共产党人首创的,是由邓小平首先提出来,是邓小平理论的基础。

十三届四中全会以前,江泽民就十分重视社会主义发展阶段问题。1988年3月,他在上海市理论工作座谈会上,就明确提出要广大理论工作者对社会主义初级阶段进行深入研究,探索社会主义初级阶段的经济、政治、文化和党的建设等问题。①十三届四中全会后,以江泽民为代表的党的第三代中央领导集体进一步丰富和发展了社会主义初级阶段理论。在党的十四大报告中,江泽民把社会主义初级阶段理论列为中国特色社会主义理论的重要内容之一。党的十五大报告又进一步对社会主义初级阶段理论进行深入阐述,有许多新的构思和独创性的提法,集中体现在:

第一,科学论证了社会主义初级阶段理论是邓小平理论的基石,创造性地阐述了社会主义初级阶段理论在邓小平理论科学体系中的地位及其对社会主义建设实践的指导意义。同时,江泽民还提出20世纪头20年是全面建设小康社会的阶段,深化了邓小平关于分阶段、有步骤实现现代化的思想,丰富了我们党关于社会主义初级阶段的理论,符合我国国情,符合人民的愿望。

第二,全面阐述了社会主义初级阶段理论内涵,深刻阐明了社会主义初级阶段的社会性质、基本特征、历史任务和发展过程。江泽民在十五大报告中第一次将社会主义初级阶段的基本特征从九个方面进行了概括,勾画了这个阶段是个什么样的历史阶段以及这个阶段所承担的历史任务。

第三,紧紧抓住了邓小平关于社会主义初级阶段理论的精髓和实质,提出在社会主义初级阶段怎样建设社会主义这样一个在中国最现实、最迫切需要解决的问题,第一次明确提出了党在社会主义初级阶段的基本纲领,创造性地揭示了社会主义初级阶段有中国特色的社会主义经济、政治和文化以及社会主义初级阶段的基本目标和基本政策,其中每个方面都有新的提法和独创性的构思。所有这些都把社会主义初级阶段的理论提高到一个新水平,为社会主义经济理论奠定了坚实的基础。

第四,深化与发展了社会主义发展过程长期性的认识。邓小平指出:"我们搞社会主义才几十年,还处在初级阶段。巩固和发展社会主义制度,坚持不懈地

---

① 《江泽民文选》第1卷,人民出版社2006年版,第20~33页。

努力奋斗,决不能掉以轻心。"①江泽民指出:"必须看到,实现共产主义是一个非常漫长的历史过程。过去,我们对这个问题的认识比较肤浅、简单。经过这么多年的实践,现在,我们对这个问题的认识要全面和深刻得多了。"②社会主义是共产主义的低级阶段,社会主义的长期性必然决定了实现共产主义的长期性,特别是目前处于社会主义初级阶段的我国,社会主义历史时期的时间会更长。正是有了这样一个清醒的认识,决定了"我们是最低纲领与最高纲领的统一论者",全党同志和全国人民既要有共产主义的远大理想,又要扎扎实实地做好现阶段每一项工作。

第五,阐述了党的最低纲领与最高纲领的统一。最低纲领与最高纲领问题是一切无产阶级政党必须回答的重大理论问题。江泽民认为,共产主义社会是物质财富极大丰富、人民精神境界极大提高、每个人自由而全面发展的社会。中国共产党是在经济文化落后的国家进行革命和建设事业的,只有根据实际情况,根据各个发展阶段的主要矛盾、根本任务、国际国内条件,科学地制定党在各个历史时期的最低纲领,才能调动一切积极因素,团结一切可以团结的力量,为实现党的最高纲领创造条件。江泽民指出:"全党同志既要树立共产主义的远大理想,坚定信念,以高尚的思想道德要求和鞭策自己,更要脚踏实地地为实现党在现阶段的基本纲领而不懈努力,扎扎实实地做好现阶段的每一项工作。忘记远大理想而只顾眼前,就会失去前进方向;离开现实工作而空谈远大理想,就会脱离实际。"③坚持最低纲领和最高纲领的统一,体现了中国共产党对社会发展规律的深刻洞见、对革命和建设实际的清醒认识。

四、提出发展是党执政兴国的第一要务,深化了对社会主义发展规律的认识

发展是最终解决中国经济社会发展面临的一系列问题的关键所在。邓小平一贯高度重视解放和发展生产力,将其作为社会主义本质的一个重要内容。针对过去的"贫穷社会主义""以阶级斗争为纲"、忽视发展生产力的错误观念,在总结社会主义建设经验教训的基础上,邓小平提出了"发展才是硬道理"的著名论断。党的第三代中央领导集体,坚持了邓小平关于解放和发展生产力的思想,带领全党全国人民成功地经受住了各种困难和风险的考验,积极促进我国社会生产力的发展,不断把中国特色社会主义事业推向前进,取得了令世人瞩目的伟大成就。

---

① 《邓小平文选》第 3 卷,人民出版社 1994 年版,第 379 页。
② 《江泽民文选》第 3 卷,人民出版社 2006 年版,第 293 页。
③ 《江泽民文选》第 3 卷,人民出版社 2006 年版,第 293 页。

在实践过程中,我们党和人民不断深化着对发展重要性的认识,提出了发展是党执政兴国的第一要务的重要思想。

从国际上来看,首先,世界多极化在曲折中发展。中国作为一个拥有 13 亿人口、正处于发展中的社会主义大国,要想在世界多极化趋势中成为强有力的一极,不断提升中国的国际地位,就必须把发展作为第一要务;其次,经济全球化进程不断加快,中国要想在西方发达资本主义国家占主导地位的经济全球化进程中,抓住机遇,尽快改变"北强南弱""西强东弱""资强社弱"的状况,也必须把发展作为第一要务;再次,科技进步日新月异,知识经济已见弊倪,中国要想缩小同发达国家的差距,尽快实现中国的现代化,必须充分关注作为第一生产力的科学技术的发展,实施科教兴国战略,大力发展科技和教育;最后,在当今世界,综合国力竞争日趋激烈,不发展就没有出路,不发展就要倒退、就要落后,就会在国际竞争中处于弱势地位。

从国内来看,进入新世纪,我国进入了全面建设小康社会,加快推进社会主义现代化的新的发展阶段。综观全局,21 世纪头一二十年,对我国来说,是必须紧紧抓住并且可以大有作为的重要战略机遇期。进一步解决人民日益增长的物质文化需要同落后的社会生产之间的矛盾,全面建设惠及十几亿人口的更高水平的小康社会,离不开发展;进一步提升综合国力,实现中华民族的伟大复兴,离不开发展;解决国内各种问题,保持国家持续稳定局面,做到长治久安,离不开发展;发展社会主义民主,健全社会主义法制,建设高度的社会主义政治文明,离不开发展;加强社会主义精神文明建设,提升中华民族的综合素质,离不开发展;巩固党的执政地位,保持党的先进性,增强中国特色社会主义的凝聚力和说服力,离不开发展;早日解决台湾问题,实现祖国的完全统一,离不开发展;总之,发展是不断解决一切问题的关键。

党的第三代中央领导集体还强调,把发展作为我们党执政兴国的第一要务,要立足于坚持用发展的思路、改革的办法解决发展中的问题,正确处理改革、发展、稳定的关系。在发展的进程中,虽然也会出现这样那样的问题,但只有发展,才能使问题从根本上得到解决。坚持以发展为主题,以发展的眼光、发展的思路、发展的办法解决前进中的问题,一切符合发展的观念、做法和体制都要大力发扬,一切妨碍发展的观念、做法和体制弊端都要坚决革除。另一方面,要正确处理改革、发展同稳定的关系,把改革的力度、发展的速度和社会可承受的程度统一起来。在保持稳定的政治环境和社会秩序中,推进改革、发展;又在改革、发展中,实现社会稳定。

把发展提高到党执政兴国的第一要务,这既与邓小平关于社会主义本质的科学论述一脉相承,又增添了新的时代内涵,凸显发展在党的执政内容、执政过程、执政基础中的重要地位,对于进一步明确我们党执政的任务、提高执政的水平、巩固执政的地位,具有重要的指导意义。从党执政的内容来说,党所遇到的问题纷纭复杂,所要处理的事务千头万绪,只有发展才是"第一要务",其他事务都要与之相适应、相配合,而不能影响和干扰"第一要务"的推进和落实。从执政的过程来说,每一个决策环节的执行、每一项重要方针政策的出台,都要着眼于发展、围绕着发展、有利于发展。党执政的目的是要解决发展问题,执政的措施要围绕发展来制定,执政的成效要用发展的实绩来检验,执政的长期稳定更要依靠发展来维护。从保持党的先进性来说,保持党的先进性,最重要的是要推动社会历史的发展,因为"党的先进性是具体的历史的,必须放到推动当代中国先进生产力和先进文化的发展中去考察,放到维护和实现最广大人民的根本利益的奋斗中去考察,归根到底要看党在推动历史前进中的实际作用"。[①]

把发展作为党执政兴国的第一要务的思想,不仅丰富和发展了马克思主义的发展理论,深化了对社会主义发展规律的认识,而且为我们党提出科学发展观奠定了基础。

五、制定社会主义初级阶段的基本纲领,丰富和发展中国特色社会主义理论

党的十五大根据邓小平理论和党的基本路线,围绕建设富强、民主、文明的社会主义现代化国家的目标,进一步明确了什么是社会主义初级阶段中国特色社会主义的经济、政治和文化,怎样建设这样的经济、政治和文化,提出了党在社会主义初级阶段的基本纲领。党在社会主义初级阶段的基本纲领,是党的基本理论的重要内容,是党的基本路线在经济、政治、文化等方面的展开。

第一,提出建立中国特色社会主义经济,用社会主义市场经济推进中国经济发展。以什么样的经济体制来促进社会生产力的提高,推动经济的较快发展,这是我国社会主义现代化事业的一个关键性问题。邓小平提出社会主义可以搞市场经济,为我国实行社会主义市场经济体制奠定了理论基础。党的第三代中央领导集体在邓小平理论指导下,对社会主义市场经济理论做出了贡献。1992年6月,江泽民在中央党校省部级干部进修班发表的讲话中,依据邓小平关于社会主义可以搞市场经济的思想,第一次提出了建立社会主义市场经济体制的思想。同年10月,党的十四大正式确定我国经济体制改革的目标是建立社会主义市场经济体制。1993年11月召开的党的十四届三中全会通过《中共中央关于建立社会主义市场经济体制若干问题的决定》,将十四大确定的目标、要求和原则等加以系统化、具体化,勾画了社会主义市场经济体制的基本框架。1997年党的

---

① 《江泽民论有中国特色社会主义(专题摘编)》,中央文献出版社2002年版,第584页。

十五大进一步强调提出,建设中国特色社会主义的经济,就是在社会主义条件下发展市场经济,不断解放和发展生产力。十五大还就如何建立比较完善的社会主义市场经济体制提出了一系列新思想新论断。在新世纪,党的十六大提出了21世纪头20年经济建设和改革的主要任务,重点是完善社会主义市场经济体制。

党的十三届四中全会以来,我们党关于建设社会主义市场经济体制的一系列探索,概括起来有以下几点:其一,阐明了建立社会主义市场经济体制的历史必然性;其二,明确了社会主义市场经济的基本概念,强调"我国社会主义市场经济体制是同社会主义基本制度结合在一起的";其三,构筑了社会主义市场经济的基本框架,为社会主义市场经济新体制的顺利运行和发展提供了可靠保证;其四,概括了社会主义市场经济的基本特征。社会主义市场经济理论,在马克思主义经典作家著作中找不到,它完全是中国共产党人独创的理论。党的第三代中央领导集体进行了艰辛的理论探索,从而把邓小平开创的社会主义市场经济理论推向新的发展阶段。

第二,提出建设中国特色社会主义政治,用依法治国方略推进中国政治发展。没有民主和法制就没有社会主义,就没有社会主义的现代化,是邓小平理论中的一个重要思想。在邓小平理论的指导下,1992年,党的十四大报告中将"积极推进政治体制改革,使社会主义民主和法制建设有一个较大的发展",作为20世纪90年代改革和建设的主要任务之一。1997年,党的十五大报告提出了"依法治国,建设社会主义法治国家"的重要任务。2002年,党的十六大将"发展社会主义民主政治,建设社会主义政治文明"作为全面建设小康社会的重要目标。十六大报告还立足于社会主义现代化建设的实际,提出了通过政治体制改革建设社会主义政治文明的具体措施。

党的十三届四中全会以来,党的第三代中央领导集体,对发展社会主义民主,建设社会主义政治文明作了积极探索,提出了一系列新思想新观点新论断,使我们对中国式现代化的政治发展有了更新的认识。首先,指明了我国社会主义民主政治建设的方向,强调建设中国特色社会主义政治,就是要在坚持四项基本原则的前提下,继续推进政治体制改革,完善社会主义民主制度,健全社会主义法制,建设社会主义法治国家。要坚持从我国国情出发,总结自己的实践经验,同时借鉴人类政治文明的有益成果,绝不照搬西方政治制度的模式。其次,明确了我国政治体制改革的主要任务。江泽民指出:推进政治体制改革要有利于增强党和国家的活力,发挥社会主义制度的特点和优势,充分调动人民群众的积极性创造性,维护国家统一、民族团结和社会稳定,促进经济发展和社会全面进步。要着重加强制度建设,实现社会主义民主政治的制度化、规范化和程序化。再次,提出"依法治国"与"以德治国"相结合的治国方略。江泽民指出:"我们在建设有中国特色社会主义、发展社会主义市场经济的过程中,要坚持不懈地加强社会主义法制建设,依法治国;同时也要坚持不懈地加强社会主义道德建设,以德治国。"①这是我国治国方略的又一次巨大进步,是中国共产党领导方式和执政方式的重大发展。最后,创造性地提出建设社会主义政治文明的重要思想,把社会主义物质文明、政治文明和精神文明的协调发展作为新世纪的奋斗目标,这就把社会主义经济、政治、文化的发展有机地结合起来了。

第三,提出建设中国特色社会主义文化,用精神文明推进中国文化发展。党的十三届四中全会以来,党的第三代中央领导集体吸取改革开放前十年忽视社会主义精神文明建设带来种种问题的严重教训,高度重视中国特色的文化建设和精神文明建设。在十二届六中全会关于社会主义精神文明建设指导方针的决议的基础上,1996 年 10 月召开的党的十四届六中全会又作出了关于加强社会主义精神文明建设若干重要问题的决议。确定了新形势下加强精神文明建设的指导思想、目标任务、基本方针和重要措施,开创了社会主义精神文明建设的新局面。党的十五大报告阐明了中国特色的社会主义文化建设的纲领。江泽民指出,中国特色的社会主义文化,是凝聚和激励全国各族人民的重要力量,是综合国力的重要标志。这就为全党重视文化建设提供了全新的角度。

为了加强我国新时期的精神文明建设,江泽民适时地提出了中国文化现代化的一系列新思想、新观点、新要求。首先,中国特色社会主义文化必须代表先进文化的前进方向。十六大报告明确指出了"在当代中国,发展先进文化,就是发展面向现代化、面向世界、面向未来的,民族的科学的大众的社会主义文化,以不断丰富人们的精神世界,增强人们的精神力量"。其次,弘扬和培育民族精神是中国文化现代化的关键。十六大报告明确指出:"发展中国特色社会主义文化,建设社会主义精神文明,归根到底就是建设民族精神。"江泽民认为,精神力量也是综合国力的重要组成部分。他强调指出,有没有高昂的民族精神,是衡量一个国家综合国力强弱的一个重要尺度。要真正实现全面小康的社会主义现代化目标就必须把弘扬和培育民族精神纳入精神文明建设的全过程,使全体人民始终保持昂扬向上的精神状态。再次,创新是文化现代化的生命力。面对世界范围各种思想文化的激荡,中国特色的社会主义文化必须贯彻"百花齐放、百家争鸣"的方针,立足于改革开放和建设现代化的实践,着眼于世界文化发展的前沿,发扬民族文化的优秀传统,汲取世界各民族的长处,不断创新。

"三个代表"重要思想除了在上述五个方面丰富和发展了科学社会主义理论之外,还围绕"建设什么样的党、如何建设党"丰富发展了马克思主义的建党

---

① 《江泽民文选》第 3 卷,人民出版社 2006 年版,第 200 页。

理论。胡锦涛在学习《江泽民文选》报告会上指出："三个代表"重要思想提出了关于中国共产党是中国工人阶级的先锋队、同时是中国人民和中华民族的先锋队的思想，关于坚持立党为公、执政为民的思想，关于坚持把加强党的思想理论建设放在首位、不断推进马克思主义的中国化的思想，关于加强党的执政能力建设、改革和完善党的领导方式和执政方式的思想，关于坚持民主集中制、以党内民主带动人民民主的思想，关于大力培养忠诚于马克思主义、坚持走中国特色社会主义道路、会治党治国的政治家的思想，关于领导干部一定要讲学习、讲政治、讲正气的思想，关于始终保持党同人民群众的血肉联系、不断增强党的阶级基础和扩大党的群众基础的思想，关于治国必先治党、治党务必从严的思想，关于反对腐败是关系党和国家生死存亡的严重政治斗争的思想，等等。这些重大思想，是在新的历史条件下对马克思主义党建理论的重大发展，为把党建设成为用邓小平理论武装起来、全心全意为人民服务、思想上政治上组织上完全巩固、能够经受住各种风险、始终走在时代前列、领导全国人民建设中国特色社会主义的马克思主义政党，指明了前进方向和现实途径。

总之，"三个代表"重要思想，在马克思列宁主义的指导下，在邓小平理论的基础上，更为全面、更为系统地回答了中国特色社会主义的发展道路、发展阶段、发展战略、根本目的、根本任务、发展动力、依靠力量、国际战略等重大问题，深化了我们党对人类社会发展规律、社会主义建设规律和执政党执政规律的认识，丰富和发展了科学社会主义理论。

贯彻"三个代表"重要思想本质在坚持执政为民

江泽民在阐述"三个代表"重要思想时,特别强调,贯彻"三个代表"要求,本质在坚持执政为民。这一重要论述回答了马克思主义执政党的本质定位、执政资格、执政功能和为谁执政等问题,为党在新的历史条件下全面加强和改进自身建设,保持党的先进性,全面推进建设有中国特色社会主义伟大事业,领导全国人民实现中华民族的伟大复兴,提供了理论指导。

一、坚持执政为民,是由中国共产党的性质决定的

所谓"执政为民",从根本上讲就是要求我们党的一切执政活动,都要从人民的意愿和利益出发,把为人民谋取利益当作最根本的目的。具体来说,就是我们党的理论、路线、纲领、方针、政策和各项工作必须是符合人民群众的愿望、要求和代表人民利益的;我们党的组织构成和干部队伍必须是同人民群众紧密联系的,来自人民,服务人民;我们党的作风必须是理论联系实际、密切联系群众、批评与自我批评的;我们党的执政方式必须是民主的、科学的,有利于调动人民积极性而不是损害人民积极性的。

坚持执政为民,是由我们党的性质决定的。政党是社会政治制度发展到一定阶段而产生的社会政治组织。任何一个政党都是一定阶级利益的政治代表。立党为公,还是立党为私,是无产阶级政党和其他政党的根本区别。早在一个半世纪以前,马克思、恩格斯就在《共产党宣言》中明确指出:"无产阶级的运动是绝大多数人的、为绝大多数人谋利益的独立的运动。"[①]共产党人"没有任何同整个无产阶级的利益不同的利益",[②]"共产党人为工人阶级的最近的目的和利益而奋斗,但是他们在当前的运动中同时代表运动的未来"。[③] 一百多年来,世界社会主义运动经历了曲折复杂的发展过程,从马克思、恩格斯《共产党宣言》的发表,到俄国十月革命的胜利,第一个社会主义国家苏联的建立,到 20 世纪四五十年代社会主义运动的蓬勃发展,再到 20 世纪 80 年代末 90 年代初东欧剧变、苏联解体。综观这些错综复杂的现象,总结深刻的经验教训,可以清楚地看到:

---

① 《马克思恩格斯选集》第 1 卷,人民出版社 1995 年版,第 283 页。
② 《马克思恩格斯选集》第 1 卷,人民出版社 1995 年版,第 285 页。
③ 《马克思恩格斯选集》第 1 卷,人民出版社 1995 年版,第 306 页。

无产阶级政党的立党之本和最高准则是代表最广大人民的根本利益。什么时候很好地代表了最广大人民的根本利益,党就兴旺发达,就能赢得人民群众的拥护和爱戴;什么时候脱离群众,就会在党与人民群众之间出现裂痕,从而动摇其群众基础。

中国共产党自诞生之日起,就把广大人民群众的利益当作最高利益,把实现最广大人民的利益当作最高行动准则。中国共产党章程明文规定"中国共产党是中国工人阶级的先锋队,是中国各族人民利益的忠实代表","党除了工人阶级和最广大人民群众的利益外,没有自己特殊的利益。党的纲领和政策,正是工人阶级和最广大人民群众的根本利益的科学表现"。①党的三代中央领导集体曾对如何保持党的性质不变作过一系列重要论述。1941年底毛泽东同志曾明确指出:"共产党是为民族、为人民谋利益的政党,它本身决无私利可图。它应该受人民的监督,而决不应该违背人民的意旨。它的党员应该站在民众之中,而决不应该站在民众之上。"②1945年,毛泽东在党的七大报告中还提出了党的工作标准:"共产党人的一切言论行动,必须以合乎最广大人民群众的最大利益,为最广大人民群众所拥护为最高标准。"③在改革开放新时期,邓小平一再强调要尊重群众,热爱人民,时刻关注最广大人民群众的利益和愿望。他曾明确提出,全党要始终把人民"拥护不拥护""赞成不赞成""高兴不高兴""答应不答应"作为制定各项方针政策的出发点和归宿,为人民做好事、办实事。他反复强调,十一届三中全会以来确定的党的基本路线和一系列方针政策不能变,也变不了,因为实践证明是正确的,是行之有效的,是受到人民群众拥护的,如果改变,老百姓不答应。世纪之交,江泽民强调:"全党同志的一切工作都是全心全意为人民服务的,都是为了实现好、发展好和维护好人民的利益。"江泽民要求广大党员:"任何时候我们都必须坚持尊重社会发展规律与尊重人民历史主体地位的一致性,坚持为崇高理想奋斗与为最广大人民谋利益的一致性,坚持完成党的各项工作与实现人民利益的一致性。"④上述党的三代领导核心的论述,深刻地表明了党的全部工作都是为了人民群众的利益。

中国共产党建党以来,始终把代表最广大人民的根本利益作为自己的庄严使命。我们建党的目的,就是为了中国人民从压迫和苦难中解放出来,获得真正当家作主的权力;我们党发展、壮大的过程,就是为中国最大多数人的利益英勇奋斗的过程。我们党夺取政权,巩固政权,实行改革开放政策,解放和发展生产

---

① 《十二大以来重要文献选编》上,人民出版社1986年版,第67页。
② 《毛泽东选集》第3卷,人民出版社1991年版,第809页。
③ 《毛泽东选集》第3卷,人民出版社1991年版,第1096页。
④ 《江泽民文选》第3卷,人民出版社2006年版,第279页。

力,建设有中国特色的社会主义,都是为了人民群众的根本利益。正如江泽民所说:"八十年来我们党进行的一切奋斗,归根到底是为了最广大人民的利益。"①

面向未来,面对我们党肩负的历史重任,面对国际国内各种复杂因素的影响和各种风险的考验,我们党只有始终坚持执政为民,才能始终保持党的工人阶级先锋队的性质,才能始终保持党的先进性,才能不断增强党的阶级基础和扩大党的群众基础,不断提高党的社会影响力,进而不断巩固党的执政基础。

二、坚持执政为民,是我们党全心全意为人民服务的宗旨决定的

历史是人民创造的,人民是历史活动的主体。人民的根本利益同社会的前进方向相一致。人民的意愿代表着时代的精神,反映着历史的潮流,决定着社会前进的方向。人民是我们党的生命之根、力量之源、胜利之本,是我们党执政的基础。党来自人民,代表人民;人民哺育了党,支持着党;脱离了人民群众,党的生命也就停止了。中国共产党从成立之日起,就把全心全意为人民服务作为根本宗旨和行为准则。坚持全心全意为人民服务的宗旨,始终代表最广大人民的根本利益是党的三代领导核心始终如一、一以贯之的共同主张。1945年,毛泽东在党的七大报告中曾指出:"我们共产党人区别于其他任何政党的又一个显著的标志,就是和最广大的人民群众取得最密切的联系。全心全意地为人民服务,一刻也不脱离群众。"②新中国成立后,毛泽东曾反复强调,我们的一切工作干部,不论职位高低,都是人民的勤务员,我们所做的一切,都是为人民服务。1956年11月,邓小平在会见国际青年代表团时曾明确指出:"中国共产党员的含意或任务,如果用概括的语言来说,只有两句话:全心全意为人民服务,一切以人民利益作为每一个党员的最高准绳。"③在改革开放新时期,邓小平又多次强调:不论党执政的环境发生什么变化,党的全部任务就是全心全意为人民群众服务,时刻不能淡忘全心全意为人民服务的宗旨。邓小平坚持历史唯物主义的基本观点,一再强调:中国共产党之所以能够领导人民群众,正因为,而且也仅仅因为,它是人民群众的全心全意的服务者,它反映人民群众的利益和意志,并且努力帮助人民群众组织起来,为自己的利益和意志而斗争。20世纪90年代以来,江泽民在不同时间、不同场合,从讲政治的高度反复重申了为人民服务的重要意义。他在党的十五大报告中强调:"加强党的作风建设,根本的是坚持全心全意为人民服务的宗旨,充分发挥党密切联系群众的优势。"并指出:"我们党来自人

---

① 《江泽民文选》第3卷,人民出版社2006年版,第279页。
② 《毛泽东选集》第3卷,人民出版社1991年版,第1094~1095页。
③ 《邓小平文选》第1卷,人民出版社1994年版,第257页。

民,植根于人民,服务于人民。建设有中国特色社会主义全部工作的出发点和落脚点,就是全心全意为人民谋利益。"[①]

党的三代领导核心之所以如此强调坚持党的全心全意为人民服务的宗旨,是因为:宗旨问题,关系到人心向背,关系到党的兴衰存亡。历史反复证明,得民心则兴,失民心则亡。过去是这样,现在是这样,将来也是这样。任何一个政党、任何一个政权都不可能摆脱这个规律。中国共产党成立以来的历史,就是全心全意为人民服务,为人民利益不懈奋斗的历史。党在不同历史时期的工作重点和任务会随着情况的变化而变化,但是党的宗旨、党的奋斗目标、党的性质等是始终不变的。在革命战争年代,广大共产党员浴血奋战,是为了让中国人民摆脱水深火热的生活,实现民族独立和人民翻身解放;我们进行社会主义建设,探索有中国特色社会主义道路,是为了尽快发展社会生产力,实现国家富强和人民幸福。正是因为我们党始终坚持全心全意为人民服务的宗旨,历史和人民才最终选择了中国共产党;正是因为我们党始终做人民利益的忠实代表,才赢得了广大人民群众的信赖和坚定支持,才在前进的道路上克服了重重困难,不断从胜利走向胜利。全心全意为人民服务,诚心诚意为人民谋利益,从人民群众中吸取前进的不竭力量,这是我们党取得革命胜利和建设发展的根本保证和根本经验。

在改革开放和发展社会主义市场经济的新的历史条件下,能不能坚持执政为民,是对我们党的新的考验。党执政的一切活动,都要归结到立党为公、执政为民上来,都要体现到全心全意为人民服务的宗旨上来。只有坚持执政为民,真正把群众的呼声当作第一信号,把群众的需要当作第一选择,把群众的利益当作第一考虑,把群众是否满意当作第一标准,善谋富民之策,多做利民之事,我们党才能不断经受新的考验,夺取新的胜利,创造新的辉煌。

三、坚持执政为民,是社会主义国家权力的性质所决定的

中国共产党作为执政党,要执好政,掌好权,用好权,必须正确认识党所执掌的社会主义国家权力的性质。我国是工人阶级领导的、以工农联盟为基础的人民民主专政的国家。同历史上一切剥削阶级的政权相反,社会主义国家的一切权力属于人民,人民是国家的主人。人民依照法律规定,通过各种途径和形式管理社会事务。共产党的领导是代表人民利益、执行人民意志的领导。人民群众在我国社会中的主人翁地位和根本作用,不仅为我国历史和现实社会发展所证明,而且已由国家根本大法所明确规定。

人民政权为人民,共产党受政于民,必须坚持执政为民。马克思主义经典作

---

① 《江泽民文选》第2卷,人民出版社2006年版,第45页。

家和我们党的老一辈无产阶级革命家,对如何保证社会主义国家政权不变质、保证人民的权力始终用来为人民服务,作了一系列重要论述。巴黎公社诞生后,马克思明确指出,"公社的真正秘密就在于:它实质上是工人阶级的政府",①国家机关工作人员是社会的公仆,是人民的勤务员。十月革命前后,列宁指出,苏维埃共和国的"国家权力直接属于普遍武装的工人和农民自己"。十月革命后,列宁着重强调:"只有相信人民的人,只有投入生气勃勃的人民创造力泉源中去的人,才能获得胜利并保持政权。"②在我国抗日战争时期,毛泽东就曾强调,中国共产党的权力是"人民给的","人民要解放,就把权力委托给能够代表他们的、能够忠实为他们办事的人,这就是我们共产党人"。③ 党执政以后,不少党员、干部对执政的实质并不真正了解,有的同志不能摆正"主人"与"公仆"的关系,自觉不自觉地把自己摆在"主人"的位置,把人民赋予的权力当作高踞于群众之上的特权;有的同志不能正确处理对党负责和对人民负责的关系,常常是唯上是从,忽视了对人民负责的一面。个别人甚至为了迎合上级领导即使牺牲人民利益也在所不顾。对此现象,邓小平特别强调:在执政条件下,共产党员必须正确对待手中的权力。他说:我们进了城,执了政,是做官呢,还是当人民的勤务员呢? 如果不是做官,而是当人民的勤务员,那就要以普通劳动者的面貌出现,平等待人。他告诫我们党:共产党员没有超乎人民群众之上的权力,没有向人民群众实行恩赐、包办、强迫命令的权力,更没有在人民群众头上称王称霸的权力。他曾深刻指出:"群众是我们力量的源泉","如果哪个党组织严重脱离群众而不能坚决改正,那就丧失了力量的源泉,就一定要失败,就会被人民抛弃"。④

党的十三届四中全会以来,江泽民从巩固党的执政地位、维护国家长治久安的战略高度,多次强调共产党人要牢固树立正确的权力观,坚持执政为民。他明确指出:我国是社会主义国家,中国共产党的执政地位、社会主义国家的一切权力,都是来自于人民的。"人民是我们国家的主人,是决定我国前途和命运的根本力量"。领导干部必须始终将人民赋予的权力用来为国家和人民谋利益,而绝不能把它变成谋取个人或少数人私利的工具。"我们共产党人全部工作的出发点和归宿,都是为人民谋利益。这是我们的立党之本、执政之基。政治问题主要是对人民群众的态度问题,同人民群众的关系问题。"⑤江泽民不断告诫全党特别是党员领导干部:"历史和现实都表明,一个政权也好,一个政党也好,其前

---

① 《马克思恩格斯文集》第3卷,人民出版社2009年版,第158页。
② 《列宁全集》第33卷,人民出版社1985年版,第57页。
③ 《毛泽东选集》第4卷,人民出版社1991年版,第1128页。
④ 《邓小平文选》第2卷,人民出版社1994年版,第368页。
⑤ 《江泽民文选》第2卷,人民出版社2006年版,第365页。

途命运最终取决于人心向背,不能赢得最广大群众的支持,就必然垮台。"①这些论断,极其深刻地说明了在新形势下坚持群众路线、密切党群关系、巩固党执政的群众基础的重要性。

中国共产党发展壮大的历史证明,中国共产党的领导地位是在党和群众的相互依存关系中,在党和群众的密切联系中得以巩固和加强的。党的领导权威的强弱与党群关系密切的程度是正比的关系。中国共产党的领导地位不是自封的,而是党与中国人民同甘共苦,在创造中华民族现代历史新篇章的过程中努力奋斗的结果,是广大人民群众追求光明、自由和幸福的慎重选择。它符合中国社会历史发展的客观规律,是历史的结论。正因为此,中国人民才获得了"没有共产党就没有新中国"这样的共识。新中国成立以来,国际上风云变幻,国内矛盾错综复杂,加上我们自己的失误,甚至犯了"文化大革命"那样的错误,但是我们党始终处于执政地位。这正是由于党在长期艰苦奋斗的过程中,坚持执政为民,与人民群众建立了密切的联系,群众相信我们党,即使在犯错误的时候,也寄希望于我们党。党的力量源泉和胜利之本,就在于她与广大群众有着血肉相连的密切关系。也正是在这种关系中,党的执政地位才得以形成、巩固和发展。世界上一些老牌执政党相继丧失执政地位,一个带根本性的原因是他们执掌的政权背离了人民的意志和利益。这是历史教训,也是客观规律。

中国共产党作为中国工人阶级和中国人民、中华民族的先锋队,负有组织和领导人民群众的责任。但说到底,党是人民群众的公仆和代表,受人民的重托行使权力,这个权力只能用来为人民服务,否则,就丧失了执掌权力的资格。我们的政权是人民的政权,是依靠人民群众建立和巩固的,这就决定了我们的政权必须为人民谋利益,否则,就丧失了政权的群众基础。执政为民,造福人民,当人民的勤务员,是共产党员义不容辞的天职。党只有在政治上集中人民群众的意志,反映人民群众的愿望,服从人民群众的利益,才能赢得人民群众的信任。在新的历史条件下,中国共产党要巩固自己的执政地位,就一定要牢固确立一切为了人民,一切着眼于人民的思想,为人民掌好权,用好权。党的一切执政活动,都要从人民的意愿和利益出发,把为人民谋取利益当作最根本的目的。自觉运用人民赋予的权力,为国家的安全、发展和富强服务,为人民群众的团结、富裕和安宁服务。

四、贯彻"三个代表"要求,本质在执政为民

"三个代表"是我们党的立党之本、执政之基、力量之源,是加强和改进党的

---

① 《江泽民文选》第3卷,人民出版社2006年版,第129页。

建设、推进我国社会主义制度自我完善和发展的强大理论武器。"三个代表",虽各有侧重,但说到底,都是为了人民。"三个代表"是紧密联系、相互依存、辩证统一的整体,是衡量一个政党是否具有先进性的基本准绳。先进生产力是推动人类社会发展的最终决定力量,从根本上决定和影响着先进文化的形成和发展,为文化发展提供物质基础。"代表中国先进生产力的发展要求",最终是为了满足人民群众日益增长的物质生活需要;先进文化是人类文明进步的结晶,反映着生产力发展水平,是推动人类社会前进的精神动力,对先进社会生产力的发展起着巨大的促进作用,"代表中国先进文化的前进方向",最终是为了满足人民群众日益增长文化生活需要。代表最广大人民的根本利益,是代表先进社会生产力和先进文化的根本所在和归宿。无论是发展先进社会生产力,建设社会主义物质文明,还是发展先进文化,建设社会主义精神文明,其目的都是实现广大人民群众的根本利益,这是我们党的立党之本、执政之基、力量之源。能不能解放和发展生产力,增强国家经济实力,提高人民群众的物质生活水平,关系着党的事业的兴衰成败;能不能大力加强精神文明建设,繁荣中国特色社会主义文化,满足人民群众日益增长的精神生活需求,同样关系到党的事业的兴衰成败。"坚持执政为民",最集中地体现了中国共产党的价值观和权力观,最生动地反映了党的执政目的,最鲜明地体现了社会主义国家政权与其他国家政权的本质区别。坚持执政为民,就实现了"三个代表"的最高价值;坚持执政为民,就真正坚持了党的先进性;坚持执政为民,就体现了社会主义国家权力运用的正确方向。因此,贯彻"三个代表"要求,必须紧紧抓住坚持执政为民这个本质。

坚持执政为民,关键在于落实。面向未来,在执政、改革开放和发展社会主义市场经济等诸多考验面前,我们党要真正做到执政为民,有以下几点是必须重视的:

第一,加强理论学习,坚定理想信念,树立共产主义的远大理想和建设中国特色社会主义的共同理想,增强贯彻党的基本路线和根本宗旨的自觉性和坚定性。只有掌握科学理论,坚定理想信念,才能真正代表中国先进生产力的发展要求,代表中国先进文化的前进方向,实现、维护和发展人民群众的根本利益。执政为民,不仅要有执政为民的觉悟,还要掌握执政为民的本领,每一个共产党员必须深入学习马克思列宁主义、毛泽东思想和邓小平理论,深刻理解"三个代表"重要思想的科学内涵,不断提高思想政治素质;必须努力学习各种现代知识,不断提高驾驭市场经济的能力;必须主动向人民群众学习,善于从群众中吸取智慧,不断丰富实践经验,努力提高领导现代化建设的水平。

第二,把发展作为执政兴国的第一要务,始终把体现人民群众的意志和利益作为一切工作和方针政策的出发点和归宿。执政为民的最重要的体现,就是使党的理论、路线、纲领、方针、政策和各项工作符合历史发展规律，符合人民的意愿，从而不断促进生产力发展，促进社会文明进步，使人民群众得到实惠，不断实现他们的经济、政治、文化利益。在社会主义初级阶段，要把富民作为工作的第一目标，把心思和精力集中在带领群众致富上；要切实关心群众疾苦，把群众的安危冷暖时刻挂在心上，怀着深厚的感情，真心实意地帮助他们解决实际困难。要通过一件件具体工作和实实在在的行动，把最广大人民群众的切身利益实现好、保护好、发展好，使人民群众不断获得社会发展进步带来的切实利益。

第三，树立正确的权力观。人民赋予我们的权力，只能用来为人民服务，为人民谋利益。没有人民的支持和拥护，我们党就不可能取得政权，党的各级领导干部也不可能掌握权力；离开人民的支持和拥护，已经取得的政权也会丢掉。把权力视作为人民服务的手段，还是谋取私利的工具，是衡量权力观正确与否的分水岭。领导干部要摆正权力与责任的关系，为人民掌好权，用好权。自觉运用人民赋予的权力，为国家的安全、发展和富强服务，为人民群众的团结、富裕和安宁服务，而绝不能把手中权力变成牟取个人或少数人私利的工具。要像江泽民所说的那样："深怀爱民之心，恪守为民之责，善谋富民之策，多办利民之事"，坚持执政为民，当好人民的公仆。

第四，加强作风建设，密切联系群众。我们党的最大政治优势是善于组织群众、宣传群众、联系群众。党成为执政党后的最大的危险是脱离人民群众。建设中国特色社会主义事业，是亿万人民群众广泛参与的创造性事业。人民群众是先进生产力和先进文化的创造主体，也是实现自身利益的根本力量。执政为民，必须坚定不移地坚持党的群众路线，尊重人民群众的首创精神，倾听人民群众的呼声，反映人民群众的意愿，集中人民群众的智慧和力量，最大限度地调动广大群众的积极性，团结和带领群众去发展我们的各项事业。要时刻牢记："在任何时候任何情况下，与人民群众同呼吸共命运的立场不能变，全心全意为人民服务的宗旨不能忘，坚信群众是真正英雄的历史唯物主义观点不能丢。必须始终把体现人民群众的意志和利益作为我们一切工作的出发点和归宿，始终把依靠人民群众的智慧和力量作为我们推进事业的根本工作路线。"①

第五，坚决惩治腐败，搞好廉政建设。党员干部中的腐败问题，实质上就是某些党员干部背离党的全心全意为人民服务的宗旨，脱离人民群众，滥用手中权力，以权谋私，损害广大人民群众利益的问题，它是目前党的建设中存在的最突出问题，也是群众意见最大、反映最强烈的热点问题。只要党内存在腐败现象，就很难密切党同群众的关系，真正做到执政为民。我们每个党员和干部只有廉

---

① 《江泽民文选》第3卷，人民出版社2006年版，第271页。

洁奉公,秉公办事,不以权谋私,坚持不懈地同腐败现象作斗争,积极参与和推动廉政建设,才能形成强大的力量,才能有效地制止和克服消极腐败现象,使我们的党在人民群众中树立起崇高的威信。

江泽民强调:"贯彻'三个代表'要求,关键在坚持与时俱进,核心在保持党的先进性,本质在坚持执政为民。"①只要我们全党同志按照"三个代表"的要求,永远与人民群众心连心,立党为公,执政为民,我们党就能始终与时俱进,不断保持党的先进性,我们党的执政基础就坚如磐石。

---

① 《十五大以来重要文献选编》下,人民出版社 2003 年版,第 2413 页。

江泽民经济建设思想研究

党的十三届四中全会以后,以江泽民为核心的党的第三代中央领导集体高举邓小平理论伟大旗帜,始终坚持党的思想路线和党在社会主义初级阶段的基本路线,从我国实际出发,提出了一系列关于中国特色社会主义经济建设的新思想、新观点、新论断。这些思想集中体现在《江泽民文选》和其他重要著述之中,对于继续指导我们全面建设小康社会、加快社会主义现代化建设步伐,具有重要的现实意义和深远的历史意义。

一、坚持从中国实际出发,始终强调坚持以经济建设为中心谋发展

中国是一个发展中国家,能不能解决好发展问题,直接关系最广大人民的利益,关系到国家的长治久安。中国是一个社会主义国家,能不能解决好发展问题,直接关系到社会主义事业的兴衰成败。江泽民在领导我国经济社会发展的实践中,坚持从中国实际出发,就当代中国发展问题作出了一系列重要论述。

发展是党执政兴国的第一要务。江泽民强调:"继续解决我国经济社会生活中存在的矛盾,提高我们抵御各种风险的能力,实现第三步战略目标,要靠发展;解决台湾问题,完成祖国统一大业,要靠发展;反对霸权主义和强权政治,履行我们维护世界和平和促进各国共同发展的国际责任,不断增强我国在国际事务中的作用,也要靠发展。"①

发展必须以发展先进生产力为根本任务。大力促进先进生产力的发展,是我们党站在时代前列,保持先进性的根本体现和根本要求。科学技术是先进生产力的集中体现和主要标志。创新是一个民族进步的灵魂,是一个国家兴旺发达的不竭动力,是一个政党永葆生机与活力的源泉。发展先进生产力,必须坚持发挥科学技术作为第一生产力的重要作用,加快建设国家创新体系,加速科技成果向现实生产力的转化,促进社会生产力跨越式发展;发展先进生产力,必须进一步解放生产力,自觉调整和改革生产关系同生产力、上层建筑同经济基础不相适应的方面和环节。江泽民指出:"全党同志无论在什么岗位上,都要对自己所从事的工作经常加以检查和总结,看看是不是符合先进生产力的发展要求,符合的就毫不动摇地坚持,不符合的就实事求是地纠正。这样,才能充分体现共产党

① 《江泽民文选》第3卷,人民出版社2006年版,第118页。

人的先进性和时代精神。"①

发展必须以经济建设为中心。江泽民反复强调要坚持以经济建设为中心。1991 年,在庆祝中国共产党成立 70 周年大会上讲话指出:"在社会主义现代化建设中,我们始终要以经济建设为中心。党和国家的各项工作都必须服从和服务于经济建设这个中心,而不能离开这个中心,更不能干扰这个中心。"②1994 年 11 月,江泽民在亚太经济合作组织第二次领导人非正式会议上指出:"经济优先已成为世界潮流,这是时代进步和历史发展的必然。当前,对每个国家来说,悠悠万事,唯经济发展为大。发展不但关乎各国国计民生、国家长治久安,也关系到世界和平安全,经济的确越来越成为当今国际关系中最首要的关键因素。"③1996 年 3 月,他进一步明确指出:"党的十一届三中全会确定以经济建设为中心。这是我们党在深刻总结历史经验基础上作出的战略决策,实践已经充分证明这个决策是完全正确的⋯⋯集中力量把经济搞上去,实现中国的现代化,本身就是最大的政治。所以,无论形势发生怎样的变化,除了发生大规模的外敌入侵,坚持以经济建设为中心,这一条是绝对不能动摇的。"④

发展要善于抓住机遇,珍惜机遇,用好机遇。对于中国这样的发展中大国来说,错失机遇,经济发展就会受到阻滞;抓住机遇,就能赢得发展空间。江泽民深刻分析了我们党和国家面临的新形势,敏锐地指出,综观全局,21 世纪头 20 年,对我国来说,是一个必须紧紧抓住并且可以大有作为的重要战略机遇期。一定要有主动精神和忧患意识,抓住机遇而不可丧失机遇,开拓进取而不可因循守旧,集中全党全国人民的智慧和力量,聚精会神搞建设,一心一意谋发展。

发展是分阶段、分步骤的。20 世纪 90 年代,江泽民对实现第三步战略目标进行了前瞻性的战略思考,在党的十五大报告中初步勾画了实现第三步战略目标的蓝图。十五届五中全会进一步提出,从新世纪开始,我国将进入全面建设小康社会、加快推进社会主义现代化的新的发展阶段。在十六大上,江泽民深刻阐述了全面建设小康社会的奋斗目标,深化了邓小平关于分阶段、分步骤地实现我国社会主义现代化的战略思想。

二、深化改革,明确经济体制改革的目标是建立社会主义市场经济

党的十一届三中全会以后,随着改革开放的深入,中国共产党人不断深化对计划和市场及其相互关系的认识。1992 年 6 月,江泽民根据邓小平南方谈话精

---

① 《江泽民文选》第 3 卷,人民出版社 2006 年版,第 274 页。
② 《江泽民文选》第 1 卷,人民出版社 2006 年版,第 161 页。
③ 《江泽民文选》第 1 卷,人民出版社 2006 年版,第 414 页。
④ 《江泽民文选》第 1 卷,人民出版社 2006 年版,第 514 页。

神,明确提出了"社会主义市场经济体制"的概念。在党的十四大上,江泽民进一步强调,"实践的发展和认识的深化,要求我们明确提出,我国经济体制改革的目标是建立社会主义市场经济体制,以利于进一步解放和发展生产力"。[①] 这使得多年来争论不清的关于计划与市场的关系,在认识上和实践上取得了重大突破,是对社会主义经济理论的创造性发展。

社会主义市场经济体制是同社会主义基本经济制度结合在一起的,不能脱离社会主义搞市场经济。江泽民明确指出:"我们搞的是社会主义市场经济,'社会主义'这几个字是不能没有的,这并非多余,并非'画蛇添足',而恰恰相反,这是'画龙点睛'。所谓'点睛',就是点明我们市场经济的性质。"[②]一方面,要使我国经济富有活力和效率,必须充分发挥市场在资源配置中的基础性作用,利用市场提高资源配置效率,激发经济活力。另一方面,要克服市场存在的自发性、盲目性和滞后性,"国家必须对市场活动加以正确指导和调控"。加强和改善宏观调控,要完善政府经济调节、市场监管、社会管理和公共服务职能,完善国家计划和财政政策、货币政策等相互配合的宏观调控体系,综合运用经济杠杆进行调节,在国家宏观调控下充分发挥市场配置资源的基础性作用。

根据社会主义市场经济体制的特性,提出了社会主义市场经济体制的基本框架。其中包括:坚持以公有制为主体、多种所有制经济共同发展的基本经济制度,毫不动摇地巩固和发展公有制经济,毫不动摇地鼓励、支持和引导非公有制经济发展;建立以按劳分配为主体,效率优先、兼顾公平的收入分配制度,鼓励一部分地区一部分人先富起来,走共同富裕的道路;大力推进国有企业改革和发展,转变政府管理经济的职能,建立全国统一开放的市场体系和以间接手段为主的完善的宏观调控体系;建立健全同经济发展水平相适应的社会保障体系;长期稳定并不断完善以家庭承包经营为基础、统分结合的农村双层经营机制;等等。

三、扩大开放,适应经济全球化要求,不断提高对外开放的水平

进入 20 世纪 90 年代,江泽民紧紧把握经济全球化加快的趋势,强调中国要发展、要进步、要富强,就必须进一步扩大对外开放,吸收和借鉴一切先进的东西。封闭就要落后,落后就要挨打。

提出要扩大对外开放的地域和领域。江泽民指出,要"继续办好经济特区、沿海开放城市和沿海经济开放区。扩大开放沿边地区,加快内陆省、自治区对外开放的步伐。以上海浦东开发开放为龙头,进一步开放长江沿岸城市","加速

---

① 《江泽民文选》第 1 卷,人民出版社 2006 年版,第 226 页。
② 《江泽民论有中国特色社会主义(专题摘编)》,中央文献出版社 2002 年版,第 69 页。

广东、福建、海南、环渤海地区的开放和开发",①特别强调要积极推动中西部地区的对外开放。

强调要提高对外开放水平和层次。江泽民强调,"要着眼于提高国民经济的素质和效益,增强综合国力和国际竞争力,坚持贯彻积极合理有效利用外资的方针"。② 要"把利用外资与国内经济结构调整、国有企业改组改造结合起来,鼓励跨国公司投资农业、制造业和高新技术产业"。③ 同时,要"正确处理对外开放同独立自主、自力更生的关系,维护国家经济安全"。④

明确提出实施"引进来"和"走出去"相结合的对外开放战略。江泽民强调指出,"'引进来'和'走出去',是我们对外开放基本国策两个紧密联系、相互促进的方面,缺一不可"。⑤实践证明,实施"走出去"战略,是逐步形成我们自己的大型企业和跨国公司的重要途径,也有利于增强我国经济发展的动力和后劲,促进长远发展。

加入世贸组织,标志着我国对外开放进入了一个新的阶段。江泽民深刻阐明了我国加入世贸组织的原则。实践证明,加入世贸组织,有利于扩大对外开放,为我国赢得更好的国际环境,有利于促进经济体制改革和经济结构的战略性调整,增强我国经济发展活力和国际竞争力,总体上符合我国的根本利益和长远利益。江泽民还强调,在对外开放的过程中,要始终注意维护国家的主权和经济社会安全,注意防范和化解国际风险的冲击。抓紧完善相关法律法规,建立有效的监管机制,始终保持对关键行业、关键领域的控制力。在我们这样的社会主义大国搞现代化建设,必须处理好坚持自力更生和扩大对外开放的关系,把立足点放在依靠自己力量的基础上。江泽民的这些重要论述,对我们全面提高对外开放水平,在更大范围、更广领域和更高层次上参与国际经济技术合作和竞争,具有重要的指导意义。

四、总揽全局,推动国民经济持续快速健康发展

江泽民指出:我国现代化建设必须遵循速度和效益相统一的原则,走出一条既有较高速度又有较好效益的国民经济发展的路子。

提高经济运行的质量和效益,关键是解决结构不合理的问题。江泽民强调:

---

① 《江泽民文选》第 1 卷,人民出版社 2006 年版,第 230 页。
② 《江泽民文选》第 2 卷,人民出版社 2006 年版,第 91 页。
③ 《江泽民文选》第 3 卷,人民出版社 2006 年版,第 551 页。
④ 《江泽民文选》第 2 卷,人民出版社 2006 年版,第 27 页。
⑤ 《江泽民文选》第 2 卷,人民出版社 2006 年版,第 92 页。

"对经济结构的问题,认识早、调整快,就主动;见事迟、调整慢,就被动。"[1]"不把这件事抓好,就难以实现经济体制和经济增长方式的根本性转变,也难以在二十一世纪更趋激烈的国际竞争中占据有利地位。"[2]进行经济结构战略性调整,要根据我国经济发展的状况,考虑世界科学技术加快发展和国际经济结构加速重组的趋势。

扩大内需是我国经济发展长期的、基本的立足点。面对国际市场日趋激烈的竞争和世界经济的复杂变化,立足国内需求,可以使我国经济发展有较大的回旋余地,增强抵御国际经济风险的能力。要坚持扩大国内需求的方针,根据形势需要实施相应的宏观经济政策。调整投资和消费关系,逐步提高消费在国内生产总值中的比重。

走新型工业化道路是我国加快实现工业化和现代化的必然选择。走新型工业化道路,就是要坚持以信息化带动工业化,以工业化促进信息化,走出一条科技含量高、经济效益好、资源消耗低、环境污染少、人力资源优势得到充分发挥的路子。要正确处理高新技术产业和传统产业、资金技术密集型产业和劳动密集型产业的关系。

大力实施科教兴国战略。科教兴国,就是全面落实科学技术是第一生产力的思想,坚持教育为本,把科技和教育摆在经济、社会发展的重要位置,增强国家科技实力及向现实生产力转化的能力,提高全民族的科学文化素质,把经济建设转到依靠科技进步和提高劳动者素质的轨道上来。

把可持续发展放在十分突出的地位。坚持可持续发展,就是既要考虑当前发展的需要,又要考虑未来发展的需要,实现经济社会和人口资源环境的协调发展。江泽民指出:"经济发展,必须与人口、资源、环境统筹考虑,不仅要安排好当前的发展,还要为子孙后代着想,为未来的发展创造更好的条件,决不能走浪费资源和先污染后治理的路子,更不能吃祖宗饭、断子孙路。"[3]

把"三农"放在经济工作的首位,统筹城乡发展。农业、农村、农民问题,始终是我国革命、建设和改革的根本问题。江泽民指出:"我国的基本国情决定了,抓住农村这个大头,就有了把握经济社会发展全局的主动权。"[4]统筹城乡经济社会发展,建设现代农业,发展农村经济,增加农民收入,是全面建设小康社会的重大任务。要促进农业富余劳动力向非农产业和城镇转移,引导农村劳动力合理有序流动。坚持大中小城市和小城镇协调发展,走中国特色的城镇化道路,

① 《江泽民文选》第3卷,人民出版社2006年版,第119页。
② 《江泽民文选》第2卷,人民出版社2006年版,第434页。
③ 《江泽民文选》第1卷,人民出版社2006年版,第532页。
④ 《江泽民文选》第2卷,人民出版社2006年版,第207页。

逐步提高城镇化水平,发挥好城市对农村发展的带动作用。继续推进农村税费改革,千方百计增加农民收入,减轻农民负担,保护农民利益。

实施西部大开发战略,促进区域协调发展。实施西部大开发是落实邓小平"两个大局"战略思想的重大举措。江泽民指出,"实施西部地区大开发,是全国发展的一个大战略、大思路","从现在起,这要作为党和国家一项重大战略任务,摆到更加突出的位置"。① 他号召通过几十年乃至整个 21 世纪的艰苦努力,建设经济繁荣、社会进步、生活安定、民族团结、山河秀美的西部地区。

正确处理现代化建设中的重大关系,加强统筹兼顾,促进协调发展。江泽民在党的十四届五中全会上指出,"在推进社会主义现代化建设的过程中,必须处理好各种关系,特别是若干带有全局性的重大关系","目的是在总结历史经验的基础上,努力把握客观规律,统一全党认识,团结全国各族人民,调动一切积极因素,加快社会主义现代化建设"。② 在这次全会上,江泽民还提出在我国改革开放和现代化建设新形势下需要处理好的"十二大关系",体现了充分调动各方面积极因素、妥善处理各种利益关系、注重相互促进共同发展、着力加强经济社会发展薄弱环节等思想。江泽民特别强调,要正确处理改革发展稳定的关系,要把改革的力度、发展的速度和社会可承受的程度统一起来,在社会稳定中推进改革发展,通过改革发展促进社会稳定。

---

① 《江泽民文选》第 2 卷,人民出版社 2006 年版,第 341 页。
② 《江泽民文选》第 1 卷,人民出版社 2006 年版,第 460 页。

江泽民发展繁荣哲学社会科学思想探析

党的十三届四中全会以来,江泽民对发展繁荣哲学社会科学作了一系列重要论述。尤其是新世纪初,他先后于 2001 年 8 月、2002 年 4 月、2002 年 7 月、2002 年 11 月,在北戴河、中国人民大学、中国社会科学院和党的十六大报告中四次就发展繁荣哲学社会科学发表重要讲话。这些讲话,内容丰富,思想深刻,系统地阐述了我国哲学社会科学对实现社会主义现代化和中华民族伟大复兴的战略意义,科学地回答了我们应当建设什么样的哲学社会科学以及如何发展哲学社会科学等一系列重大问题,丰富和发展了马克思列宁主义、毛泽东思想、邓小平理论关于哲学社会科学的学说。这些讲话构成一个整体,是繁荣和发展我国哲学社会科学的宏伟纲领。

一、哲学社会科学的地位和作用

繁荣发展哲学社会科学,始终是我们党的一项战略任务。我们党的三代领导核心毛泽东、邓小平、江泽民都把这项工作放在关系党的事业兴旺发达、关系社会主义前途命运的高度来认识和强调。毛泽东历来把党的理论建设,包括社会科学研究,看作是革命事业的重要组成部分。早在革命战争年代,毛泽东就指出:"指导一个伟大的革命运动的政党,如果没有革命理论,没有历史知识,没有对于实际运动的深刻的了解,要取得胜利是不可能的。"[①]邓小平要求全党必须高度重视社会科学研究工作。他强调,我们国家要实现现代化,要赶超世界先进水平,从何着手呢,要从科学和教育着手。科学当然包括社会科学。他还强调,思想理论战线上的同志,都应当是人类灵魂的工程师,在整个社会主义现代化建设事业特别是社会主义精神文明建设过程中,他们所担负的责任尤其重大。在新的历史时期,江泽民对哲学社会科学的地位和作用作了更深入的论述,始终强调要把发展繁荣哲学社会科学摆在十分重要的战略地位。

第一,哲学社会科学能对社会实践产生巨大作用。1991 年 6 月,江泽民在《加强党的理论建设》一文中指出:"理论问题,不管是自然科学理论,还是社会科学理论,都很重要。从自然科学来讲,比如爱因斯坦的相对论是一个很大的突破,使 20 世纪的原子能科学以及微电子科学,发生了一场革命,从而极大地推动

---

① 《毛泽东选集》第 2 卷,人民出版社,1991 年版,第 533 页。

了生产的发展。从社会科学来讲,马克思主义在 19 世纪中叶产生以来,在工人运动中得到广泛传播。19 世纪末 20 世纪初,马克思主义发展到列宁主义阶段。列宁根据资本主义发展不平衡的规律,得出社会主义革命有可能首先在几个或单独一个国家胜利的结论。他领导的俄国十月革命的胜利,使社会主义变成活生生的现实,开辟了人类历史新纪元。所以,无论是自然科学的发展,还是社会科学的发展,一旦形成新的理论,就会直接或间接地对实践产生巨大的作用。"①1994 年,江泽民在与出席全国党校工作会议的同志座谈时指出:"一个党、一个国家、一个民族,特别是像我们这样一个大党、大国和人口众多的民族,如果没有科学理论的武装和各种新知识的掌握,就不可能有真正的腾飞,不可能有现代化的前途。"②在考察中国社会科学院时,他再次强调,建设有中国特色社会主义,需要在实践和理论上不懈进行探索,不断在实践的基础上提出创新的理论,用发展着的理论指导实践。在这个实践和理论的双重探索中,哲学社会科学具有不可替代的重要作用。

第二,哲学社会科学的发展对于推进社会的全面发展具有不可替代的作用。在北戴河讲话中,江泽民指出:"哲学社会科学,是人们认识世界、改造世界的重要工具,是推动历史发展和社会进步的重要力量。哲学社会科学的研究能力和成果,也是综合国力的重要组成部分。"因此,"加强哲学社会科学研究,对党和人民事业的发展极为重要。一个民族要兴旺发达,要屹立于世界民族之林,不能没有创新的理论思维。这是人类文明发展史给人们的一个重要启示。"③在考察中国社会科学院时,江泽民再次强调,建设中国特色社会主义,应是我国经济、政治、文化全面发展的进程,是我国物质文明、政治文明、精神文明全面建设的进程。哲学社会科学建设,是社会主义精神文明建设的重要组成部分,又是为推进社会主义社会的物质文明、政治文明、精神文明建设服务的。我们不仅要大力发展自然科学,而且要大力发展哲学社会科学,并用这些方面的知识来全面提高全体人民的思想道德素质和科学文化素质。

第三,哲学社会科学对于实现人的全面发展具有十分重要的作用。在考察中国人民大学时,江泽民指出:"哲学社会科学,主要是帮助人民解决世界观、人生观和价值观,解决理论认识和科学思维,解决对社会发展、社会管理规律的认识和运用的科学。"④这里的"三个解决"充分表明,哲学社会科学的发展对于促进人的全面发展,推进社会的全面进步具有不可替代的作用。正因为如此,江泽

① 江泽民:《论党的建设》,中央文献出版社 2001 年版,第 21 页。
② 江泽民:《论党的建设》,中央文献出版社 2001 年版,第 145 页。
③ 《江泽民论有中国特色社会主义(专题摘编)》,中央文献出版社 2002 年版,第 275 页。
④ 《江泽民论有中国特色社会主义(专题摘编)》,中央文献出版社 2002 年版,第 276 页。

民强调："掌握必备的哲学社会科学知识,对于人们正确认识纷繁复杂的社会现象,提高道德素养和精神境界是十分重要的,对于领导干部特别是高级干部学会讲政治、懂全局,驾驭复杂形势、研究战略策略、提高领导水平更是十分重要的。"①

第四,在治党治国、建设社会主义政治文明的实践中,哲学社会科学发挥着理论保障和智力支持的作用。哲学社会科学对于推动党的建设、党和政府决策的民主化和科学化、社会管理的法制化,发挥着重要的咨询和参谋作用。广大领导干部掌握哲学社会科学知识,有助于深化对社会主义现代化建设规律的认识,有助于提高驾驭复杂局势的能力,有助于提高领导水平。江泽民强调:"积极发展哲学社会科学,这对于坚持马克思主义在我国意识形态领域的指导地位,对于探索有中国特色社会主义的发展规律,增强我们认识世界、改造世界的能力,有着重要意义。"②因此,我们全党和全国各族人民要不断提高认识,统一思想,高度重视哲学社会科学在治党治国和建设中国特色社会主义事业中的巨大作用。

第五,哲学社会科学与自然科学同样重要,自然科学的发展离不开哲学社会科学,哲学社会科学的发展离不开自然科学。人类社会发展的历史表明:自然科学与哲学社会科学犹如车之两轮,鸟之两翼,同等重要。自然科学研究上的伟大发现有助于人们推进哲学社会科学研究的发展,而人们对自然科学的研究、评价和应用都离不开哲学社会科学的引导和制约,社会科学的发展促进人类认知水平的提高,直接或间接地推动自然科学的发展。1995年5月,江泽民在全国科学技术大会上明确指出:"科学当然包括社会科学。自然科学是人类认识和改造自然的科学。社会科学是人类认识和改造社会、促进社会进步的科学。"③他认为:"当代科学技术的发展,使得自然科学、技术与社会科学之间相互影响、渗透,联系愈来愈紧密,由此产生的综合学科、交叉学科层出不穷,社会经济和科技已经形成一个复杂的大系统。自然科学的发展丰富了社会科学理论。马克思主义的科学世界观和方法论,对自然科学研究有重要指导作用。我们提倡社会科学工作者要注意学习自然科学知识,自然科学工作要注意学习社会科学知识。我们要在实现中国社会主义现代化的伟大事业中,加强自然科学和社会科学的紧密结合,深刻认识并掌握当今经济和社会发展的内在规律,运用科学的理论和方法去指导实践。"④2001年7月,江泽民在北戴河讲话中用"四个同样重要"概括了自然科学与哲学社会科学的关系,即"哲学社会科学与自然科学同样重要,

---

① 《江泽民论有中国特色社会主义(专题摘编)》,中央文献出版社2002年版,第276页。
② 《十五大以来重要文献选编》上,人民出版社2000年版,第37页。
③ 《江泽民文选》第1卷,人民出版社2006年版,第434页。
④ 《江泽民文选》第1卷,人民出版社2006年版,第434页。

培养高水平的哲学社会科学家与培养高水平的自然科学家同样重要,提高全民族的哲学社会科学素质与提高全民族的自然科学素质同样重要,任用好哲学社会科学人才并充分发挥他们的作用与任用好自然科学人才并充分发挥他们的作用同样重要。我们实施科教兴国战略,包括自然科学和社会科学两个方面。哲学社会科学工作者与自然科学工作者要互相学习,优势互补,密切合作,共同进步"。①

正是由于哲学社会科学具有其他科学不可替代的作用,江泽民在考察中国人民大学时提出了"五个高度重视":"我们要始终高度重视哲学社会科学在治党治国和建设有中国特色社会主义事业中的巨大作用,高度重视哲学社会科学领域高等教育的改革和发展,高度重视改善哲学社会科学研究和人才培养的条件,高度重视哲学社会科学研究领域重大课题的攻关,高度重视为哲学社会科学发展作出杰出贡献的学者的成就和作用。"②在党的十六大报告中,江泽民再次强调:"坚持社会科学和自然科学并重,充分发挥哲学社会科学在经济和社会发展中的重要作用。"③

江泽民的以上论述,非常鲜明地突出了哲学社会科学独特的地位和作用,这对于各级党委和政府更加重视哲学社会科学工作,对于广大哲学社会科学工作者更加努力地做好科研工作具有重要的指导意义。

二、发展繁荣哲学社会科学的主要任务、根本途径和衡量尺度

究竟如何发展繁荣哲学社会科学,江泽民在一系列讲话中作了重要论述。

第一,哲学社会科学的根本任务是认识世界、传承文明、创新理论、咨政育人、服务社会。这是江泽民对我国哲学社会科学所担负的历史使命和社会职责作出的最新科学概括。所谓认识世界,就是要加强对社会历史现象及其发展规律的研究,在现阶段尤其要加强对人类社会发展规律、社会主义建设规律和执政党建设规律的研究,加深人们对"三大规律"的科学认识。在考察中国社会科学院时,江泽民指出:"要推进改革开放和现代化建设,要把建设有中国特色社会主义事业不断推向前进,就必须深入了解社会,不仅要深入了解中国社会,还要全面了解世界这个大社会;不仅要了解社会发展的历史,而且更重要的是要研究当今社会发展的现实问题。"④为此,他提出了繁荣发展哲学社会科学的具体任务,即加强理论研究和理论创新,加强哲学、经济学、政治学、国际政治和经济、法

① 《江泽民论有中国特色社会主义(专题摘编)》,中央文献出版社 2002 年版,第 275 页。

② 《江泽民论有中国特色社会主义(专题摘编)》,中央文献出版社 2002 年版,第 276~277 页。

③ 《十六大以来重要文献选编》上,中央文献出版社 2005 年版,第 836 页。

④ 《江泽民考察中国社会科学院发表重要讲话强调 大力加强我国哲学社会科学建设 为有中国特色社会主义事业服务》,《人民日报》2002 年 7 月 17 日。

学、历史学、民族学、新闻学、人口学、社会学、文学、语言学、考古学等各学科的研究。要大力加强对各门传统学科的研究,大力加强对各门新兴学科和交叉学科的研究,大力加强各门学科的理论和体系的建设,大力加强各门学科的方法和手段的建设。

所谓传承文明,就是哲学社会科学既要立足于中国又要面向世界,既要努力继承和弘扬中华民族的优秀文化又要积极学习和借鉴各国人民创造的有益文化成果。在考察中国人民大学时,江泽民还指出:"中华文化博大精深,为人类文明进步作出了不朽的贡献,我们应结合时代精神加以继承和发展。同时,我们要拓展眼光,积极吸取人类文明的一切优秀成果。"①所谓创新理论,就是充分重视哲学社会科学的理论成果对经济社会发展的重要指导作用。江泽民多次强调,我们的改革和建设一刻也离不开理论的指导,离不开哲学社会科学的发展。他在担任党中央总书记不久就指出:"鉴于世界和中国的许多新情况、新问题,鉴于我们党在中国社会主义建设中担负的重大责任和在国际共产主义运动中所处的重要地位,有必要把学习和研究马克思主义基本理论,在马克思主义指导下研究和探讨当代重大的政治、经济、社会理论问题,作为一项紧迫任务,提到全党面前。"②"哲学社会科学应努力回答实践中面临的新问题,适应变化着的时代条件,做到'去就有序,变化有时'。"③他希望广大哲学社会科学工作者要勇于探索,勤于思考,努力为推进理论和实践的发展作出自己的贡献。

所谓咨政育人,就是哲学社会科学一方面要注意对人民群众创造的新鲜经验进行科学总结和理论概括,不断深化对当代中国经济和社会发展规律的认识,为党和政府的决策服务,为改革开放和现代化建设服务,另一方面要帮助人们解决理想信念、价值追求问题,不断提高全民族的思想道德素质和科学文化素质,不断为社会主义现代化提供大批高素质的优秀人才和强大的智力支持。

所谓服务社会,就是哲学社会科学必须为社会发展服务,广大哲学社会科学工作者应深入改革开放和社会主义现代化建设的实践,努力对全局性、前瞻性的重大课题作出科学的理论回答。要努力使我国哲学社会科学的发展成为我们正确认识世界和改造世界,推动理论创新和先进文化发展,促进党和国家决策的科学化民主化,推进改革开放和现代化建设的重要力量。

第二,发展哲学社会科学的根本途径:坚持解放思想、实事求是,与时俱进,勇于创新。坚持党的思想路线,解放思想、实事求是、与时俱进,是我们党先进性

---

① 《江泽民论有中国特色社会主义(专题摘编)》,中央文献出版社 2002 年版,第 277~278 页。
② 《十三大以来重要文献选编》中,人民出版社 1991 年版,第 630 页。
③ 《江泽民论有中国特色社会主义(专题摘编)》,中央文献出版社 2002 年版,第 277 页。

和增强创造力的决定性因素。坚持解放思想,实事求是,这是发展哲学社会科学的内在要求和必由之路。与时俱进是马克思主义的理论品质,也是我国哲学社会科学保持蓬勃活力的重要保证。

1995 年,江泽民在全国科学技术大会上明确指出:"科学的思维、科学的态度、科学的方法,其本质就是解放思想、实事求是。邓小平同志善于运用科学思维和方法,坚持解放思想、实事求是,为我们树立了光辉的典范。我们要以邓小平同志为榜样,坚持解放思想、实事求是的思想路线,在尊重科学规律、继承前人理论和经验的基础上,勇于创新,不断在实践中认识真理、发展真理。"①

在考察中国社会科学院时,江泽民同志再次强调:要坚持解放思想、实事求是。解放思想、实事求是的思想路线,是我们党的生命线。在新形势下进行理论创新,必须始终不渝地坚持这一思想路线,坚持勇于追求真理和探索真理的革命精神。只有坚持解放思想,实事求是,与时俱进,我国哲学社会科学才能蓬勃发展、充满活力。

坚持解放思想、实事求是、与时俱进,必须根据实践的要求不断进行创新。创新是一个民族的灵魂,是一个国家兴旺发达的不竭动力。创新,包括理论创新、制度创新、科技创新、文化创新以及其他各方面的创新。其中理论创新是基础,是关键。其他一切创新都是在理论创新的指导和推动下进行的。要使党和国家的事业不停顿,首先理论上不能停顿。江泽民要求,广大哲学社会科学工作者要勇于探索,勤于思考,努力为推进理论和实践的发展做出自己的贡献。他希望广大哲学社会科学工作者要增强创新意识,在推动理论创新、制度创新、科技创新方面不断取得新的成绩。

第三,衡量哲学社会科学发展的根本尺度:是否体现了"三个代表"要求。实践是检验真理的唯一标准,衡量哲学社会科学理论创新成效的根本标准是实践。马克思、恩格斯早就说过,他们的理论是行动的指南,而不是教条。马克思主义的生命力,就在于它在实践中不断创新。马克思主义理论的每一次重大突破,社会主义实践的每一次历史性飞跃,都是马克思主义基本原理与具体实践相结合进行理论创新的结果。在进入 21 世纪的今天,在建设中国特色社会主义的实践中,我们也应当清楚地意识到,为了把改革开放和社会主义现代化事业推向前进,唯一正确的原则,是用实践去发展"本本",而绝不能拿"本本"去框现实。在党的十五大报告中,江泽民强调:"一定要以我国改革开放和现代化建设的实际问题、以我们正在做的事情为中心,着眼于马克思主义理论的运用,着眼于对

① 《江泽民文选》第 1 卷,人民出版社 2006 年版,第 438~439 页。

实际问题的理论思考,着眼于新的实践和新的发展。"①这一个"中心"、三个"着眼于",其实质是强调必须坚持实践第一,在实践的检验和推动中学习理论、发展理论、创新理论,繁荣哲学社会科学。

江泽民将实践标准具体化为"三个代表"要求,即"是否体现了中国先进生产力的发展要求、中国先进文化的前进方向和中国最广大人民的根本利益,是衡量我国哲学社会科学性质、方向和发展水平的根本尺度。"②他要求广大哲学社会科学工作者要不断增强贯彻"三个代表"要求的自觉性和坚定性。

三、发展和繁荣哲学社会科学的指导思想和基本方针

发展繁荣哲学社会科学,必须坚持科学的指导思想和正确的方针。江泽民在几次讲话中,对发展和繁荣哲学社会科学的指导思想和基本方针作了重要论述。

第一,发展繁荣哲学社会科学必须坚持马克思列宁主义、毛泽东思想、邓小平理论的指导地位。江泽民在考察中国社会科学院时强调:"要坚持以马克思主义为指导。这是我国哲学社会科学沿着正确方向健康发展的根本保证。坚持以马克思主义为指导,最重要的是要善于把马克思主义的基本原理同中国的实际相结合,不断推进马克思主义的中国化,在实践中丰富和发展马克思主义。"③为什么哲学社会科学的发展要始终坚持以马克思主义为指导呢?怎样才能坚持以马克思主义为指导呢?江泽民对此作过一系列重要论述。

首先,坚持马克思列宁主义、毛泽东思想和邓小平理论的指导地位,是我们立党立国的根本,也是社会主义文化建设的根本,决定着我国文化事业的性质和方向。江泽民指出,精神文明建设包括哲学社会科学必须"始终坚持以马列主义、毛泽东思想和邓小平理论为指导,坚持科学的世界观和方法论"④。

其次,马克思主义是科学的世界观与方法论,从事哲学社会科学研究,必须掌握马克思主义的立场、观点和方法,树立科学的世界观。江泽民指出:"要强调结合我们当前实际生活中所遇到的一些问题,正确运用马克思主义的立场、观点、方法来认识问题。今后在社会科学理论方面,你可以有这样或那样的观点,但有一条是不能变的,是要统一的,就是都要用马克思主义的立场、观点、方法观察问题。"⑤

---

① 《十五大以来重要文献选编》上,人民出版社 2000 年版,第 495 页。

② 《江泽民论有中国特色社会主义(专题摘编)》,中央文献出版社 2002 年版,第 278 页。

③ 《江泽民考察中国社会科学院发表重要讲话强调 大力加强我国哲学社会科学建设 为有中国特色社会主义事业服务》,《人民日报》2002 年 7 月 17 日。

④ 《江泽民论有中国特色社会主义》,中央文献出版社 2002 年版,第 275 页。

⑤ 《十三大以来重要文献选编》中,人民出版社 1991 年版,第 587 页。

最后,在意识形态领域,社会主义思想不去占领,资本主义思想就必然会去占领。因此,"领导干部在原则问题上要旗帜鲜明,要注意分清一些基本界限。比如马克思主义同反马克思主义的界限,社会主义公有制为主体、多种经济成分共同发展同私有化的界限,社会主义民主同西方议会民主的界限,辩证唯物主义同唯心主义形而上学的界限,社会主义思想同封建主义、资本主义腐朽思想的界限,学习西方先进东西同崇洋媚外的界限,文明健康生活方式同消极颓废生活方式的界限,等等。"①只有在这些重大问题上分清是非界限,保持清醒头脑,坚持正确的政治方向和政治立场,及时排除各种错误思想倾向的干扰,才能保证马克思列宁主义、毛泽东思想特别是邓小平理论在哲学社会科学中的指导地位。

第二,发展繁荣哲学社会科学必须坚持"二为"方向和"双百"方针。江泽民在考察中国社会科学院时强调:哲学社会科学研究应坚持为人民服务、为社会主义服务的方向,坚持"百花齐放,百家争鸣"的方针。

中国特色的哲学社会科学必须是为人民服务、为社会主义服务的哲学社会科学。江泽民指出:"我们的文化必须坚持为人民服务、为社会主义服务,充分体现人民的利益和愿望,满足人民不同层次的、多方面的、丰富的、健康的精神需要,激发人民建设社会主义的积极性。"②他要求广大哲学社会科学工作者,要自觉地把为人民服务、为社会主义服务作为学术研究工作的根本出发点和价值取向。

"百花齐放,百家争鸣",是我们党繁荣和发展我国科学文化事业的基本方针,也反映了哲学社会科学发展的特点和规律。江泽民指出,在贯彻"双百"方针的过程中,要把学术问题与政治问题区别开来,把学术研究与理论宣传区别开来。"我们要在坚持四项基本原则的前提下,努力创造勇于探索和创新的活跃气氛,提倡不同学术观点、艺术流派的争鸣和切磋,提倡同志式的批评和反批评。"③政治理论宣传要有纪律,学术研究没有禁区。对思想认识问题要积极引导。对事关政治方向、事关重大原则的问题,要旗帜鲜明,分清是非,保证哲学社会科学沿着正确的方向发展。"我们反对用行政手段干预学术自由,对学术问题妄加评判,擅作结论。科学领域的真伪和是非,最终要靠实践去检验。"④在研究探索中,不同观点、不同学派通过争鸣,去粗取精、去伪存真,接近真理。这是哲学社会科学理论创新的重要环节。只有发扬学术民主,活跃学术空气,形成民主、团结、和谐、融洽的环境,哲学社会科学才能发展和繁荣。他要求广大哲学社

---

①　《十四大以来重要文献选编》中,人民出版社 1997 年版,第 1747 页。

②　《江泽民文选》第 1 卷,人民出版社 2006 年版,第 159 页。

③　《江泽民文选》第 1 卷,人民出版社 2006 年版,第 159 页。

④　《十三大以来重要文献选编》中,人民出版社 1991 年版,第 785 页。

会科学工作者振奋精神,敢于开拓新领域,敢于提出新观点,敢于创立新学派。

第三,发展繁荣哲学社会科学,必须坚持优良的学风。繁荣哲学社会科学,必须坚持优良的学风。在考察中国人民大学时,江泽民指出:"希望大家坚持严谨治学、实事求是,民主求实的学风。"他还对广大哲学社会科学工作者提出了几点具体要求:"要甘于寂寞,淡泊名利,力戒浮躁,潜心钻研;要认真读书,多思慎思,关注现实世界,学生学术积累;要厚积薄发,出精品,出上品;要加强团结、和谐合作,在学术研究中相互切磋,共同进步。"江泽民还对哲学社会科学工作者提出"五点希望",即希望哲学社会科学工作者增强创新意识,深入改革开放和现代化建设实践,既立足中国又面向世界,坚持严谨治学、实事求是、民主求实的学风和坚持用马克思主义的立场、观点和方法指导哲学社会科学发展。在考察中国社会科学院时,江泽民再次强调的学风问题。他指出,哲学社会科学工作者要坚持优良的学风。要坚持严谨而不保守,活跃而不轻浮,锐意创新而不哗众取宠,追求真理而不追逐名利。做人、做事、做学问相统一,是中华民族的优良传统。只有坚持老老实实地做人,踏踏实实地做事,扎扎实实地做学问,才能成为一名对祖国和人民有贡献的学问家 ①。

四、发展和繁荣哲学社会科学的根本保证

党的领导是哲学社会科学沿着正确方向前进的关键,是发展和繁荣哲学社会科学的根本保证。江泽民在考察中国社会科学院时的讲话中指出:"要坚持和改善党对哲学社会科学事业的领导。各级党委和政府都要加强对哲学社会科学研究工作的领导,加大支持力度,同时要认真研究和把握哲学社会科学研究工作的规律,改进领导方式,不断提高领导水平。要全面落实党的知识分子政策,尊重知识、尊重人才,充分调动广大哲学社会科学工作者的积极性、主动性和创造性,认真听取他们的意见和建议,重视他们的研究成果,关心他们的学习、工作和生活,做他们的知心朋友,为加快发展哲学社会科学多办实事。"②

对于如何加强党对哲学社会科学工作的领导,江泽民提出了十分明确的要求:

第一,重视哲学社会科学的发展。江泽民提出,各级领导要充分认识理论工作在社会主义现代化事业中的重要地位,真正在头脑中把理论放到重要位置上去,在进行重大决策时,要实现决策的科学化、民主化,应该主动请一些理论工作者来咨询、商量或组织论证,使社会科学的研究成果能够及时地运用到实际工作

---

① 《江泽民论有中国特色社会主义(专题摘编)》,中央文献出版社 2002 年版,第 277~278 页。
② 《江泽民考察中国社会科学院发表重要讲话强调 大力加强我国哲学社会科学建设 为有中国特色社会主义事业服务》,《人民日报》2002 年 7 月 17 日。

中去,并能有效地保证实际工作在理论的指导下顺利开展。

第二,要尊重知识,尊重人才。江泽民指出:"要很好地贯彻尊重知识、尊重人才的方针,努力创造民主舒畅、生动活泼、团结协作的环境,充分发挥这条战线广大知识分子的聪明才智,使优秀人才脱颖而出,特别是使青年人才更快更好地成长,逐步造就一大批在全国乃至国际上有影响的各类专门人才。对有突出贡献的,要特别爱护和珍惜。要设立若干种代表我们民族科学文化水平的、被社会视为崇高荣誉的奖励。"①

第三,改变领导方式。党对哲学社会科学的领导,最重要的是思想政治领导。历史经验表明,有了党在思想上、政治上的正确领导,哲学社会科学事业就健康发展,学术繁荣、文化昌明;反之,就会导致严重的思想混乱,甚至造成严重的社会后果。江泽民指出:"我这里说的加强领导,不是简单地发号施令,而是要根据社会科学工作的特点和规律,因势利导,为社会科学事业的繁荣创造条件,并保证其正确的发展方向。"②

第四,积极创造条件,建设一支强大的哲学社会科学队伍。发展繁荣哲学社会科学,归根到底要靠广大哲学社会科学工作者的不懈努力和创造性劳动。大力促进我国哲学社会科学事业的发展繁荣,必须充分发挥广大哲学社会科学工作者的作用。在北戴河讲话中,江泽民强调:"我国哲学社会科学事业的发展,需要造就一批用马克思主义武装起来、立足中国、面向世界、学贯中西的思想家和理论家,造就一批理论功底扎实、勇于开拓创新的学术带头人,造就一批年富力强、政治和业务素质好、锐意进取的青年理论骨干。"③在考察中国社会科学院时,江泽民再次强调:当今世界的人才竞争是全方位的,不仅包括领导人才、科技人才、管理人才的竞争,也包括文化人才的竞争,当然也就包括哲学社会科学人才的竞争。他指出:"建设有中国特色社会主义这项前无古人的伟大事业,要求我们必须建设一支强大的哲学社会科学队伍,中央也需要掌握一支从事哲学社会科学研究的专门队伍。"④江泽民要求:各级党委和政府,各组织人事部门、宣传部门、教育部门和各哲学社会科学研究机构、高等院校、党校等,要共同努力,进一步形成哲学社会科学人才培养、激励、选拔和任用的良好机制,促进哲学社会科学优秀人才茁壮成长。

总之,江泽民关于繁荣发展哲学社会科学的系列论述,系统回答了哲学社会科学的地位和作用,发展和繁荣哲学社会科学的根本任务、根本途径、衡量尺度、

① 《十四大以来重要文献选编》上,人民出版社1996年版,第660页。
② 参见《学术月刊》(上海)1998年第3期。
③ 《江泽民论有中国特色社会主义(专题摘编)》,中央文献出版社2002年版,第276页。
④ 《江泽民文选》第3卷,人民出版社2006年版,第490页。

指导思想、根本保证等问题,形成了比较完整系统的繁荣哲学社会科学思想。这些思想属于"三个代表"重要思想的重要组成部分,因而也属于中国特色社会主义理论体系的重要内容。这些重要思想对于我们今天繁荣发展中国指导社会科学具有重要的理论和现实意义。

第四编　科学发展观研究

科学发展观形成的社会历史条件分析

党的十六大以来,以胡锦涛为总书记的党中央紧密结合新世纪新阶段国际国内形势的发展变化,提出以人为本、实现科学发展、构建社会主义和谐社会、建设社会主义新农村、建设创新型国家、建设和谐文化、建立社会主义核心价值体系、树立社会主义荣辱观、推动建设和谐世界、加强党的先进性建设等重大战略思想。这些重大战略思想是我们党在邓小平理论和"三个代表"重要思想指导下取得的重要理论成果,是中国特色社会主义理论体系的重要组成部分。那么,这些新的理论成果是如何产生的呢?

一、中国经济社会发展进入新阶段,呼唤理论创新

从 1978 年开始,中国的改革开放走过了 30 多年的历史。在这 30 多年时间内,如果以领导人物作为划分时间的标志,则我们经历了邓小平时期、江泽民时期、胡锦涛时期,现在正处于习近平时期。

邓小平带领我们走进新时代。党的十一届三中全会开辟了改革开放和社会主义现代化建设的新道路,从此我们进入到一个新的历史时期。邓小平是这一时期的开辟者。邓小平成为党的第二代中央领导核心时,正逢中国百废待兴之时,是继续坚持"以阶级斗争为纲",将"无产阶级文化大革命"进行到底,还是再次向苏联学习,像赫鲁晓夫否定斯大林那样彻底否定毛泽东和毛泽东思想,还是根据中国国情另辟一条新路? 这是摆在邓小平及中国人面前的三大选择。邓小平以他的远见卓识、丰富政治经验和高超领导艺术,在千头万绪中首先抓住决定性环节,从端正思想路线入手进行拨乱反正,强调实事求是是毛泽东思想的精髓,旗帜鲜明地反对"两个凡是"的错误观点,支持和领导开展真理标准问题的讨论。正是在邓小平指导下,党的十一届三中全会重新确立了解放思想、实事求是的思想路线,确定把党和国家的工作重点转移到社会主义现代化建设上来,作出实行改革开放的重大决策。此后,邓小平响亮地发出了"走自己的路,建设有中国特色的社会主义"的伟大号召,领导我们党在新中国成立以来革命和建设实践的基础上,成功地走出了一条中国特色的社会主义的新道路。正是在积极探索中国特色社会主义道路的过程中,邓小平以其深厚的马克思主义理论修养和高瞻远瞩的政治远见,抓住什么是社会主义、怎样建设社会主义这个根本问题,深刻揭示了社会主义的本质,第一次比较系统地初步回答了在中国这样经济

文化比较落后的国家如何建设社会主义、如何巩固和发展社会主义等一系列基本问题,实现了马克思主义与中国实际相结合的又一次历史性飞跃,提出了许多对党和人民事业发展具有开创意义的思想,创立了邓小平理论。正是在邓小平理论的指导下,我们成功地实现了中国现代化"三步走"战略的第一步战略,解决了人民群众的温饱问题。

江泽民带领我们走向新世纪。党的十三届四中全会确立了以江泽民为核心的党的第三代中央领导集体。党的十三大以后,国际国内形势发生了广泛而深刻的变化。在国外,社会主义在世界范围内遇到了空前尖锐的挑战。20世纪80年代末发生了东欧剧变,90年代初发生了苏联解体。这些震惊世界的事件,是社会主义由理论变为实践以来遇到的最严重最深刻的危机。在国内,我们的改革发展也遇到了新的困难。政治上发生了政治风波;经济上发生了经济过热,进入了治理整顿阶段;体制改革上,国有企业的改革没有重大突破,国家的税制改革、金融体制和价格改革的滞后,形成了双重体制长期共存,摩擦很大,漏洞很多的状况,形势是十分严峻的。此时,中国向何处去? 到底是再次"以俄为师",走苏东剧变的道路,全面实现私有化,向资本主义方向发展,还是回到我们所熟悉的老路,再搞"以阶级斗争为纲",防止社会主义变质,还是继续走建设有中国特色的社会主义道路,并把它推向前进? 这是摆在第三代中央领导集体面前的又一个"三大选择"。以江泽民为主要代表的当代中国共产党人,高举马克思主义伟大旗帜,准确把握时代特征的新变化,科学判断我们党所处的历史方位,集中全党全国人民智慧,进一步回答了什么是社会主义、怎样建设社会主义的问题,创造性地回答了建设什么样的党、怎样建设党的问题,逐步形成了"三个代表"重要思想。"三个代表"重要思想同马克思列宁主义、毛泽东思想、邓小平理论是一脉相承而又与时俱进的科学体系,是马克思主义中国化的又一个重大理论成果。在江泽民时期,我们如期实现了中国现代化"三步走"发展战略的第二步战略目标,人民生活总体上实现了由温饱到小康的历史性跨越。我们初步建立了社会主义市场经济体制,基本实现了由高度集中的计划经济体制向社会主义市场经济体制的根本性转变;我们顺利地渡过了一个又一个难关,成功地把中国特色社会主义事业推向了21世纪。

如果说在邓小平时期我们走进了一个改革开放的新时代,江泽民时期我们走入充满希望和挑战的新世纪。那么,胡锦涛时期(2002—2012年),世界形势发生了新的变化,我国又进入到一个经济社会发展的新阶段。

从国际形势来看,这一时期是世界多极化和经济全球化的趋势继续深入发展的时期;是大国关系深刻变动,世界力量对比继续变化的时期;是科技进步日新月异,科技创新和技术扩散日益加快,国际产业重组和生产要素转移加快,区域经济一体化蓬勃发展,世界经济新一轮恢复和增长时期;是霸权主义和强权政治继续存在,影响世界和平与发展的不稳定不确定因素不断增多的时期;是世界经济发展不平衡加剧,围绕资源、市场、技术、人才的国际竞争日趋激烈,贸易壁垒和贸易摩擦明显增多的时期。在这个新阶段,虽然和平与发展的时代主题没有改变,但影响和平与发展的因素发生了新的变化。我们面临的仍是一个总体上有利于我国发展但不利因素也可能增多的环境。

从国内来看,这一时期是完成中国现代化"三步走"发展战略的第三步战略目标的承前启后的时期;是以信息化带动工业化,从农业社会向工业社会快速转变,尽快实现中国社会主义现代化的关键时期;是贯彻落实"三个代表"重要思想,全面建设惠及十几亿人口的更高水平的小康社会的时期;是继续坚持社会主义市场经济改革方向,进一步深化改革,不断完善社会主义市场经济体制的时期;是人均 GDP 从 1 000 美元到 3 000 美元的敏感发展时期。也就是说,我国经济社会发展进入到一个必须紧紧抓住并且可以大有作为的重要战略机遇期,也进入到一个社会矛盾和问题较为突出的矛盾凸显期。在这个阶段,虽然我国仍然处于社会主义初级阶段,且这一阶段的主要矛盾没有根本改变。这一阶段外部环境的新变化,内部矛盾和问题的新特点,改革发展面临的新任务,呼唤党的理论创新。

二、经济社会发展新阶段出现新情况,要求理论创新

在经济社会发展新阶段,我国呈现出一系列新特征,产生了一系列新矛盾和问题。尽管有些矛盾和问题,在世界各国具有普遍性,在不同国家相同社会发展阶段都有相似性,但这些矛盾和问题在当今中国有其特殊的表现形式,有明显的阶段性特征。正是面对新阶段的实际,在解决新阶段的矛盾和问题的过程中,以胡锦涛为总书记的党中央提出了一系列重大战略思想和重大战略任务。

第一,社会主义市场经济体制初步建立,但还不完善,改革处于攻坚阶段。经过 20 多年的改革,我国社会主义市场经济体制已经初步确立。改革开放的强大动力,使我们在较短时间内走完了发达国家上百年甚至几百年才走完的历程。但是,社会主义市场经济体制并不十分完善,生产力发展仍然面临诸多体制性、机制性障碍,改革进入攻坚阶段,体制创新任务艰巨,深化改革必然触及深层次矛盾和问题,全体人民共享改革成果的要求更加迫切。正因为如此,党的十六大以来党中央提出:必须正确分析形势和条件,不失时机地努力在一些重要领域和关键环节实现改革的新突破,通过深化改革提供强大动力和体制保障。要着力推进行政管理体制、国有企业改革、财税、金融、投资体制改革;不断提高改革决策的科学性、增强改革措施的协调性;要正确处理改革发展稳定的关系,把改革

的力度、发展的速度和社会可承受的程度统一起来,在社会稳定中推进改革和发展,通过改革和发展促进社会稳定,通过改革促进社会主义市场经济体制的完善。

第二,经济保持平稳较快增长,但瓶颈制约日益突出。1978—2005 年,我国GDP 从 3 624 亿元增长到 18.23 万亿元,年均增速超过 9.4%;财政收入从 1 132亿元增长到 3.16 万亿元;外贸进出口总额从 206 亿美元增长到 1.42 万亿美元;外汇储备从 1.67 亿美元增长到 8 189 亿美元;铁路、交通、电力等基础设施极大改善。2005 年,我国 GDP 位列世界前四位,外贸进出口总额居世界第三位,外商直接投资居世界第二位,国家外汇储备居世界第一位。这一切说明,我国改革开放所取得的成就是巨大的。但我们又必须看到,我国人口众多,人均资源占有量少,正处在工业化、城镇化、市场化、国际化程度不断提高的发展阶段,面临很大的资源环境压力。改革开放以来,我国经济增长基本建立在高消耗、高污染的传统发展模式上,一些地区以牺牲环境为代价实现经济增长,出现了比较严重的环境污染和生态破坏。中国在人均国内生产总值 400~1 000 美元的条件下,出现了发达国家人均国内生产总值 3 000~10 000 美元期间出现的严重环境污染。可以说,发达国家上百年工业化过程中分阶段出现的环境问题,在我国已经集中出现。特别是随着经济快速增长和人口不断增加,能源、水、土地、矿产等资源不足的矛盾越来越尖锐,资源利用、环境保护面临的压力越来越大。克服资源短缺的瓶颈,需要我们建立节约型社会;解决环境污染和生态破坏造成的矛盾和问题,需要我们建设环境友好型社会;促进人与自然的和谐,需要我们加强社会建设。

第三,农村改革进入新阶段,解决"三农"问题的任务仍然艰巨。农业、农村、农民问题始终是我国革命、建设、改革的根本问题。我们党领导革命、建设、改革取得的伟大成就,都是同高度重视解决"三农"问题密不可分的。改革开放以来,我们党制定的一系列正确方针政策,使农业得到加强、农村得到发展、农民得到实惠,为推动经济社会发展、保持社会稳定创造了重要条件。但必须看到,制约农业和农村发展的深层次矛盾尚未消除,促进农民持续稳定增收的长效机制尚未形成,农村经济社会发展滞后的局面尚未根本改变。全面建设小康社会,最艰巨最繁重的任务在农村。我们现在达到的小康还是低水平、不全面、发展很不平衡的小康,差距主要在农村。我国总体上进入以工促农、以城带乡的发展阶段。十六大以来,我们党提出建设社会主义新农村的战略思想和战略任务,就是为了发展好农村经济,建设好农民的家园,让农民过上宽裕的生活。

第四,科技事业不断发展,但自主创新能力亟待提高。创新是一个民族进步的灵魂,是一个国家兴旺发达的不竭动力。科学技术是第一生产力,是先进生产力的集中体现和主要标志,是推动人类文明进步的革命力量。改革开放以来,经过长期努力,我国科技实力有了显著提高,形成了比较完整的学科布局,培养了一支勇于攀登世界科技高峰的优秀科技队伍,部分重要领域的研究开发能力已跻身世界先进行列。同时,必须清醒地看到,当今时代,科学技术特别是战略高技术正日益成为经济社会发展的决定性力量,成为综合国力竞争的焦点。谁在知识和科技创新方面占据优势,谁就能在综合国力竞争中占据更有利的战略地位。而我国科技的总体水平同世界先进水平相比仍有较大差距,同经济社会发展的要求还有许多不相适应的地方。我们比以往任何时候都更加迫切地需要坚实的科学基础和有力的技术支撑,必须下更大的气力、做更大的努力,进一步深化科技体制改革,大力推进科技进步和科技创新。正是因为如此,以胡锦涛为总书记的党中央,从全面建设小康社会、开创中国特色社会主义事业新局面的全局出发,科学分析我国基本国情,全面判断我国战略需求,作出了推进自主创新、建设创新型国家的重大决策。

第五,人民生活总体上达到小康水平,现在达到的小康还是低水平的、不全面的、发展很不平衡的小康。具体表现在:一是城乡贫困人口和低收入人口尚有相当数量,仍有相当一部分人没有解决温饱问题,仍有一部分人没有彻底摆脱贫困,弱势群体中还有一部分人生活相当困难。二是贫富收入差距比较大。改革开放以来,在社会财富积累的同时,社会人群的分化同样也很迅速。贫富差距比较大,自 2003 年以来的 10 年间,我国的基尼系数一直处于较高水平,超过国际公认 0.4 的贫富差距警戒线。三是城乡之间、区域之间、阶层之间的不公正现象比较严重。教育投入和公共卫生投入不公平。2002 年全社会的各项教育投资是 5 800 多亿元,其中用在城市的占 77%,而占总人口数 60% 以上的农村人口,只获得了 23% 的教育投资。此外,包括就业、收入分配、社会保障、看病、生态环境保护、安全生产、社会治安在内的一些关系群众切身利益的问题亟待研究解决,全面满足人民群众日益增长的物质文化需要任务繁重。正是因为如此,我们党将构建社会主义和谐社会作为中国特色社会主义建设的重要战略任务,把提高构建社会主义和谐社会的能力作为加强党的执政能力建设的重要内容。

第六,协调发展取得显著成绩,但发展不平衡现象依然存在。社会主义社会是全面发展的社会,是经济政治文化协调发展的社会,是物质文明、政治文明、精神文明协调发展的社会。改革开放以来,我国经济政治文化都得到不同程度的发展,但出现了发展不平衡的状况。首先是经济与社会发展不平衡,出现了"一条腿长、一条腿短"即经济发展这条腿长、社会发展这条腿短的情况,社会事业发展迟缓。其次是城乡发展不平衡,农业和农村发展仍然处在艰难的爬坡阶段,农业基础设施脆弱、农村社会事业发展滞后、城乡居民收入差距扩大的矛盾依然突出。最后是区域发展不平衡,地区发展的差距在不断扩大。促进区域经济协调发展,实现东中西部地区互联互动、优势互补,逐步扭转区域发展差距扩大的趋势,成为全面建设小康社会必须认真解决的问题。正是为了解决经济与社会发展不平衡问题,我们党提出要加强社会建设的理论;正是为了解决城乡发展不平衡问题,我们提出了建设社会主义新农村的战略任务;正是为了解决区域发展不平衡问题,我们党进一步提出了坚持西部开发,振兴东北,促进中部崛起,鼓励东部加快发展,形成东中西互动、优势互补、相互促进、共同发展的新战略部署。也正是为了从总体上解决发展不平衡问题,我们党提出了科学发展、协调发展的战略思想。

第七,对外开放范围扩大、领域拓宽,但提高对外开放水平难度加大。进入新世纪以来,随着经济全球化趋势的深入发展和我国加入世界贸易组织,我国对外开放范围扩大、领域拓宽,我国经济逐步成为大国开放经济,国内经济和世界经济的相互联系、相互影响不断加深,新一轮技术革命所引发的国际分工和生产组织方式变化正对我国产生越来越大的影响,国内经济发展对国外资源和市场的依赖程度日益提高。我国经济的快速发展和综合国力的全面提升,对世界经济的影响也在逐步扩大。我国的宏观经济政策直接影响国际资本的流向,对重要商品价格也产生重大影响。还要看到,我国的和平发展明显受到大国势力的制约,敌对势力的渗透破坏活动威胁着我国的国家安全和社会稳定。这说明,我国经济社会发展面临的国际竞争日趋激烈,统筹国内发展和对外开放的要求更高,走和平发展道路面临的挑战更加严峻。正因为如此,我们党强调,必须树立全球战略意识,实施互利共赢的开放战略,着力转变对外贸易增长方式,全面提高对外开放水平。也正是因为如此,我们党强调,要高举和平、发展、合作的旗帜,坚定不移地走和平发展道路,通过争取和平的国际环境来发展自己,又通过自己的发展来促进世界和平,永远做维护世界和平、促进共同发展的坚定力量,推动建设一个持久和平、共同繁荣的和谐世界。

第八,政治文化建设成绩显著,但人民群众对民主政治和先进文化提出了更高要求。进入新阶段以来,我国社会主义民主政治不断发展,依法治国的基本方略进一步落实,社会主义文化更加繁荣。但是,随着社会生产力的发展和经济基础的变化,我国的社会心理状态也出现了新变化,人们思想活动的独立性、选择性、多变性、差异性明显增强。人民群众的参与意识、维权意识普遍增强,对加强民主法制的要求和变革社会管理体制的要求十分迫切,对保护产权和各项法律赋予的公民权利的要求也日益强烈。目前的问题是,在民主政治建设方面,我国建立的社会主义基本政治制度还不完善,党和国家现行的具体领导制度、组织形式和工作方式还存在一些缺陷;民主制度还不够健全,人民在社会主义市场经济条件下当家作主管理国家和社会事务、管理经济和文化事业的权利在某些方面还没有得到充分实现;有法不依、执法不严、违法不究的现象依然存在;对权力运行进行制约和监督的有效机制有待进一步完善;全社会的民主观念和法律意识有待进一步提高;公民有序的政治参与尚需扩大。在文化建设方面,经过20多年的改革开放,文化赖以生存和发展的经济基础、体制环境、社会条件发生了深刻变化。面对新形势新情况,文化发展与人民群众日益增长的精神文化、与全面建设小康社会的要求、与加入世界贸易组织之后的我国对外开放的新形势、与世界高新技术飞速发展和应用的形势都不相适应;我国现行文化体制还与社会主义市场经济体制不相适应。正是针对社会主义民主政治建设中存在的问题,胡锦涛提出要加强社会主义民主与法制建设的一系列新举措;正是针对文化建设中存在的问题,胡锦涛强调,要发展先进文化,建设和谐文化,树立以"八荣八耻"为主要内容的社会主义荣辱观。

第九,社会活力显著增强,但社会建设面临一系列新问题,社会稳定面临新挑战。改革开放以来,我国社会结构和社会组织形式发生深刻变化,社会活力显著增强,人民内部矛盾出现了新的情况,社会建设和管理面临一系列新课题。具体表现在:一是社会风险增大。人们因失业、疾病、工伤、失去劳动力、自然灾害而丧失生活来源和失去基本生活条件的可能性增大。二是社会政策缺失,社会保障脆弱。在市场化改革过程中,原有的农村保障体系随着集体经济的改革已基本解体;城镇中原有保障制度因其固有的种种问题,有些实行了转型,有些还未能很好地实现转型,许多劳动者还缺乏必要的社会保障。三是社会矛盾广泛存在。农民失地引起的社会矛盾加剧、拖欠和克扣职工工资和不及时足额发放退休工人退休金引起的社会矛盾、因违背劳动法引起的劳资冲突、大量的刑事犯罪、频发的大型生产事故、非法宗教的邪教活动、公共突发事件增多等,这些矛盾极大危及民众的生命财产安全。四是公共管理体制建设相对滞后。党政关系、政府和企业、党与政府同第三部门的关系等还没有理顺,中央和地方政府的管理责权也没有完全理顺;公共管理体制不健全,有效的管理体制还没有建立起来。五是各种消极腐败现象、各类犯罪活动和各种敌对势力的渗透破坏活动依然严重存在,给社会稳定与和谐带来的不利影响不可低估。解决这些问题,迫切需要加强社会建设。

此外,中国经济社会发展面临的新情况、新问题以及党的自身建设中存在的新问题,也需要我们继续加强党的执政能力建设,始终保持党的先进性。

党的十六大以来,以胡锦涛为总书记的党中央,正是着眼于党和人民事业发展的全局,准确把握时代特征和中国经济发展新阶段的国情,认真研究和回答我国社会主义经济建设、政治建设、文化建设、社会建设和党的建设面临的一系列重大问题,才形成了一系列重大战略思想。这些战略思想是马克思主义中国化的最新理论成果,是对经济社会发展一般规律认识的深化,是对马克思主义的丰富和发展。

科学发展观的科学内涵

学习实践科学发展观,必须准确把握科学发展观的科学内涵、历史地位和指导意义。为此,必须澄清理解科学发展观方面存在的几种模糊认识,弄清楚科学发展观与中国传统文化和西方发展观的关系,弄清楚科学发展观与马克思列宁主义、毛泽东思想、邓小平理论和"三个代表"重要思想的关系,弄清楚以人为本、全面协调发展与"以经济建设为中心"的关系。

一、科学发展观创造性地解决了实现什么样的发展、如何发展的问题,但科学发展观不只是解决了发展的世界观和方法论问题

党的十七大报告明确指出:科学发展观是对党的三代中央领导集体关于发展的重要思想的继承和发展,是马克思主义关于发展的世界观和方法论的集中体现,是同马克思列宁主义、毛泽东思想、邓小平理论和"三个代表"重要思想既一脉相承又与时俱进的科学理论,是我国经济社会发展的重要指导方针,是发展中国特色社会主义必须坚持和贯彻的重大战略思想。这是对科学发展观的历史地位和指导意义的权威界定。但我们在理解科学发展观的科学内涵时,还有以下几点需要引起特别的注意。

第一,理解科学发展观必须把广义和狭义两种理解结合起来。我们认为,科学发展观可以有广义和狭义两种理解:广义的科学发展观是指十六大以来我们党的所有理论创新成果,其标准表述是"科学发展观等重大战略思想"。狭义的科学发展观主要是指以人为本、全面协调可持续发展的发展观。我们通常讲科学发展观,第一要义是发展,核心是以人为本,基本要求是全面协调可持续,根本方法是统筹兼顾。这四句话是对狭义科学发展观的科学内涵、精神实质、根本要求的集中概括。同时,狭义的科学发展观又构成了广义科学发展观的核心内容。因此,在理解科学发展观的科学内涵时,不能只讲狭义科学发展观,这样会给人一种印象,科学发展观只是解决了发展的世界观和方法论问题。而应将广义和狭义科学发展观结合起来理解,广义科学发展观比狭义科学发展观有更为广泛的内容,它解决的是新世纪新阶段中国特色社会主义事业如何进一步发展的问题。

第二,理解科学发展观必须准确把握其与中国特色社会主义理论体系的关系。要清楚:其一,科学发展观是中国特色社会主义理论体系的重要组成部分;

其二,科学发展观是中国特色社会主义理论体系的最新成果,也是马克思主义中国化的最新成果;其三,科学发展观的研究主题是中国特色社会主义,它用一系列新思想、新观点、新论断丰富和发展了中国特色社会主义理论体系,把中国特色社会主义事业推向了一个新的发展阶段。因此,我们应把科学发展观放在整个中国特色社会主义理论体系中认识,从整个中国特色社会主义事业的发展来理解科学发展观的历史地位和指导意义,而不能只从发展这个角度来理解科学发展观。

第三,理解科学发展观必须准确把握其与邓小平理论和"三个代表"重要思想的关系。科学发展观与邓小平理论和"三个代表"重要思想共同构成了中国特色社会主义理论体系。从马克思主义中国化的历史进程看,科学发展观与邓小平理论和"三个代表"重要思想是一种递进关系,也是一种继承和发展关系;从中国特色社会主义理论体系的结构看,科学发展观与邓小平理论、"三个代表"重要思想是一种并列关系。这三大理论成果,有共同的思想基础,共同的研究主题。它们共同回答了"什么是马克思主义,如何对待马克思主义""什么是社会主义,如何建设社会主义""建设什么样的党,如何建设党"和"实现什么样的发展,如何发展"这四个基本问题,而不是分别回答某一个问题。这是我们党把这三大理论成果整合在一起的重要原因。因此,在理解科学发展观时,要特别注意澄清下列认识,即邓小平理论主要解决了什么是社会主义、怎样建设社会主义的问题;"三个代表"重要思想主要解决了建设什么样的党、如何建设党的问题;科学发展观主要解决了实现什么样的发展、如何发展的问题。这样理解,很容易割裂三大理论成果的联系,肢解中国特色社会主义理论体系。

二、科学发展观继承了中国传统文化中关于发展思想的精华,但不能用传统文化来解读科学发展观

在正确认识科学发展观的科学内涵时,我们必须承认,科学发展观与中国传统文化有十分紧密的联系,中国传统文化中蕴含着十分丰富的"民本""和谐""人与自然和睦相处"等思想,这些思想仍然具有十分重要的现代价值,也说明科学发展观的提出有着十分丰富的思想渊源。但我们认为,我们不能用传统文化来解释科学发展观。

我们必须承认,中国传统文化中蕴含着十分丰富的民本思想。早在千百年前,中国人就提出了"民惟邦本,本固邦宁""天地之间,莫贵于人",主张"民为贵,社稷次之,君为轻",强调"政之所兴,在顺民心;政之所废,在逆民心"。中国古代的民本思想,体现了朴素的重民价值取向,的确在一定程度上起到了缓和阶级矛盾、减轻人民负担的作用。今天我们常有人把"以人为本"描述成历史上的

"民本",有的学者甚至主张把以人为本直接改为以民为本。其实,我们今天强调的以人为本,虽然继承了中国古代的民本思想,但又与它存在着本质上的区别。民本思想中的"民",至多算是"臣民",它是相对于"君"、相对于统治者而言的。传统文化中的民本思想,其本质是为了维护封建统治阶级的统治地位,是实现"得民心、存社稷、固君位、达邦宁"的"驭民""治民"之术,其价值取向是君本位而非民本位。

我们也必须承认,我国历史上曾经产生过不少有关社会和谐的思想。早在西周时期,周太史史伯就提出了"和实生物,同则不继"的观点。春秋战国时期,诸子百家更是经常运用"和"的概念来阐发他们的哲学思想和文化理念。"和"的思想作为中华民族普遍具有的价值观念和理想追求,包括了和谐、和睦、和平、和善、祥和、中和等含义,蕴含着和以处众、和衷共济、政通人和、内和外顺等深刻的哲学思想和理念。中国传统文化中的和谐,在人与自然的关系上,强调"天人调谐";在人与社会的关系上,崇尚"合群济众";在人与人的关系上,要求"和睦相处";在各种文明的关系上,主张"善解能容""和而不同"。今天,在理解和谐社会的时候,有不少学者直接对其作了符合传统的解释。其实,古代社会中的和谐思想有许多与我们今天所强调的和谐有很大不同。比如说,古代强调的"天人合一"常被理解为人与自然的和谐,实际上"天人合一"的"天"首先指的是"天道"即规律,其次是"天子"即皇帝,最后才是指的自然。而且"天子"是"天道"的化身,是一种虚幻的东西。我们今天对"天人合一"思想完全作人与自然和谐的理解,是将其最不重要的思想放大了,或者说我们对"天人合一"作了完全现代的解释。另外,中国传统文化中也确实包含着社会和谐的思想,但与我们今天所说的和谐社会是有很大区别的。它所寻求的低水平的、封建社会的和谐,而非我们今天强调的高水平的、社会主义性质的和谐。而且他们追求的和谐,在生产力水平低下、存在私有制、存在阶级压迫和阶级剥削的旧制度下,是根本无法实现的。

三、科学发展观吸收借鉴了西方文化与西方发展观的积极成果,但不能对科学发展观作西方话语的解释

科学发展观的形成和发展的确吸收了国外文明成果,借鉴了国外发展经验。因此,我们不能脱离当今世界的发展孤立地考察科学发展观的形成和发展,但也不能对科学发展观作西方话语的解释。

有的学者认为,科学发展观中的以人为本,来源于近代西方人本主义。对此,我们是不能赞同的。近代西方人本主义反对迷信、崇尚科学,反对专制、崇尚自由,反对神权、张扬人性,对于反对封建主义、推进人的解放起到过一定的积极

作用。但是,西方人本主义,以个人为本位、以实现自我价值为基本追求,在处理人与人、个人与社会的关系上主张个人利益至上。同时,人本主义离开具体的历史条件,离开人的社会性,以抽象的、永恒不变的人性说明社会历史,在本质上是为资产阶级取得和维护统治地位服务的。马克思尖锐地批判了资产阶级人本主义,揭示了其唯心主义的本质,形成了历史唯物主义关于人的学说。我们今天强调的以人为本,坚持了历史唯物主义的基本立场和基本观点,体现了我们党立党为公、执政为民的本质要求;而西方人本主义站在唯心史观的立场上,体现了剥削阶级维护自身统治地位的需要,这是它们的根本区别。因此,我们不能用西方的人本主义来解释科学发展观的核心——以人为本。

有的学者认为,科学发展观直接来源于国外发展观,对此我们也不能赞同。第二次世界大战之后,国外发展观在不断演变。从 20 世纪 50 年代追求经济增长,到 60 年代追求经济增长和社会发展,再到 70 年代注重可持续发展,80 年代后期开始将发展看作人的基本需求逐步得到满足、人的能力发展和人性自我实现的过程,发展观越来越理性。尤其是 70 年代末 80 年代初,法国经济学家佩鲁出版了《新发展观》一书,强调发展应该是"整体的""综合的"和"内生的"。所谓"整体的",就是不仅要考虑人类整体的各个方面,而且要承认和兼顾各个方面的不一致性;所谓"综合的",就是要把发展的各种方面和各种因素聚集在一起,形成相互联系紧密依存的结构;所谓"内生的",就是强调一个国家的内部力量和资源及其合理的开发和利用。为了纠正传统发展观"见物不见人"偏向,佩鲁综合了"人的发展第一"和"基本需求战略"等观点,提出了发展应以人的价值、人的需要和人的潜力的发挥为中心,旨在满足人的基本需要,促进生活质量的提高和共同体每位成员的全面发展。① 这种把发展重心由客体移向主体的发展观,实现了发展观上的一个质的转变,体现了西方发展观的进步性。

但我们不能就此得出结论,科学发展观直接继承了西方发展观,只能说科学发展观反映了当代世界的发展理念,顺应了时代发展的潮流,是对人类社会发展经验的深刻总结和高度概括。如果我们直接用西方发展观来解释科学发展观,只能导致这样的结论:第一,科学发展观只是顺应了国外发展观的演变,因而谈不上什么新意。这不利于我们准确把握科学发展观的历史地位。第二,科学发展观的提出比西方国家新发展观晚了近 20 年,这是我们发展的一大失误,这不利于我们准确把握科学发展观提出的社会历史条件。第三,我们接下来的工作只是继续照搬西方发展模式罢了,因为西方已经比我们早做了 20 多年,积累了丰富的经验。这不利于我们准确把握科学发展观的指导意义。因此,我们必须

---

① 参见[法]弗朗索瓦·佩鲁:《新发展观》,张宁、丰子义译,华夏出版社 1987 年版。

结合中国实际,结合中国发展的阶段性来理解科学发展观提出的必然性和重要意义,而不能对科学发展观做完全西方化的理解。

四、科学发展观丰富和发展马克思主义发展观的精髓,但不能脱离中国实际空谈科学发展观对马克思主义发展理论的丰富和发展

科学发展观是我们党坚持以邓小平理论和"三个代表"重要思想为指导,立足社会主义初级阶段基本国情,深入分析我国发展的阶段性特征,总结我国发展实践,准确把握世界发展趋势,借鉴国外发展经验,适应新的发展要求提出来的。

科学发展观之所以把发展作为第一要义,是因为发展是解决所有问题的关键。进入新世纪以来,我国虽然发展速度较快,经济总量增长幅度较大,但人均国内生产总值还很低,社会主义初级阶段的主要矛盾仍然没有变。

科学发展观之所以强调要坚持以人为本,是因为实现人的全面发展是马克思主义关于建设社会主义新社会的本质要求,实现好维护好发展好最广大人民的利益是我国一切工作的落脚点和归宿,而现阶段我国经济社会发展过程中暴露出来的许多问题都与没有坚持好以人为本有关。

科学发展观之所以强调要建立创新型国家,是因为社会主义的根本任务是发展生产力,尤其是发展先进生产力。改革开放以来我国虽然生产力发展较快,但生产力水平总体不高,尤其是自主创新能力不强。

科学发展观之所以强调全面协调、统筹兼顾,是因为实现社会全面发展是社会主义的本质要求,目前我国经济社会发展虽然速度很快,但发展的结构性矛盾和不平衡性进一步凸显出来,尤其是城乡、区域之间发展的不平衡依然突出。

科学发展观之所以强调建立资源节约型社会、走可持续发展道路,是因为随着我国现代化进程的加快,资源压力逐步加大,未来发展过程中资源瓶颈越来越严重。

科学发展观之所以强调人与自然和谐,主张建立环境友好型社会,是因为现阶段我国环境状况依然持续恶化。未来 20 年,我国人口将继续增加,经济将继续快速发展,工业化和城市化还将快速推进,人民生活水平和生活需求也将继续提升,对于环境质量的需求也将提高,我国生态环境和环境保护都将面临更大的压力。

科学发展观之所以强调公平正义,是因为实现社会公平正义是中国共产党人的一贯主张,是发展中国特色社会主义的重大任务。改革开放以来,虽然人民群众的生活水平正在日益提高,但我国贫困人口仍然有 7 000 万之多,贫富差距扩大问题依然严重,公平正义问题亟待解决。

科学发展观之所以强调要把就业当作民生之本,主张采取措施扩大就业,鼓励创业,是因为现阶段我国人口规模较大、劳动人口多,就业形势比较严峻。

科学发展观之所以十分关注民生问题,是因为涉及民生的教育、医疗等问题仍然十分严峻。改革开放以来,虽然教育机会不断扩大,但是教育公平与教育质量问题比较突出;虽然医疗卫生条件不断改善,但是供需矛盾依然突出。

科学发展观之所以强调加强社会建设,加快社会保障体系的建设,是因为现阶段我国社会保障水平还比较低下,各项目发展不均衡,制度不健全,经办管理水平较低,社会保障基金管理与运营依然存在较大的安全风险。

科学发展观之所以强调把党的执政能力建设和先进性建设结合起来,是因为在新世纪新阶段,只有以此为主线,以改革创新精神全面推进党的建设新的伟大工程,才能使党始终成为立党为公、执政为民,求真务实、改革创新,艰苦奋斗、清正廉洁,富有活力、团结和谐的马克思主义执政党。

科学发展观之所以强调走和平发展道路,促进世界和谐,是因为当今世界正处在大变革大调整之中,国际竞争日趋激烈,风险日益增多。在未来发展过程中,我国面临的外部压力越来越大,维护国家安全和世界和平的任务更加繁重。

科学发展观正是始终坚持马克思主义与中国实际相结合,紧密结合中国特色社会主义的伟大实践,紧紧围绕建设中国特色社会主义这个主题,准确把握时代特征和中国国情,认真研究和回答我国经济社会发展和党的建设面临的一系列重大问题,才形成了一系列新思想、新观点、新论断,赋予了当代中国马克思主义以鲜明的实践特色、民族特色、时代特色,从而开拓了马克思主义中国化的新境界。因此,我们不能脱离中国的现实国情和中国特色社会主义的伟大实践而空谈科学发展观的理论贡献,而应该把科学发展观放在当今时代的大趋势中,放在中国特色社会主义的伟大实践中去认识其理论贡献。

五、科学发展观创新了我们的发展理念,但科学发展观不是对以往发展思路的全面否定

党的十七大报告曾明确指出:科学发展观是对党的三代中央领导集体关于发展的重要思想的继承和发展。在理解科学发展观的历史地位和指导意义时,常常有人把科学发展观与毛泽东、邓小平、江泽民的发展观进行简单对比,并认为科学发展观实现了我们党发展观上的纠偏。在纪念党的十一届三中全会召开30周年时,我们还注意到另外一种倾向,即有的同志将前30年同后30年做简单对比,或者把前30年同后30年对立起来。持此观点的同志,要么用后30年取得的辉煌成绩同前30年存在的问题对比,用肯定后30年否定前30年,要么用后30年存在的问题同前30年取得的成就进行对比,用肯定前30年而否定后30年。这两种对比均是不科学的,都是不尊重客观历史的,都在一定程度上割裂历史发展的逻辑。否定前 30 年,容易导致历史的断裂,也无法理解改革开放政策形成和发展的历史必然性;否定后 30 年,容易导致我们重走回头路,无法继续推进中国特色社会主义伟大事业。

我们认为,评价一种发展观是否正确,关键看以下几点:一是在世界观和方法论上,是否坚持了马克思主义的辩证唯物主义和历史唯物主义;二是在立场上,是否站在了最大多数的立场上,反映了广大人民群众的根本利益;三是在方针政策选择上,是否抓住了社会的主要矛盾。毛泽东的发展观曾出现过严重失误,原因在于偏离了马克思主义的思想路线,对社会主要矛盾的判断错了。改革开放以来,我们党始终坚持马克思主义基本原理,始终代表最广大人民的根本利益,并对社会主义初级阶段的主要矛盾作出了完全正确的判断。正因为如此,我们改革开放和社会主义现代化建设才取得了举世瞩目的成就。而我们党的发展观之所以在演变,在发展,是因为在不同发展阶段,影响社会主要矛盾的各种因素在不断地发生变化。

科学发展观并不是因为加了"科学"二字才科学,而是因为:科学发展观与马克思列宁主义、毛泽东思想、邓小平理论和"三个代表"重要思想关于发展的理论有不可分割的联系。科学发展观坚持辩证唯物主义和历史唯物主义的基本原理,继承和发展马克思主义关于人类社会前进最终是由生产力发展决定的、马克思主义执政党要致力于发展社会生产力,人民是历史发展主体、是推动社会前进的根本力量,未来社会是每个人自由而全面发展的社会、社会主义必须不断促进人的全面发展,社会发展必须使生产关系与生产力、上层建筑与经济基础相协调相适应,人类依存于自然界、人和自然界应和谐相处,社会生产各个部类、各个方面、各个环节彼此相互联系、不可分割等重要观点,是马克思主义关于发展的世界观和方法论的集中体现。

因此,我们在理解科学发展观的科学内涵时,不能割裂其与马克思主义、毛泽东思想、邓小平理论和"三个代表"重要思想的联系,必须将其放在马克思主义发展理论的框架中、放在当代中国的具体实际中去理解,否则我们难以把握其科学内涵和精神实质,更难把握其历史地位和指导意义。

六、科学发展讲究以人为本和社会全面发展,但不是否定以经济建设为中心

实现社会全面发展是社会主义的本质要求。坚持以人为本是科学发展观的核心。以经济建设为中心是兴国之要,是党在社会主义初级阶段基本路线的核心内容,也是我们党工作的中心。在所谓反思改革的过程中,有一种观点否认以经济建设为中心。有人指责"以经济建设为中心"是一种"极端经济主义观点",因而是错误的;有人认为"中国的一切乱象源于以经济建设为中心",因此,这一国策可以休矣。还有的人认为,既然我们讲以人为本和社会全面发展,就不能再以经济建设为中心。我们认为,在学习实践科学发展观过程中,要强调坚持以人为本,在实现社会的全面发展时,不能忽视了经济建设这个中心。

"以经济建设为中心",是我们党基于对我国基本国情和社会主要矛盾作出的正确判断,是在对我国社会主义建设经验教训全面总结基础上得出的科学结论。邓小平曾明确指出:"现代化建设的任务是多方面的,各个方面需要综合平衡,不能单打一。但是说到最后,还是要把经济建设当作中心。离开了经济建设这个中心,就有丧失物质基础的危险。其他一切任务都要服从这个中心,围绕这个中心,决不能干扰它,冲击它。"①面对来自各方面的干扰,邓小平曾反复强调,我们一定要紧紧扭住经济建设这个中心不放,即使未来爆发了战争,但战争结束后仍然要回到经济建设上来。党的十三大制定了党在社会主义初级阶段的基本路线,"以经济建设为中心"成为党的基本路线的核心内容。党的第三代中央领导集体继续坚持"以经济建设为中心",江泽民指出:"各项工作都必须服从和服务于经济建设这个中心,而不能离开这个中心,更不能干扰这个中心。"②胡锦涛也特别强调:"全党全国都要增强促进发展的紧迫感,在任何时候任何情况下都紧紧扭住经济建设这个中心不放松,充分调动和切实保护广大干部群众加快发展的积极性,坚定不移地推动经济持续快速协调健康发展。"③党的十七大强调:以经济建设为中心是兴国之要,是我们党、我们国家兴旺发达和长治久安的根本要求。

从"以阶级斗争为纲"到"以经济建设为中心",是我们党指导思想和政治路线的一次重要的拨乱反正,是我党历史上的一次重大转折,也是 30 年来我们国家迅速发展,人民生活获得明显改善的根本原因。在当代中国,经济发展仍然是发展的核心和基础。只有坚持以经济建设为中心,保持经济健康快速发展,不断提高经济增长质量和经济效益,才能为抓好发展这个党执政兴国的第一要务,不断增强综合国力和满足人民群众物质文化需求提供坚实的物质基础。只有经济发展了,经济实力和综合国力增强了,人民的生活才能不断改善,国家才能长治久安,促进人的全面发展才有坚实的物质基础,我们才能在国际格局中占据更加有利的地位。

落实科学发展观必须坚持以经济建设为中心。科学发展观并没有否定"以经济建设为中心",而是一如既往地把经济建设置于中心位置,强调各项工作服

---

① 《邓小平文选》第 2 卷,人民出版社 1994 年版,第 250 页。
② 《十三大以来重要文献选编》下,人民出版社 1993 年版,第 1647 页。
③ 《十六大以来重要文献选编》上,中央文献出版社 2005 年版,第 851 页。

务并服从于经济建设这个中心,须臾不可动摇或者置换、放弃或者削弱。因为只有通过经济发展积累了相应的物质财富,才能实现社会全面协调可持续发展,才能使科学的发展方式具有物质的依托。贯彻落实科学发展观,当然必须重视解决经济社会发展中出现的不全面、不协调问题,但不是也决不能动摇经济建设这个中心。

科学发展观强调"以经济建设为中心",但决不是以经济建设为"唯一",而是要努力推进政治建设、文化建设和社会建设,并以政治、文化的发展和人与自然的和谐推动经济发展、社会进步和人的全面发展。不以人为本,经济社会发展就会失去目标和动力;不实现社会的全面、协调和可持续发展,经济发展就会失去思想保证、智力支持和精神动力,经济发展迟早会受到制约掣肘而难以持续快速健康发展。只有经济、政治和文化的全面、协调和可持续发展,只有社会的全面进步和人的全面发展,才能保证中国特色社会主义事业的顺利发展。

构建社会主义和谐社会的背景分析

2004 年 9 月,党的十六届四中全会提出了构建社会主义和谐社会的战略任务。2006 年 10 月,党的十六届六中全会专门研究了构建社会主义和谐社会的若干重大问题,审议通过了《中共中央关于构建社会主义和谐社会若干重大问题的决定》。中国共产党为什么要在提出全面建设小康社会之后,又提出构建社会主义和谐社会呢? 学术界经常用"世情""国情""党情"的新变化来解释提出构建和谐社会的背景。可我们知道,我们党之所以提出走自己的路,建设中国特色社会主义,是因为"世情""国情""党情"发生了新变化;我们党之所以创立了"三个代表"重要思想,之所以提出加强党的执政能力建设,加强党的先进性建设,还是因为"世情""国情""党情"发生了新变化。可见,用"世情""国情""党情"的新变化来解释构建和谐社会的背景,并不具有说服力。那么,提出构建社会主义和谐社会,到底有何特殊的背景? 我们认为,我们党之所以提出要构建社会主义和谐社会,其根本出发点在于要解决中国经济体制转型时期出现的矛盾与冲突。尽管有些矛盾和冲突,在世界各国具有普遍性,在不同国家相同社会发展阶段都有相似性,但这些矛盾和冲突在当今中国有其特殊的表现形式,有明显的阶段性特征。

一、人与自然的冲突——生态危机

实现人与自然的和谐是构建和谐社会的重要内容。自然环境是人类社会赖以生存发展的重要物质基础,也是构建社会主义和谐社会的重要物质基础。自然界向人类提供的资源,既有不可再生的,如矿产资源;又有可以再生的,如粮食、水果、蔬菜等,但后者的增长也要受自然条件的限制。自然界向人类提供的生产、生活资料和生存空间是有限的,人类需求的增长必须与自然界所能提供的各类资源相适应,人类的生产和消费必须以最小的环境和资源代价来进行。无限制地掠夺自然,会造成资源的枯竭,森林的破坏和减少,土地的退化、荒漠化和沙漠化,水资源的减少和污染,最终导致人类生产和生活环境的恶化。恩格斯曾告诫过人们:"但是我们不要过分陶醉于我们人类对自然界的胜利。对于每一次这样的胜利,自然界都对我们进行报复。"[①]工业化进程中

---

① 《马克思恩格斯全集》第 26 卷,人民出版社 2014 年版,第 769 页。

所暴露出来的资源紧缺、环境污染问题证明了恩格斯的论断。今天我们如果不注意人与自然的和谐,不仅实现不了发展的目标,还有可能使地球变得不再适合人类生存,人与人、人与社会的和谐也就从无谈起,构建社会主义和谐社会更无从谈起。

对我国来说,人与自然的矛盾主要体现在以下几个方面:

第一,人均占有资源少,资源约束明显、供需矛盾突出。一般讲我国地大物博,可是我国人口众多,资源的人均占有水平很低。中国的生态环境具有先天脆弱性:国土面积的65%是山地或丘陵、70%每年受季风影响、33%是干旱或荒漠地区。55%的国土面积不适宜人类生活和生产。中国所有的资源都在世界平均水平之下,没有一个达到世界平均水平,更没有一个在世界平均线之上。我国人均资源相当于世界平均水平的比例:天然气4.3%,石油11.1%,铝7.3%,水27%,铜18%,耕地43%,铁42%,煤炭55.4%。[①] 许多自然资源是不可再生的,这些资源在我国的蕴藏十分有限。

第二,资源耗费惊人,能源技术依然落后、能源效率明显偏低。我国近年经济发展得很快,GDP的增长年均在9%以上,这在世界上是少有的。但经济高速发展的同时,资源耗费也相当惊人。联合国一项研究表明,中国2008年消耗的原材料多达226亿吨,几乎占全球消耗总量的1/3。中国的资源耗量是美国的4倍。[②] 经济增长很快,但实惠不多。此外,因管理不善造成的无序无度的消耗,也正透支着我们宝贵的资源。

第三,环境污染严重。中国在人均国内生产总值400~1 000美元的条件下,出现了发达国家人均国内生产总值3 000~10 000美元期间出现的严重环境污染。江河湖泊均出现不同程度的污染。2005年初,在瑞士达沃斯发布的世界各国(地区)"环境可持续指数"(ESI)显示,在全球144个国家和地区中,中国位居133位,全球倒数第12位。排名靠后的主要原因是自然资源贫乏和管理不当。[③]

第四,未来发展过程中资源瓶颈越来越严重。根据我国国情和世界政治经济环境,我国的发展必须实施以依靠本国资源为主的发展战略。但是,随着我国经济社会快速发展,资源需求迅速增长同国内资源不足的矛盾进一步加剧,可持续发展受到资源、能源和环境的严重约束。因此,如何实现人与自然的和谐,促进可持续发展,面临极大的挑战。

---

① 《〈中共中央关于制定国民经济和社会发展第十一个五年规划的建议〉辅导读本》,人民出版社2005年版,第252页。
② 《联合国环境报告:中国已成为全球最大资源消耗国》,《参考消息》2013年8月5日。
③ 《中国环境可持续指数144个国家地区中仅排133位》,《中国经营报》2005年2月19日。

二、人自身心灵冲突——精神危机

人的个性和谐和精神和谐是社会和谐发展的根本前提。同时，人的个体和谐又是自然与社会的产物。人自身的和谐，就是指作为个体的人要有健全的人格、健康的情感，有正确的世界观、人生观和价值观，能正确地处理个人与自然、个人与社会的关系，真正融入自然、融入社会、融入集体。从根本上说，人自身的和谐，就是要实现人的自由而全面发展。社会关爱个人，集体承认个人、尊重个人、给个人以充分自由的发展空间，是和谐社会的重要标志。

首先，社会的急剧变迁所带来的各种社会问题会给人们思想带来混乱。随着经济体制改革和其他各项改革的深入发展，社会在急剧变迁，由此引起经济社会生活的许多变动。多种经济成分的共同发展和多种利益群体的出现，导致多种思想观念相互碰撞、社会成员开始出现思想困惑或混乱；各式各样的生活观念和精神文化需求，使人们很容易接受形形色色的社会影响，对整个社会形成共同的价值和理想造成极大困难，导致个人产生心理上的危机。

其次，建立社会主义市场经济体制，是一场深刻的社会革命，必然会引起人们在思维方式、思想观念、价值取向、人生态度等方面的一系列变化，一方面会引起人们树立竞争意识、民主意识、平等意识、参与意识、效益意识、法律意识等；另一方面，市场本身也直接存在消极的方面，其突出表现在：用金钱来衡量一切的市场价值，会越出市场的范围而造就拜金主义。实践证明，这种消极作用并不会因为我们建立的市场经济是社会主义性质的而全部消失。因此，在建立社会主义市场经济体制过程中，资本主义腐朽思想文化的渗透，我国历史遗留下来的剥削阶级腐朽思想文化的沉渣泛起，以及市场经济条件下拜金逐利思想的滋长，不可避免地会给人们带来负面影响，使他们陷入困惑之中，甚至致使他们的价值观产生混乱。

再次，改革开放过程中出现的一些消极腐败现象及社会上的坏风气，会冲击人们的心灵。随着社会主义经济体制的逐步建立和完善，一系列新观念正在深入人心，在社会、政治、经济、文化等方面掀起了前所未有的热潮，推动着中国社会向现代化迈进。但现实社会生活中的积极与消极、美好与丑恶、文明与愚昧、传统与现代、东方与西方、先进与落后、规范与不规范等矛盾冲突，会使人们的思想、思维结构以及价值体系产生裂痕，带来困惑，使人们的心理和行为失去平衡。与社会心理严重不平衡的同时，由于恶性竞争，人们为了得到利益往往不择手段，甚至互相欺骗，以致人际关系商品化、实用主义化和机会主义化，从而社会道德严重滑坡，社会诚信严重缺失，呈现出严重的伦理危机状况，这与和谐社会是极不相容的。

最后,人自身不和谐带来了一系列社会问题。2007 年,北京市心理危机研究与干预中心公布的数据显示:在中国,每年有 28.7 万人死于自杀,有 200 万人自杀未遂。平均每两分钟就有 1 人死于自杀,2 人自杀未遂。自杀造成的"后遗症"亦不容忽视。按照世界卫生组织的估计,一个人自杀平均会使 6 个家人和朋友的生活深受影响。据此测算,中国每年大约有 150 万人承受着因家人或亲友自杀死亡所带来的严重心理创伤,其中大约有 13.5 万名小于 17 岁的孩子经历过父亲或母亲死于自杀的悲剧。此外,在社会剧烈变迁过程中,还出现了精神分裂症、抑郁症等多种精神疾病,导致人自身不和谐。

三、人与人的冲突——整合危机

人与人的和谐,主要指个人与个人、个人与群体、群体与群体之间的和谐。孟子说:"天时不如地利,地利不如人和",认为人际关系的和谐最有价值。人与人的和谐,要求人与人之间和而不同、互相尊重、平等互利、团结友爱。因此,建立完善的整合机制,妥善协调和正确处理人们之间的各种利益关系,是实现人与人之间关系和谐的关键。我们党要始终代表最广大人民的根本利益,为人民执好政掌好权,就必须担负起进行社会整合、建设有序社会的责任,强化党的社会整合功能,构建社会主义和谐社会。在社会急剧变革的时期,中国社会内部人与人之间的矛盾即人民内部矛盾开始凸显出来,社会发展面临日益严重的整合危机。① 正如江泽民所说:"在改革开放和发展社会主义市场经济的过程中,人民内部矛盾会明显增多,有的还会日益突出起来,这是新时期一个需要认真研究和正确解决的重要政治课题。"②应该看到,人民内部矛盾是在人民根本利益一致基础上的非对抗性矛盾,处理得好,可以化消极因素为积极因素,增强人民的团结,促进我们的事业兴旺发达;处理得不好或不及时,也可能使矛盾激化,产生冲突和对抗。而一旦出现冲突和对抗,轻则会影响社会的正常秩序,重则会破坏安定团结,造成社会动荡乃至酿成动乱,就会给我们的社会稳定和事业发展带来严重的损害。

在新时期,人民内部矛盾极为复杂,具体表现在:

第一,社会阶层分化,不同阶层之间的矛盾尖锐。改革开放 20 多年,我国实现了一系列重大的转变。经济基础的剧烈变化导致生产关系的剧烈变化和利益

---

① 整合危机属政治学范畴,是指政治上的统一性发生严重的问题,地区间和群众间的冲突难以调和,民族团结出现严重困难,国家的统一受到严峻挑战。

② 《江泽民文选》第 2 卷,人民出版社 2006 年版,第 260 页。

关系的重新调整,其中一个重要表现就是中国社会阶层结构呈现多元化发展的趋势。原有的一些阶层分化了,新出现了一些新的社会阶层。在分化过程中,有些阶层的经济社会地位提高了,有些阶层的经济社会地位下降了,出现了不同的利益主体和利益集团。社会阶层的这种变化是生产力发展的产物,也是中国社会经济体制转型的典型特征,对于中国经济社会的发展有其积极意义的一面。但我们也必须看到,社会阶层的分化,新的社会阶层的产生,使我们所面对的利益主体情况更为复杂,社会整合的任务比过去任何时候都要来得艰难。同时,不同的利益主体由于占有社会资源的不同和利益的差别,相互之间难免会产生各种矛盾甚至冲突,如果不能有效化解,就会影响社会的和谐与稳定,从而影响整个现代化建设事业。尤其值得注意的是,工人、农民是党的阶级基础和主要依靠力量,但在改革过程中出现了一些弱势化的趋势,包括工人、农民中的一部分人处于下岗失业状态、生活困难、基本权益得不到保障、社会地位下降等,这样下去可能直接危及党的执政基础,严重削弱中国可持续发展的动力,对社会安全运行也是十分有害的。

第二,贫富差距较大,社会公平问题凸现。在市场化改革进程中,人们获得了经济的自由和权利,国民经济发展获得了空前持续的效率和速度。但是,在社会财富积累的同时,社会人群的分化同样也很迅速。贫富差距、城乡差距、地区差距在不断扩大,已经引起了国内外学术界的高度关注。虽然各种媒体上报道的统计数据不一致,但不管是联合国开发计划署公布的数据,还是世界银行、中国官方和中国学者的统计数据都显示,自 2003 年以来的 10 年间,我国的基尼系数一直超过国际公认 0.4 的贫富差距警戒线。贫富差距的扩大,使得社会分裂更加严重,社会生活的基本秩序严重失调。这种社会分裂对于构建和谐社会是一种严重的威胁。

第三,社会阶层之间,没有形成公正、合理、开放的流动机制。我国现阶段处在城乡二元结构和城市二元结构并存的局面。一方面,户籍制度仍然制约着农民的社会流动;另一方面,农民工不存在与市民等同的机会,他们的就业,除了受自身人力资本的制约外,还要受社会资本的限制。因为,长期的城乡二元结构使农民和市民处于对立与冲突之中,突出表现在市民对农民的歧视,以及农民对市民的厌恶。而这种归宿的不一致在某种程度上又会导致农民很难在城市空间场域中将自己的社会关系网络纳入市民的关系网络中去,从而很难在城市中积累自身的社会资本,也更无法利用社会资本寻找更好的工作。此外,城市的从业制度、劳动就业制度、干部制度等,也对社会流动形成了一定的制约。

第四,突发性事件增多。突发性群体事件是一种在较短时间内突然爆发的一部分群众与另一部分群众之间、一部分群众与领导部门之间、一部分群众与企事业单位之间的冲突和对抗。总体上讲,突发性群体事件属于人民内部矛盾,大多数都是由经济利益的矛盾所引发的,即使一些矛盾的激化确因极少数别有用心的人在挑拨,但同极少数人旨在反党反社会主义的政治活动是有明显的区别,同少数坏人搞打砸抢烧的违法破坏活动是有区别的,参与的大多数群众同少数浑水摸鱼、违法犯法的坏人也是有区别的。由于不能有效化解已经激化了的人民内部矛盾,造成突发性群体事件增加,已经严重影响到社会的正常秩序和安定团结。近年来,全国频繁发生因人民内部矛盾引发的上访、集会等群体性事件,数量多、人数多、规模大。从 1993 年到 2003 年间,我国群体性事件数量已由 1 万起增加到 6 万起,参与人数也由约 73 万人增加到约 307 万人。[①]

四、人与社会的冲突——社会危机

社会的发展和人的发展是密不可分的,甚至可以说社会的发展就是人自身的发展,两者的发展是一个双向同步发展的统一运动过程。人与社会和谐,就是个人与社会组织、社会制度之间的相互作用、相互制约、相互促进,社会使人各司其职、各尽所能、各得其所,个人遵守社会的各种法律、制度、道德规范。实现个人自由与社会认同相适应,个人的利益与需要的满足和整个社会的利益和需要的现实相适应,人的素质的全面提高与社会不断进步相适应,人的能力发挥与社会公平、公正相适应。

人与社会的和谐是和谐社会的重要组成部分。但就目前中国现状来说,在竞争日益激烈的市场经济条件下,在社会剧烈变革的冲击下,人与社会的冲突越来越明显。具体表现在:

第一,社会风险增大。在社会主义市场经济条件下推进现代化,蕴藏着巨大的社会风险,它包括:人们因失业、疾病、工伤、失去劳动力、自然灾害而丧失生活来源和失去基本的生活条件,因各种原因失去家长的抚养使儿童无法获得正常生活条件、失去受教育的机会而无法获得平等的发展机会等。在市场经济条件下,各种社会风险几乎对每一个人都存在,尤其是城镇的弱势群体和众多的农村人口,由于没有社会风险的分散和分担机制,他们的基本生活条件与发展机会处在更为脆弱的状态,更容易受到失业、疾病、工伤的打击,他们的子女也更容易失去平等的发展机会。值得注意的是,这些人口要占全部人口的 80% 以上。它反映了在我国缺乏可以免除社会风险保障

---

① 参见《2005 年社会蓝皮书》,社会科学文献出版社 2004 年版。

的绝不是少数人。

第二,社会政策缺失,社会保障脆弱。为规避市场经济带来的社会风险,西方发达国家建立了一套较为完善的社会保障机制和社会政策,通过对国民收入的再分配,来分散和分担社会风险,从而使每一个公民都能获得基本生活条件的保障,并获得平等的发展机会。我国历史上在城乡分隔的状态下,根据不同情况建立起来的社会保障体系,具有城乡二元结构的特点。在市场化改革进程中,原有的农村保障体系随着集体经济的改革已基本解体;城镇中原有保障制度因其固有的种种问题,有些实行了转型,有些还未能很好地实现转型,许多劳动者还缺乏必要的社会保障。在城市化和走新型工业化道路的过程中,我国城乡二元化的问题不仅没有得到有效解决,而且随着大量的农村务工者进城打工,城镇中也出现了二元化的社会结构。农村进城务工者不能享有城市居民所能享受的社会福利和保障,而且连他们的子女也无法在城里享受平等的义务教育,这又造成了城市化过程中的社会分化。由于这种分化已影响到下一代的教育和发展机会,因而也影响着社会下层的向上流动和社会的融合。

第三,就业压力增大。就业问题与亿万劳动者切身利益及其家庭息息相关,不仅是解决基本生计和提高生活水平的重要手段,而且是劳动者融入社会、实现自身价值、实现人自身和谐的主要途径。人民安居乐业,国家才能长治久安,社会才能和谐。我国人口众多,劳动者充分就业的需求与劳动力总量过大、素质不相适应的矛盾长期存在,就业结构矛盾十分突出。一是就业供给总量不减。从劳动力需求情况看,由于宏观调控、国际贸易摩擦等因素,就业增量会受到一定影响。二是历史遗留问题尚未全部消化。国有企业和集体企业下岗职工中仍有大量未就业人员;国有企业改革特别是实施政策性破产还需要安置一定数量职工;部分困难地区、困难企业、困难群体的就业问题依然存在;已实现再就业的人员,有些还不稳定,存在再失业的风险。三是新的就业矛盾逐步凸显。主要是高校毕业生、退役军人的就业问题进一步突出,农村富余劳动力转移就业和失地农民就业问题同样需要引起高度重视。四是劳动力素质成为不容忽视的问题。许多地区和部分行业出现的技能劳动者供不应求甚至严重短缺,直接影响到经济发展;下岗失业人员的技能水平和就业能力也亟待提高,否则难以实现就业。五是农村富余劳动力需要转移。随着工业化和城市化进程的加快,农村大量富余劳动力向非农领域转移。劳动就业压力越来越大。

第四,社会矛盾广泛存在。农民失地引起的社会矛盾加剧、拖欠和克扣职工工资引起的社会矛盾、不及时足额发放退休工人退休金引起的社会矛盾、因违背劳动法引起的劳资冲突、大量的刑事犯罪、频发的大型生产事故、非法宗教的邪教活动、恐怖主义、新型传染病、公共突发事件增多等,这些矛盾和问题极大危及民众的生命财产安全。如何面对纷繁复杂、层出不穷的社会矛盾和社会问题,能不能按照和谐社会的目标,站在统揽全局的战略高度,正确引导和处理各种社会矛盾,以保证整个社会的协调与和谐,无疑是一个严峻的考验。

第五,公共管理体制建设相对滞后。随着经济发展和改革的不断深化,我国的经济体制已经实现了从计划经济体制向社会主义市场经济体制的巨大转变。但相比较而言,社会管理体制改革的步伐明显滞后,不能很好地与经济发展相适应,存在着许多体制性障碍。公共管理体制建设的滞后主要集中体现在:一是管理关系不顺。诸如,党政关系、政府和企业、党与政府同第三部门的关系等还没有理顺,中央和地方政府的管理责权也没有完全理顺。二是公共管理体制不健全。譬如,在卫生管理方面,一方面新的体制尚未完全建立;另一方面,原有的农村医疗卫生合作体制却在改革过程中流失了。在社会治安方面,存在一定的漏洞,导致各种犯罪还在高位运行。在社会事业方面,有效的管理体制还没有建立起来。

第六,社会不公正现象依然存在。城乡之间、区域之间、阶层之间存在的不公正问题亟待解决。教育投入不公平,公共卫生投入不公平。仅以卫生和教育为例,据卫生部统计,我国医疗卫生资源,特别是优质医疗资源80%集中在城市,农民人均卫生费只有12元,仅为城市的28%,约80%的农村人口无任何医疗保障;2002年全社会的各项教育投资是5 800多亿元,其中用在城市的占77%,而占总人口数60%以上的农村人口,只获得了23%的教育投资。这显然是不公平的,因为教育是社会流动中一个重要部分,现代社会强调起点平等,山区和贫穷地方的孩子与城市的孩子在起点上就不公平,以后的竞争将更难以公平。在贫困的农村已经出现极端的例子,有的孩子考上大学,父母却因无力交纳高额的学费而自觉有愧被逼走上自杀的绝路。[①]

五、经济发展与社会发展的冲突——发展危机

社会主义和谐社会是全面发展的社会,是经济政治文化协调发展的社会,是物质文明、政治文明、精神文明协调发展的社会。改革开放以来,我国经济政治文化都得到不同程度的发展,但出现了发展不平衡的状况。

第一,经济与社会发展不平衡,出现了"一条腿长、一条腿短"的情况。经济发展是社会发展的条件和基础,社会发展是经济发展的出发点和落脚点,同时也为经济发展创造有利的社会环境。但是,改革开放以来,我国经济与社会发展很不平衡,表现在经济发展这条腿长,社会发展这条腿短,社会事业发展迟缓。目

① 参见刘喜发:《构建和谐社会的关键》,《前进》2005年第3期。

前,科技、文化、医疗卫生、环境保护等社会事业的发展滞后于经济发展。这种状况不改变,不利于促进人的全面发展,也不利于创造人与人之间和睦相处的社会氛围,更不利于推动经济社会的良性互动。

第二,经济与政治发展不平衡。我国建立的社会主义基本政治制度是好的,它符合中国的国情,保证了人民以国家和社会主人的身份充分发挥建设国家、管理国家的积极性、主动性和创造性,不断推动中国的经济发展和社会全面进步。但它还很不完善,党和国家现行的具体领导制度、组织形式和工作方式还存在一些缺陷。这主要表现在:民主制度还不够健全,人民在社会主义市场经济条件下当家作主管理国家和社会事务、管理经济和文化事业的权利在某些方面还没有得到充分实现,出现了参与性危机;[①]有法不依、执法不严、违法不究的现象依然存在;官僚主义作风、腐败现象在一些部门和地方滋生和蔓延;在决策中缺乏科学化、民主化程序,决策随意性比较大;对权力运行进行制约和监督的有效机制有待进一步完善;全社会的民主观念和法律意识有待进一步提高;公民有序的政治参与尚需扩大。

第三,政治经济发展与文化发展不平衡。伴随着改革开放的不断深入,文化赖以生存和发展的经济基础、体制环境、社会条件发生了深刻变化。面对新形势新情况,文化发展还存在着许多不适应,与经济政治发展不平衡。一是人民群众的生活水平已经基本实现了由温饱到小康的转变,文化发展与人民群众日益增长的精神文化需求不相适应;二是我国已经进入全面建设小康社会的新阶段,文化发展与全面建设小康社会的要求不相适应;三是我国已经实现由计划经济体制向市场经济体制的转变,现行文化体制与社会主义市场经济体制不相适应;四是以加入世界贸易组织为标志,我国对外开放进入了新的阶段,文化发展与我国对外开放的新形势不相适应;五是世界高科技的飞速发展,数字技术的应用和互联网的普及,带来文化创新和传播领域的重大革命,文化发展现状与世界高新技术飞速发展和应用的形势不相适应。[②]

第四,经济社会结构转换比较迟缓。其突出的表现:一是产业结构转换滞后,第三产业产值比重偏低;二是就业结构转换滞后,农业从业人员比重偏高;三是城乡结构转换滞后,乡村人口比重过高。

以上情况,迫切要求我们党不断进行改革和创新,促进经济社会的和谐发展。只有这样,才能更好地履行执政党的职责,体现以人为本的发展本质,实现

---

①　参与危机属政治学范畴,是指政治体系或体制不能提供有效的政治参与渠道,无法吸纳和消化新生的社会力量,民众和社会群体的利益要求无法得到正常的表达,从而引起广泛的不满、抗议和骚乱。

②　《〈中共中央关于加强党的执政能力建设的决定〉辅导读本》,人民出版社 2004 年版,第 275~277 页。

经济社会和人的全面发展。

六、党群干群的冲突——合法性危机

构建社会主义和谐社会,关键在党。中国共产党的执政地位不是与生俱来的,也不是一劳永逸的。它同其他政党一样,也同样存在合法性危机。① 历史经验表明,合法性的流失必然导致政治不稳定,最后危及政治的整合和政权的生存。苏东剧变的深刻根源就在于执政的苏联共产党丧失了执政甚至存在的合法性。因此,如何维护和加强合法性,是任何一个政权必须认真对待的问题,更是执政党需要面对的重大课题。邓小平理论所贯穿的人民拥护不拥护、人民赞成不赞成、人民高兴不高兴、人民答应不答应的标准,"三个代表"重要思想强调的"立党为公、执政为民"、实现好维护好发展好最广大人民群众的利益可以说就体现出对这一问题的深切关注。

解决合法性危机,关键是保持党同人民群众的血肉联系。现阶段的社会矛盾,大多或者说基本上是人民内部矛盾,而这些矛盾又突出地表现为党群、干群矛盾。目前,社会上的许多不和谐现象,都与党自身存在的不和谐或多或少有关,甚至有的根源就在于党自身。对于执政党来说,不和谐的因素主要体现在以下几个方面:

第一,腐败现象比较严重。权力腐败是导致社会不和谐的重要因素。目前,中国共产党实际上也正遭受腐败的威胁,腐败问题成为党自身不和谐的最大噪声,反腐败斗争已成为近年来中国一个高频话题。在 1989 年时,邓小平就指出:"不惩治腐败,特别是党内的高层的腐败现象,确实有失败的危险。新的领导要首先抓这个问题。"②我们党的宗旨要求广大党员特别是广大公务人员在为人民服务的过程中不讲条件、不讲价钱、不图回报、无私奉献。但在市场经济发展过程中,拜金主义、享乐主义、唯利是图、见利忘义等腐朽没落的价值观在党内开始滋长蔓延,助长了党内追名逐利的功利主义思想的泛滥。权钱交易、行贿索贿、贪污腐败、奢侈享乐的现象比较严重,开始成为人们忧虑的焦点。

第二,脱离群众现象比较普遍。由于长期的和平环境,缺乏对敌斗争的强大压力,加上改革开放和建立社会主义市场经济体制过程中,商品交换原则和资产阶级思想的影响,一些党员干部渐渐淡薄了群众观念,滋长了脱离群众的习气,官僚主义、形式主义、强迫命令、弄虚作假等问题比较严重。突出表现在:想群众

---

① 从政党政治发展的经验来看,政党的政治功能就在于解决现代政治发展过程中通常面临的三大政治危机:合法性危机、整合危机和参与危机。合法性危机是指执政者在很大程度上失去民众的普遍支持,亦即政治上出现了信任危机和认同危机。

② 《邓小平文选》第 3 卷,人民出版社 1993 年版,第 313 页。

的利益少了,想个人的利益多了;想群众的疾苦少了,想个人的安逸多了;考虑群众的承受能力少了,考虑个人的"政绩"多了;给予群众的少了,索取群众的多了;考虑同下面的关系少了,考虑同上面的关系多了;同普通群众特别是困难群众的联系少了,同一些"老板""大款"的联系多了;对群众中的思想问题说服教育少了,采取简单方法解决多了,等等。这些问题虽然发生在少数党员干部身上,但危害极为严重,可以说它是我们当前所有问题和缺点的根子,是引起社会矛盾和不稳定因素增加进而影响党的执政地位巩固的要害所在。①

　　第三,党与政、党与非党、党与他党的关系没有理顺。党政关系是我们党一直在探索的问题,改革开放以来我们在此方面作了许多改革,取得了一定的成效,但仍然存在一些问题。目前在党政关系和党的工作机制方面存在的突出问题主要是:一方面,一些地方党委包揽过多,权力过分集中,有些地方党委的执政方式和领导方法仍然停留在计划经济和党管一切的框框里,自觉不自觉地管了许多不该管、管不好的事情,成为各种矛盾的焦点。另一方面,一些地方人大、政府、政协的领导同志不能自觉维护党委的权威,党委也有组织工作不到位、职能不到位、该管的没管好的问题。这些问题,既有领导干部个人思想政治素质方面的因素,又有体制和工作机制上的问题,如果不坚决加以解决,就会影响党内团结,妨碍经济和社会发展,就会损害党的形象,甚至会危及党的执政地位。此外,如何处理党与非党组织的关系,如何处理共产党与各民主党派、执政党与参政党的关系,仍然是我们在未来需要认真研究并加以解决的问题,这也是建立和谐社会必须关注的问题。

　　正是由于中国社会发展中出现了上述矛盾和冲突,产生了上述危机,所以我们党提出要构建社会主义和谐社会。正如《中共中央关于构建社会主义和谐社会若干重大问题的决定》所指出的:"人类社会总是在矛盾运动中发展进步的。构建社会主义和谐社会是一个不断化解社会矛盾的持续过程。我们要始终保持清醒头脑,居安思危,深刻认识我国发展的阶段性特征,科学分析影响社会和谐的矛盾和问题及其产生的原因,更加积极主动地正视矛盾、化解矛盾,最大限度地增加和谐因素,最大限度地减少不和谐因素,不断促进社会和谐。"②

---

① 杨泰波:《正确处理社会矛盾 努力构建和谐社会》,《理论前沿》2005 年第 2 期。
② 《十六大以来重要文献选编》下,中央文献出版社 2008 年版,第 650 页。

科学发展观与社会主义核心价值体系建设

党的十七大报告强调,要"把科学发展观贯彻落实到经济社会发展各个方面"。建设社会主义核心价值体系,是我们党根据国际国内形势的发展变化,着眼于增强全民族的凝聚力和向心力、提高国家的影响力和核心竞争力而提出的重大战略任务。在实践中,我们应以科学发展观为指导,加强社会主义核心价值体系建设。

一、科学发展观的第一要义是发展,加强社会主义核心价值体系建设,最重要的是促进社会发展,提高国家的软实力

价值观念是指人们对于某一事物价值的基本认识和评价。人们在认识和改造世界的过程中,必然要形成一定的价值观念。一个国家、一个民族、一个社会在长期共同的认识和实践活动中,必然要形成一定的价值观体系,在这个体系中居于核心地位、起主导和统领作用的就是其核心价值体系。核心价值体系,涵盖社会发展的指导思想和价值取向,决定着社会意识的性质和方向,影响着人们的思想观念、思维方式、行为规范,引领着社会思潮,是推动社会前进的精神旗帜。

人类社会发展的实践表明,在阶级社会里,社会核心价值体系具有鲜明的阶级性,社会核心价值体系的主流意识从来都是统治阶级的意志和思想观念的反映。在中国两千多年的封建社会,统治阶级形成了以"三纲五常"为主要内容的核心价值体系。这个价值体系是与自然经济、农业社会与封建专制统治相适应的,它一方面造就了中国封建社会的辉煌;另一方面却又禁锢了人们的思想,阻碍了社会的发展进步,也最终导致了近代中国的衰落。在西方,资产阶级在反封建斗争中以"自由、平等、博爱"为思想武器赢得了胜利,它使西方摆脱了黑暗中世纪长达千年的价值体系,使西方迈向了现代文明,进入到现代社会。但在资本主义的发展过程中,资本主义逐渐形成了以拜金主义、享乐主义、极端个人主义为实质内容的核心价值体系。这种价值体系是与资本主义市场经济、工业社会和资本主义制度相适应的。历史经验表明,旧社会的解体必然伴随其旧有的核心价值体系的崩溃,新社会的诞生必然伴随着新的核心价值体系的形成。因此,在一个社会中,旧统治阶级总是竭尽全力维持其核心价值体系,而新的社会力量在变革社会进程中,总是以形成新的核心价值体系为先导。

新中国成立以来,我国曾有多种核心价值体系成分的存在。在这多种核心价值体系成分中,以马克思主义为指导的社会主义核心价值体系无疑是占有主导地位的主流核心价值体系。马克思主义作为我国的主流核心价值体系,通过自身的科学性和先进性,通过中国共产党的执政党地位和权威,渗透到社会的各个领域和层面,对整个社会主义的经济、政治、文化和社会等各个层面,产生一种教育和规范作用,起到稳定政治、发展经济和构建和谐社会的作用。

在新世纪新阶段,我们党之所以特别强调加强社会主义核心价值体系建设,主要原因有以下几个方面:

第一,中国特色社会主义道路的选择,迫切需要建立与之相适应的核心价值体系。

改革开放以来,我们党成功地探索出一条中国特色社会主义道路。这条道路既坚持了科学社会主义的基本原则,又赋予其鲜明的中国特色;既符合人类社会发展规律,又切合中国实际。这条道路在制度设计上有这样几个明显的特点:从经济体制上说,我们坚持以公有制为主体、多种所有制经济共同发展的基本经济制度,坚持按劳分配为主体、多种分配方式并存的分配制度,坚持以建立和完善社会主义市场经济体制为改革目标方向;从政治体制上说,我们坚持人民民主专政的国体、人民代表大会制度的政体、中国共产党领导的多党合作和政治协商制度的政党制度、处理民族关系的民族区域自治制度和发展基层民主的基层群众自治制度;从意识形态上说,我们始终坚持马克思主义的指导地位,充分发挥中国化马克思主义的指导作用。与这些根本性的制度相适应,必然要有一个主导全社会思想和行为的价值体系。这个价值体系是什么样的?它如何与资本主义、封建主义的核心价值体系相区别?它应该具有什么样的内容?如何与社会主义市场经济和社会主义民主政治相适应?如何与中华传统文化相承接、与社会主义法律制度相匹配?它应该呈现什么样的特征?如何既吸收其他民族的核心价值体系的合理内核又与其他民族的核心价值体系相区别?这是必须加强探索和回答的问题。随着改革开放和社会主义市场经济的进一步发展,随着中外文化交流和碰撞进一步扩大,随着人们思想活动独立性、选择性、多变性和差异性进一步增强,对社会主义价值体系的核心内容作出清晰的界定显得越来越迫切。提出建设社会主义核心价值体系,有利于我们更清醒、更坚定地走中国特色社会主义道路。

第二,全面推进中国特色社会主义事业,迫切要求我们通过建设社会主义核心价值体系增强全民族的凝聚力和向心力。进入新世纪,我国在总体上已进入一个新的重要战略机遇期。这一时期,虽然仍在社会主义初级阶段,且这一阶段的主要矛盾没有根本改变,但影响主要矛盾的内外因素发生了系列变化。在新形势下,如何增强民族的凝聚力和向心力,广泛调动人民群众的积极性、主动性和创造性,是必须解决好的一个重大课题。提出建设社会主义核心价值体系,就是为了解决好这一重大课题。

第三,国际形势的新变化,迫切要求我们通过建设社会主义核心价值体系提高国家的软实力。进入新世纪,虽然和平与发展的时代主题没有发生根本改变,但影响和平与发展的因素发生了新的变化,国际社会也进入了一个新时期。世界多极化和经济全球化的趋势继续深入发展,科技进步日新月异,科技创新和技术扩散日益加快,国际产业重组和生产要素转移加快,区域经济一体化蓬勃发展;世界经济发展不平衡加剧,围绕资源、市场、技术、人才的国际竞争日趋激烈。特别需要强调的是,在新时期,综合国力竞争日趋激烈。其中,文化软实力的竞争日益成为综合国力较量的重要组成部分。而在文化软实力中,最关键的就是核心价值体系。特别要看到,世界范围内社会主义和资本主义在意识形态领域的斗争和较量还是长期的、复杂的,有时甚至是非常尖锐的。我国作为世界上最大的社会主义国家,将长期面对激烈的国际文化竞争,特别是面对西方资本主义国家传播其意识形态、进行文化扩张和思想渗透的压力。建设社会主义核心价值体系,正是在科学判断国际国内形势的基础上提出来的。这不仅对我们围绕建设社会主义核心价值体系做好国内各项工作、着力发展和壮大自己提出了新要求,同时也对我们做好对外交往和文化交流等工作提出了新要求。

科学发展观,第一要义是发展。我们党强调的发展包括经济、政治、文化、社会的全面发展。社会主义核心价值体系是社会主义意识形态的本质体现,是社会主义先进文化的重要组成部分,是推动社会主义文化大发展大繁荣的重要内容。要把科学发展观贯彻落实到经济社会发展各个方面,也就必须贯彻落实到社会主义核心价值体系的建设之中。

二、科学发展观的核心是以人为本,推进社会主义核心价值体系建设必须坚持以人为本

以人为本是科学发展观的核心。坚持以人为本,是我们党根据历史唯物主义关于人民是历史发展的主体、是推动历史前进的根本力量的基本原理提出来的。坚持以人为本,与我们党提出的始终代表中国最广大人民的根本利益是完全一致的,与我们党全心全意为人民服务的根本宗旨和立党为公、执政为民的本质要求是完全一致的。

以人为本就是以最广大人民的根本利益为本。以人为本的人,是指最广大人民群众。在当代中国,就是以工人、农民、知识分子等劳动者为主体,包括社会各阶层在内的最广大人民群众。以人为本的本,就是根本,就是出发点、落脚点,就是最广大人民的根本利益。坚持以人为本,就要坚持人民在建设中国特色社会主义事业中的主体地位,从人民群众的根本利益出发谋发展、促发展,不断满足人民群众日益增长的物质文化需要,切实保障人民群众的经济、政治、文化权益,让发展成果惠及全体人民。

人是万物之灵,是社会发展的主体,是建设中国特色社会主义的开拓者、创造者。核心价值体系不仅作用于经济、政治、文化和社会生活的各个方面,而且对每个社会成员的世界观、人生观、价值观都施加着深刻的影响。以科学发展观为指导,建设社会主义核心价值体系,必须坚持以人为本。

建设社会主义核心价值体系,第一位的就是坚持马克思主义的指导地位,帮助人们树立对马克思主义的信仰。马克思主义是我们立党立国的根本指导思想,是社会主义意识形态的旗帜和灵魂。在社会主义核心价值体系中,马克思主义提供的是科学的世界观,是认识世界和改造世界的立场、观点、方法,是建设社会主义的理论基础和行动指南。在当代中国,坚持马克思主义的指导地位,就是要把马克思列宁主义、毛泽东思想、邓小平理论和"三个代表"重要思想作为党和国家长期坚持的指导思想,坚持以科学发展观统领经济社会发展全局,坚持用马克思主义中国化最新成果指导改革开放和现代化建设实践,坚持不懈地用马克思主义武装全党、教育人民,解决社会的急剧变迁给人们思想带来的混乱,使人们树立坚定的马克思主义信仰,学会用马克思主义的立场、观点和方法认识世界和改造世界。

必须坚持中国特色社会主义,帮助人们树立中国特色社会主义共同理想,"用中国特色社会主义共同理想凝聚力量"。在中国共产党领导下,走中国特色社会主义道路,实现中华民族的伟大复兴,这就是现阶段我国各族人民的共同理想。这个共同理想,集中代表了我国最广大人民群众的根本利益和愿望,具有很强的广泛性和包容性。这个共同理想,把国家、民族与个人紧紧地联系在一起,强调了国家要基本实现现代化、民族要实现伟大复兴、人民要过上宽裕的小康生活,有利于调动全体人民的积极性、主动性和创造性共同为之奋斗。这个共同理想,既体现了现阶段党的奋斗目标,又体现了党的最终奋斗目标,是凝聚各党派、各团体、各民族、各阶层、各界人士的智慧和力量,克服任何困难、创造美好未来的强大精神纽带和动力。加强社会主义核心价值体系建设,必须帮助人们树立共同理想,让一切有利于国家富强、社会进步、人民幸福的思想和精神,一切有利于民族团结、祖国统一、人心凝聚的思想和精神,一切用诚实劳动争取美好生活的思想和精神,都得到尊重、保护和发扬。

"用以爱国主义为核心的民族精神和以改革创新为核心的时代精神鼓舞斗志"。民族精神是一个民族在长期共同社会实践中形成的民族意识、民族心理、民族品格、民族气质的总和,是一个民族生生不息、薪火相传的精神血脉,是民族文化最本质、最集中的体现。爱国主义是民族精神的核心,创新是民族进步的灵魂。全民族的创造精神和创新能力,是振兴中华民族的不竭动力。改革开放使我国各族人民焕发出巨大的创造活力,形成了解放思想、求真务实、锐意改革、开拓创新的鲜明时代精神。改革创新是时代精神的核心。在当代中国,加强社会主义核心价值体系建设,必须高扬爱国主义、社会主义旗帜,最大限度地凝聚和动员全民族的力量,为振兴中华而奋斗。必须坚持改革创新,冲破一切不合时宜的观念、做法和体制的束缚,破除教条主义、主观主义和形而上学的桎梏,让一切创造新生活的活力和源泉竞相迸发、充分涌流。

"用社会主义荣辱观引领风尚,巩固全党全国各族人民团结奋斗的共同思想基础"。荣辱观是人们对荣誉和耻辱的根本看法和态度,属于道德的范畴。荣辱观是世界观、人生观、价值观的重要内容,树立正确的荣辱观是形成良好社会风气的重要基础。社会主义荣辱观既鼓励先进,又照顾多数,把先进性和广泛性结合起来,树立了鲜明的社会价值导向。加强社会主义核心价值体系建设,必须确立起人人皆知、普遍奉行的价值准则和行为规范,形成维系社会和谐的人际关系和道德风尚。为此,必须在全社会牢固树立和认真实践社会主义荣辱观,要通过建立社会主义核心价值体系建设,扶正祛邪,扬善惩恶,促进人自身心灵的和谐,促进良好社会风气的形成和发展。

三、科学发展观的基本要求是全面协调可持续,根本方法是统筹兼顾,加强社会主义核心价值体系建设,必须正确处理几大关系

科学发展观的基本要求是全面协调可持续发展,根本方法是统筹兼顾。以科学发展观为指导,加强社会主义核心价值体系建设,还必须做到全面协调可持续,坚持统筹兼顾。

第一,必须全面推进社会主义核心价值体系建设。所谓全面推进,包含两个方面:一是全面抓,二是抓全面。

首先,全面抓。建设社会主义核心价值体系,涉及社会生活的方方面面,是全党全社会的共同责任。应把党政各部门、社会各方面、教育系统各层次的力量充分调动起来,把全体人民的积极性充分发挥出来,把社会主义核心价值体系建设融入国民教育和精神文明建设的全过程,贯穿于现代化建设的各方面,体现在政策法规的制定执行中,融入人们的日常工作和生活中,真正内化为人们的价值观念、外化为人们的自觉行动。

其次,抓全面。社会主义核心价值体系不是单一的价值观,而是一个内涵丰富、相互联系的多层次的有机整体。其中,马克思主义指导思想是最根本的,决定着社会主义核心价值体系的性质和方向,是社会主义核心价值体系的灵魂。

中国特色社会主义共同理想是社会主义核心价值体系的主题和目标;以爱国主义为核心的民族精神和以改革创新为核心的时代精神,是社会主义核心价值体系的精髓,也是社会主义核心价值体系的动力源泉;社会主义荣辱观是社会主义核心价值体系的基础。这里的"灵魂""主题""精髓""基础"四个方面"四位一体",集中了社会主义核心价值体系的指导思想、共同理想、精神动力和道德规范四个方面,共同构成社会主义核心价值体系的主要内容。这四个方面具有同等重要的地位作用,一个都不能缺少。因此,在社会主义核心价值体系建设中,四个方面必须全面推进。

最后,抓全面,还包括把宣传和研究统一起来。应紧紧围绕社会主义核心价值体系的基本内容,充分运用各种手段加大宣传力度、营造浓厚舆论氛围,使社会主义核心价值体系为广大人民群众所感知、所认同、所接受。应加强调查研究,深入研究我国社会人们思想活动的特点,深入研究与建设社会主义核心价值体系相配套的政策法律体系建设,深入研究社会主义核心价值体系的内涵和外延,深入研究社会主义核心价值体系的理论结构和实践要求,深入研究国外在价值体系建设上的有益做法,深入研究我国传统文化中有利于社会主义核心价值体系建设的积极要素。通过加强宣传和研究,推动社会主义核心价值体系建设。

第二,必须统筹兼顾、协调推进社会主义核心价值体系建设。

首先,要努力协调好社会主义核心价值体系建设与社会主义经济、政治、文化、社会建设的关系。社会主义核心价值体系作为国家软实力的一部分,是中国特色社会主义事业的重要组成部分。建设社会主义核心价值体系,既要为中国特色社会主义经济、政治、文化、社会、建设提供智力支持和精神动力,又要不断从中国特色社会主义实践中汲取新的营养,促进自身的建设。

其次,要协调好社会主义核心价值体系建设与社会主义和谐文化建设的关系。建设社会主义核心价值体系是建设和谐文化的根本。社会主义核心价值体系有很强的创造力、感召力和包容性、整合性。社会主义核心价值体系建设必须为和谐文化建设服务,和谐文化建设必须抓住社会主义核心价值体系这个根本,通过社会主义核心价值体系建设,增强全社会的凝聚力,树立全社会的和谐理念,培育全社会的和谐精神,形成全社会的和谐人际关系,营造全社会的和谐舆论氛围,塑造全社会的和谐心态。

再次,要协调好建设社会主义核心价值体系与制定执行政策和法律法规的关系。建设社会主义核心价值体系,靠教育,也要靠政策和法律法规。我们在制定政策和法律法规时,要通盘考虑各项政策和法律法规的相互联系和影响,不仅要注重经济和社会发展的需要,而且要更好地把价值追求和利益调节统一起来,体现建设社会主义核心价值体系的要求。执行政策和法律法规时,要使人民群众通过享有党的政策和国家的法律法规带来的好处,进一步提高建设社会主义核心价值体系的积极性和创造性。

最后,要协调好社会主义核心价值体系与多样化社会思想的关系。党的十七大报告明确指出:要积极探索用社会主义核心价值体系引领社会思潮的有效途径,主动做好意识形态工作,既尊重差异、包容多样,又有力抵制各种错误和腐朽思想的影响。社会思想多样化是不同社会普遍存在的一种正常状态,社会主义也不例外。在社会主义核心价值体系建设中,既不能因为强调建设社会主义核心价值体系而简单地排斥社会思想多样化,也不能因为存在社会思想多样化的倾向而怀疑和否定社会主义核心价值体系的主导作用,关键是积极探索用社会主义核心价值体系引领社会思潮的有效途径,进一步提高用社会主义核心价值体系引领多样化社会思潮的水平,使社会主义核心价值体系始终成为社会主义意识形态的旗帜和灵魂,使多样化社会思想朝着健康的方向发展,在全社会形成社会思想领域既百花齐放又主旋律鲜明的生动局面。

第三,必须持续推进社会主义核心价值体系建设,注重其持续发展。

首先,社会主义核心价值体系建设必须持续推进。社会主义核心价值体系的形成和发展是一个长期的历史过程,社会主义核心价值体系建设更是一个逐步积累的过程、是一项长期的历史任务,需要把长期规划与近期安排结合起来,锲而不舍、常抓不懈,持续推进。要切实把社会主义核心价值体系融入国民教育和精神文明建设全过程,转化为人民的自觉追求。

其次,社会主义核心价值体系,不是一成不变的,必定随着社会主义的发展、时代的发展和人们社会实践的发展而不断发展。马克思主义是与时俱进的,中国特色社会主义事业是不断发展的,民族精神和时代精神是不断从改革开放和社会实践中汲取新的营养的,社会主义荣辱观也是不断提升的。因此,建设社会主义核心价值体系,要不断总结人民群众在实践中创造的新鲜经验,在坚持马克思主义中发展马克思主义,不断赋予当代中国马克思主义鲜明的实践特色、民族特色、时代特色。在社会主义实践中深化我们对中国特色社会主义道路、民族精神和时代精神、社会主义荣辱观的认识,不断把我们对社会主义核心价值体系的认识推向前进。

最后,社会主义核心价值体系不是封闭的,而应该是开放的,与时代潮流和世界文明相伴的。因此,建设社会主义核心价值体系还必须不断从实践中汲取营养,增加新的时代内容;还必须吸收人类创造的一切先进、有益的思想文化成果,必须借鉴其他民族核心价值体系的合理内核,不断丰富和完善自己,使自身稳定持续发展。

社会主义核心价值体系与文化软实力建设

党的十七大提出了加强社会主义核心价值体系建设的任务,同时提出要"提高国家文化软实力"。我们要从提高国家文化软实力的高度深入把握社会主义核心价值体系建设的战略意义。

一、中华民族复兴离不开国家文化软实力的提升

所谓"软实力",是由美国哈佛大学教授约瑟夫·奈在 20 世纪 90 年代提出来的。根据他的解释,软实力就是按照吸引而非强迫或收买手段达到己方的意愿的能力,它来源于一个国家的文化、价值观念、外交政策和机构体制的吸引力。约瑟夫·奈指出,一个国家的综合国力既包括由经济、科技、军事实力等表现出来的"硬实力",也包括以文化和意识形态吸引力体现出来的"软实力"。文化软实力是国家软实力的核心部分,为国家的价值观念和政策提供价值观基础。国家文化软实力对内就是一种凝聚力、向心力、感召力,对外就是一种辐射力、影响力、吸引力。

改革开放以来,在中国特色社会主义理论体系的指导下,中国经济持续快速增长,综合国力不断增强,2010 年中国经济总量跃居世界第二,中国的国际地位显著提高;中国成功地恢复行使香港、澳门的主权,并保持了民族的团结、国家的统一和国内政治生活的稳定,国家的影响力不断扩大;我们在抓物质文明建设的同时,努力加强社会主义精神文明建设,中国文化出现了前所未有的百花齐放、百家争鸣、生动活泼、欣欣向荣的繁荣景象,取得了让人民振奋、令世界瞩目的成就;抗震救灾、成功举办北京奥运会和上海世博会,让全世界看到了社会主义中国万难不屈、奋发有为的大国形象,赢得了各国舆论的普遍赞扬。中国特色社会主义在经济、政治、文化、社会等各个领域形成了一整套相互衔接、相互联系的制度体系,基本经济制度、基本政治制度得到确立和巩固,中国特色社会主义法律体系已经形成,经济体制、政治体制、文化体制、社会体制等各项具体制度不断完善,"中国道路""中国经验""中国模式""中国故事"正成为世界热议的话题。中国倡导和平发展理念,坚持走和平发展道路,主张构建和谐世界,在国际上树立了良好的形象,国际话语权不断提升。总之,改革开放以来,伴随着中国硬实力的不断增强,中国的文化软实力也在不断提升。

但是与中国的硬实力相比,与中国的国际地位相比,与西方发达国家的文化软实力相比,中国的文化软实力建设还存在着巨大的差距,还面临着十分严峻的挑战。

从国际环境看,当今世界正处在大发展大变革大调整的时期,国际范围内围绕文化软实力的竞争越来越激烈。其一,文化软实力在综合国力中的地位越来越重要。伴随世界多极化、经济全球化的深入发展,文化与经济、政治的联系日益紧密,经济的文化含量日益提高,文化已经成为国家核心竞争力的重要因素,越来越多的国家把提高国家文化软实力作为重要发展战略。正如胡锦涛所说:"当今时代,文化越来越成为民族凝聚力和创造力的重要源泉、越来越成为综合国力竞争的重要因素。"[①]其二,世界范围内各种思想文化交流交融交锋更加频繁。在经济全球化和信息网络化的条件下,世界各国优秀文明成果不断传播,各种思想文化相互激荡,不同意识形态的斗争长期存在,思想文化领域斗争依然深刻而复杂,有时会相当尖锐。其三,由西方发达国家主导国际舆论的格局没有根本改变。此次国际金融危机充分暴露了资本主义制度、资本主义发展模式存在的问题,也对长期主导资本主义社会的西方价值观念提出了严峻挑战。西方国家为了捍卫自身的价值观,加大了对外文化输出力度,仍然主导着国际舆论格局。其四,冷战结束后,尤其是进入新世纪以来,西方敌对势力利用文化商品、网络媒体等加紧了对我国的文化渗透,传播西方的文化价值观,直接威胁我国意识形态安全。

从国内情况看,中国文化软实力建设仍然存在着许多问题,面临着诸多挑战。其一,中国虽然是一个文明古国,但自近代以来,中国的文化软实力对世界的影响趋弱,与文明古国的地位不相称。其二,2010 年,中国经济总量跃居世界第二,跻身于中等发达国家行列,但中国的综合国力并未达到世界第二,尤其是中国与西方发达国家在科技创新、教育发展、文化发展方面的差距十分明显,这与中国是一个经济大国的地位不相称。其三,改革开放以来,中华民族的整体道德素质和思想文化素质都有一定程度的提高,但思想道德建设中也暴露出许多问题。其四,当中国经济总量跃居世界第二后,世界各国都十分关注中国的价值观,都希望了解中华民族的核心价值观,但中国民族的核心价值观对外宣传不够。其五,马克思主义在意识形态领域内的主导地位受到挑战。改革开放以来,国际国内形势复杂多变,各种社会思潮竞相登场,各种非马克思主义思潮有所滋长,思想理论领域里的噪音杂音时有出现,导致主流意识形态信仰的弱化,不少人对马克思主义产生质疑、动摇甚至背弃。其六,我国改革发展已进入关键时

---

① 《十七大以来重要文献选编》上,中央文献出版社 2009 年版,第 26 页。

期,呈现出许多新的阶段性特征,社会思想观念和价值取向复杂多样,"我国社会价值观念也日趋多样,正确的与错误的、先进的与落后的、主流的与非主流的思想观念相互交织",①人们思想活动的独立性、选择性、多变性、差异性明显增强,思想道德领域出现了一些不容忽视的现象,思想观念和价值取向的多元化一定程度上削弱了主流价值观的主导作用。

二、社会主义核心价值体系是国家文化软实力的重要组成部分

党的十六届六中全会把社会主义核心价值体系的基本内容明确概括为四个方面,即"马克思主义指导思想,中国特色社会主义共同理想,以爱国主义为核心的民族精神和以改革创新为核心的时代精神,社会主义荣辱观,构成社会主义核心价值体系的基本内容"。② 其中,马克思主义指导思想是社会主义核心价值体系的灵魂,中国特色社会主义共同理想是主题,民族精神和时代精神是精髓,社会主义荣辱观是基础。这四个方面相互联系、相互贯通、相互促进,构成了有机统一的整体。社会主义核心价值体系提出后,党中央强调,社会主义核心价值体系是我国经济社会发展的思想保证、精神动力和智力支持,是我国社会主义制度的思想根基,是社会主义意识形态的本质体现和社会主义精神文明建设的基本内容,是建设和谐文化的根本、在构建社会主义和谐社会中发挥着基础性的作用。党的十七届六中全会又从建设中国特色社会主义的高度强调,社会主义核心价值体系是兴国之魂,决定着中国特色社会主义发展方向。我们党之所以把社会主义核心价值体系当作社会主义文化建设的根本任务,其原因在于:

第一,社会主义核心价值体系是社会主义意识形态的本质体现,是国家文化软实力的核心内容。党的十七大指出,社会主义核心价值体系是社会主义意识形态的本质体现。这一论断深刻揭示了社会主义核心价值体系在社会主义意识形态中的地位和作用。社会主义意识形态是以马克思主义为指导的意识形态,集中反映着社会主义社会的经济、政治生活,反映着社会主义制度的本质要求,体现着最广大人民的根本利益。社会主义核心价值体系集社会主义价值理念之大成,把我们党倡导的基本理论、思想观念和价值取向系统凝练地整合在一起,是社会主义意识形态的核心内容和最重要组成部分,决定着社会主义意识形态的性质和方向。

第二,社会主义核心价值体系是社会主义制度在价值层面的本质规定。新

---

① 《十六大以来重要文献选编》下,中央文献出版社 2008 年版,第 684 页。
② 《十六大以来重要文献选编》下,中央文献出版社 2008 年版,第 661 页。

中国成立以来,尤其是改革开放以来,我们党带领人民在实践中的巨大创新是确立了中国特色社会主义制度,建立了中国特色社会主义制度体系。社会主义核心价值体系,反映了我国社会主义基本制度的本质要求,渗透于经济、政治、文化、社会建设的各个方面,在所有社会主义价值目标中处于统摄和支配地位,为中国特色社会主义的发展和完善提供了思想根基,是我国社会主义制度的内在精神之魂。建设社会主义核心价值体系,能够促进我国社会主义制度的巩固和发展。

第三,社会主义核心价值体系是全党全国各族人民团结奋斗的共同思想基础,能够增强中华民族的凝聚力。民族凝聚力是文化软实力最核心的部分,是体现民族精神、民族品格、民族意志的主要方式,是维系民族团结的精神纽带,是使民族自立于世界民族之林的精神支撑。人类社会发展的历史证明,没有强大的物质力量,一个民族不可能自尊自立自强;没有强大的精神支撑,一个民族同样不可能自尊自立自强。特别是在全球化背景下,在全方位的国际竞争日趋激烈的当今世界,有没有强大的民族凝聚力和高昂的民族精神,已经成为决定一个国家国际竞争力大小的重要因素,成为衡量一个国家综合国力强弱的重要尺度。社会主义核心价值体系因其强调始终坚持马克思主义的指导地位,具有巨大的理论力量;因其反映了最广大人民的共同理想,具有巨大的感召力;因其强调民族精神和时代精神,具有巨大的精神力量;因其倡导社会主义荣辱观,具有巨大的道德力量。建设社会主义核心价值体系,能够最大限度地凝聚社会思想共识,有利于形成统一的指导思想、共同的理想信念、强大的精神支柱和基本的道德规范,使人们超越民族、血缘、语言、地域等方面的差异,超越阶层、行业、职业、利益等方面的差异,增强对中华民族大家庭的向心力和归属感,不断巩固民族团结和睦的精神纽带。

第四,建设社会主义核心价值体系,能够提高中华民族的创新力。"创新是一个民族进步的灵魂,是一个国家兴旺发达的不竭动力。"[①]一个没有创新力的国家,难以拥有强大的文化软实力,不可能占据综合国力竞争的制高点。改革创新是时代精神的核心。社会主义核心价值体系强调的改革创新精神表现为一种解放思想、突破陈规、大胆探索、勇于创造的思想观念,表现为一种不甘落后、奋勇争先、追求进步的责任感和使命感,表现为一种坚韧不拔、自强不息、锐意进取的精神状态。改革创新精神继承中华民族革故鼎新的传统,体现了时代发展和当代中国发展进步的要求,贯穿改革开放的全部实践。建设社会主义核心价值体系,弘扬改革创新的时代精神,有利于树立创新理念,培育创新文化,让一切创

---

① 《江泽民文选》第2卷,人民出版社2006年版,第237页。

造的源泉充分涌流,让一切创新的热情充分焕发,使中华民族始终走在时代前列,在激烈的国际竞争中始终立于不败之地。

第五,建设社会主义核心价值体系,能够扩大中华文化的影响力。文化影响力的强弱,是衡量一个国家文化软实力的重要标志。悠久而丰富的中华文化富有独特魅力,是人类文明和世界文化百花园中的奇葩。今天,随着改革开放的不断深入,中华文化在世界范围内得到广泛传播,但中华文化的国际影响力与我国的发展中大国地位和世界渴望了解中华文化的愿望还不相适应。建设社会主义核心价值体系,充分挖掘和弘扬中华传统文化的有益价值,不断从中国特色社会主义建设的鲜活实践中汲取新鲜养分,有利于我们的文化保持民族性、时代性、先进性,展现中国特色、中国风格、中国气派;有利于抵御西方资产阶级腐朽思想文化的渗透,有效维护我国文化安全和意识形态安全;有利于推动中华文化更好地走向世界,扩大我国的国际影响力。

三、围绕提高国家文化软实力建设社会主义核心价值体系的举措

党的十七大已经将"提高国家文化软实力"上升到国家战略高度,使之成为中国特色社会主义建设的重要任务。党的十七届六中全会,从中国特色社会主义事业总体布局的高度,强调坚持走中国特色社会主义文化发展道路,并对深化文化体制改革、推动社会主义文化大发展大繁荣作了全面部署。十七届六中全会强调,必须把社会主义核心价值体系融入国民教育、精神文明建设和党的建设全过程,把社会主义核心价值体系贯穿改革开放和社会主义现代化建设各领域,为社会主义核心价值体系建设进一步指明了方向。加强社会主义核心价值体系建设,提高文化软实力,是一个系统工程,也是建设中国特色社会主义事业一项长期的历史任务,需要顶层设计,精心策划。

第一,提高思想认识,充分了解社会主义核心价值体系建设的地位和作用。要从世情、国情、党情的新变化对社会主义核心价值体系建设提出的新要求出发,着力探讨社会主义核心价值体系建设在繁荣和发展中国特色社会主义文化、提升国家文化软实力中的重大意义,提高人们对社会主义核心价值体系建设重要性的认识。要从理论上说明,社会主义核心价值体系体现了马克思主义价值观与中国传统价值观的有机统一,体现了中国共产党远大理想与最低纲领的统一,具有鲜明的科学性、民族性、时代性、开放性,拥有广泛而深厚的历史基础和现实基础。要让人们懂得,加强社会主义核心价值体系建设,有利于在文明多样化的历史背景下,唱响主旋律,尊重差异,包容多样,最大限度地形成思想共识,坚持和巩固马克思主义在意识形态的指导地位,繁荣和发展中国特色社会主义文化。

第二，要深化对社会主义核心价值体系的研究。要把社会主义核心价值体系作为一个整体，研究其主要内容的科学内涵、相互关系及其逻辑结构，帮助人们准确把握社会主义核心价值体系的基本内容、基本结构、基本特征，解决好人民群众的认识、认知和认同问题。要深化对社会主义核心价值体系的主要内容与中国特色社会主义文化建设的主要内容的关系，让人们真正懂得，社会主义核心价值体系建设决定着中国特色社会主义文化建设的发展方向。要深入研究建设社会主义核心价值体系面临的重大现实问题，深入研究世界大变革大发展大调整对人们思想行为产生的重大影响，研究世界各种思想文化的交流、交融与交锋，人们价值观的多元、多样与多变，向社会主义核心价值体系建设提出了新课题新挑战，研究我国工业化、信息化、城镇化、市场化、国际化过程中人们的思想活动独立性、选择性、多变性、差异性的特点，研究社会变革和利益关系调整给人们思想观念带来的影响，研究不同阶层、不同群体的价值追求，不断创新传播社会主义核心价值体系的方式、方法和载体，不断增强社会主义核心价值体系的感召力。

第三，要增强理论自觉与理论自信，加强马克思主义理论创新。推进理论创新，是在加强社会主义核心价值体系建设过程中增强理论自觉和理论自信，不断巩固全党全国各族人民团结奋斗共同思想道德基础的必然要求。在 2012 年召开的马克思主义理论研究和建设工程工作会议上，李长春同志提出："如何在学习借鉴人类文明成果的基础上，用中国的理论研究和话语体系解读中国实践、中国道路，不断概括出理论联系实际的、科学的、开放融通的新概念、新范畴、新表述，打造具有中国特色、中国风格、中国气派的哲学社会科学学术话语体系，是理论界和学术界面临的重大而紧迫的时代课题。"[①]这就迫切需要我们以高度的理论自觉和理论自信，及时总结党领导人民创造的新鲜经验，不断进行理论创新，推进马克思主义中国化时代化大众化，不断开辟马克思主义在中国发展的新境界。

第四，要积极探索社会主义核心价值体系的体制机制。要不断总结不同地区、不同部门、不同群体建设社会主义核心价值体系的经验，从实际出发，进一步探索建设社会主义核心价值体系的实践机制，进一步加强建设社会主义核心价值体系的制度建设，用良好的机制调动广大党员干部群众建设社会主义核心价值体系的积极性、主动性和自觉性，用健全的法律制度对社会主义核心价值体系建设提供制度保障。要充分发挥社会主义核心价值体系的导向功能、激励功能、规范功能，按照共同价值取向的原则要求，整合不同的价值诉求，激发社会各个

① 李长春：《在马克思主义理论研究和建设工程工作会议上的讲话》，《人民日报》2012 年 6 月 4 日。

阶层的积极性和创造性,协调国家、集体和个人三者之间的关系,化解各利益主体之间的矛盾和冲突,形成推动科学发展、促进社会和谐的强大精神动力。要不断深化对建设社会主义核心价值体系的规律的认识,切实把社会主义核心价值体系转化为人民群众积极投身社会主义现代化建设的干劲和热情,进而使社会主义核心价值体系真正成为推动中国特色社会主义各项事业健康发展的精神动力和智力支持。

第五,加强对社会主义核心价值体系的对外宣传。要在提高国家硬实力影响的同时,不断向外宣传中国的社会主义核心价值体系,消除国外人士对中国社会主义核心价值体系的误解,增加国外人士对中国社会主义核心价值体系的了解,达到国外人士对中国社会主义核心价值体系的理解,不断增强中国文化软实力的国际影响。要改变对外宣传与对内宣传两套话语体系的状况,加强中国化马克思主义特别是中国特色社会主义理论体系的宣传,告诉世人,中国的改革开放和现代化建设之所以成功,就是因为我们坚持了马克思主义,开辟了中国特色社会主义道路,创立了中国特色社会主义理论体系。要让外国人知道,中国人以建设中国特色社会主义为共同理想,我们的近期目标是建立富强、民主、文明、和谐的社会主义强国,我们的远大理想就是实现共产主义。要让外国人知道,中国一直弘扬以爱国主义为核心的民族精神和以改革创新为核心的时代精神。我们强调爱国,并非排外,走极端。我们强调改革创新,就是要创造一个宽容、和谐、民主、有序的软环境,弘扬科学精神,建立创新型国家;要让外国人知道,中国弘扬以"八荣八耻"为核心内容的社会主义荣辱观,就是要整体提升公民的文明素养、道德水准和国家、民族的文化软实力。

此外,我们还要加强和改进党对社会主义核心价值体系建设的领导,不断提高党领导文化建设和驾驭意识形态领域复杂局面的能力。要把队伍建设作为一项关系长远的战略工程,努力建设一支适应形势发展要求的宏大的社会主义核心价值体系建设工作队伍。

总之,在当今世界,文化软实力越来越成为民族凝聚力和创造力的重要源泉,越来越成为综合国力和国际竞争力的重要因素。社会主义核心价值体系是文化软实力建设的基础工程和灵魂工程,大力提高国家的文化软实力,必须把社会主义核心价值体系建设摆在首位,贯穿到改革开放和社会主义现代化建设各领域,使社会主义核心价值体系在全社会牢固确立。

以科学发展观统领党的先进性建设

　　科学发展观是我们党坚持以马克思主义为指导,在准确把握世界发展趋势、认真总结我国发展经验、深入分析我国发展阶段性特征的基础上提出的重大战略思想,是对经济社会发展一般规律认识的深化,是指导发展的世界观和方法论的集中体现,是推进社会主义现代化建设必须长期坚持的指导方针。胡锦涛在庆祝中国共产党成立85周年暨总结保持党的先进性教育活动大会上讲话明确指出:"要紧密结合贯彻落实科学发展观的实践加强党的先进性建设。""要把科学发展观作为检验党的建设的重要标准,对符合科学发展观的事情就全力以赴地去做,对不符合的就毫不迟疑地去改,努力使党的建设各项工作都符合科学发展观的要求,经得起实践、历史、人民的检验。"[①]科学发展观的提出及党关于贯彻落实科学发展观的一系列重要论述,对我们党的建设尤其是党的先进性建设提出了新的要求。新时期党的先进性建设必须以邓小平理论和"三个代表"重要思想为指导,牢记发展这个"硬道理",抓住发展这个"第一要务",紧紧围绕贯彻落实科学发展观这一主题,坚持把科学发展观贯彻落实到党的先进性建设的各个方面。

　　一、党的先进性建设必须围绕贯彻落实科学发展观这一个中心,不断提高贯彻科学发展观的能力

　　贯彻落实科学发展观,开创社会主义现代化建设新局面,关键在于坚持和改善党的领导。而坚持和改善党的领导,必须始终紧紧围绕经济、政治、文化、社会建设的实践,按照加强先进性建设的要求,从思想、组织、作风和制度上全面推进党的建设新的伟大工程;必须进一步用科学发展观武装全党特别是各级领导干部,统一思想,形成共识,不断增强贯彻落实科学发展观的自觉性和坚定性。

　　贯彻落实科学发展观,首先要求在党的先进性建设中,帮助广大党员深刻领会和全面把握科学发展观的深刻内涵、基本要求。发展观是关于发展的本质、目的、内涵和要求的总体看法和根本观点,对发展的实践具有根本性、全局性的重大影响。以人为本,全面、协调、可持续发展,是科学发展观的基本内涵。科学发

---

　　① 胡锦涛:《在庆祝中国共产党成立85周年暨总结保持共产党员先进性教育活动大会上的讲话》,人民出版社2006年版,第20~21页。

展观围绕发展道路、发展战略、发展布局、发展动力、发展目的等,提出了一系列新思想、新观点、新论断。其内涵极为丰富,既涉及经济、政治、文化和社会发展各个领域,又涉及人与人、人与社会、人与自然的复杂关系;既有生产力和生产关系问题,又有经济基础和上层建筑问题;既管当前,又管长远;既是重大的理论问题,又是重大的实践问题。科学发展观是解放和发展生产力的发展观,其第一要义是发展;科学发展观是以人为本、造福人民的发展观,其本质和核心是坚持以人为本,让发展的成果惠及广大人民;科学发展观是全面协调可持续的发展观,其根本要求是全面、协调、可持续,统筹兼顾;科学发展观是经济、政治、文化、社会建设整体推进的发展观,其根本目的是要实现经济社会又快又好地发展,使社会主义物质文明、政治文明、精神文明与和谐社会共同发展;科学发展观是坚持和平发展的发展观,其基本着眼点是坚定不移地走和平发展的道路,坚定不移地维护国家的主权和安全,同世界各国一道努力建设持久和平、共同繁荣的和谐世界。广大党员只有准确把握科学发展观的科学内涵,才能真正把经济社会发展转到科学发展的轨道上来。

贯彻落实科学发展观,必须深化对科学发展观精神实质的认识。发展,是人类社会永恒的主题,也是我国现代化战略的主题。发展是解决我国所有问题的关键。聚精会神搞建设,一心一意谋发展,是我们必须始终坚持的一个战略思想。如果说邓小平理论关于"发展才是硬道理"的思想和"三个代表"重要思想关于"发展是党执政兴国的第一要务"的思想,重点解决了"为什么要发展""依靠谁发展"的问题,科学发展观则进一步解决了"什么是发展""为了谁发展""怎样才能发展"和"怎样评价发展"等问题。它深刻揭示了我国经济社会发展的客观规律,因而是新世纪新阶段中国特色社会主义的发展理论;它充分体现了全面建设小康社会的内在要求,因而是统领我国经济社会发展全局的根本指针。它深刻揭示了中国自身发展与人类共同进步的紧密联系,为我们正确处理各种矛盾、破解发展难题,指明了新的途径,因而是我们准确把握中国发展面临的复杂环境,解决各种矛盾和问题、应对各种风险和挑战的强大思想武器。科学发展观的提出,标志着我们党对共产党执政规律、社会主义建设规律、人类社会发展规律的认识达到了一个新的水平。它用一系列新思想、新论断和新观点丰富和发展了毛泽东思想、邓小平理论和"三个代表"重要思想关于发展的思想,开辟了马克思主义关于发展理论的新境界。

贯彻落实科学发展观,还必须准确把握科学发展观对党的先进性建设的重要指导意义。科学发展观赋予党的执政理念以鲜明的时代内涵,为我们党更好地领导发展提供了新的思路,标志着我们党对党的执政使命、执政任务的认识达到了一个新的境界。科学发展观的提出,既是党领导中国特色社会主义建设和发展的能力提高的具体体现，又是加强党的建设重要成果。因而它是我们党治国理政、富民安邦的行动纲领，也是加强党的先进性建设的重要指导思想。因此，按照科学发展观的要求，不断完善党的执政方略、健全党的执政体制、改革党的执政方式、巩固党的执政基础，是加强党的执政能力建设、提高党的执政水平的战略选择，也是加强党的先进性建设，始终保持党的先进性的战略选择。只有牢固树立和认真落实科学发展观，把发展的成效作为衡量党的执政能力的重要尺度，把坚持党的先进性落实到发展生产力、发展先进文化、实现最广大人民的根本利益上来，才能得到人民群众的衷心拥护和广泛支持，更好地肩负起团结和带领人民实现中华民族伟大复兴的历史重任。

在党的先进性建设中，广大党员应以高度的历史责任感，从党和国家工作的大局，从治党治国、实现中华民族伟大复兴的高度充分认识树立和落实科学发展观的重大意义；应自觉运用科学发展观指导实践、推动工作，使科学发展观真正成为指导经济社会政治文化全面发展的世界观、方法论；应把学习贯彻科学发展观同促进经济社会发展的实践结合起来，同建设和谐社会的各项工作结合起来，同推动党的先进性建设结合起来。能否牢固树立和全面落实科学发展观，是衡量各级领导干部执政能力的重要尺度，也是检验党的建设、衡量党的先进性程度的重要标准。

二、党的先进性建设必须始终把握"以人为本"这一科学发展观的核心

科学发展观的本质和核心是坚持以人为本。以人为本就是要把人作为发展的根本动力，把人民的利益作为一切工作的出发点和落脚点，不断满足人们的多方面需求和促进人的全面发展。共产党作为代表最广大人民群众根本利益的先进政党，其先进性建设，最终也要落实到实现好、维护好、发展好最广大人民的根本利益上来。因此，贯彻落实科学发展观与加强党的先进性建设在本质上是一致的。

贯彻落实科学发展观，要求我们党牢记全心全意为人民服务的宗旨，忠实执行党的群众路线，坚持立党为公、执政为民，坚持权为民所用、情为民所系、利为民所谋。坚决反对形式主义、官僚主义，把各项决策和工作落到实处，以求真务实作风保证落实科学发展观和正确政绩观。要倾听群众呼声、关心群众疾苦，想群众之所想、急群众之所急、办群众之所需，始终保持党同人民群众的血肉联系，使广大群众感受到社会主义大家庭的温暖。要从最广大人民的根本利益出发谋发展、促发展，一切以实现人的全面发展为目标，用发展的办法解决前进中的问题，让发展的成果惠及全体人民，让人民群众得到实实在在的利益，并在此基础上进一步巩固党的阶级基础和扩大党的群众基础，从而巩固党的执政地位。

　　"以人为本"不仅要体现在经济社会发展的过程中,还要体现在我们党自身建设的实践中。"以人为本"在党的建设发展中具体体现为"以党员为本",即要依靠广大党员加强党的自身建设,要通过党的自身建设保持每一个党员的先进性;要完善党内民主机制,充分调动广大党员的积极性和主动性,让广大党员直接或间接地决定党内一切事务,让每个党员充分发挥表率作用。

　　在党的先进性建设中贯彻"以人为本",实质就是要求发展党内民主。从这个意义上来说,党内民主将成为新时期党的先进性建设的核心和关键。党内民主是党的生命。中国共产党党员人数已超过七千万,党员总数已超过德国、法国、加拿大等西方发达国家的总人口。一个具有如此规模的大党,要始终走在时代的前列,走在群众的前列,始终保持党的先进性,就必须在民主建设方面也走在前列。要认真学习毛泽东思想、邓小平理论和"三个代表"重要思想关于党内民主建设的思想,积极贯彻《中国共产党党员权利保障条例》,建立和完善党内情况通报制度、情况反映制度、重大决策征求意见制度,逐步推进党务公开,增强党组织工作的透明度,使党员更好地了解和参与党内事务。允许党内不同意见的存在和争论,鼓励和保护党员讲真话、讲心里话,尊重多数,保护少数。进一步激发和维护广大党员参与党内事务的政治热情,充分发挥和保障广大党员的积极性、主动性、创造性,不断增强党的凝聚力、战斗力。

　　在党的先进性建设中贯彻"以人为本",还必须以改革的精神推进党的制度化建设。要改革和完善党的代表大会制度,建立党的代表大会代表提案制度。积极探索党的代表大会闭会期间发挥代表作用的途径和形式,建立代表提议的处理和回复机制,疏通党代表联系党员的渠道。党的委员会实行集体领导和个人分工负责相结合的制度,进一步发挥党的委员会全体会议的作用。凡属重大问题都应当由全委会集体讨论,以票决的方式作出决定。党的全委会召开会议时,可根据议题事先征求同级党代会代表意见或邀请部分代表列席会议。要建立健全常委会向全委会负责、报告工作和接受监督的制度。要通过党的制度化建设,使执政党走上科学执政、民主执政和依法执政的轨道。

　　总之,贯彻"以人为本"的党的先进性建设要以保障党员民主权利为基础,以完善党的代表大会制度和党的委员会制度为重点,全面、协调、逐步地推进。只有这样,党内民主和党的先进性建设才能得到可持续的发展。

三、党的先进性建设必须自觉做到全面、协调、可持续

　　党的先进性建设是对党的建设的高度概括和升华,抓住了党的先进性建设,就抓住了党的建设的根本。党在加强先进性建设过程中,要贯彻落实科学发展观,还必须注重党的自身建设的全面性、协调性和持续性。

以科学发展观为指导推进党的先进性建设,必须注重党的先进性建设的全面性。党的先进性建设是通过党的思想建设、组织建设、作风建设和制度建设表现出来的,同时党的各项建设都以保持党的先进性作为出发点和落脚点。因此,开展党的先进性建设,必须对党的先进性建设进行全面部署,必须从党的思想建设、组织建设、作风建设和制度建设方面全面加强党的建设,达到保持党的先进性的目标。党的先进性建设必须把思想建设放在首位。因此,全党要十分重视和加强马克思主义的理论学习,用发展的马克思主义指导实践。必须始终保持与时俱进的精神状态,不断开拓马克思主义理论发展的新境界。组织建设是党的先进性建设的重要组成部分和重要环节,党的其他建设都要通过组织建设来实现和反映出来。加强党的组织建设,根本的是要把党建设成坚强的领导核心。在现阶段,必须按照提高素质、优化结构、增强能力的要求,不断加强党的干部队伍和领导班子建设,不断提高贯彻科学发展观的能力、驾驭全局的能力、处理利益关系的能力、务实创新的能力。执政党的党风关系到党的生死存亡。要切实弘扬艰苦奋斗、求真务实的精神。党的各级领导干部尤其需要树立扎实过硬的思想作风和工作作风。要紧紧围绕保持党同人民群众血肉联系这个核心问题,全面落实“八个坚持、八个反对”的要求,认真解决思想作风、学风、工作作风、领导作风和干部生活作风方面的突出问题,使全体党员特别是领导干部始终以良好的精神状态投入经济社会发展的各项工作。制度建设是党的先进性建设中带有全局性、根本性的工作。党实行依法治国,必须坚持在宪法和法律的范围内活动,按照法律办事。党章是最根本的党规党纪,各级党组织和每个党员必须按照党章办事。要切实加强党的制度建设,并贯穿于党的思想建设、组织建设、作风建设之中。必须准确把握当代中国社会前进的脉搏,改革和完善党的领导方式和执政方式、领导体制和工作制度,进一步解决提高党的领导水平和执政水平、提高拒腐防变和抵御风险能力这两大历史性课题,确保我们党始终是中国工人阶级的先锋队、中国人民和中华民族的先锋队。

以科学发展观指导党的先进性建设,还必须注重党自身建设的协调性。要把党的执政能力建设和党的先进性建设统一协调起来;要始终把党的最高纲领与最低纲领统一协调起来;要把党的思想建设、组织建设、作风建设和制度建设统一、协调起来;要把充分发扬党内民主与加强党的集中统一协调起来;要把开展党内思想斗争和加强党的团结统一协调起来;要把不断提高党驾驭社会主义市场经济的能力、发展社会主义民主政治的能力、建设社会主义先进文化的能力、构建社会主义和谐社会的能力、应对国际局势和处理国际事务的能力统一协调起来;要把党的整体建设同党的基层组织建设以及党员个人素质的提高统一协调起来;要把增强党的阶级基础和扩大党的群众基础统一协调起来;要把党的经常性建设和阶段性建设统一协调起来;把从严治党和惩治腐败统一协调起来。此外,在党的先进性建设中,要不断加强各级领导班子和基层党组织建设,不断提高党领导经济社会发展协调的水平,党要善于并且要做到统筹城乡发展、统筹区域发展、统筹经济社会发展、统筹人与自然和谐发展、统筹国内发展和对外开放;要善于并且要做到正确处理公有制和非公有制经济发展的关系,正确处理按劳分配和多种分配方式的关系,正确处理市场经济和宏观调控的关系,正确处理中央和地方的关系,正确处理经济体制改革和其他方面改革的关系,正确处理改革发展稳定的关系,正确处理国际和国内两个市场的关系等,促进经济社会的全面、协调和可持续发展。

以科学发展观指导党的先进性建设,还必须注重党自身建设的可持续性,永葆党的先进性。先进性是马克思主义政党的根本特征,也是马克思主义政党的生命所系、力量所在。实践证明,中国共产党正是因为始终保持了马克思主义政党的先进性,才获得了中国革命、建设和改革的一个又一个伟大胜利,并得到全国各族人民的拥护和支持。实践也表明,一个政党过去先进,不等于现在先进;现在先进,不等于将来永远先进。党的先进性建设是马克思主义政党自身建设的根本任务,是党的建设的长期任务和永恒主题。保持党的先进性,是一个不断认识、不断实践、不断提高的过程。推进理论创新和加强理论武装,对党员进行管理和监督,吸收先进分子入党,发扬正气和抵制歪风,整顿软弱涣散的组织,严肃处理违纪违法党员和清除腐败分子,这些都是加强党的先进性建设必须做好的经常性工作。做好经常性工作与适当的集中教育结合起来,是党加强先进性建设的一条重要经验。因此,党在加强先进性建设过程中,要贯彻落实科学发展观,还需要把党的先进性建设当作一项长期的历史任务,着力探索建立健全保持共产党员先进性的长效机制,坚持不懈地加强党的先进性建设,始终保持党的先进性,从而巩固党的执政地位,保证党长期执政。

党的先进性是具体的、历史的,必须放到推动当代中国先进生产力和先进文化的发展中去考察,放到维护和实现最广大人民根本利益的奋斗中去考察。党是否先进归根到底要看党在推动历史前进中的作用。加强党的先进性建设,提高党的执政能力,必须以邓小平理论和“三个代表”重要思想以及科学发展观为指导,坚持把党的先进性落实到发展先进生产力、发展民主政治、发展先进文化、构建和谐社会上来,推动社会的全面进步,促进人的全面发展。同时,还必须不断提高党的建设科学化水平,使党始终成为中国特色社会主义事业的坚强领导核心。

科学发展观的新定位、新阐释和新要求

党的十八大报告一个重要创新,是将科学发展观确立为党必须长期坚持的指导思想,从而对科学发展观历史地位和指导意义进行了新定位。同时,党的十八大报告还对科学发展的内涵进行了新阐释,对如何贯彻落实科学发展观提出了新要求。

一、新定位:科学发展观是党必须长期坚持的指导思想

党的十八大报告明确指出:"科学发展观同马克思列宁主义、毛泽东思想、邓小平理论、'三个代表'重要思想一道,是党必须长期坚持的指导思想。"这是党的十八大对科学发展观的重新定位。为何将科学发展观作为党必须长期坚持的指导思想呢?

第一,实现党的指导思想的与时俱进是我们党的优良传统,也是我们党的鲜明特色和重要优势。中国共产党与其他不同类型的政党相比,有一个非常显著的特点,即它拥有科学理论指导。中国共产党从成立之日起就把马克思主义鲜明地写在自己的旗帜上,作为党的指导思想,不像西方国家一些政党奉行指导思想的多元化。中国共产党自成立以来,始终坚持科学理论武装,坚持用马克思主义武装党员头脑,坚持同党内外各种错误思想做斗争,不断提高广大党员和干部的思想理论素质,从而捍卫了马克思主义在全党的指导地位;始终坚持把马克思主义基本原理同中国具体实际相结合,始终坚持从人民群众的创造性实践中汲取经验,始终注意吸收世界各国创造的文明成果,从而在推进马克思主义中国化时代化大众化过程中,不断开辟马克思主义在中国发展的新境界;始终坚持以马克思主义为指导不断认识世界、改造世界,始终坚持实事求是的思想路线,坚持用马克思主义的立场、观点、方法,探索中国社会发展的客观规律,分析和研究中国革命、建设和改革中的实际问题,寻找解决问题的答案,从而保证了中国革命、建设和改革的成功,形成了中国共产党独具特色的理论优势。中国共产党成立90多年来,我们先后将马克思列宁主义、毛泽东思想、邓小平理论和"三个代表"重要思想写进了党章,指导中国革命、建设、改革取得了一个又一个伟大胜利。党的十八大把科学发展观写进党章,作为党必须长期坚持的指导思想,有厚重的历史根据。这一举措,体现了我们党的指导思想的与时俱进,体现了全面建成小康社会的新要求,体现了我们党高度的理论自觉和理论自信。

第二,科学发展观是党的十六大以来我们党的重要理论成果。党的十六大以来,我们党紧紧抓住可以大有作为的重要战略机遇期,在全面建设小康社会进程中不断推进实践创新、理论创新、制度创新,围绕全面建设小康社会、转变经济发展方式、推进对外开放、完善社会主义市场经济体制、建设社会主义新农村、建设创新型国家、促进区域协调发展、发展社会主义民主政治、推进中国特色社会主义文化大发展大繁荣、建设社会主义核心价值体系、构建社会主义和谐社会、建设生态文明、统筹推进国防和军队建设、推动两岸关系和平发展、建设和谐世界、建立更加公正合理的国际经济新秩序、加强党的执政能力和先进性建设等方面,进行了卓有成效的理论探索,形成了科学发展观等重大战略思想。党的十八大报告明确指出:"总结十年奋斗历程,最重要的就是我们坚持以马克思列宁主义、毛泽东思想、邓小平理论、'三个代表'重要思想为指导,勇于推进实践基础上的理论创新,围绕坚持和发展中国特色社会主义提出一系列紧密相连、相互贯通的新思想、新观点、新论断,形成和贯彻了科学发展观。"因此,把科学发展观确定为党长期坚持的指导思想,有科学的理论依据。

第三,科学发展观是被实践证明的科学理论体系。科学发展观形成发展的十年,接受了实践的检验,也丰富和发展了科学发展观自身。10年来,我国经济社会建设的各方面工作都取得新的重大成就,经济平稳较快发展,改革开放取得重大进展,人民生活水平显著提高,民主法制建设迈出新步伐,文化建设迈上新台阶,社会建设取得新进步,国防和军队建设开创新局面,港澳台工作进一步加强,外交工作取得新成就。中国已成为世界经济发展的重要引擎和推动力量,为世界和平发展的崇高事业作出了重要贡献,赢得了国际社会高度评价。实践证明,科学发展观对于我国经济社会和各项事业的发展具有重大的推动作用,科学发展观所显示的强大真理力量,已越来越得到高度认同。把科学发展观作为党必须长期坚持的指导思想,有坚实的实践依据。

第四,科学发展观是破解中国经济社会发展难题,实现经济社会又好又快发展的重要指导思想。进入新世纪以来,世情、国情、党情继续发生深刻变化,我们面临的发展机遇、风险与挑战前所未有。虽然我们的工作取得了较大的成就,但还存在许多不足,前进道路上还有不少困难、矛盾和问题。发展中不平衡、不协调、不可持续问题依然突出,制约科学发展的体制机制障碍较多,城乡区域发展差距和居民收入分配差距依然较大,社会矛盾明显增多,一些领域道德失范、诚信缺失;一些干部领导科学发展能力不强,一些基层党组织软弱涣散,一些领域消极腐败现象易发多发,反腐败斗争形势依然严峻。这些问题虽然是改革发展中的问题,但这些问题的解决,必须有科学理论的指导。科学发展观以宽阔的世界视野、先进的价值观念、科学的求实精神、深邃的前瞻意识、坚定的人民立场,把握发展规律、创新发展理念、破解发展难题,围绕坚持和发展中国特色社会主义,提出一系列紧密相连、相互贯通的新思想、新观点、新论断,把我们党对中国特色社会主义规律的认识提高到新的水平。把科学发展观确定为党必须长期坚持的指导思想,有利于全面建成小康社会,有利于推进社会主义现代化和中华民族的伟大复兴。

二、新阐释:科学发展观是中国特色社会主义的最新成果,是指导党和国家全部工作的强大思想武器

马克思、恩格斯曾经说过:"一切划时代的体系的真正的内容都是由于产生这些体系的那个时期的需要而形成起来的。"①科学发展观是适应全面建设小康社会的新要求,推进关键时期的改革发展,深刻认识我国基本国情,立足于新世纪新阶段的阶段性特征而提出来的。它在抗击非典和探索完善社会主义市场经济体制的过程中形成,在加强和改善宏观调控的实践中不断充实丰富,在推动经济社会切实转入科学发展轨道中蓬勃发展,在制定全面建设小康社会新奋斗目标的同时走向成熟,在全面贯彻落实十七大精神、应对一系列考验和挑战中经受检验并进入新境界。这一理论依据马克思主义关于发展的世界观和方法论,继承发展了我们党三代中央领导集体关于发展的重要思想,系统总结了 20 多年来改革开放和现代化建设的成功经验,反映了多年来世界各国发展的经验教训,吸取了中华民族优秀文化传统中的精华。

党的十七大报告曾对科学发展观的科学内涵、历史地位和指导意义做过十分详细的论述。关于科学发展观的形成和发展,十七大报告指出:"科学发展观,是立足社会主义初级阶段基本国情,总结我国发展实践,借鉴国外发展经验,适应新的发展要求提出来的。"关于科学发展观的科学内涵,十七大报告指出:"科学发展观,第一要义是发展,核心是以人为本,基本要求是全面协调可持续,根本方法是统筹兼顾。"关于科学发展观的历史地位和指导意义,十七大报告明确指出:"科学发展观,是对党的三代中央领导集体关于发展的重要思想的继承和发展,是马克思主义关于发展的世界观和方法论的集中体现,是同马克思列宁主义、毛泽东思想、邓小平理论和'三个代表'重要思想既一脉相承又与时俱进的科学理论,是我国经济社会发展的重要指导方针,是发展中国特色社会主义必须坚持和贯彻的重大战略思想。"②

党的十八大报告在党的十七大报告的基础上,对科学发展观进行了新的阐

---

① 《马克思恩格斯全集》第 3 卷,人民出版社 1960 年版,第 544 页。
② 《十七大以来重要文献选编》上,中央文献出版社 2009 年版,第 10 页。

释,这种新阐释主要体现在以下几个方面:

第一,进一步阐释了科学发展观与马克思主义的关系。在这个方面,十八大报告强调了以下三点:一是"科学发展观是马克思主义同当代中国实际和时代特征相结合的产物,是马克思主义关于发展的世界观和方法论的集中体现",从而进一步明确了科学发展观形成和发展的现实依据和理论依据;二是科学发展观"对新形势下实现什么样的发展、怎样发展等重大问题作出了新的科学回答",从而进一步阐释科学发展观的主要理论贡献;三是科学发展观"把我们对中国特色社会主义规律的认识提高到新的水平,开辟了当代中国马克思主义发展新境界",从而进一步明确了科学发展观在马克思主义发展史上的地位。

第二,进一步阐释了科学发展观与中国特色社会主义理论体系的关系。在这个方面,十八大报告突出了以下几点:一是强调"科学发展观是中国特色社会主义理论体系最新成果",科学发展观的一系列理论创新和实践创新,都是围绕坚持和发展中国特色社会主义提出的,因此它在新的历史起点上坚持和发展了中国特色社会主义。党的十八大报告明确指出:在新世纪新阶段,我们党所进行的理论创新、实践创新和体制创新"成功在新的历史起点上坚持和发展了中国特色社会主义";二是强调"面向未来,深入贯彻落实科学发展观,对坚持和发展中国特色社会主义具有重大现实意义和深远历史意义"。十八大报告明确指出:"发展中国特色社会主义是一项长期的艰巨的历史任务,必须准备进行具有许多新的历史特点的伟大斗争。"可以说,给科学发展观进行重新定位,就是要完成发展中国特色社会主义这一长期而艰巨的任务;三是以科学发展观为指导,对如何在新的历史条件下推进中国特色社会主义事业做出了全面规划。十八大对中国特色社会主义道路、理论体系和制度及其三者关系的论述,对建设中国特色社会主义"五位一体"的总布局的规划,对夺取中国特色社会主义新胜利而提出的八个方面的基本要求,又进一步丰富和发展了中国特色社会主义理论体系,把中国特色社会主义推向了一个新的发展阶段。

第三,进一步阐释了科学发展观的精神实质。十八大报告明确指出:"解放思想、实事求是、与时俱进、求真务实,是科学发展观最鲜明的精神实质。"这一表述澄清了以往我们在对科学发展观精神实质理解上的偏差。这一表述告诉我们,把握科学发展观的精神实质,一要坚持解放思想,只有这样,我们才能着力把握发展规律、创新发展理念、破解发展难题;二要坚持实事求是,一切从社会主义初级阶段的实际出发。只有这样,才能深化中国特色社会主义发展规律的认识,促进经济社会健康持续快速发展;三要与时俱进,要懂得"实践发展永无止境,认识真理永无止境,理论创新永无止境"的深刻道理,在全面建设小康社会进程中推进实践创新、理论创新、制度创新;四要坚持求真务实,求科学发展之真,务科学发展之实。十八大报告把"解放思想、实事求是、与时俱进、求真务实"统一起来作为科学发展观的精神实质,进一步丰富了我们党的思想路线的内容。

三、新要求:把科学发展观贯彻到我国现代化建设全过程、体现到党的建设各方面

党的十七大报告在阐述贯彻落实科学发展观的要求时,曾明确指出:"全党同志要全面把握科学发展观的科学内涵和精神实质,增强贯彻落实科学发展观的自觉性和坚定性,着力转变不适应不符合科学发展观的思想观念,着力解决影响和制约科学发展的突出问题,把全社会的发展积极性引导到科学发展上来,把科学发展观贯彻落实到经济社会发展各个方面。"①十七大报告还特别强调:深入贯彻落实科学发展观,要求我们始终坚持"一个中心、两个基本点"的基本路线,要求我们积极构建社会主义和谐社会,继续深化改革开放,切实加强和改进党的建设。

党的十八大报告在十七大报告的基础上,根据世情、国情、党情的新变化,根据全面建成小康社会的新要求,进一步提出"必须把科学发展观贯彻到我国现代化建设全过程、体现到党的建设各方面"。围绕这一总要求,十八大报告还强调了如下几点。

第一,全党必须更加自觉地把推动经济社会发展作为深入贯彻落实科学发展观的第一要义。为何十八大特别强调要增强贯彻落实科学发展观的自觉性?因为我们贯彻落实科学发展观还有几个不到位:一是对科学发展的思想认识还不到位,中国经济社会的发展还没有真正步入科学发展的轨道,科学发展的理念还没有真正在中国社会全方位生根,我们党员干部在贯彻落实科学发展观的自觉性和坚定性方面还有需要进一步提高的地方。二是政策措施不到位,在贯彻落实科学发展观过程中,出现了不少理论脱离实际的现象,许多地方打着科学发展观的旗号干了许多违背科学发展观的事情。三是体制机制不到位,有利于科学发展的决策机制、评价机制、用人机制、矛盾化解机制、监督机制均未建立起来。因此,十八大报告强调:"牢牢扭住经济建设这个中心,坚持聚精会神搞建设、一心一意谋发展,着力把握发展规律、创新发展理念、破解发展难题,深入实施科教兴国战略、人才强国战略、可持续发展战略,加快形成符合科学发展要求的发展方式和体制机制,不断解放和发展社会生产力,不断实现科学发展、和谐发展、和平发展,为坚持和发展中国特色社会主义打下牢固基础。"

---

① 《十七大以来重要文献选编》上,中央文献出版社 2009 年版,第 14 页。

第二，必须更加自觉地把以人为本作为深入贯彻落实科学发展观的核心立场。全心全意为人民服务是党的宗旨，以人为本是科学发展观的核心。十八大报告强调：要"始终把实现好、维护好、发展好最广大人民根本利益作为党和国家一切工作的出发点和落脚点，尊重人民首创精神，保障人民各项权益，不断在实现发展成果由人民共享、促进人的全面发展上取得新成效。"十八大报告在阐述科学发展观时，不仅强调要坚持以人为本这一核心，而且真正做到了把以人为本贯穿到经济社会发展的各个方面。比如：在阐述建设中国特色社会主义的基本要求时，把"坚持人民的主体地位"放在第一位；在谈到全面建设小康社会时，着眼于人民生活水平的提高；在谈经济发展方式转变时，着眼于人民的幸福安康；在谈政治体制改革时，着眼于实现人民最广泛的民主；在谈文化发展时，着眼于建设"人民的精神家园"；在谈社会建设时，着眼于人民群众的切身利益的实现；在谈生态文明建设时，着眼于人民福祉和民族未来；在谈党的建设时，着眼于党和人民群众的关系，强调要"坚持以人为本、执政为民，始终保持党同人民群众的血肉联系"。

第三，必须更加自觉地把全面协调可持续作为深入贯彻落实科学发展观的基本要求。党的十八大报告强调，要全面落实经济建设、政治建设、文化建设、社会建设、生态文明建设五位一体总体布局，促进现代化建设各方面相协调，促进生产关系与生产力、上层建筑与经济基础相协调，不断开拓生产发展、生活富裕、生态良好的文明发展道路。十八大报告还围绕经济社会的全面协调可持续发展，对经济、政治、文化、社会建设作了全面的规划和设计，并强调把生态文明建设放在突出地位，融入经济建设、政治建设、文化建设、社会建设各方面和全过程，努力建设美丽中国，实现中华民族永续发展。在提高党的建设科学化水平方面，十八大报告强调，要全面加强党的思想建设、组织建设、作风建设、反腐倡廉建设、制度建设并围绕这五大建设，从八个方面对全面提高党的建设科学化水平提出了明确要求，强调要通过加强党的建设确保党始终成为中国特色社会主义事业的坚强领导核心。

第四，必须更加自觉地把统筹兼顾作为深入贯彻落实科学发展观的根本方法。解决发展中的矛盾和难题，增强发展的协调性，必然要统筹兼顾。城乡之间、区域之间、经济社会之间、人与自然之间等在发展上的不协调，是我国发展中长期存在、制约全局的突出矛盾。党的十八大报告强调，要"坚持一切从实际出发，正确认识和妥善处理中国特色社会主义事业中的重大关系，统筹改革发展稳定、内政外交国防、治党治国治军各方面工作，统筹城乡发展、区域发展、经济社会发展、人与自然和谐发展、国内发展和对外开放，统筹各方面利益关系，充分调动各方面积极性，努力形成全体人民各尽其能、各得其所而又和谐相处的局面"。

第五编　十八大以来中国特色社会主义的新发展

准确把握"中国梦"的科学内涵和时代特征

有人类生活的地方,就会有梦想,梦想决定着人们奋发努力的方向。大约2 500年前,西方古希腊的柏拉图曾有一个美好的梦想,即建立一个理想国——一个完美优越的城邦;东方古老的中国,有一位哲人孔子也曾有一个美好蓝图,即建立一个大同世界。大约500年前,人类社会开始了一个新的梦想,空想社会主义的鼻祖、英国的托马斯·莫尔提出建立比资本主义更加美好的社会主义社会。大约在50多年前,也就是在1963年,美国黑人民权运动领袖马丁·路德·金在华盛顿林肯纪念堂发表了著名的"我有一个梦想"演讲,倡导自由和种族平等,倡导黑人和白人能和睦共处,亲如兄弟的理想。进入21世纪以来,中国大地乃至整个世界曾广泛流传过一个响亮的奥运口号,即"同一个世界、同一个梦想",这是一个和平的梦想,发展的梦想,也是一个世界梦想。党的十八大结束后,习近平在参观《复兴之路》展览时提出了实现中华民族伟大复兴的中国梦。从此,在中国大地上,人们都在畅谈这个梦想。我们认为,搞好中国梦的学习宣传教育活动,让全中国人民积极投入到实现中华民族伟大复兴的征程中,必须对中国梦做正确的解读,让人们准确把握中国梦的科学内涵和时代特征。

一、为什么要谈中国梦?

中华民族伟大复兴的中国梦一经提出,就在国际国内产生了极大的反响。那么,为什么要谈中国梦呢?

第一,实现中华民族的伟大复兴一直是近代以来中国人民的共同愿望。中华民族拥有五千多年连绵不断的文明历史,创造了博大精深的中华文明,为人类文明进步作出了不可磨灭的贡献。然而,从近代开始,在西方工业文明的冲击之下,在西方列强的侵略之下,中国开始衰落了。近代中国逐步沦为半殖民地半封建社会,国家积贫积弱,人民受尽磨难,山河破碎、民生凋敝。民族衰落的屈辱孕育着民族复兴的期望。为了改变国家和民族的命运,一批又一批仁人志士进行了艰辛努力和不懈探索。拯救民族危亡,取得民族独立,建设强大国家,实现中华民族的伟大复兴,成为中华各族儿女的共同梦想。"振兴中华"这句话,最早是孙中山先生提出来的。他在1894年兴中会成立章程中写道:是会之设,专为振兴中华。我们党成立以后,承担起领导人民振兴中华的神圣使命。可以说,中国近代以来的历史,就是寻梦、逐梦、筑梦、圆梦的过程。所以中国梦是对中华民族近代以来追求国家富强、民族振兴和人民幸福的升华。

第二,提出中国梦是对两个百年目标的凝炼,是对国家、民族和个人未来的美好憧憬。党的十八大重申了两个百年梦想,中国梦的提出,有利于在实现两个百年梦想的基础上实现中华民族的伟大复兴。这两个一百年,最早是毛泽东说的。关于第一个百年,他在《新民主主义论》中就讲到了。第二个百年,是他在1961年接见英国元帅蒙哥马利时讲的。他说:"在我国,要建设起强大的社会主义经济,我估计要花一百多年。"他还讲过:"要赶上和超过世界上最先进的资本主义国家,没有一百多年的时间,我看是不行的。"后来邓小平按照这个思想,提出了到21世纪中叶的"三步走"发展战略,使实现中国梦第二个百年的目标具体化、明确化了。他说,第一步是在20世纪80年代实现温饱,第二步是在20世纪90年代实现小康,第三步是再用50年时间,到21世纪中叶基本实现现代化。"两个百年"说明,实现中国梦是一个长期奋斗、接续奋斗的历史过程。我们党一直是执着地向着这个目标努力的。党的十八大报告提出的全面建成小康社会的目标,就是按照这个"梦"设计的。

第三,提出中国梦是为了便于对外宣传,在世界树立良好的形象,提升中国的软实力。当今世界,美国人有美国梦,欧洲人有欧洲梦,非洲人有非洲梦。当中国经济总量成为世界第二后,世界各国都在关注,中国到底想干什么?想树立一个什么样的形象,到底想传播什么样的信息?我们告诉世界,中国人也有自己的梦想,这就是实现中国的现代化和中华民族的伟大复兴。

第四,现在提出中国梦,还有一个重要原因,就是现在我们有条件谈梦想。中国早已告别了屈辱的历史,中华民族早已自立于世界民族之林,中国人在世界上早已有了尊严。经过改革开放30多年的发展,中国已经具备了实现中国梦的条件。因此,我们现在比以往任何时期都有信心来谈中国梦。

二、注意当前谈中国梦的几种倾向

当前除了正面谈中国梦、科学解读中国梦的,还存在着几种值得注意的倾向:

第一,泛化中国梦。这种泛化有两种表现,一是几乎所有人都在谈中国梦,一个民族必须有梦,但不能整个民族都在谈梦。二是把一切都装进了中国梦,把中国梦当作了一切。历史的、现实的、未来的,个人的、集体的、民族的、国家的、世界的。中国梦是国家的梦、民族的梦、人民的梦,具有广泛性和包容性,但绝不是无所不包。现阶段特别需要准确把握中国梦的内涵、外延和精神实质。

第二,丑化中国梦。现在主流的和非主流的,官方与民间的,所谈中国梦都有所不同。一时间,中国梦成了调侃的对象。中国梦是宪政梦,中国梦是足球梦,中国梦是移民梦。小学生的梦、大学生的梦、青年的梦,各有不同。

第三,神化中国梦。过度解读,无限拔高。有人把中国梦说成了治国理政的新思路。有人认为,中国梦是马克思主义基本原理与中国实际和时代特征相结合的典范,是治国理政的新战略,是当今中国发展进步的精神旗帜。这种把中国梦等同于马克思主义和中国化的马克思主义,等同于中国特色社会主义,要么是抬高了中国梦,要么是贬低了马克思主义和社会主义。

因此,继续加强中国梦的学习与宣传,必须做到以下几点:

一是要加强对"中国梦"的正面宣传和阐释。当前之所以出现对"中国梦"的不同解读或不同声音,其中一个重要原因在于一些人没能准确理解和把握习近平总书记对"中国梦"的重要讲话精神。对此,我们应该积极加强理论研究、正面宣传、科学阐释,特别是加强网络舆论宣传,积极引导人们正确认识中国梦。当然,在宣传研究过程中,也要避免过度解读、无限拔高。在实践中,要积极引导人们为实现"中国梦"而努力奋斗,从自己做起,从小事做起,为民族事业散发正能量。

二是要加强中国近现代史、国史、党史的教育。对中国梦的不同声音或者不良言论,根源在于未能全面认识和深刻领会中国近现代史,特别是中国共产党领导人民进行革命、建设和改革的历史。为此,要继续加强中国近现代历史和中共党史教育,使人们不断加深对近现代中国国情和中国社会发展规律的认识,深刻认识历史和人民选择中国共产党、选择马克思主义、选择社会主义道路、选择改革开放的历史必然性,从而进一步增强对党、国家和民族的信任和信心,并自觉为国家富强、民族复兴、人民幸福而奋斗。

三是要坚决纠正和抵制歪曲中国梦的错误言论。应当看到,有些人对中国梦的歪曲解读,是别有用心的,即利用人们认识"中国梦"的时机,按照自己的意愿、主张肆意去解读,以达到混淆视听的目的。对此,要及时加以引导,旗帜鲜明地坚决予以纠正和抵制。千万不能把一个美好的梦想,变成了不切实际的空想。

三、准确把握中国梦的科学内涵和精神实质

第一,中国梦是一个国家的梦、民族的梦、人民的梦,具有广泛性和包容性。

"中国梦"不同于"美国梦"和"欧洲梦"。"中国梦"既超越了以个人成功为标准的"美国梦",也超越了以建立超国家共同体为目标的"欧洲梦"。何谓中国梦,习近平强调:"实现中华民族伟大复兴,就是中华民族近代以来最伟大的梦想。"这一梦想的宏伟目标是实现国家富强、民族振兴、人民幸福。这一梦想凝聚着国家、民族和个人共同的期望,具有广泛性和包容性。

首先,从中国梦形成的历史渊源看,它具有民族心理上的共同性。这个梦想来自于中国人民共同的历史经历和共同的民族心理。无论是历史的自豪感还是屈辱感,都是中国人民在共同经历中形成的共同体验和共同心理。在此心理基础上产生出来的对中华民族伟大复兴的强烈渴望,也是共同的。不论哪个社会阶层,只要它是爱国的中国人,都自然而然地具有这样的心理和愿望。

其次,从愿望表达和利益代表上看,"中国梦"具有广泛性和普遍性。"中国梦"把国家、民族、个人紧紧地联系在一起。国家要富强,民族要复兴,人民要幸福,这些不同层面和不同角度的愿望和要求,都在中国梦中得到汇聚,形成一种追求共同理想的最大合力,代表了广大人民根本利益,可以为社会各个阶层广泛认可和接受,能有效凝聚各方面智慧和力量,具有很大的广泛性。

最后,从精神气质的展现上看,"中国梦"体现了中国特色社会主义文化的包容性,体现着社会主义和谐社会的包容性。实现中国梦,需要凝聚中国精神,这就是以爱国主义为核心的民族精神和以改革创新为核心的时代精神。这些精神是社会主义核心价值体系的重要内容,深深地嵌入在中国特色社会主义文化之中,反映着中国特色社会主义文化的包容性,也体现着中国梦的包容性和亲和力,有利于民族团结、社会进步、人民幸福。

需要说明的是,中国梦具有广泛性,但不容泛化。中国梦具有包容性,但不能包罗万象。当前,在学习宣传中国梦的过程中,所有梦想、包括不切实际的空想都被塞进了中国梦,中国梦变成了一种笑谈。这种倾向,必须加以反对。

第二,"中国梦"体现了全体中华儿女的共同愿望,反映了中国共产党的最高理想和最终目标,具有科学性和长远性。

中华民族拥有五千多年连绵不断的文明历史,创造了灿烂的中华文明,为人类文明进步作出了不可磨灭的贡献。在工业革命发生前的几千年时间里,中国的经济、科技、文化一直走在世界前列。然而,从近代开始,中国封建统治者的夜郎自大、闭关锁国,外国列强的不断入侵,导致中国落后于时代发展步伐,中国逐步成为半殖民地半封建社会。拯救民族危亡,取得民族独立,建设强大国家,实现中华民族的伟大复兴,一直是中华各族儿女的共同梦想。因此,"中国梦"具有深厚的历史渊源和广泛的现实基础,它深刻道出了中国近代以来历史发展的主题主线,深情描绘了近代以来中华民族生生不息、不断求索、不懈奋斗的历史。今天,我们畅谈中国梦,不能脱离中华五千年文明史,也不能脱离中国近代一百七十多年的奋斗史。

实现共产主义,是我们党的远大理想,也是无产阶级政党的最终梦想。实现社会主义现代化,是中国共产党和中国人民近代以来的共同追求。我们现在的努力以及将来的持续努力,都是朝着实现共产主义这个最终目标前进的。我们之所以强调中国现代化是社会主义的现代化,我们之所以主张实现中国梦,要走中国特色社会主义道路,是因为我们共产党具有共产主义的远大理想。邓小平强调:"我们多年奋斗就是为了共产主义,我们的信念理想就是要搞共产主义。在我们最困难的时期,共产主义的理想是我们的精神支柱,多少人牺牲就是为了实现这个理想。"①实现社会主义现代化和中华民族的伟大复兴是共产主义最高理想在我国社会主义初级阶段的现实体现,是实现共产主义最高理想的必经阶段。没有最高理想的指引,就不会有中国梦的确立和坚持。没有中国梦的分阶段实现,最高理想就没有实现的基础。在实现中华民族伟大复兴的征程中,必须始终坚持远大理想与现实奋斗相统一,既要树立共产主义远大理想,坚定信念,以高尚的思想道德要求和鞭策自己,更要从社会主义初级阶段的实际出发,脚踏实地地为实现党在现阶段的基本纲领不懈努力。今天,我们畅谈中国梦,不能脱离中国共产党 90 多年奋斗史,不能脱离中国共产党的最高纲领和最低纲领。

第三,"中国梦"坚持爱国主义与国际主义的辩证统一,把中国人民利益与世界各国人民共同利益结合起来,始终不渝地维护世界和平、促进共同发展,具有广泛的世界意义。

"中国梦"不仅属于中国,而且属于世界。中华民族是世界民族之林的重要一员,同整个世界有着不可分割的密切联系。当今世界是开放的世界,中国的发展离不开世界,世界的发展也离不开中国。实现中华民族伟大复兴,意味着不断提升中国的国际地位,客观上必然要对当今世界以及中国与世界的关系产生重要影响。

在世界近代史上,一些大国崛起都曾伴随着对外扩张、掠夺甚至战争,他们在为自己创造财富和荣耀的同时,也给其他国家和民族造成极大痛苦和灾难。中华民族是热爱和平的民族,"协和万邦"的优良历史传统,决定了我们民族绝不愿意把牺牲其他民族利益作为自己复兴的代价。

中国特色社会主义一贯坚持奉行独立自主的和平外交政策,主张走和平发展道路,倡导建立和谐世界。我们一贯积极倡导和推动以和平方式解决国际争端和热点问题,反对动辄诉诸武力或以武力相威胁,反对颠覆别国合法政权,反对一切形式的恐怖主义;一贯坚持实行互利共赢的对外开放战略,通过寻求扩大与世界各方利益汇合点,将中国发展与世界发展紧密联系起来,既重视把世界的机遇变为中国的机遇,又重视把中国的机遇变为世界的机遇;一贯反对各种形式的霸权主义和强权政治,不干涉别国内政,永远不称霸,也永远不搞对外扩张;一贯坚持在和平共处五项原则基础上全面拓展同世界各国的友好合作,努力形成和

---

① 《邓小平文选》第 3 卷,人民出版社 1993 年版,第 137 页。

发展不同类型的双边或多边伙伴关系,以利于联手维护共同正当权益,携手应对全球性挑战;一贯坚持推动建设持久和平、共同繁荣的和谐世界,按照平等互信、包容互鉴、合作共赢精神,力促国际关系民主化,尊重世界文明多样性,在追求本国利益时兼顾他国合理关切,在谋求本国发展中促进各国共同发展,不断增进人类社会福祉。"中国梦"以维护世界和平、促进共同发展的卓越风范,向世界充分展示高举和平、发展、合作、共赢旗帜的国际形象。因此,畅谈中国梦,不能脱离当今世界;实现中国梦,不能离开当今世界。

总之,"中国梦"以建设富强民主文明和谐的社会主义现代化国家、实现中华民族伟大复兴为目标,以中国特色社会主义道路作为实现途径,以中国特色社会主义理论体系作为行动指南,以中国特色社会主义制度作为根本保障,以中国精神为动力,以中国共产党为领导力量,以全体 13 亿中国人为主体力量,集中体现了我国工人、农民、知识分子和其他社会主义劳动者、社会主义事业建设者、拥护社会主义和祖国统一的爱国者的根本利益和共同愿望。这一梦想,描绘了 13 亿中国人美好生活的蓝图,展现了伟大祖国光辉灿烂的未来,展示了中华民族伟大复兴的前景,给全体中华儿女以巨大的激励和鼓舞。这一梦想,具有令人信服的科学性、广泛性和包容性,具有强大的感召力、亲和力和凝聚力,是保证全体人民在政治上、思想上团结一致,共同创造美好未来的重要纽带。

实现中国梦与中国特色社会主义制度创新

党的十八届三中全会指出："面对新形势新任务,全面建成小康社会,进而建成富强民主文明和谐的社会主义现代化国家、实现中华民族伟大复兴的中国梦,必须在新的历史起点上全面深化改革。"全会还指出："全面深化改革的总目标是完善和发展中国特色社会主义制度,推进国家治理体系和治理能力现代化。"这两段话,通过"全面深化改革"把"实现中国梦"与"完善和发展中国特色社会主义制度"紧密联系在一起,进一步凸显了制度建设和制度创新对实现中国梦的重要性。

一、实现中国梦需要制度保障

古人云,"凡将立国,制度不可不察也","制度时,则国俗可化,而民从制"。这表明,制度建设是治国理政、抓好各项工作的根本。历史经验也表明,办任何一件事情,目标确定之后,路径选择很重要,制度安排更加重要。任何一个美好目标的实现,必须有好的制度设计和制度安排,否则,再理想的目标也难以实现。改革开放初期,邓小平曾极其精辟地指出:"制度问题更带有根本性、全局性、稳定性和长期性。""制度好可以使坏人无法任意横行,制度不好可以使好人无法充分做好事,甚至会走向反面。"①党的十三届四中全会之后,江泽民也十分重视制度建设的重要性,他强调:"中国要强盛,中国人民要走向共同富裕,中华民族要实现伟大复兴,就必须始终坚持我们已经建立并正在不断完善的社会主义制度及其所决定的基本原则。"②党的十六大以来,胡锦涛更加重视制度建设。2010 年,胡锦涛在十七届中央纪委五次全会上强调,要着力在领导干部特别是高中级干部中树立法律面前人人平等、制度面前没有特权、制度约束没有例外的意识,教育引导领导干部带头学习制度、严格执行制度、自觉维护制度。党的十八大更加强调了制度建设的重要性。2013 年初,习近平总书记在中纪委第二次全体会议上讲话时指出,要加强对权力运行的制约和监督,把权力关进制度的笼子里,形成不敢腐的惩戒机制、不能腐的防范机制、不易腐的保障机制。党和国家领导人的这些重要论述,都是对制度重要性的诠释。可以说,制度问题关系党

---

① 《邓小平文选》第 2 卷,人民出版社 1994 年版,第 333 页。
② 《江泽民文选》第 3 卷,人民出版社 2006 年版,第 220 页。

和国家的前途命运,关系到中华民族伟大复兴中国梦的实现。

实现中国梦,必须以中国特色社会主义制度体系作为根本制度保障。中国梦是国家的梦、民族的梦,也是每个人的梦。在当代中国,实现国家富强、民族振兴和人民幸福,都离不开中国特色社会主义道路、理论和制度。习近平在讲中国梦的时候强调,中国特色社会主义凝结着实现中华民族伟大复兴这个近代以来中华民族最根本的梦想。可以说,实现中国梦与建设中国特色社会主义,是我们党和人民共同承担的"实现现代化"这一历史任务在现阶段的两种不同表述方式。建设中国特色社会主义和实现中国梦,都必须以中国特色社会主义道路作为实现途径,以中国特色社会主义理论体系作为行动指南,以中国特色社会主义制度作为根本保障。

实现中国梦,需要共同的规则和制度协调各方面的利益关系。马克思曾经说过,"人们为之奋斗的一切,都同他们的利益有关"。① 诺贝尔经济学奖获得者、美国华盛顿大学教授道格拉斯·诺斯说:"制度是个社会的游戏规则,更规范地讲,它们是为人们的相互关系而人为设定的一些制约。"② 协调复杂的社会利益关系,需要共同的底线规则,需要共同的制度机制。世界各国的现代化经历表明,社会利益多元化必然导致需求多元化,多元化的利益必须在共同的制度框架下实现。虽然各个利益群体都会把维护自己的利益作为处理社会关系的首要原则,但是,如果共同遵循的制度规则,各利益群体之间就不可能进行相对平和的协商对话,就可能将社会矛盾推到极端,导致剧烈的社会冲突。中国现阶段已经建立起来的中国特色社会主义制度体系,就是从经济、政治、文化、社会等方面协调各方面的利益关系的规则,离开这一制度体系,社会将无法步入正常运转的轨道。改革开放以来,我国经济社会发展所取得的巨大成就与我们逐步确立的中国特色社会主义的制度和其他各项具体制度是密不可分的。

实现中国梦,需要通过制度机制凝聚中国力量。中国梦是国家的梦,民族的梦,也是每个中国人的梦,需要我们每一个人继续付出辛勤劳动和艰苦努力。习近平强调:"中国梦归根到底是人民的梦,必须紧紧依靠人民来实现,必须不断为人民造福。"实现中国梦,必须汇聚起 13 亿人的智慧和力量,必须充分激发全社会的活力和创造力,而这种力量的汇聚,这种活力和创造力的激发,不能仅仅依靠社会主义市场经济释放出来的物质利益刺激,也不能仅仅依靠爱国主义和

---

① 《马克思恩格斯全集》第 1 卷,人民出版社 1995 年版,第 187 页。
② [美]道格拉斯·C.诺斯:《制度、制度变迁与经济绩效》,刘守英译,上海三联书店 1994 年版,第 3 页。

改革创新释放的精神动力,还必须构建合理有效的制度机制,使国家利益、民族利益、社会利益、个人利益形成良好的互动关系,在激发个体创造力的同时,维护好全社会的利益。只有通过一定的制度安排,使每一个人都能共同享有人生出彩的机会,共同享有梦想成真的机会,共同享有同祖国和时代一起成长与进步的机会,中国梦才能如期实现。

二、实现中国梦需要制度自信

中国特色社会主义制度是一整套相互衔接、相互联系的制度体系,由根本层面的制度、基本层面的制度、具体层面的制度以及中国特色社会主义法律体系组成。历史已经证明,并且还将继续证明,只有坚持和发展中国特色社会主义制度,才能为实现中华民族伟大复兴提供根本保障。然后,在现实生活中,我们也可以清楚地看到,中国特色社会主义制度也遭到不同程度的质疑,现在总有一些人借机宣传西方的各项制度,试图改变我国的根本制度、基本制度和各项具体制度。分析其根本原因,是我们很多人对已经确立的中国特色社会主义制度还缺乏应有的自信。因此,在新的历史起点上开创中国特色社会主义事业新局面,实现中华民族伟大复兴的中国梦,必须进一步增强制度自觉和制度自信。

作为一种崭新的社会制度,中国特色社会主义制度是我们党在长期革命、建设和改革的进程中,以马克思主义为指导,立足于中国具体国情,在对共产党执政规律、社会主义建设规律、人类社会发展规律深刻把握的基础上,历经艰辛曲折,经过长期实践探索逐步建立和发展起来的。这一制度既不是传统封建制度的延续,也不是西方资本主义制度的复制,而是几代中国共产党人不懈探索的伟大成果,凝聚着无数中华儿女的心血和智慧。新中国成立以来,尤其是我国改革开放以来,我国经济社会发展取得了举世瞩目的伟大成就,社会制度的作用不可替代。这表明,中国特色社会主义制度具有自身的特点和优势。实现中国梦必须具有制度自信,必须继续发挥中国特色社会主义的制度优势。

这一制度,由于它坚持公有制的主体地位和国有经济的主导作用,保证了社会主义经济制度的基础,因而有利于巩固和加强社会主义国家政权;由于它实行人民代表大会制度这一根本政治制度,保证了国家的一切权力属于人民,因而有利于切实体现人民意志,反映人民呼声,真正实现人民当家作主;由于它坚持中国共产党领导的多党合作与政治协商制度,有利于汇聚各方面人士的智慧和力量,也有利于决策的科学化、民主化;由于它坚持基层民主制度,因而有利于保障人民的主人翁地位,提高群众的民主素质和民主管理能力。

这一制度,由于它坚持以人为本,坚持党的领导、人民当家作主、依法治国的有机统一,具有最大限度地发扬人民民主、激发全社会创造活力的政治优势,因而有利于保持党和国家活力、调动广大人民群众和社会各方面的积极性、主动性、创造性，从而有利于为实现中国梦凝聚起中国力量。

这一制度，由于它创造性地把社会主义和市场经济有机结合起来，建立了充满生机和活力的社会主义市场经济体制，把"看得见的手"和"看不见的手"有机结合起来，把有力的宏观调控与灵活的市场机制结合起来，既克服了传统计划体制的弊端，也较好地解决了市场失灵的问题，具有推动科学发展、和谐发展的经济优势，因而有利于解放和发展社会生产力、推动经济社会全面发展，有利于激发全社会的活力和创造力，从而有利于协调国家利益、民族利益和个人利益之间的关系，进而实现国家的梦、民族的梦和个人的梦。

这一制度，由于它始终以维护和促进社会公平正义、实现共同富裕、让人民群众共享改革发展成果为价值取向，并围绕这一价值取向进行经济、政治、文化和社会管理体制的制度设计，具有最大限度地维护社会公平正义、促进社会和谐、实现共同富裕的社会优势，因而有利于维护和促进社会公平正义、实现全体人民共同富裕，从而实现国家富强、民族振兴和人民幸福。

这一制度，由于它坚持民主集中制度原则，既能充分反映人民意愿又有利于形成全体人民的统一意志，具有最大限度地整合社会资源、集中力量办大事的体制机制优势，因而有利于集中全国人民的智慧，有效应对前进道路上的各种风险挑战，扫除实现中国梦的体制机制障碍。

这一制度，由于它坚持把最广大人民的根本利益作为制度设计的出发点和落脚点，统筹兼顾不同民族、不同阶层、不同群体的利益，具有最大限度地凝聚社会共识、形成共同理想、构建中华民族共有精神家园的思想优势，因而有利于维护民族团结、社会稳定、国家统一，从而为实现中国梦创设良好的社会环境。

实践证明，中国特色社会主义制度体现了科学社会主义原则，符合中国社会主义初级阶段的基本国情，顺应了和平、发展、合作的时代潮流，体现了经济全球化、世界多极化的发展趋势，具有巨大的优越性和强大的生命力。正是由于我们建立了这一制度，我们才在短短几十年时间内走完了西方发达国家几百年才走完的历史进程，才成功地应对了重大自然灾害和国际金融危机的冲击。我们只有坚定中国特色社会主义制度自信，充分发挥中国特色社会主义制度优势，中国梦才有可能实现。

三、实现中国梦需要制度创新

中国特色社会主义制度特色鲜明、富有成效，是实现中国梦，推进当代中国发展进步的根本制度保障，但这一制度从探索到形成只有几十年的时间，还不是尽善尽美、成熟定型的，仍然存在不少缺点和不足。比如，在经济社会快速发展的同时,社会上形成了强烈的破坏制度才能获益,遵守规则就会吃亏的意识,滋长了各种形式的机会主义。在人们的思想观念之中,轻视甚至忽视制度作用的现象仍然存在。各个领域的寻租行为,挫伤了社会正义,降低了社会容忍的底线。在制度体系中,一些现有制度对新形势新任务"不适应""不管用"的问题,新旧体制交替期间出现了"制度漏洞""制度缺失"问题,不同制度之间不配套甚至相互冲突问题等,还在一定的范围内存在;在制度实施和实践过程中,还存在着有制度不执行、有些制度流于形式因而难以约束和规范人们的行为等问题。这表明,制度供给不足仍然是制约社会良性运行的短板,制度问题仍然是解决中国未来发展的关键性问题,制度建设仍然是推进中国未来发展的重要任务。

中国特色社会主义事业不断发展,中国特色社会主义制度也需要不断完善。邓小平1992年南方谈话中指出:"恐怕再有三十年的时间,我们才会在各方面形成一整套更加成熟、更加定型的制度。"①党的十八大报告特别强调了进行制度创新,完善中国特色社会主义制度的重要性,并提出了完善这一制度的具体要求。十八大报告指出:"全面建成小康社会,必须以更大的政治勇气和智慧,不失时机深化重要领域改革,坚决破除一切妨碍科学发展的思想观念和体制机制弊端,构建系统完备、科学规范、运行有效的制度体系,使各方面制度更加成熟更加定型。"②在十八大确定的目标基础上,党的十八届三中全会进一步提出了明确要求:"到二〇二〇年,在重要领域和关键环节改革上取得决定性成果……形成系统完备、科学规范、运行有效的制度体系,使各方面制度更加成熟更加定型。"这也说明,建立更加成熟、更加定型的制度至少是实现中国梦的第一个百年目标的一项重要内容。

党的十八届三中全会对全面深化改革作出了系统的部署。强调坚持和完善基本经济制度,加快完善现代市场体系,加快转变政府职能,深化财税体制改革,健全城乡发展一体化体制机制,构建开放型经济新体制,加强社会主义民主政治制度建设,推进法治中国建设,强化权力运行制约和监督体系,推进文化体制机制创新,推进社会事业改革创新,创新社会治理体制,加快生态文明制度建设,深化国防和军队改革,加强和改善党对全面深化改革的领导。

按照党的十八大和十八届三中全会的要求,围绕实现中华民族的伟大复兴,我们必须把制度建设摆在突出位置,在毫不动摇地坚持中国特色社会主义制度的基础上完善这一制度,在充分吸收借鉴古今中外制度建设成果的基础上发展

---

① 《邓小平文选》第3卷,人民出版社1993年版,第372页。
② 胡锦涛:《坚定不移沿着中国特色社会主义道路前进　为全面建成小康社会而奋斗——在中国共产党第十八次全国代表大会上的报告》,人民出版社2012年版,第18页。

这一制度,通过实践基础上的理论创新推动制度创新和体制创新。

　　——在经济建设方面,要"紧紧围绕使市场在资源配置中起决定性作用深化经济体制改革"。为此,我们要加快完善社会主义市场经济体制,完善公有制为主体、多种所有制经济共同发展的基本经济制度,完善按劳分配为主体、多种分配方式并存的分配制度,更大程度更广范围发挥市场在资源配置中的决定性作用,完善宏观调控体系,建立统一开放、竞争有序的市场体系,推动经济更有效率、更加公平、更可持续发展。

　　——在政治建设方面,要"紧紧围绕坚持党的领导、人民当家作主、依法治国有机统一深化政治体制改革,加快推进社会主义民主政治制度化、规范化、程序化"。为此,要以保证人民当家作主为根本,坚持和完善人民代表大会制度、中国共产党领导的多党合作与政治协商制度、民族区域自治制度以及基层群众自治制度,更加注重健全民主制度、丰富民主形式,充分发挥我国社会主义政治制度优越性。要推动人民代表大会制度与时俱进,推进协商民主广泛多层制度化发展,发展基层民主。要深化司法体制改革,加快建设公正高效权威的社会主义司法制度,维护人民权益,建设法治中国;要坚持用制度管权管事管人,让人民监督权力,让权力在阳光下运行,真正把权力关进制度的笼子里。

　　——在文化建设方面,要"紧紧围绕建设社会主义核心价值体系、社会主义文化强国深化文化体制改革,加快完善文化管理体制和文化生产经营机制,建立健全现代公共文化服务体系、现代文化市场体系,推动社会主义文化大发展大繁荣"。要完善文化管理体制,建立健全现代文化市场体系,构建现代公共文化服务体系,提高文化开放水平。

　　——在社会建设方面,要"紧紧围绕更好保障和改善民生、促进社会公平正义深化社会体制改革,改革收入分配制度,促进共同富裕,推进社会领域制度创新,推进基本公共服务均等化,加快形成科学有效的社会治理体制,确保社会既充满活力又和谐有序"。要加快形成党委领导、政府负责、社会协同、公众参与、法治保障的社会管理体制。加快形成科学有效的社会管理体制,完善社会保障体系,健全基层公共服务和社会管理网络,建立确保社会既充满活力又和谐有序的体制机制。

　　——在生态文明建设方面,要"紧紧围绕建设美丽中国深化生态文明体制改革,加快建立生态文明制度"。要建立系统完整的生态文明制度体系,用制度保护生态环境。要健全自然资源资产产权制度和用途管制制度,划定生态保护红线,实行资源有偿使用制度和生态补偿制度,改革生态环境保护管理体制。要健全国土空间开发、资源节约、生态环境保护的体制机制,推动形成人与自然和谐发展现代化建设新格局,实现中华民族的永续发展。

——在党的建设方面,要"紧紧围绕提高科学执政、民主执政、依法执政水平深化党的建设制度改革,加强民主集中制建设,完善党的领导体制和执政方式"。特别注重制度建设,要完善党员干部直接联系群众制度,健全党内民主制度体系,健全党员民主权利保障制度,完善党的代表大会制度,完善党内选举制度,深化干部人事制度改革,健全反腐败法律制度。

总之,通过实践基础上的理论创新推动制度创新,进而使我们的制度"成为世界上最好的制度",①是中国梦的重要内容,而日臻完善的中国特色社会主义制度又是实现中国梦的根本保障。因此,我们必须把实现中国梦和完善中国特色社会主义制度统一到实现中华民族伟大复兴的伟大实践中。

---

① 1980 年 8 月,邓小平在《党和国家领导制度的改革》一文中指出:"我们的制度将一天天完善起来,它将吸收我们可以从世界各国吸收的进步因素,成为世界上最好的制度。"引自《邓小平文选》第 2 卷,人民出版社 1994 年版,第 337 页。

意识形态工作是党的一项极端重要的工作

在 2013 年 8 月召开的全国宣传思想工作会议上，习近平总书记发表的重要讲话，站在党和国家全局的高度，深入分析了新时期宣传思想工作长远发展面临的一系列重大理论和现实问题，进一步明确了新形势下宣传思想工作的方向目标、重点任务和基本遵循。当前，摆在我们面前的一项重要任务，就是深入学习、深刻领会习近平总书记重要讲话精神，切实把思想和行动统一到讲话精神上来，努力把宣传思想工作做得更好。

一、充分认识意识形态工作的极端重要性

习近平总书记在讲话中对宣传思想工作、尤其是意识形态工作的地位和作用作了精辟、深刻的阐述，强调"经济建设是党的中心工作，意识形态工作是党的一项极端重要的工作"，从而明确了意识形态工作的定位。深刻领会讲话精神，要求我们充分认识意识形态工作的极端重要性和现实紧迫性。

第一，从历史经验看，能否做好意识形态工作，事关党的前途命运，事关国家长治久安，事关民族凝聚力和向心力。世界各国的发展经验表明，一个国家能否长治久安，一个社会能否和谐稳定，一个政党能否稳固自身的执政地位，既取决于国家的硬实力如经济实力、军事实力、技术实力的强弱，在很大程度上也取决于国家的文化软实力如民族精神感召力、民族凝聚力、意识形态的整合力、全民族的思想道德素质等。意识形态建设是整个国家建设的一个重要组成部分。一个国家如果失去了意识形态领域内统一的指导思想，出现了意识形态的安全危机，整个社会就会陷入一盘散沙，国家自身的安全也就无法保障，党的执政地位也无法巩固。在这方面，苏东剧变已经给我们提供了深刻的教训。苏东之所以发生剧变，这些国家的共产党之所以丧失了执政地位，原因虽极为复杂，但其中一个非常重要的原因是这些国家的共产党，主张意识形态的多元化，从而丧失了对意识形态的领导权。结果是马克思主义在意识形态领域内失去指导地位，全国不同民族团结奋斗的思想基础被破坏。苏东剧变的教训告诉我们一个深刻的道理，一个政权的瓦解往往是从思想文化领域开始的，政治动荡、政权更迭可以在一夜之间发生，但思想演化是一个长期过程。思想领域内的混乱是最难治理的混乱，思想防线被攻破了，其他防线就很难守住。正因为如此，我们看到，在苏东剧变之后，世界各国都十分重视意识形态建设和意识形态的安全问题。西方发达国家更是把意识形态作为实现其国家利益的重要手段,并把它渗透到经济社会生活和对外交往的方方面面。就连美国这样的世界超级大国,在冷战结束后也在担忧其国家的意识形态安全问题。美国著名政治学家亨廷顿在其最后一部著作——《我们是谁?——美国国家特性面临的挑战》中,不仅表示了这种对美国国家意识形态安全的担忧,而且提出了加强美国国家意识形态安全的建议。

第二,从国际形势看,国际范围内围绕意识形态的斗争越来越激烈。进入新世纪以来,尤其是国际金融危机爆发以来,世界范围内各种思想文化交流、交融、交锋更加频繁,思想文化领域里的斗争依然深刻复杂,意识形态安全问题变得越来越突出,经济领域内的竞争开始转向意识形态领域和文化的竞争。2008年以来,在全球范围内讨论国际金融危机、深刻分析此次危机的根源时,意识形态问题、尤其是价值观问题被纳入讨论之中。西方国家一方面在担心自身意识形态主导地位的丧失,开始采取各种措施维护本国占主导地位的意识形态;另一方面,面对中国的发展,西方国家开始担心中国的价值观会替代欧美占主导地位的价值观,并由此产生了所谓"中国文化威胁论",有的西方国家甚至制定了遏制中国文化发展的战略。尤其值得关注的是,近几年来,西方敌对势力对我国推行的意识形态渗透方式发生了新的变化,除了继续对我国实施西化和分化外,还采取了一些新的手法:他们推行所谓民主化浪潮,极力宣扬"淡化意识形态",企图让我们淡化意识形态,核心是淡化共产主义远大理想和中国特色社会主义共同理想,淡化马克思主义在意识形态的指导地位;他们利用我们执政党内少数党员和政府中少数公务员的工作失误、少数腐败分子的腐败行为和我国经济社会发展中存在的问题,添枝加叶,对中国共产党的领导和中国的社会主义制度加以丑化,企图使人们对共产党失去信任,对社会主义失去信心;他们通过广播、电视、电影、报纸、杂志、信息网络等文化产品的输出,公开或隐蔽地推销其社会政治理论、价值观念、意识形成和生活方式;他们散布所谓"中国崩溃论""中国威胁论"等论调"妖魔化"中国,企图搞乱中国发展的外部环境,削弱中国在国际上的影响力。这一切表明,在新的历史时期,通过宣传思想工作加强意识形态建设,有效防范西化分化,维护我国政治安全和意识形态安全,任务十分紧迫。

第三,就国内情况来看,国内经济社会体制转轨转型,给意识形态工作带来新挑战和新考验。进入新世纪以来,随着社会主义市场经济的发展和对外开放的扩大,社会经济成分、组织形式、就业方式、利益关系和分配方式日益多样化,人们的思想活动的独立性、选择性、多变性和差异性进一步增强。受西方思潮的影响,马克思主义的指导地位受到严峻挑战,非马克思主义的意识形态也有所滋长,享乐主义、拜金主义、极端个人主义在一些地方还严重存在,部分社会成员信仰缺失,思想道德失范,有些人世界观、人生观、价值观发生扭曲,是非混淆、善恶颠倒、荣辱不分的现象还时有发生。网络、微博、微信等新媒体对意识形态的影响越来越大。中国的网民已经超过6亿人,微博用户达到3亿多人,是全世界最大的网络群体。新兴媒体的出现,给中国思想文化领域带来了一些积极影响,但存在的风险也越来越大,网上舆论斗争越来越激烈。宗教对私人生活领域的影响逐步扩大,进而会影响社会,影响国家的文化和意识形态安全。目前,宗教在高校、在社区、在边疆地区发展速度较快,信教群众越来越多。这一切表明,我国意识形态领域内的问题越来越复杂,矛盾越来越尖锐。在我们这样一个具有13亿人口的大国,如果思想处于混乱状态,则有可能演变成社会动荡、甚至政治剧变,影响民族的团结和国家的统一,从而影响到改革开放和现代化建设的大局,就会给国家和民族带来巨大的灾难。一个13亿人口的大国一旦出现混乱,对整个世界也是一场灾难。对此,我们必须有十分清醒的认识,必须引起高度重视。因此,如何巩固马克思主义在意识形态的指导地位,如何加强对网络媒体的管理和引导,如何引导宗教与社会主义相适应,如何适应新形势实现思想政治工作方法和管理体制的创新,已经成为维护意识形态安全和国家安全的重大课题。

总的来看,冷战结束后,伴随着经济全球化的进一步发展,世界范围内各种思想文化交流、交融、交锋更加频繁,思想文化领域里的斗争依然深刻复杂,意识形态工作已经成为对党、对国家、对民族的前途命运带有根本性、战略性和全局性意义的重要工作。中国作为一个发展中的社会主义国家,在外部环境快速变化,国内经济社会迅速发展的情况下,重视国家意识形态建设尤为重要。我们只有从推动中国特色社会主义事业长远发展、巩固党的群众执政基础的高度,认清肩负的责任、面临的挑战,我们才能进一步增强做好意识形态和宣传思想工作的自觉性坚定性。

二、牢牢把握宣传思想工作的根本任务和着力点

在我国社会深刻变革和对外开放不断扩大的条件下,宣传思想工作发生了很大变化,但其根本任务没有变,也不能变。习近平总书记在全国宣传思想工作会议讲话中强调,宣传思想工作就是要巩固马克思主义在意识形态领域的指导地位,巩固全党全国人民团结奋斗的共同思想基础。这一重要论断,深刻概括了宣传思想工作的根本任务,明确指出了宣传思想工作的努力方向,是做好新时期意识形态和宣传思想工作的基本原则与重要遵循。实现这"两个巩固",关键是要解决好对马克思主义和共产主义的信仰、对中国特色社会主义的信念问题。做好新时期的宣传思想工作,一定要把实现"两个巩固"、坚定信仰信念作为全部工作的立足点、聚焦点和着力点。

旗帜指引方向,思想凝聚人心。共同的思想基础,是一个党、一个国家、一个民族赖以存在和发展的根本前提。没有共同的思想基础,党就要瓦解、国家就要解体、民族就要分裂。我们党历来重视共同思想基础建设。毛泽东强调党要有"共同语言",邓小平强调一靠理想二靠纪律才能团结起来,江泽民强调一个民族、一个国家要有自己的精神支柱,胡锦涛多次指出要增强"民族精神",巩固"精神支柱"、加强社会主义核心价值体系建设,形成"共同理想信念"。党的十八大结束后,习近平总书记在第十八届中央政治局第一次集体学习时就明确强调:"坚定理想信念,坚守共产党人精神追求,始终是共产党人安身立命的根本。对马克思主义的信仰,对社会主义和共产主义的信念,是共产党人的政治灵魂,是共产党人经受住任何考验的精神支柱。形象地说,理想信念就是共产党人精神上的'钙',没有理想信念,理想信念不坚定,精神上就会'缺钙',就会得'软骨病'。"所有这些强调的都是共同思想基础建设。

用科学理论统一全党全国各族人民的思想和意志,是我们党的一条根本经验、一个优良传统。我们党从一诞生,就把马克思列宁主义写在了自己的旗帜上,把实现共产主义确立为最高理想;党的七大,又把毛泽东思想写在了自己的旗帜上。这为取得新民主主义革命和社会主义革命的胜利,成功地进行社会主义建设,提供了思想上的有力指导和理论上的坚实基础。改革开放以来,伴随着马克思主义中国化一个又一个理论成果的取得,我们党又先后把邓小平理论、"三个代表"重要思想和科学发展观写在自己的旗帜上,这为推进改革开放,开辟中国特色社会主义事业新局面,提供了共同的思想基础。历史经验表明,马克思主义是我们立党立国的根本指导思想,是全党全国各族人民团结奋斗的共同思想基础。对于宣传思想文化阵地,马克思主义的思想不去占领,各种非马克思主义的思想就会去占领。因此,无产阶级政党,在意识形态建设过程中,必须牢牢掌握领导权、管理权和话语权,不断巩固马克思主义在意识形态的指导地位。

当前,宣传思想工作的环境、对象、范围、方式发生了很大变化。在多元、多变的思想冲击之下,在拜金、拜物等观念腐蚀之下,一些党员、干部出这样那样的问题,说到底是信仰迷茫、精神迷失。面对全球化、信息化的开放执政环境,处身利益诉求、矛盾问题交织互联的转型发展时期,党员干部更要坚定马克思主义、共产主义信仰,脚踏实地为实现党在现阶段的基本纲领而不懈努力,扎扎实实做好每一项工作。这就决定了宣传思想工作的根本任务,仍然是坚持"两个巩固"、增强"三个自信",牢固树立起实现中华民族伟大复兴的中国梦这一共同理想。

要巩固马克思主义在意识形态领域的指导地位,必须用科学理论武装头脑。科学理论入脑入心,共同理想才能虔诚而执着;党的理论创新成果广泛而普及,道路自信、理论自信和制度自信才能至信而深厚。巩固马克思主义在意识形态领域的指导地位,党员干部是关键。因此,宣传思想工作要坚持不懈地用中国特色社会主义理论体系武装全党、教育人民、指导工作。领导干部特别是高级干部要把系统掌握马克思主义基本理论作为看家本领,老老实实、原原本本学习马克思列宁主义、毛泽东思想特别是邓小平理论、"三个代表"重要思想、科学发展观,学习党史国史,深刻领会中国特色社会主义的科学内涵和精神实质。党校、干部学院、社会科学院、高校、理论学习中心组等都要把马克思主义作为必修课,成为马克思主义学习、研究、宣传的重要阵地。新干部、年轻干部尤其要抓好理论学习,通过坚持不懈学习,学会运用马克思主义立场、观点、方法观察和解决问题,坚定理想信念。

要巩固全党全国人民团结奋斗的共同思想基础,必须加强理想信念教育。理想信念教育不仅要在党员干部中开展,而且要面向全社会开展。坚持和发展中国特色社会主义、实现中华民族伟大复兴的中国梦,是全党全国各族人民的共同理想,是当代中国发展进步的鲜明主题。宣传思想文化工作必须牢牢把握这个主题、聚焦这个主题,深入开展中国特色社会主义宣传教育,更好地把全国各族人民团结和凝聚在中国特色社会主义伟大旗帜之下。要深入开展中国梦的宣传教育,深入宣传国家富强、民族振兴、人民幸福的基本内涵,讲清楚国家梦、民族梦与个人梦的关系,引导人们为实现中国梦而奋斗;要加强社会主义核心价值体系建设,积极培育和践行社会主义核心价值观,全面提高公民道德素质,培育知荣辱、讲正气、作奉献、促和谐的良好风尚。

总之,站在新的历史起点上,宣传思想文化工作必须紧紧围绕巩固马克思主义在意识形态领域的指导地位,巩固全党全国各族人民团结奋斗的共同思想基础这一根本任务,充分发挥宣传思想文化工作的思想引领作用、舆论推动作用、精神激励作用、文化支撑作用,增强干部群众对中国特色社会主义道路自信、理论自信、制度自信,为实现"两个一百年"奋斗目标和中华民族伟大复兴中国梦而奋斗。

三、牢牢把握宣传思想工作的基本要求和基本遵循

国际形势风云变幻,国内经济社会体制转轨转型,现代传播技术迅猛发展,对宣传思想工作提出了新的更高要求。正如习近平总书记指出的,宣传思想工作要把围绕中心、服务大局作为基本职责,胸怀大局、把握大势、着眼大事,找准工作切入点和着力点;坚持团结稳定鼓劲、正面宣传为主,巩固壮大主流思想舆论;坚持来之不易的宝贵经验,抓好理念创新、手段创新、基层工作创新;宣传阐释好中国特色,讲好中国故事,传播好中国声音。这些基本要求,既蕴含着对历

史经验的深刻总结,又蕴含着对新形势新任务的科学判断,具有很强的战略指导性和现实针对性。当前,贯彻落实这些基本要求,必须正确处理好以下几对关系。

必须正确处理好经济建设和意识形态工作的关系,围绕中心工作搞好意识形态工作。经济建设是党的中心工作,意识形态工作是党的一项极为重要的工作,二者相辅相成。只有切实做好中心工作,才能为意识形态工作提供坚实物质基础;只有切实做好意识形态工作,才能为中心工作提供有力保障。我们既不能因为中心工作而忽视意识形态工作,也不能使意识形态工作游离于中心工作。我们在集中精力进行经济建设的同时,一刻也不能放松和削弱意识形态工作。宣传思想工作要把围绕中心、服务大局作为基本职责,胸怀大局、把握大势、着眼大事,找准工作切入点和着力点,做到因势而谋、应势而动、顺势而为。

必须正确处理好党性和人民性的关系,坚持党性和人民性相统一。党性和人民性的关系,是意识形态领域关乎舆论导向的重大问题,只有处理好二者的关系,宣传思想工作者才能明确方向、站稳立场。习近平总书记强调,党性和人民性从来都是一致的、统一的。坚持党性,核心就是坚持正确的政治方向,站稳政治立场,坚定宣传党的理论和路线方针政策,坚定宣传中央重大工作部署,坚定宣传中央关于形势的重大分析判断,坚决同党中央保持高度一致,坚决维护中央权威。坚持人民性,就是要把实现好、维护好、发展好最广大人民根本利益作为出发点和落脚点,坚持以民为本、以人为本。只有坚持党性,宣传思想工作才能有明确的立场和指向;只有坚持人民性,宣传思想工作才能获得活力源泉和动力根基。把党性和人民性统筹好、实践好、统一好,宣传思想工作才能让党放心、让人民满意。

必须正确处理好正面宣传与舆论斗争的关系,弘扬主旋律,传播正能量。习近平总书记强调,"坚持团结稳定鼓劲、正面宣传为主"是宣传思想工作必须遵循的重要方针。坚持这一方针,一方面,我们要坚持"弘扬主旋律,传播正能量",要不断改进正面宣传的方式和方法,提高正面宣传工作的质量和水平,夯实全国各族人民团结奋斗的思想基础,为不断推进中国特色社会主义事业提供了精神力量;另一方面,要积极开展舆论斗争,坚持底线思维,强化阵地意识。在事关大是大非和政治原则问题上,必须旗帜鲜明,敢抓敢管,敢于亮剑。要增强主动性、掌握主动权、打好主动仗,找准思想认识的共同点、利益关系的交汇点、化解矛盾的切入点,帮助干部群众划清是非界限、澄清模糊认识,从而引导社会情绪、社会心理朝着积极健康的方向发展。

必须正确处理好总结经验和改革创新的关系,在继承中创新,在创新中赢得主动权。在长期实践中,我们党的宣传思想工作积累了十分丰富的经验。这些经验来之不易、弥足珍贵,是做好今后工作的重要遵循,一定要认真总结、长期坚持,并在实践中不断丰富和发展。另一方面,要大胆改革创新。宣传思想工作创新,重点要抓好理念创新、手段创新、基层工作创新,努力以思想认识新飞跃打开工作新局面,积极探索有利于破解工作难题的新举措新办法,把创新的重点放在基层一线。只有在创新中赢得主动权,宣传思想工作才能回答好时代考题,不断巩固全党全国人民团结奋斗的共同思想基础,为社会主义建设提供强大的精神动力和智力支持。

必须正确处理好认识当代中国与外部世界的关系,讲好中国故事,传播好中国声音。当今世界是开放的世界,中国的发展离不开世界,世界的发展也离不开中国。习近平总书记在讲话中指出:"在全面对外开放的条件下做宣传思想工作,一项重要任务是引导人们更加全面客观地认识当代中国、看待外部世界。"认识当代中国,重点是阐释中国特色,就是要讲清楚每个国家和民族的历史传统、文化积淀、基本国情不同,其发展道路必然有着自己的特色;讲清楚中国特色社会主义植根于中华文化沃土、反映中国人民意愿、适应中国和时代发展进步要求,有着深厚历史渊源和广泛现实基础,中华民族创造了源远流长的中华文化,也一定能够创造出中华文化的新辉煌。正确看待外部世界,必须及时准确把握世界形势的新变化,正确认识当今世界出现的新事物新情况,充分了解世界各国出现的新思想新观点新知识,积极借鉴人类文明创造的有益成果,更好地发展我们自己。

必须正确处理好全党动手和部分负责的关系,着力构建全党动手的大宣传格局。宣传思想工作是政治性强、涉及面广、影响力大的系统工程,需要统筹谋划、强化协作,需要多方联动、全员参与。习近平总书记强调:"做好宣传思想工作必须全党动手","要树立大宣传的工作理念,动员各条战线各个部门一起来做"。一方面,要构建全党动手的大宣传格局。各级党委要负起政治责任和领导责任,加强对宣传思想领域重大问题的分析研判和重大战略性任务的统筹指导,不断提高领导宣传思想工作能力和水平;另一方面,宣传思想部门必须守土有责、守土负责、守土尽责。此外,各条战线、各个部门都应该积极参与到宣传思想工作中来,树立大宣传的工作理念和一盘棋的大局意识,胸怀大局、把握大势、着眼大事,自觉支持宣传思想战线的工作。

围绕解决民生问题开展党的
群众路线教育实践活动

　　群众是真正的英雄,这是马克思主义的一条基本原理;一切为了群众、一切依靠群众,从群众中来、到群众中去,这是我们党的群众路线,也是党的根本工作路线。以人为本、执政为民是检验党一切执政活动的最高标准。"必须坚持人民主体地位"这是党的十八大提出的建设中国特色社会主义的第一条要求。在新的历史条件下,到底该如何继续贯彻党的群众路线,做好群众工作,这是关系到中国共产党执政地位的重大理论问题和现实问题,也是关系到中国特色社会主义事业成败的重大问题。我们认为,在新世纪新阶段,我们党必须始终围绕着解决重大民生问题贯彻党的群众路线,必须把解决民生问题作为开展群众路线教育实践活动的重要内容。

　　一、关注民生问题,是中国共产党的优良传统,也是党取得合法性资源的一条宝贵经验

　　所谓民生问题,一般是指百姓的基本生计问题。今天,我们谈的民生,主要是从社会建设层面着眼的。从这个角度看,所谓民生,主要是指民众的基本生存和生活状态以及民众的基本发展机会、基本发展能力和基本权益保护的状况等。换句话说,民生问题就是人民群众最关心、最直接、最现实的利益问题。如果说政治就是众人之事,那么民生问题就成了最大的政治。

　　世界政党政治发展的一般常识告诉我们:一个执政党能否长期执政,在很大程度上取决于执政的合法性,即民众对执政党的认可程度。而民众对执政党的执政是否认可,又与民生问题的解决有密切关系。需要说明的是,"合法性"是国外政治学普遍使用的一个概念,它并非指法学意义上的符合法律规范或法律原则,而是指在政治上实现有效治理的必要基础,即民众对既定的政治制度或政治秩序的认同、支持和拥护。其内涵既包括政治统治能否以及怎样以社会大多数人所认可的方式运行,也包括政治统治有效性的范围、基础与来源。从世界政党政治的发展历程看,影响执政党合法性的因素主要有如下几个方面:一是执政党的执政理念和其领导的政府的施政理念是否获得民众认同;二是执政党的路线方针政策是否公正合理,是否得到民众的拥护;三是执政党及其政府的执行力是否到位,是否得到了民众的肯定;四是执政党及其政府公共形象是否具有德望,是否得到民众的信任。

虽然资本主义国家和社会主义国家的政党政治明显不同,资本主义国家的政党虽然更多地关注选民,但实质只代表资产阶级的利益。而社会主义国家政党本身就代表最广大人民的利益。但在社会主义国家,执政党执政同样面临着合法性问题。社会主义国家执政党的合法性,从根本意义上讲,就是指执政党凭借其自身力量从国家和社会中所获得的领导基础和执政基础。在这里,合法性不仅仅体现为执政党从国家和社会中所获得的支持程度,而且体现为执政党执政权力的合法性和治理的有效性。历史经验表明,合法性的流失必然导致政治不稳定,最后危及政治的整合和政权的生存。苏东剧变的深刻根源就在于执政的苏联共产党失去了人民的支持,丧失了执政甚至存在的合法性。因此,如何通过解决人民群众关心的切身利益问题,通过改善民生获得人民支持,从而维护和加强合法性,是无产阶级政党必须认真对待的问题。邓小平提出的"三个有利于"标准,其中"是否有利于人民生活水平的提高"就体现了党对这一问题的关注。我们党再三强调的人民拥护不拥护、赞成不赞成、高兴不高兴、答应不答应的标准,也体现出对这一问题的深切关注。

中国共产党是以实现国家独立、民族解放和国家富强、人民幸福为目标登上历史舞台的。从成立之日起,中国共产党就十分重视群众工作,强调代表无产阶级的利益,为实现人民群众的利益而斗争。1934年,毛泽东在江西瑞金召开的第二次全国工农兵代表大会上曾专门谈到如何关心群众生活问题,即我们今天所说的民生问题。他指出:"领导农民的土地斗争,分土地给农民;提高农民的劳动热情,增加农业生产;保障工人的利益;建立合作社;发展对外贸易;解决群众的穿衣问题,吃饭问题,住房问题,柴米油盐问题,疾病卫生问题,婚姻问题。总之,一切群众的实际生活问题,都是我们应当注意的问题。"[1]正是由于我们党始终坚持从群众的利益和愿望出发,从解决人民群众关心的民生问题出发,我们党才赢得了人民的信任和支持,才带领人民群众夺取了新民主主义革命的胜利。中国革命的实践证明:我们党来自于人民群众,密切地联系着广大的人民群众,因而"能够取得广大人民群众的信任,人民群众把他们当作最亲近和最可靠的朋友"。[2]

在改革开放新时期,邓小平称自己为"人民的儿子",把人民群众关心的问题当作"最大的政治",把是否"有利于提高人民的生活水平"当作检验一切工作

---

① 《毛泽东选集》第1卷,人民出版社1991年版,第136~137页。
② 《建国以来刘少奇文稿》第3册,中央文献出版社2005年版,第515页。

是非得失的重要标准。他强调:"一定要努力帮助群众解决一切能够解决的困难。"①江泽民也十分强调:"对群众提出和反映的问题,必须满腔热情地加以处理,切实帮助群众解决生产生活中的实际困难,绝不能漠然置之,更不能粗暴地对待群众,激化矛盾。"②进入新世纪,胡锦涛继续将解决民生问题当作贯彻群众路线、解决人民内部矛盾的重要内容,将民生问题作为社会建设的重要任务,强调要"积极解决劳动就业、社会保障、医疗卫生、教育收费、收入分配、土地征用、房屋拆迁、库区移民、企业改制、安全生产、环境污染和社会治安等方面群众反映的突出问题,努力避免因为决策失误和工作不当引起群众不满,注重从源头上减少人民内部矛盾的发生。"③正因为我们党奉行全心全意为人民服务的宗旨,把实现好维护好发展好最广大人民的利益当作一切工作的出发点和归宿,所以党关于改革开放的一系列方针政策得到了人民群众的拥护、支持和认同,党的执政地位得到了巩固。

　　然而值得注意的是,在不同的社会生态环境下,政党执政地位的合法性基础与获得方式是不断发展和转换的。在现代化变迁中,随着社会经济体制改革的不断深化,社会利益格局多元化趋向越来越明显,社会阶层的分化更加剧烈,不同利益群体的矛盾愈来愈大,社会整合的难度也相应扩大。社会生态环境的这种快速变化,向执政党提出了更高的要求,执政党如果不能适时提高执政能力,适时汲取新的合法性资源,就有可能出现合法性危机,进而丧失执政地位。中国共产党已经清醒地认识到这个问题,曾一再强调:我们"党的执政地位不是与生俱来的,也不是一劳永逸的"。党的十七届四中全会指出:"全党必须牢记,党的先进性和党的执政地位都不是一劳永逸、一成不变的,过去先进不等于现在先进,现在先进不等于永远先进;过去拥有不等于现在拥有,现在拥有不等于永远拥有。"④

　　回顾中国共产党成立90多年的历史,可以这样说,我们党领导人民进行革命、建设和改革,都是围绕着如何实现最广大人民群众的根本利益这个社会主义的根本目的的。这与资产阶级政党只关注有产者,新自由主义只关注银行家、企业家,前苏联东欧共产党脱离人民群众是根本不同的。这也是我们党带领人民夺取革命胜利,赢得人民群众支持并能长期执政的一条重要经验。正如胡锦涛在庆祝中国共产党成立90周年讲话中所说:"90年来党的发展历程告诉我们,

① 《邓小平文选》第2卷,人民出版社1994年版,第368页。
② 《江泽民文选》第2卷,人民出版社2006年版,第365页。
③ 《十六大以来重要文献选编》下,中央文献出版社2008年版,第689页。
④ 《中共中央关于加强和改进新形势下党的建设若干重大问题的决定》,人民出版社2009年版,第5页。

来自人民、植根人民、服务人民,是我们党永远立于不败之地的根本。……全党同志必须牢记,密切联系群众是我们党的最大政治优势,脱离群众是我们党执政后的最大危险。"①

二、解决复杂的民生问题,必须依靠人民群众,这是贯彻党的群众路线的根本要求

中国地域辽阔,民族多样,人口众多。广大人民群众的利益构成十分复杂,民生问题涉及人民群众生活的方方面面。在人民中间,共产党员始终只占少数。中国共产党现有 8 800 多万党员,相当于德国一个国家的总人口,但也只是占中国全部人口的6%多一点。中国共产党在执政过程中遇到的问题,就是广大人民群众共同面对的问题。中国共产党要解决的民生问题,就是广大人民群众自身的问题。中国共产党自身并不具有什么特殊的力量、特殊的本领,她的力量源泉就是广大人民群众。还有必要说明的是,在任何一个国家,党和政府从来不是社会财富创造主体,而是营造环境的主体。执政党只是通过制定正确的路线方针政策把握社会发展方向,政府也只是通过一系列改革给社会提供有序的社会环境,给社会提供一个公平竞争的市场环境,企业、公民个人才是社会财富创造主体。因此,解决民生问题,只能走群众路线,只能依靠广大人民群众。

从理论上说,人民群众是真正的英雄,是推动历史发展的动力。我们党所领导的人民革命、建设和改革事业,都是人民自己的事业。人民群众既是先进生产力和先进文化的创造主体,也是实现自身利益的根本力量。人民群众中蕴藏着无穷的力量和智慧,我们的一切工作只有依靠人民,相信人民,汲取人民的智慧,尊重人民的创造力并且接受人民的监督才能取得成功。对此,我们党有非常清醒的认识。新中国成立后,毛泽东特别强调:"共产党基本的一条,就是直接依靠广大革命人民群众。"②进入改革开放新时期,邓小平明确指出:"我们党提出的各项重大任务,没有一项不是依靠广大人民的艰苦努力来完成的。"③江泽民强调:"我们的改革和建设,只有得到人民群众的理解、支持和参与,充分发挥人民群众的积极性和创造性,才能顺利推进。"④进入新世纪,胡锦涛也强调:"中国共产党执政,就是领导、支持、保证人民当家作主,维护和实现最广大人民的根本利益。"⑤

---

① 胡锦涛:《在庆祝中国共产党成立 90 周年大会上的讲话》,人民出版社 2011 年版,第 14 页。
② 《建国以来毛泽东文稿》第 12 册,中央文献出版社 1998 年版,第 581 页。
③ 《邓小平文选》第 3 卷,人民出版社 1993 年版,第 4 页。
④ 《江泽民文选》第 1 卷,人民出版社 2006 年版,第 407 页。
⑤ 《十六大以来重要文献选编》中,中央文献出版社 2006 年版,第 224 页。

从历史经验来说,回顾中国共产党 90 多年的历史,我们可以清楚地看到,中国革命、建设和改革的顺利进行,都是依靠人民群众完成的。正因为如此,在每一次纪念党的生日或者总结党的历史经验时,我们党都特别强调,我们的一切成就,应该归功于全国各民族的人民群众,都要感谢全国各族人民。在纪念建党 70 周年讲话中,江泽民指出:"中国革命和建设的一切成就,是全国各族人民共同奋斗的结果。"①在庆祝建党 80 周年讲话中,江泽民强调:"八十年的实践启示我们,必须始终紧紧依靠人民群众,诚心诚意为人民谋利益,从人民群众中汲取前进的不竭力量。"②在纪念中国共产党成立 90 周年的讲话中,胡锦涛强调:"90 年来,我们党取得的所有成就都是依靠人民共同奋斗的结果,人民是真正的英雄,这一点我们永远不能忘记。"③党的十八大以来,习近平强调:"改革开放在认识和实践上的每一次突破和发展,改革开放中每一个新生事物的产生和发展,改革开放每一个方面经验的创造和积累,无不来自亿万人民的实践和智慧。"④

从现阶段要实现的目标和任务来看,中国特色社会主义事业是亿万人民自己的事业,中国梦归根到底是人民的梦,必须发挥人民主人翁精神,凝聚起中国力量。现在中国改革进入攻坚期和深水区,面临着各种复杂的矛盾和问题,要顺利实现"两个一百年"奋斗目标、实现中华民族伟大复兴的中国梦,就必须尊重人民首创精神,最广泛地动员和组织人民依法管理国家事务和社会事务、管理经济和文化事业、积极投身社会主义现代化建设。正如习近平所说:"改革发展稳定任务越繁重,我们越要加强和改善党的领导,越要保持党同人民群众的血肉联系,善于通过提出和贯彻正确的路线方针政策带领人民前进,善于从人民的实践创造和发展要求中完善政策主张,使改革发展成果更多更公平惠及全体人民,不断为深化改革开放夯实群众基础。"⑤

党的十八大决定在全党开展以为民、务实、清廉为主题的群众路线教育实践活动,就是要让广大党员干部明白,群众路线是我们党的生命线和根本工作路线。实现党的十八大确定的奋斗目标,实现中华民族伟大复兴的中国梦,必须紧紧依靠人民,充分调动最广大人民的积极性、主动性、创造性。

三、围绕民生问题贯彻党的群众路线,必须把握重点

中国共产党成立 90 多年来,中国社会发生翻天覆地的变化,我们已经取得

---

① 《十三大以来重要文献选编》下,人民出版社 1993 年版,第 1633 页。
② 《江泽民文选》第 3 卷,人民出版社 2006 年版,第 271 页。
③ 胡锦涛:《在庆祝中国共产党成立 90 周年大会上的讲话》,人民出版社 2011 年版,第 29 页。
④ 《习近平谈治国理政》,外文出版社 2014 年版,第 68 页。
⑤ 《习近平谈治国理政》,外文出版社 2014 年版,第 68 页。

了举世瞩目的伟大成就,但我国仍处于并将长期处于社会主义初级阶段的基本国情没有变,初级阶段的主要矛盾没有变,我国是世界上最大的发展中国家的国际地位没有变。按照国际标准,中国仍然有几千万人没有摆脱贫困,中国的小康仍然是低水平、不全面的小康,广大民众的民生问题仍然很严重。党的十八大以来,习近平多次强调改善民生问题的重要性,他在河北阜平看望慰问困难群众时明确指出:"消除贫困、改善民生、实现共同富裕,是社会主义的本质要求。"①因此,开展群众路线教育实践活动,必须明确保障和改善民生的重要性,着力解决好人民最关心最直接最现实的利益问题。当前,尤其要关注以下几个方面。

第一,要通过群众路线教育实践活动,让我们的党员充分认识围绕民生问题贯彻党的群众路线的重要性。要通过学习和教育,使广大党员充分认识到:群众路线是党的生命线,保持党同人民群众的血肉联系,是我们党不断获取合法性资源,永远立于不败之地的根本保证。要通过教育引导党员干部牢固树立宗旨意识和马克思主义群众观点,切实改进工作作风,赢得人民群众信任和拥护,夯实党的执政基础。要使大家明白,关注民生、重视民生、保障民生、改善民生,同中国共产党的性质、宗旨和目标是一脉相承的,始终把人民利益放在第一位,把实现好、维护好、发展好最广大人民根本利益作为一切工作的出发点和落脚点;要充分认识到群众是历史的创造者,是真正的英雄,始终把依靠人民群众的智慧和力量作为我们推进事业的根本工作路线。要把为民、务实、清廉落到实处,按照习近平要求的那样,把群众的安危冷暖时刻放在心上,把党和政府的温暖送到千家万户。

第二,要教育我们的人民,使他们认识到自己的利益,并团结起来为实现自己的利益奋斗。我们认为,开展群众路线教育实践活动,不仅仅是教育党员干部,也应该教育广大群众。毛泽东曾指出:"马克思列宁主义的基本原则,就是要使群众认识自己的利益,并且团结起来,为自己的利益而奋斗。"②因此,在新的历史条件下,要用中国特色社会主义理论教育人民,用中国梦激励人民,让广大人民群众自觉把人生理想、家庭幸福融入国家富强、民族振兴的伟业之中,把个人梦与中国梦紧密联系在一起,为坚持和发展中国特色社会主义作出贡献。

第三,尊重人民群众的主体地位,发挥人民群众的首创精神。不论是推进中国特色社会主义事业,推动科学发展,还是实现国家富强、人民幸福,都要发挥人民主人翁精神。要广泛联系群众、依靠群众、宣传群众、动员群众、组织群众、团结群众,做到谋划发展思路向人民群众问计,查找发展中的问题听人民群众意

① 《习近平谈治国理政》,外文出版社 2014 年版,第 189 页。
② 《毛泽东选集》第 4 卷,人民出版社 1991 年版,第 1318 页。

见,改进发展措施向人民群众请教,落实发展任务依靠人民群众努力,衡量发展成效由人民群众评判。要像群众路线教育实践活动要求的那样,坚持问政于民、问需于民、问计于民、发扬密切联系群众之风。

第四,要加强社会建设,切实解决好民生问题。要按照推动经济社会协调发展的要求,加快以改善民生为重点的社会建设,调整国民收入分配结构,增加城乡居民收入,加强和改善公共服务,加快构建覆盖全体居民的终身教育体系、就业服务体系、社会保障体系、医疗保障体系、住房保障体系,努力满足人民群众在教育、劳动就业、社会保障、医疗卫生、住房等方面的基本需求,促进社会公平正义,真正使全体人民学有所教、劳有所得、病有所医、老有所养、住有所居。

第五,要加强党的作风建设,集中解决形式主义、官僚主义、享乐主义和奢靡之风这"四风"问题。因为这"四风"是违背我们党的性质和宗旨的,是当前群众深恶痛绝、反映最强烈的问题,也是损害党群干群关系的重要根源。要按照党的群众路线教育实践活动提出的要求那样,以整风精神开展批评和自我批评、着力解决作风方面存在的突出问题、建立促进党员干部坚持为民、务实、清廉的长效机制。

制度自觉、制度自信和制度创新

　　党的十八大强调,要把制度建设摆在突出位置,充分发挥我国社会主义政治制度优越性。党的十八大以来,以习近平为总书记的党中央对制度建设给予了高度的重视。作为党的总书记,他一再强调坚持党的基本路线,促进党的路线方针政策的制度化和法律化;作为国家主席,他一再强调要坚持和完善中国特色社会主义制度,并将其作为全面深化改革的总目标;作为国家军委主席和党的军委主席,他一再强调要毫不动摇坚持党对军队绝对领导的根本原则和制度,并主张推进军队制度化建设;作为党和国家最高领导人,习近平关于制度建设的论述涉及改革发展稳定、内政外交国防、治党治国治军,形成了一整套治国理政的新思路,为我们坚持和完善中国特色社会主义制度提供了理论遵循和行动指南。

一、增进制度自觉:充分认识制度建设的重要性

　　所谓制度自觉,就是对制度建设地位和作用的深刻认识、对制度发展和完善规律的正确把握、对建立和完善制度历史责任的主动担当。习近平在关于制度建设的一系列重要论述中,首先论述了制度建设的重要性,强调了制度自觉问题。党的十八届三中全会更是把"完善和发展中国特色社会主义制度,推进国家治理体系和治理能力现代化"作为全面深化改革的总目标。

　　第一,从制度建设的理论逻辑看,治理社会主义这样的全新社会,要解决好事关党和国家长治久安的制度现代化问题。

　　古人云,"凡将立国,制度不可不察也","制度时,则国俗可化,而民从制"。这表明,制度建设从来就是治国理政之根本。对于社会主义这样的全新社会,到底如何实现有效的治理,在以往的世界社会主义实践中没有解决得很好。马克思、恩格斯没有经历过全面治理一个社会主义国家的实践,他们关于未来社会的构想很多是预测性的;列宁在俄国十月革命后曾探索过社会主义国家的治理问题,但由于他去世较早,很多探索未能持续下去;苏联作为世界上第一个社会主义国家,在治理国家这个问题上进行了长期探索,积累了一些实践经验,但也犯下过严重错误,苏联的解体恰恰说明了苏联共产党在国家治理方面的失败。

　　习近平强调:"中国特色社会主义是由道路、理论体系、制度三位一体构成的。""中国特色社会主义道路是实现途径,中国特色社会主义理论体系是行动指南,中国特色社会主义制度是根本保障,三者统一于中国特色社会主义伟大实

践。这是中国特色社会主义的最鲜明特色。"①因此,完善和发展中国特色社会主义制度、推进国家治理体系和治理能力现代化,是坚持和发展中国特色社会主义的必然要求,也是实现社会主义现代化的应有之义。要继续做好中国特色社会主义这篇大文章,就必须把坚持和完善中国特色社会主义制度作为大事来抓。

第二,从中国社会发展的历史逻辑看,始终注重制度建设是中国共产党治国理政的一条基本经验。

中国共产党在全国执政以后,不断探索国家治理问题,虽然也发生了严重曲折,但在国家治理体系和治理能力上积累了丰富经验、取得了重大成果。1978年,在开启改革开放新时代的党的十一届三中全会上,邓小平曾深刻指出:"为了保障人民民主,必须加强法制。必须使民主制度化、法律化,使这种制度和法律不因领导人的改变而改变,不因领导人的看法和注意力的改变而改变。"②从此,发展社会主义民主、健全社会主义法制成为党和国家坚定不移的基本方针。改革开放 30 多年来,在党的几代中央领导集体的坚强领导下,我国政治体制改革有条不紊地推进,制度建设取得了一系列重大成绩:党政关系逐步规范化、制度化,党的领导方式和执政方式日趋完善和成熟;人民代表大会制度、中国共产党领导的多党合作和政治协商制度、民族区域自治制度、基层民主制度等社会主义民主政治的若干制度逐步完善和发展;选举制度、干部人事制度改革取得重大进展;法律制度逐步健全和完善,依法治国方略逐步实施,中国特色社会主义法律体系正式形成。改革开放以来,制度建设不仅有力发展和保障中国人民的政治权益、文化权益和社会权益,而且为促进经济社会全面协调发展、为保持我国政治稳定、社会和谐和民族团结提供了有力的制度保障,这同世界上一些地区和国家不断出现乱局形成了鲜明对照。实践证明,制度问题更带有根本性、全局性、稳定性、长期性。

第三,从我们要实现的宏伟目标看,实现中国现代化和中华民族的伟大复兴,必须构建系统完备、科学规范、运行有效的制度体系。

历史经验表明,办任何一件事情,目标确定之后,路径选择很重要,制度安排更加重要。任何一个美好目标的实现,必须有好的制度设计和制度安排,否则,再理想的目标也难以实现。现在,我们要实现"两个百年"的奋斗目标,全面建成小康社会,实现中国现代化,就必须构建系统完备、科学规范、运行有效的制度体系,实现国家治理体系和治理能力的现代化。习近平指出:"国家治理体系和

---

① 习近平:《紧紧围绕坚持和发展中国特色社会主义 学习宣传贯彻党的十八大精神——在十八届中共中央政治局第一次集体学习时的讲话》,人民出版社 2012 年版,第 4 页。
② 《邓小平文选》第 2 卷,人民出版社 1994 年版,第 146 页。

治理能力是一个国家制度和制度执行能力的集中体现。国家治理体系是在党领导下管理国家的制度体系,包括经济、政治、文化、社会、生态文明和党的建设等各领域体制机制、法律法规安排,也就是一整套紧密相连、相互协调的国家制度;国家治理能力则是运用国家制度管理社会各方面事务的能力,包括改革发展稳定、内政外交国防、治党治国治军等各个方面。国家治理体系和治理能力是一个有机整体,相辅相成,有了好的国家治理体系才能提高治理能力,提高国家治理能力才能充分发挥国家治理体系的效能。"①改革开放以来,我们初步建立了中国特色社会主义的制度体系,国家治理能力也有了显著提高。实践表明,中国特色社会主义制度是特色鲜明、富有效率的,我们的国家治理体系和治理能力总体上是好的,是适应我国国情和发展要求的。但也应该看到,中国特色社会主义制度体系还不是尽善尽美、成熟定型的。同时,我们也要看到,相比我国经济社会发展的迫切要求,相比广大人民群众的殷切期待,相比当今世界日趋激烈的国际竞争,相比实现国家长治久安,我们在国家治理体系和治理能力方面还有许多不足,有许多亟待改进的地方。因此,习近平强调:"真正实现社会和谐稳定、国家长治久安,还是要靠制度,靠我们在国家治理上的高超能力,靠高素质干部队伍。我们要更好发挥中国特色社会主义制度的优越性,必须从各个领域推进国家治理体系和治理能力现代化。"②

第四,从现实国情看,解决我国发展中面临的一系列矛盾和问题,必须坚持和完善中国特色社会主义制度体系。

改革开放以来,中国人民的面貌、中华民族的面貌和中国共产党的面貌发生了巨大变化,中国综合国力和国际影响力显著提高。但中国处于社会主义初级阶段的基本国情、主要矛盾和中国作为世界上最大的发展中国家的国际地位仍然没有变。虽然我国仍处于可以大有作为的战略机遇期,但经济社会发展面临的矛盾和问题仍然很多。正如邓小平在晚年所言,发展起来后比没有发展问题更多。习近平指出,当前,国内外环境都在发生极为广泛而深刻的变化,我国发展面临一系列突出矛盾和挑战,前进道路上还有不少困难和问题。比如:发展中不平衡、不协调、不可持续问题依然突出,科技创新能力不强,产业结构不合理,发展方式依然粗放,城乡区域发展差距和居民收入分配差距依然较大,社会矛盾明显增多,教育、就业、社会保障、医疗、住房、生态环境、食品药品安全、安全生产、社会治安、执法司法等关系群众切身利益的问题较多,部分群众生活困难,形式主义、官僚主义、享乐主义和奢靡之风问题突出,一些领域消极腐败现象易发

①　《习近平谈治国理政》,外文出版社 2014 年版,第 91 页。
②　《习近平谈治国理政》,外文出版社 2014 年版,第 91~92 页。

多发,反腐败斗争形势依然严峻等。着力解决我国发展面临的一系列突出矛盾和问题,必须全面深化改革。而要全面深化改革,必须有强有力的制度保障。为此,必须不断推进中国特色社会主义制度自我完善和发展。

二、树立制度自信:充分发挥中国特色社会主义的制度优势

党的十八大特别强调了制度建设的重要性,提出要坚持中国特色社会主义的道路自信、理论自信和制度自信。十八大以来,习近平在谈到制度建设时也特别强调了制度自信问题。在谈到制度自信与全面深化改革的关系时,习近平明确指出:"没有坚定的制度自信就不可能有全面深化改革的勇气,同样,离开不断改革,制度自信也不可能彻底、不可能久远。我们全面深化改革,是要使中国特色社会主义制度更好;我们说坚定制度自信,不是要固步自封,而是要不断革除体制机制弊端,让我们的制度成熟而持久。"[①]

第一,中国特色社会主义制度是我们党90多年奋斗的结果,必须倍加珍惜。

中国共产党是一个拥有坚定制度自信的马克思主义政党。自诞生那天起,党就把建立美好的共产主义社会制度写入自己的纲领。在90多年革命、建设和改革的过程中,我们党带领全国各族人民在制度建设方面完成了三件大事:一是完成了反帝反封建制度的任务,结束了中国半殖民地半封建社会的历史,扫清了中国现代化的道路;二是建立了中华人民共和国,确立了社会主义基本制度,为当代中国一切发展进步奠定了根本政治前提和制度基础;三是从中国实际出发确立了中国特色社会主义制度体系,为中国特色社会主义事业注入了强大生机和活力。习近平指出:"中国特色社会主义是在改革开放历史新时期开创的,但也是在新中国已经建立起社会主义基本制度、并进行了20多年建设的基础上开创的。"[②]

作为一种崭新的社会制度,中国特色社会主义制度是我们党在长期革命、建设和改革的进程中,以马克思主义为指导,立足于中国具体国情,在对共产党执政规律、社会主义建设规律、人类社会发展规律深刻把握的基础上,历经艰辛曲折,经过长期实践探索逐步建立和发展起来的,是几代中国共产党人不懈探索的伟大成果,凝聚着无数中华儿女的心血和智慧。继续推进中国特色社会主义事业必须具有制度自信,必须继续发挥中国特色社会主义的制度优势。新中国成立以来,尤其是改革开放以来,我们国家的国体、根本政治体制、基本经济制度、基本政治制度和其他制度,都以国家根本法——宪法的形式确立下来,我们必须

---

① 《习近平谈治国理政》,外文出版社 2014 年版,第 106 页。
② 《习近平谈治国理政》,外文出版社 2014 年版,第 22 页。

长期坚持、全面贯彻、不断发展。

第二,中国特色社会主义制度植根于中国的历史文化传统,有坚实的历史基础。

习近平强调,一个国家选择什么样的治理体系,是由这个国家的历史传承、文化传统、经济社会发展水平决定的,是由这个国家的人民决定的。中国曾经经历过几千年的封建专制统治。孙中山领导的辛亥革命虽然结束了封建制度,但未能改变旧中国的社会性质和人民的悲惨境遇。辛亥革命之后,中国人就一直在寻找着适合中国国情的社会制度,君主立宪制、议会制、多党制、总统制都曾试过,结果均未成功。经过反复比较和深刻思考,特别是受俄国十月革命的影响,中国先进分子明确了走社会主义道路的方向。中国共产党成立后,经过近30年的浴血奋斗,最终建立了先进的社会主义制度。习近平强调,我们今天的社会制度和各项具体管理制度,是在我国历史传承、文化传统、经济社会发展的基础上长期发展、渐进改进、内生性演化的结果。今天,我们要继续坚持和完善中国特色社会主义制度,必须增强政治定力,增强制度自信。习近平指出:"我们要虚心学习借鉴人类社会创造的一切文明成果,但我们不能数典忘祖,不能照抄照搬别国的发展模式,也绝不会接受任何外国颐指气使的说教。"①

第三,中国特色社会主义制度已接受实践检验,具有其他制度难以比拟的制度优势。

1987年,邓小平曾明确指出:"我们评价一个国家的政治体制、政治结构和政策是否正确,关键看三条:第一是看国家的政局是否稳定;第二是看能否增进人民的团结,改善人民的生活;第三是看生产力能否得到持续发展。"②我们认为,这三条标准也可以作为衡量制度优势的标准。从历史与现实的比较中我们可以清楚地看到:新中国成立以来,尤其是我国改革开放以来,中国经济社会发展之所以取得了举世瞩目的伟大成就,归结起来就是因为我们探索、确立并不断完善了中国特色社会主义制度。正是由于我们建立了这一制度,我们才在短短几十年时间内走完了西方发达国家几百年才走完的历史进程,才成功地应对了重大自然灾害和国际金融危机的冲击。

习近平指出:"中国特色社会主义制度,坚持把根本政治制度、基本政治制度同基本经济制度以及各方面体制机制等具体制度有机结合起来,坚持把国家层面民主制度同基层民主制度有机结合起来,坚持把党的领导、人民当家作主、依法治国有机结合起来,符合我国国情,集中体现了中国特色社会主义的特点和

---

① 习近平:《在纪念毛泽东同志诞辰120周年座谈会上的讲话》,人民出版社2013年版,第22页。
② 《邓小平文选》第3卷,人民出版社1993年版,第213页。

优势,是中国发展进步的根本制度保障。"①实践证明,中国特色社会主义制度体现了科学社会主义原则,符合中国社会主义初级阶段的基本国情,顺应了和平、发展、合作的时代潮流,体现了经济全球化、世界多极化的发展趋势,具有巨大的优越性和强大的生命力。因此,在新的历史起点上开创中国特色社会主义事业新局面,实现中华民族伟大复兴,必须进一步增强制度自信,充分发挥中国特色社会主义制度优势。

当然,我们也必须看到,虽然我们已经建立了社会主义的基本制度,为建立更加成熟、更加定型的社会制度奠定了良好的基础,但要继续治理好中国这样一个人口众多、尚处于发展中的大国,通过制度建设实现国家治理体系和治理能力的现代化,需要进行长时间的艰辛探索和艰苦努力。也正因为如此,习近平强调:"今天,摆在我们面前的一项重大历史任务,就是推动中国特色社会主义制度更加成熟更加定型,为党和国家事业发展、为人民幸福安康、为社会和谐稳定、为国家长治久安提供一整套更完备、更稳定、更管用的制度体系。这项工程极为宏大,必须是全面的系统的改革和改进,是各领域改革和改进的联动和集成,在国家治理体系和治理能力现代化上形成总体效应、取得总体效果。"②

三、坚持制度创新:不断推进我国社会主义制度的自我完善和发展

中国特色社会主义事业不断发展,中国特色社会主义制度也需要不断完善。1992年,邓小平在南方谈话中指出:"恐怕再有三十年的时间,我们才会在各方面形成一整套更加成熟、更加定型的制度。"③正是根据邓小平这一重要指示,近年来,我们党把制度建设放在了十分重要的位置。从十四大开始,党的历次代表大会都强调了制度建设,对制度建设作出了规划与设计。党的十八大强调:"要始终把改革创新精神贯彻到治国理政各个环节,坚持社会主义市场经济的改革方向,坚持对外开放的基本国策,不断推进理论创新、制度创新、科技创新、文化创新以及其他各方面创新,不断推进我国社会主义制度自我完善和发展。"④为了贯彻十八大精神,顺利完成邓小平提出的用30年时间使制度更加成熟、定型的历史任务,党的十八届三中全会在提出了全面深化改革总目标的同时,提出到2020年,在重要领域和关键环节改革上取得决定性成果,完成本决定提出的改

---

① 习近平:《紧紧围绕坚持和发展中国特色社会主义 学习宣传贯彻党的十八大精神——在十八届中共中央政治局第一次集体学习时的讲话》,人民出版社2012年版,第5页。

② 《习近平谈治国理政》,外文出版社2014年版,第104~105页。

③ 《邓小平文选》第3卷,人民出版社1993年版,第372页。

④ 胡锦涛:《坚定不移沿着中国特色社会主义道路前进 为全面建成小康社会而奋斗——在中国共产党第十八次全国代表大会上的报告》,人民出版社2012年版,第14页。

革任务,形成系统完备、科学规范、运行有效的制度体系,使各方面制度更加成熟更加定型。

那么,如何才能使我们的制度更加完善、更加成熟、更加定型? 习近平围绕这一重大问题,进行了深入的思考,形成了制度文明建设的整体思路。

第一,必须全面深化改革,把制度建设贯穿于改革的始终。习近平指出:"改革开放是坚持和发展中国特色社会主义的必由之路,所以必须始终把改革创新精神贯彻到治国理政各个环节,不断推进我国社会主义制度自我完善和发展。""我们要坚持以实践基础上的理论创新推动制度创新,坚持和完善现有制度,从实际出发,及时制定一些新的制度,构建系统完备、科学规范、运行有效的制度体系,使各方面制度更加成熟更加定型,为夺取中国特色社会主义新胜利提供更加有效的制度保障。"①同时,习近平还强调:"制度建设要可执行、可监督、可检查、可追究、可问责,还要体现法治思维、改革思维和系统思维。执行纪律、规章不能失之于宽、失之于软,使规章制度成为'稻草人',要维护制度的严肃性和权威性,坚持制度面前人人平等,执行制度没有例外。"②要坚决维护制度的刚性约束力,坚决杜绝"破窗效应","制度一经形成,就要严格遵守,执行制度没有例外。"③

第二,要紧紧围绕使市场在资源配置中起决定性作用深化经济体制改革,坚持和完善基本经济制度。必须通过改革推动国有企业完善现代企业制度,增强公有制经济特别是国有经济发展活力;鼓励有条件的私营企业建立现代企业制度,不断增强经济发展微观基础的活力。必须深化财税体制改革,改进预算管理制度,完善税收制度,建立事权和支出责任相适应的制度等,加快建立现代财政制度。必须健全城乡发展一体化体制机制,整合城乡居民基本养老保险制度、基本医疗保险制度,推进城乡最低生活保障制度统筹发展。要毫不动摇坚持最严格的耕地保护制度和节约用地制度,在全面考虑土地问题复杂性的基础上进行周密周全的制度和政策设计,统筹谋划好土地管理制度改革。

第三,紧紧围绕坚持党的领导、人民当家作主、依法治国有机统一深化政治体制改革,不断推进社会主义政治制度自我完善和发展。习近平强调:要坚持走中国特色社会主义政治发展道路,"我们要坚持党的领导、人民当家作主、依法

---

① 习近平:《紧紧围绕坚持和发展中国特色社会主义　学习宣传贯彻党的十八大精神——在十八届中共中央政治局第一次集体学习时的讲话》,人民出版社 2012 年版,第 5~9 页。

② 《中共中央政治局常委到第一批党的群众路线教育实践活动联系点出席指导专题民主生活会》,《人民日报》2013 年 10 月 3 日。

③ 《习近平在党的群众路线教育实践活动工作会议上强调:深入扎实开展党的群众路线教育实践活动为实现党的十八大目标任务提供坚强保证》,《人民日报》2013 年 6 月 19 日。

治国有机统一,坚持人民主体地位,扩大人民民主,推进依法治国,坚持和完善人民代表大会制度的根本政治制度,中国共产党领导的多党合作和政治协商制度、民族区域自治制度以及基层群众自治制度等基本政治制度,建设服务政府、责任政府、法治政府、廉洁政府,充分调动人民积极性。"①高度重视法制中国的建设,"要以宪法为最高法律规范,继续完善以宪法为统帅的中国特色社会主义法律体系,把国家各项事业和各项工作纳入法制轨道,实行有法可依、有法必依、执法必严、违法必究,维护社会公平正义,实现国家和社会生活制度化、法制化"。②要深化司法体制改革,加快建设公正高效权威的社会主义司法制度,更好促进社会公平正义。要积极推进协商民主广泛多层制度化发展,充分发挥我国社会主义政治制度优越性。

第四,紧紧围绕建设社会主义核心价值观、社会主义文化强国深化文化体制改革,完善中国特色社会主义文化制度。习近平强调:要继续坚持走中国特色社会主义文化发展道路,深化文化体制改革,提高国家文化软实力。"要按照社会主义核心价值观的基本要求,健全各行各业规章制度,完善市民公约、乡规民约、学生守则等行为准则,使社会主义核心价值观成为人们日常工作生活的基本遵循。""要用法律来推动核心价值观建设。"③要完善文化管理体制,建立健全现代文化市场体系,构建现代公共文化服务体系,提高文化开放水平。

第五,紧紧围绕更好保障和改善民生、促进社会公平正义深化社会体制改革,形成科学合理的社会管理制度。习近平强调:我们要继续加强社会建设,切实推进各项社会事业,加强和创新社会管理,使发展成果更多更公平惠及全体人民,努力形成全体人民各尽其能、各得其所而又和谐相处的局面。习近平强调,要按照党的十八大提出的要求,在全体人民共同奋斗、经济社会发展的基础上,加紧建设对保障社会公平正义具有重大作用的制度,逐步建立以权利公平、机会公平、规则公平为主要内容的社会公平保障体系,努力营造公平的社会环境,保证人民平等参与、平等发展权利。

第六,紧紧围绕建设美丽中国深化生态文明体制改革,加快建立生态文明制度。习近平指出:"只有实行最严格的制度、最严密的法治,才能为生态文明建设提供可靠保障。最重要的是要完善经济社会发展考核评价体系,把资源消耗、

---

① 习近平:《在第十二届全国人民代表大会第一次会议上的讲话》,人民出版社 2013 年版,第 5 页。
② 习近平:《在首都各界纪念现行宪法公布施行 30 周年大会上的讲话》,《人民日报》2012 年 12 月 5 日。
③ 《习近平在中共中央政治局第十三次集体学习时强调:把培育和弘扬社会主义核心价值观作为凝魂聚气强基固本的基础工程》,《人民日报》2014 年 2 月 26 日。

环境损害、生态效益等体现生态文明建设状况的指标纳入经济社会发展评价体系,使之成为推进生态文明建设的重要导向和约束。要建立责任追究制度,对那些不顾生态环境盲目决策、造成严重后果的人,必须追究其责任,而且应该终身追究。"①

第七,紧紧围绕提高科学执政、民主执政、依法执政水平深化党的建设制度改革。围绕党的制度建设,习近平提出,要建立健全党内制度体系,坚持实行民主集中制这一党的根本组织制度和领导制度,扎实推进党的工作和党的建设制度化、规范化、程序化。要加强党内法规制度建设,按照于法周延、于事简便的原则提高制度制定质量,要立体式、全方位推进制度体系建设。要以法治思维和法治方法抓作风建设,实现作风建设制度化、规范化、常态化。"要继续全面加强惩治和预防腐败体系建设,加强反腐倡廉教育和廉政文化建设,健全权力运行制约和监督体系,加强反腐败国家立法,加强反腐倡廉党内法规制度建设,深化腐败问题多发领域和环节的改革,确保国家机关按照法定权限和程序行使权力。要加强对权力运行的制约和监督,把权力关进制度的笼子里,形成不敢腐的惩戒机制、不能腐的防范机制、不易腐的保障机制。"要"健全施政行为公开制度,保证领导干部做到位高不擅权、权重不谋私"。②

此外,习近平还就如何推进军队与国防制度化建设,如何推动国际秩序朝着更加公正合理的方向发展,为世界和平稳定提供制度保障等问题,提出了明确的要求,作出了具体的部署。

总之,党的十八大以来,习近平围绕着如何坚持和完善中国特色社会主义制度,如何推进国家治理体系和治理能力的现代化,发表了一系列重要讲话。这些讲话,涉猎范围之广,内容之丰富,要求之具体,思想之深刻,是前所未有的。这充分表明了以习近平为总书记的党中央对制度建设的高度重视,也展示了我们党治国理政的新思路。我们高兴地看到,党的十八大以来,在习近平关于制度建设的一系列重要论述指导下,我国明显加快了建章立制的步伐,涉及改革发展稳定、内政外交国防和治党治国治军方面的一系列法律法规相继颁布实施。我们相信,随着中国特色社会主义事业不断发展,随着我国制度建设的不断推进,我们的制度必将越来越成熟、越来越定型,我国社会主义制度的优越性必将进一步显现。

---

① 《习近平在中共中央政治局第六次集体学习时强调:坚持节约资源和保护环境基本国策 努力走向社会主义生态文明新时代》,《人民日报》2013 年 5 月 25 日。

② 《习近平在十八届中央纪委二次全会上发表重要讲话强调:更加科学有效地防治腐败 坚定不移把反腐倡廉建设引向深入》,《人民日报》2013 年 1 月 23 日。

"四个全面"：形成发展、科学内涵和战略意义

党的十八大以来,以习近平为总书记的党中央提出并形成了全面建成小康社会、全面深化改革、全面依法治国、全面从严治党的战略布局。这一战略布局的形成和提出,是我们党不断总结我国改革开放的历史经验,深入分析重要战略机遇期我国经济社会发展中的深层次问题,针对我国经济发展新常态形成的理论创新和制度创新。

一、"四个全面"战略布局的形成和发展

社会主义社会是全面发展、全面进步的社会,全面发展是中国特色社会主义的显著特征。改革开放以来,中国共产党在领导中国人民实现社会主义现代化过程中,不断深化对人类社会发展规律、社会主义建设规律和执政党建设规律的认识,逐步形成了全面发展的思想。"四个全面"是马克思主义关于社会全面发展的思想在现阶段的集中体现。

全面建成小康社会是战略目标,这一目标的确立经历了一个过程。1978 年党的十一届三中全会确立工作重点转移之后,1979 年邓小平会见当时的日本首相大平正芳时第一次提出了"小康社会"这一概念。此后,邓小平逐步形成了分三步走、基本实现现代化的战略构想,从"温饱"到"小康"再到"基本实现现代化",构成了中国现代化的宏伟蓝图。到 2000 年,我国通过改革开放基本实现了"三步走"战略的前两步,即基本建成小康社会。由于这种小康还是不全面的、低水平的,进入新世纪以后召开的中共十六大明确提出了"全面建设惠及十几亿人口的更高水平的小康社会"的目标。2005 年 10 月,胡锦涛先后到南京、镇江、常州等地考察工作。考察途中,胡锦涛希望江苏努力实现率先全面建成小康社会、率先基本实现现代化的目标。这一时期,胡锦涛多次提出,东南沿海地区要率先"全面建成小康社会"。2007 年召开的党的十七大在报告中明确把"全面建设小康社会"改为"全面建成小康社会"。这就是说,"全面建成小康社会"这一战略目标是在党的十六大之后提出的,明确写进了党的十七大报告并在党的十八大报告中得到了进一步阐释。

改革是新时期最鲜明的特征,全面深化改革是实现中国现代化的战略举措。关于"全面深化改革"也有一个形成发展过程。党的十八大以前,我们党反复强调过"全面改革"和"深化改革",比如 1987 年召开的十三大曾明确提出"必须坚

持全面改革",①并强调十三大的"中心任务是加快和深化改革"。② 十三大之后,我们党的每次代表大会都强调要"全面改革"和"深化改革",但很少提"全面深化改革"。党的十八大召开前夕,时任总书记胡锦涛在中南海召开党外人士座谈会,就中共十八大报告征求意见稿听取各民主党派中央、全国工商联领导人和无党派人士的意见和建议时强调:"希望同志们加深对国内外发展大势的认识,加深对中国特色社会主义的认识,加深对全面建成小康社会和全面深化改革开放目标的认识,加深对中国特色社会主义事业总体布局的认识,为全面建成小康社会作出新的更大的贡献。"③2012 年中共十八大提出了全面建成小康社会和全面深化改革开放的目标,至此,"一个全面"扩展为"两个全面"。2013 年党的十八届三中全会通过的《中共中央关于全面深化改革若干重大问题的决定》(以下简称《决定》)把党的十八大报告提出的"全面深化改革开放"简化为"全面深化改革"。

全面依法治国是实现战略目标的另一个重要战略举措。关于全面依法治国也有一个形成发展过程。十一届三中全会后,我们党就一再强调法制建设、制度建设的重要性。1997 年党十五大明确提出了"依法治国,是党领导人民治理国家的基本方略,是发展社会主义市场经济的客观需要,是社会文明进步的重要标志,是国家长治久安的重要保障"。④ 此后,我们党的历次会议都强调依法治国,并将其与党的领导、人民当家作主合并在一起,作为中国特色社会主义政治发展道路的特色。2012 年党的十八大第一次明确提出"全面推进依法治国"。根据十八大精神,2014 年党的十八届四中全会审议通过的《中共中央关于全面推进依法治国若干重大问题的决定》提出,全面建成小康社会、实现中华民族伟大复兴的中国梦,全面深化改革、完善和发展中国特色社会主义制度,提高党的执政能力和执政水平,必须全面推进依法治国。这样,就把"两个全面"进一步扩展为"三个全面"。

党的领导是中国特色社会主义最本质的特征。党的十一届三中全会以来,邓小平一再强调党要管党、从严治党。1987 年党的十三大报告特别强调要"从严治党,严肃执行党的纪律"。⑤ 1992 年党的十四大强调,要"坚持党要管党和从

---

① 《十三大以来重要文献选编》上,人民出版社 1991 年版,第 13 页。
② 《十三大以来重要文献选编》上,人民出版社 1991 年版,第 9 页。
③ 《中共中央召开党外人士座谈会　征求对中共十八大报告的意见》,《人民日报》2012 年 11 月 6 日。
④ 《十五大以来重要文献选编》上,人民出版社 2000 年版,第 31 页。
⑤ 《十二大以来重要文献选编》上,人民出版社 1991 年版,第 53 页。

严治党,加强和改进党的建设"。① 1994 年党的十四届四中全会明确提出"党的建设新的伟大工程"。1997 年,党的十五大强调"各级党委要坚持'党要管党'的原则,把从严治党的方针贯彻到党的建设的各项工作中去,坚决改变党内存在的纪律松弛和软弱涣散的现象",②这里实际上已经包括了"全面从严治党"的意思。进入新世纪,我们党先后提出过"全面推进党的建设"和"全面推进党的建设新的伟大工程"的战略举措。2014 年 10 月,在党的群众路线教育实践活动总结大会上,习近平对教育实践活动所取得的成效、获得的经验、形成的成果进行概括和总结,进一步提出全面推进全面从严治党的要求。至此,"全面从严治党"的战略布局已经形成。

在十八届四中全会闭幕后不久,2014 年 12 月 14 日,习近平在江苏考察调研时提出:"要全面贯彻党的十八大和十八届三中、四中全会精神,落实中央经济工作会议精神,主动把握和积极适应经济发展新常态,协调推进全面建成小康社会、全面深化改革、全面推进依法治国、全面从严治党,推动改革开放和社会主义现代化建设迈上新台阶。"③这是习近平第一次谈"四个全面"。

从上面的分析中我们可以得出如下结论:"四个全面"就像邓小平当年概括四项基本原则一样,其中的每一项都不是最新的,但将它们放在一起作为新时期的战略布局却是全新的。它有一个形成和发展过程,也反映了我们党对社会主义建设规律认识的深化,体现了中国特色社会主义建设总布局的完善。

二、"四个全面"战略布局的科学内涵及辩证关系

2015 年 2 月初,习近平总书记在省部级主要领导干部学习贯彻十八届四中全会精神全面推进依法治国专题研讨班开班式上,首次把这"四个全面"定位于党中央的战略布局。习近平指出:"党的十八大以来,党中央从坚持和发展中国特色社会主义全局出发,提出并形成了全面建成小康社会、全面深化改革、全面依法治国、全面从严治党的战略布局。这个战略布局,既有战略目标,也有战略举措,每一个'全面'都具有重大战略意义。全面建成小康社会是我们的战略目标,全面深化改革、全面依法治国、全面从严治党是三大战略举措。"④"四个全

---

① 《十四大以来重要文献选编》上,人民出版社 1996 年版,第 38~39 页。

② 《十五大以来重要文献选编》上,人民出版社 2000 年版,第 50 页。

③ 《习近平在江苏调研时强调:主动把握和积极适应经济发展新常态 推动改革开放和现代化建设迈上新台阶》,《人民日报》2014 年 12 月 15 日。

④ 《习近平在省部级主要领导干部学习贯彻十八届四中全会精神全面推进依法治国专题研讨班开班式上发表重要讲话强调:领导干部要做尊法学法守法用法的模范 带动全党全国共同全面推进依法治国》,《人民日报》2015 年 2 月 3 日。

面"中的每一个"全面"都有其独特的科学内涵。

全面建成小康社会是我们党在刚刚进入新世纪新阶段提出的一个管长远管全局的重大战略目标。其科学内涵有以下几个方面:一是建设目标涵养经济社会发展各个领域,即"使经济更加发展、民主更加健全、科教更加进步、文化更加繁荣、社会更加和谐、人民生活更加殷实"。① 这充分体现了为国家谋富强、为人民谋幸福的共产党人价值观;二是指建设成果惠及全体中国人民,十几亿人口,一个不能少。56 个民族,一个民族都不能缺。当前重点是解决农村和少数民族的全面小康问题。这充分体现了中国共产党坚持以人为本、为民造福、让全体中国人民共享改革发展成果的执政理念;三是建设布局全覆盖,即全面推进经济建设、政治建设、文化建设、社会建设、生态文明建设、党的建设、国防军队建设,促进现代化建设各个方面、各个环节相协调。这充分体现了我们党实现速度和结构质量效益相统一、经济发展与人口资源环境相协调的发展观;四是指实现人的全面发展,即要在社会生产力不断发展基础上,更加关注并努力满足中国十几亿人口特别是普通人的多方面发展需要,逐步实现人的全面发展。这充分体现了党的最高纲领和最低纲领在现阶段高度统一的理想追求。

全面深化改革是实现全面建成小康社会战略目标的直接动力和重要战略举措。党的十八届三中全会通过的《决定》,提出了到 2020 年全面深化改革的指导思想、总体目标和具体任务,描绘了全面深化改革的时间表、路线图。全面深化改革的独特内涵主要体现:一是指改革目标全方位,既有总目标,又有子目标。党的十八届三中全会提出了"完善和发展中国特色社会主义制度,推进国家治理体系和治理能力现代化"的全面深化改革的总目标,并在这个总目标统领下,明确了经济体制、政治体制、文化体制、社会体制、生态文明体制和党的建设制度深化改革的分目标。二是指改革领域全覆盖,习近平指出全面深化改革,全面者,就是要统筹推进各领域改革。十八届三中全会《决定》提出的全面深化改革,覆盖了经济、政治、文化、社会、生态文明五位一体,加上党的建设制度改革以及国防和军队改革,具体改革任务有 336 项之多。三是改革贯穿经济社会发展全过程。改革关系到中国特色社会主义的未来。改革只有进行时没有完成时。改革开放中的矛盾只能用改革开放的办法来解决,所以改革永远在路上。正如习近平所说"实践发展永无止境,解放思想永无止境,改革开放也永无止境,停顿和倒退没有出路,改革开放只有进行时、没有完成时"。②

全面依法治国是全面建成小康社会和全面深化改革的重要保障,是着眼于

---

① 《十六大以来重要文献选编》上,中央文献出版社 2005 年版,第 317 页。
② 《习近平谈治国理政》,外文出版社 2014 年版,第 71 页。

实现中华民族伟大复兴中国梦的长远战略举措。它"是关系我们党执政兴国、关系人民幸福安康、关系党和国家长治久安的重大战略问题,是完善和发展中国特色社会主义制度,推进国家治理体系和治理能力现代化的重要方面"。[①] 其独特内涵主要包括以下几个方面:一是全面的目标体系。党的十八届四中全会提出了全面依法治国的总目标,这就是建设中国特色社会主义法治体系,建设社会主义法治国家。这个目标体系之下又包括六个具体子体系,即完备的法律法规体系、高效的法治实施体系、严密的法治监督体系、有力的法治保障体系,形成完善的党内法规体系。二是全面的工作布局,即依法治国不能单方面突破,要坚持依法治国、依法执政、依法行政共同推进,坚持法治国家、法治政府、法治社会一体建设;三是推进依法法治过程之全面,要着力推进科学立法、严格执法、公正司法、全民守法。其中,科学立法是前提,严格执法是关键,公正司法是防线,全民守法是基础;四是法治领域改革内容之全面。党的十八届四中全会研究部署的法治领域改革共提出了 190 项重要举措,涉及改革发展稳定、内政外交国防、治党治国治军各领域。

全面从严治党是全面推进党的建设新的伟大工程的总体思路和战略部署,是实现全面建成小康社会战略目标的重要战略举措。全面从严治党本身也是一个系统工程,包含十分丰富的内容:一是治党内容是全面的,党执政面临的考验是全面的,风险是系统性的,因此党的建设要覆盖党的思想建设、组织建设、作风建设、反腐倡廉建设和制度建设各个领域;二是治党主体全覆盖,既包括党的各级领导干部,也包括 8 000 多万普通党员。每个党员既是治党的主体,又是治党的客体。全面从严治党,党员干部要带头,普通党员不能落后;三是治党过程全面。由于世情国情党情的变化是长期的,党执政面临的挑战和风险是长期、复杂、严峻的。因此,党的建设永远在路上,伴随着党治国理政的始终,党的建设没有休止符。四是"严"字贯穿治党全方位全过程,要建立严肃的党纪法规、严明的政治规矩、严密的组织体系、严格的党内政治生活。

"四个全面"内涵十分丰富,既有目标又有举措,既有全局又有重点。四者不是简单并列关系,而是有机联系、相互贯通的整体。四个"全面"加起来,相辅相成、相得益彰,如果把中国比作一列正在向着全面建成小康社会进发的列车,那么改革就是发动机,法治就是稳压器,党的领导就是火车头。在"四个全面"中,全面建成小康社会是我们党在新世纪新阶段一以贯之的战略目标,而全面深化改革、全面依法治国、全面从严治党则是实现这个战略目标的三大战略举措。

---

① 习近平:《关于〈中共中央关于全面推进依法治国若干重大问题的决定〉的说明》,《人民日报》2014 年 10 月 29 日。

习近平在十八届四中全会上强调,全面建成小康社会、全面深化改革、全面依法治国有其紧密的内在逻辑。全面建成小康社会、全面深化改革,都离不开全面依法治国,全面深化改革、全面依法治国如鸟之两翼、车之两轮,共同推动全面建成小康社会的事业滚滚向前。而全面从严治党体现了伟大事业与伟大工程的统一,体现了党的建设与治国理政的统一。只有全面从严治党,才能使我们党始终在全面建成小康社会、全面深化改革、全面依法治国中发挥好领导核心作用,以保证正确方向、形成强大合力。"统筹全面建成小康社会、全面深化改革、全面依法治国、全面从严治党,是前无古人的伟大事业,是艰巨繁重的系统工程,必须加强党中央的集中统一领导。"①

三、"四个全面"战略布局的重大战略意义

历史经验表明,治国理政需要有大视野、大思路、大战略,否则会出亡党亡国的大问题。对当代中国来说,尤其如此。新中国成立以来,尤其是改革开放以来,中国共产党一直围绕着社会全面发展和人的全面发展治国理政,并为此制定了一系列方针政策。正如邓小平在南方谈话中所说:"改革开放以来,我们立的章程并不少,而且是全方位的。经济、政治、科技、教育、文化、军事、外交等各个方面都有明确的方针和政策。"②正是由这些"明确的方针和政策"构成的大视野、大思路和大战略,使中国共产党的治国理政思路越来越清晰,使中国经济社会发展取得了举世瞩目的伟大成绩。

党的十八大以来,习近平在继续推进改革开放和社会主义现代化建设过程中,围绕如何治国理政提出了一系列新思想新论断新观点,仅就如何促进社会全面发展和人的全面发展来说,除了本文所强调的"四个全面"外,还提出过"全面推进党的建设新的伟大工程""全面提高党的建设科学化水平"、军队要"全面加强革命化现代化正规化建设""全面提升开放型经济水平"等。那么,为何要特别强调"四个全面"?原因有如下几个方面:一是中国是一个具有十多亿人口、56个民族的大国,当"温饱"问题基本解决后国家治理的难度更大,如何治理这样的国家没有成功的模式和可借鉴的经验,是一个十分复杂的大问题;二是中国是一个处于发展中的社会主义国家,如何治理社会主义国家,实现国家治理的现代化,老祖宗没有提供现成的答案,实践也没能提供成功的经验,尤其是当社会主义市场经济体制建立之后,原有的计划经济体制下的国家治理方式已经不适

---

① 《中共中央政治局常务委员会召开会议:听取全国人大常委会、国务院、全国政协、最高人民法院、最高人民检察院党组工作汇报》,《人民日报》2015年1月17日。
② 《邓小平文选》第3卷,人民出版社1993年版,第371页。

应时代发展的要求,需要有新思路新举措;三是中国共产党是拥有八千多万党员的执政党,世情国情党情的新变化,使党自身面临许多前所未有的新情况新问题新挑战,如何管理好这样一个大党,如何始终保持党的先进性和纯洁性从而巩固党的执政地位,同样需要新思路新举措;四是当代中国正处于非常重要的历史节点上,处于实现现代化的关键时期,能否全面建成小康社会,关系到"两个百年"梦想的实现,关系到中华民族的伟大复兴,需要治国理政的大智慧。正是从这个意义上,习近平强调,四个全面"是从我国发展现实需要中得出来的,从人民群众的热切期待中得出来的,也是为推动解决我们面临的突出矛盾和问题提出来的"。①"四个全面"战略布局是我们党治国理政方略与时俱进的新创造,它更加清晰和集中地展现出习近平对于治国理政的谋划、思路、理念和蓝图,也为推动改革开放和社会主义现代化建设迈上新台阶、开创新局面提供了顶层设计和战略导引。

第一,从当代中国发展的现实需要来看,"四个全面"是以习近平为总书记的党中央从坚持和发展中国特色社会主义全局出发,从解决当前党和国家事业发展要解决的主要矛盾提出并形成的治国理政的战略布局。"四个全面",立足治国理政战略全局,抓住改革发展稳定关键,确立了新形势下党和国家各项工作的战略方向、重点领域、主攻目标,是坚持和发展中国特色社会主义道路、理论、制度的战略抓手,是治国理政的"总纲"。正如习近平所说:"我们提出要协调推进全面建成小康社会、全面深化改革、全面依法治国、全面从严治党,是当前党和国家事业发展中必须解决好的主要矛盾。我们既要注重总体谋划,又要注重牵住'牛鼻子'。在任何工作中,我们既要讲两点论,又要讲重点论,没有主次,不加区别,眉毛胡子一把抓,是做不好工作的。"②"四个全面"战略布局,既有目标又有举措,既有全局又有重点,统一于建立富强民主文明和谐现代化国家的中国梦,统一于建设中国特色社会主义"五位一体"总布局的伟大事业,统一于党的建设新的伟大工程,统一于我们正在进行的具有许多新的历史特点的伟大斗争。

第二,从马克思主义中国化的历程来看,"四个全面"是马克思主义与中国实际相结合的新发展,是我们党治国理政方略与时俱进的新创造。"四个全面"中每一个"全面"都具有重大战略意义,都是一整套结合实际、继往开来、勇于创新、独具特色的系统思想,其中全面建成小康社会是目标系统,全面深化改革是动力系统,全面依法治国是保障系统,全面从严治党是控制系统,闪耀着辩证唯

---

① 《习近平同党外人士共迎新春》,《人民日报》2015 年 2 月 13 日。
② 《习近平在中共中央政治局第二十次集体学习时强调:坚持运用辩证唯物主义世界观方法论　提高解决我国改革发展基本问题本领》,《人民日报》2015 年 1 月 25 日。

物主义和历史唯物主义的理论光辉,体现着马克思主义的战略思维和辩证思维。"四个全面",体现在认识论上,就是坚持系统思维,强调不能以偏概全、不能片面理解。比如,全面深化改革的总目标,"完善和发展中国特色社会主义制度"与"推进国家治理体系和治理能力现代化"是一个有机整体,不能断章取义。比如,完善社会主义市场经济体制,既要讲"市场的决定性作用",也要讲"更好发挥政府作用",不能厚此薄彼;完善收入分配制度,既要讲如何分好"蛋糕",也要讲如何做大"蛋糕",不能顾此失彼。

第三,从人类发展规律来看,"四个全面"带有普遍性的价值。发展是当今时代的主题和世界各国的共同追求,当今世界正处于大发展大变革大调整时期,发展是增进人民福祉、促进社会进步的根本途径,是世界不同类型国家最大的战略目标;改革是解放和发展生产力的必由之路,是人类文明进步的动力,是当今时代的潮流和主要特征;法治是人类文明的重要成果之一,是治国理政的基本方式,是国家治理体系和治理能力现代化的重要保障,法治的精髓和要旨对于各国国家治理和社会治理具有普遍意义;从严治党是执政党加强自身建设的必然要求。"四个全面"战略布局的提出,立足中国又面向世界,兼顾了中国特色和世界潮流,体现了中国与世界的深刻互动,进一步深化了对共产党执政规律、社会主义建设规律、人类社会发展规律的认识,是中华民族阔步走向未来的重要抉择。因此,"四个全面"战略布局不是只管眼前不管长远的,而是着眼于中国未来发展的;"四个全面"战略布局的意义也不仅限于中国,它对中国产生的影响也将波及整个世界。

总之,"四个全面"战略布局是党的十八大以来党中央从坚持和发展中国特色社会主义全局出发提出来的战略布局,它"确立了新形势下党和国家各项工作的战略目标和战略举措,为实现'两个一百年'奋斗目标、实现中华民族伟大复兴的中国梦提供了理论指导和实践指南"。① 当前,我们面临的主要任务是认真学习、深刻领会"四个全面"的科学内涵和精神实质,用"四个全面"战略布局统一思想,引领各项工作,统领经济社会发展。

---

① 习近平:《在庆祝"五一"国际劳动节暨表彰全国劳动模范和先进工作者大会上的讲话》,《人民日报》2015 年 4 月 29 日。

续写中国特色社会主义新篇章的指导思想

改革开放 30 多年来,党的理论创新和实践创新始终围绕着一个主题:建设和发展中国特色社会主义。2012 年召开的党的十八大始终贯穿着一条主线,这就是中国特色社会主义。十八大以来,习近平总书记在坚持发展中国特色社会主义,实现中华民族伟大复兴的中国梦,坚持以人为本、人民至上,坚定理想信念,贯彻落实科学发展观,全面深化改革,全面依法治国,执行党的群众路线,加强和改进党的领导,加强党风廉政建设、加强意识形态建设,加强舆论引导,尊重历史文化,培育青年、鼓励实干兴邦,促进世界和平发展等方面发表了一系列重要讲话,提出了一系列新思想、新论断、新观点,进一步丰富和发展了中国特色社会主义理论。

一、坚持中国特色社会主义道路、理论、制度和文化自信

中国特色社会主义是由道路、理论体系、制度三位一体构成的,其中,道路是实现途径,理论体系是行动指南,制度是根本保障,三者统一于中国特色社会主义伟大实践。这是中国特色社会主义的最鲜明特色。2016 年 7 月 1 日,习近平在庆祝中国共产党成立 95 周年大会上讲话指出:"坚持不忘初心、继续前进,就要坚持中国特色社会主义道路自信、理论自信、制度自信、文化自信,坚持党的基本路线不动摇,不断把中国特色社会主义伟大事业推向前进。"习近平还用三个"我们要坚信"突出了道路、理论和制度自信的重要性。他强调:"我们要坚信,中国特色社会主义道路是实现社会主义现代化的必由之路,是创造人民美好生活的必由之路。我们要坚信,中国特色社会主义理论体系是指导党和人民沿着中国特色社会主义道路实现中华民族伟大复兴的正确理论,是立于时代前沿、与时俱进的科学理论。我们要坚信,中国特色社会主义制度是当代中国发展进步的根本制度保障,是具有鲜明中国特色、明显制度优势、强大自我完善能力的先进制度。"①

1. 坚定不移地走中国特色社会主义道路

自 1982 年邓小平在党的十二大开幕词中提出"走自己的道路,建设有中国

---

① 习近平:《在庆祝中国共产党成立 95 周年大会上的讲话》,《人民日报》2016 年 7 月 2 日。

特色的社会主义"①这一命题以来,经过 20 多年的努力探索,中国共产党带领全党全国各族人民终于开辟了一条中国道路,这就是中国特色社会主义道路。十七大、十八大对中国特色社会主义道路的科学内涵作了明确界定:"中国特色社会主义道路,就是在中国共产党领导下,立足基本国情,以经济建设为中心,坚持四项基本原则,坚持改革开放,解放和发展社会生产力,建设社会主义市场经济、社会主义民主政治、社会主义先进文化、社会主义和谐社会、社会主义生态文明,促进人的全面发展,逐步实现全体人民共同富裕,建设富强民主文明和谐的社会主义现代化国家。"②党的十八大以来,习近平围绕如何坚定不移地走中国特色社会主义道路发表了一系列重要讲话,强调了坚持和发展中国道路的重要意义并提出了总体要求。

为何要继续走中国道路? 习近平强调:实现中国梦,既不走封闭僵化的老路,也不走改旗易帜的邪路,必须坚持走中国特色社会主义道路。因为"这条道路来之不易,它是在改革开放 30 多年的伟大实践中走出来的,是在中华人民共和国成立 60 多年的持续探索中走出来的,是在对近代以来 170 多年中华民族发展历程的深刻总结中走出来的,是在对中华民族 5 000 多年悠久文明的传承中走出来的,具有深厚的历史渊源和广泛的现实基础。"③中国特色社会主义道路是实现我国社会主义现代化的必由之路,是创造人民美好生活的必由之路,是中华民族为人类作出新的更大贡献的必由之路。"中国近代以来的历史充分证明:方向决定道路,道路决定命运。中国特色社会主义道路是 1840 年以来特别是甲午战争以来,中国人民对其他救国途径的尝试全部碰壁之后作出的历史性选择,是中国共产党和人民历尽千辛万苦、付出巨大代价取得的根本成就。坚持中国特色社会主义道路,关乎国家前途、民族命运、人民福祉。"④历史已经并将继续证明,中国道路是一条符合中国国情、富民强国的正确道路,是适合时代发展要求的正确道路。

中国道路有何特点? 习近平指出:"中国特色社会主义道路,既坚持以经济建设为中心,又全面推进经济建设、政治建设、文化建设、社会建设、生态文明建设以及其他各方面建设;既坚持四项基本原则,又坚持改革开放;既不断解放和发展社会生产力,又逐步实现全体人民共同富裕、促进人的全

①　《十二大以来重要文献选编》上,人民出版社 1986 年版,第 3 页。

②　胡锦涛:《坚定不移沿着中国特色社会主义道路前进 为全面建成小康社会而奋斗——在中国共产党第十八次全国代表大会上的报告》,人民出版社 2012 年版,第 12 页。

③　习近平:《在第十二届全国人民代表大会第一次会议上的讲话》,《人民日报》2013 年 3 月 18 日。

④　习近平:《在纪念中国人民抗日战争暨世界反法西斯战争胜利 69 周年座谈会上的讲话》,《人民日报》2014 年 9 月 4 日。

面发展。"①从习近平一系列论述来看,中国特色社会主义道路既与资本主义发展道路相异,也与其他国家社会主义的发展道路有所不同;既体现了社会主义的共性,又体现了区别于其他社会主义国家的"中国特色";这条道路是以经济建设为中心、坚持四项基本原则、坚持改革开放的发展道路,它在发展的战略重点、发展的制度保障、发展的动力方面具有创新性。这条道路是以解放和发展生产力为根本任务,以建设社会主义市场经济、民主政治、先进文化、和谐社会和生态文明为总体布局的发展道路,在发展内容上具有全面性。这条道路是以促进人的全面发展,逐步实现全体人民共同富裕,建设富强民主文明和谐的社会主义国家为发展目标的发展道路,体现了社会主义的本质要求。

如何继续走中国道路? 习近平强调:一是始终坚持科学社会主义的基本原则,因为"中国特色社会主义,是科学社会主义理论逻辑和中国社会发展历史逻辑的辩证统一,是根植于中国大地、反映中国人民意愿、适应中国和时代发展进步要求的科学社会主义"。② 二是要坚持中国特色社会主义道路自信,增强全国各族人民对中国道路的认同;三是要根据形势任务发展变化,通过全面深化改革,不断拓展中国特色社会主义道路,使中国特色社会主义道路越走越宽广;四是要虚心学习借鉴人类社会创造的一切文明成果,但不能数典忘祖,不能照抄照搬别国的发展模式,也绝不会接受任何外国颐指气使的说教。

2. 不断推进中国特色社会主义理论的与时俱进

党的十七大、十八大报告明确指出:"中国特色社会主义理论体系,就是包括邓小平理论、'三个代表'重要思想、科学发展观在内的科学理论体系,是对马克思列宁主义、毛泽东思想的坚持和发展。"③十八大以来,习近平总书记围绕如何坚持和发展中国特色社会主义理论体系作了一系列重要论述,这些重要论述深刻阐明了中国特色社会主义理论体系对于坚持和发展中国特色社会主义的重大意义。

中国特色社会主义理论体系形成于民族伟大复兴的征程中。这一理论体系成功解决了中华民族伟大复兴和中国社会主义现代化的四大基本问题。在什么是马克思主义、如何对待马克思主义这一基本问题上,创造性地实现了马克思主义与中国实际的"第二次结合";在坚持和发展马克思主义方面,提出了一系列新思想新观点,开辟了马克思主义在中国发展的新境界;在什么是社会主义、怎

---

① 习近平:《紧紧围绕坚持和发展中国特色社会主义 学习宣传贯彻党的十八大精神》,《人民日报》2012年11月19日。

② 《习近平谈治国理政》,外文出版社2014年版,第21页。

③ 胡锦涛:《坚定不移沿着中国特色社会主义道路前进 为全面建成小康社会而奋斗——在中国共产党第十八次全国代表大会上的报告》,人民出版社2012年版,第12页。

样建设社会主义这一基本问题上,创造性地回答了在中国这样一个经济文化比较落后的国家,如何建设、巩固和发展社会主义的问题,把我们党对社会主义的认识提高到了新的水平;在建设什么样的党、怎样建设党这一基本问题上,创造性地回答了在党的历史方位发生深刻变化的情况下,如何坚持立党之本、巩固执政之基、壮大力量之源的问题,围绕执政党自身建设提出了一系列新思想新观点,丰富和发展了马克思主义建党学说;在实现什么样的发展、怎样发展这一基本问题上,创造性地回答了什么是发展、为什么发展、怎样发展,发展为了谁、发展依靠谁、发展成果由谁享有的问题,在丰富发展内涵、创新发展观念、开拓发展思路、破解发展难题、实现科学发展方面提出了一系列新的思想观点,使我们党对发展问题的认识达到了前所未有的高度。

在这一理论体系的形成和发展过程中,人们逐步形成如下共识:这一理论始终坚持以马克思主义为指导,用实践的观念、辩证的观点和群众的观点观察分析问题,因而具有科学性;这一理论体系包含了经济、政治、文化、社会、生态、军队国防建设、祖国统一、对外关系、党的建设等各方面的内容,各个内容之间紧密联系,因而具有系统性;这一理论体系产生于党和人民事业发展的实践中,并随着实践的发展充实新的内容而不断完善,因而具有实践性;这一理论体系立足于社会主义初级阶段的中国实际,深深扎根于中国大地,具有鲜明的民族特色;这一理论体系提出了一系列新思想、新观点、新概括,体现了我们党非凡的创造能力和强大的活力,因而具有创新性;这一理论体系是在不断吸收借鉴人类社会所创造的一切文明成果的基础上形成的,是随着实践的发展而发展的,因而具有开放性特征。

实践证明,中国特色社会主义理论体系坚持和发展了马克思列宁主义、毛泽东思想,凝结了几代中国共产党人带领人民不懈探索实践的智慧和心血,是马克思主义中国化的最新成果,是党最可宝贵的政治和精神财富,是全国各族人民团结奋斗的共同思想基础,是指导党和人民沿着中国特色社会主义道路实现中华民族伟大复兴的正确理论。

面向未来,如何继续推进中国特色社会主义理论创新呢?习近平强调,一方面,要深入学习和掌握马克思列宁主义、毛泽东思想,深入学习和掌握中国特色社会主义理论体系,加深对中国特色社会主义的思想认同、理论认同、情感认同,坚定中国特色社会主义理论自信;另一方面,"一定要以我国改革开放和现代化建设的实际问题、以我们正在做的事情为中心,着眼于马克思主义理论的运用,着眼于对实际问题的理论思考,着眼于新的实践和新的发展"。① 要不断推进实

---

① 《习近平谈治国理政》,外文出版社 2014 年版,第 9 页。

践基础上的理论创新,及时总结党领导人民创造的新鲜经验,不断开辟马克思主义中国化新境界,让当代中国马克思主义放射出更加灿烂的真理光芒。"要根据时代变化和实践发展,不断深化认识,不断总结经验,不断实现理论创新和实践创新良性互动,在这种统一和互动中发展 21 世纪中国的马克思主义。"①

3. 坚持和完善中国特色社会主义制度

制度带有根本性、全局性、稳定性和长期性,因而制度问题同样关系党和国家的前途命运。党的十八大明确指出:"中国特色社会主义制度,就是人民代表大会制度的根本政治制度,中国共产党领导的多党合作和政治协商制度、民族区域自治制度以及基层群众自治制度等基本政治制度,中国特色社会主义法律体系,公有制为主体、多种所有制经济共同发展的基本经济制度,以及建立在这些制度基础上的经济体制、政治体制、文化体制、社会体制等各项具体制度。"②这一概括表明:中国特色社会主义制度是一整套相互衔接、相互联系的制度体系,由根本层面的制度、基本层面的制度、具体层面的制度以及中国特色社会主义法律体系组成。

中国特色社会主义制度是我们党在长期革命、建设和改革的进程中,以马克思主义为指导,立足于中国具体国情,在对共产党执政规律、社会主义建设规律、人类社会发展规律深刻把握的基础上形成和发展起来的,是几代中国共产党人不懈探索的伟大成果。习近平强调:"中国特色社会主义制度,坚持把根本政治制度、基本政治制度同基本经济制度以及各方面体制机制等具体制度有机结合起来,坚持把国家层面民主制度同基层民主制度有机结合起来,坚持把党的领导、人民当家作主、依法治国有机结合起来,符合我国国情,集中体现了中国特色社会主义的特点和优势,是中国发展进步的根本制度保障。"③实践证明,中国特色社会主义制度体现了科学社会主义原则,符合中国社会主义初级阶段的基本国情,顺应了和平、发展、合作的时代潮流,体现了经济全球化、世界多极化的发展趋势,具有巨大的优越性和强大的生命力。

习近平阐明了中国特色社会主义制度的鲜明特色和优势,同时指出这一制度还不是尽善尽美、成熟定型的。中国特色社会主义事业不断发展,中国特色社会主义制度也需要不断完善。党的十八届三中全会明确指出:"全面深化改革

---

① 《习近平在中共中央政治局第二十次集体学习时强调:坚持运用辩证唯物主义世界观方法论 提高解决我国改革发展基本问题本领》,《人民日报》2015 年 1 月 25 日。

② 胡锦涛:《坚定不移沿着中国特色社会主义道路前进 为全面建成小康社会而奋斗——在中国共产党第十八次全国代表大会上的报告》,人民出版社 2012 年版,第 12~13 页。

③ 习近平:《紧紧围绕坚持和发展中国特色社会主义 学习宣传贯彻党的十八大精神》,《人民日报》2012 年 11 月 19 日。

的总目标是完善和发展中国特色社会主义制度,推进国家治理体系和治理能力现代化。"与此同时,十八届三中全会还明确"到二〇二〇年,在重要领域和关键环节改革上取得决定性成果,……形成系统完备、科学规范、运行有效的制度体系,使各方面制度更加成熟更加定型。"十八届三中全会还对如何更好地完成这一任务作了详细安排,强调:"坚持和完善基本经济制度,加快完善现代市场体系,加快转变政府职能,深化财税体制改革,健全城乡发展一体化体制机制,构建开放型经济新体制,加强社会主义民主政治制度建设,推进法治中国建设,强化权力运行制约和监督体系,推进文化体制机制创新,推进社会事业改革创新,创新社会治理体制,加快生态文明制度建设,深化国防和军队改革,加强和改善党对全面深化改革的领导。"①2014 年 10 月,中共中央召开的十八届四中全会又通过了《中共中央关于全面推进依法治国若干重大问题的决定》,明确了法治中国建设的目标和任务。

"十三五"时期是全面建成小康社会的决胜阶段,也是建立更加成熟更加定型的制度的决定性阶段。能不能坚持我们的制度优势,并通过制度创新使我们各方面的制度更加成熟更加定型,是摆在我们党面前的一项重要任务。2015 年10 月召开的十八届五中全会通过的《中共中央关于制定国民经济和社会发展第十三个五年规划的建议》(以下简称《建议》)又特别强调了制度创新的重要性,并对坚持和完善中国特色社会主义制度,实现国家治理体系和治理能力的现代化作了全面细致的部署。《建议》全面贯彻党的十八大精神,围绕制度建设的总目标,以发展为主题,以创新、协调、绿色、开放、共享的发展理念为指导,围绕全面建成小康社会进程中创新发展、协调发展、绿色发展、开放发展、共享发展,明确了"十三五"期间制度建设的总目标和根本任务。这就是:"各方面制度更加成熟更加定型。国家治理体系和治理能力现代化取得重大进展,各领域基础性制度体系基本形成。人民民主更加健全,法治政府基本建成,司法公信力明显提高。人权得到切实保障,产权得到有效保护。开放型经济新体制基本形成。中国特色现代军事体系更加完善。党的建设制度化水平显著提高。"②这些目标和任务,涵盖了经济建设、政治建设、文化建设、社会建设、生态文明建设、对外开放、国防建设和党的建设等各个领域,充分反映了全面建成小康社会对制度建设的根本要求,体现了以习近平为总书记的党中央治国理念的新思路,为建立更加成熟更加定型的制度指明了方向。

① 《中共中央关于全面深化改革若干重大问题的决定》,《人民日报》2013 年 11 月 16 日。
② 《中共中央关于制定国民经济和社会发展第十三个五年规划的建议》,《人民日报》2015 年 11 月4 日。

4. 坚定中国特色社会主义文化自信

党的十一届三中全会以来,我们党十分重视文化建设。从最初提出物质文明、精神文明"两手抓、两手都要硬",到党的十三大把我国社会主义初级阶段的奋斗目标确定为"富强、民主、文明",再到党的十五大提出建设中国特色社会主义文化纲领,再到新世纪我们党提出繁荣和发展中国特色社会主义文化。文化建设一直是我们党确立建设中国特色社会主义总布局中的一个重要组成部分。

党的十八大以来,习近平高度重视文化发展和文化自信问题。2014 年 2 月在中共中央政治局第十三次集体学习时他曾强调,要把培育和弘扬社会主义核心价值观作为凝魂聚气强基固本的基础工程,增强文化自信和价值观自信。2014 年 3 月"两会"期间,他在同人大代表、政协委员共商国是时强调,体现一个国家综合实力最核心的、最高层的,还是文化软实力,这事关一个民族精气神的凝聚。2016 年 5 月,在哲学社会科学工作座谈会上的讲话中指出:"我们说要坚定中国特色社会主义道路自信、理论自信、制度自信,说到底是要坚定文化自信。文化自信是更基本、更深沉、更持久的力量。"①在"七一"讲话中,习近平再次强调了文化自信问题。

为什么要坚定文化自信? 十八大以来,习近平强调了如下几点:第一,"文化自信,是更基础、更广泛、更深厚的自信。在 5 000 多年文明发展中孕育的中华优秀传统文化,在党和人民伟大斗争中孕育的革命文化和社会主义先进文化,积淀着中华民族最深层的精神追求,代表着中华民族独特的精神标识"。② 第二,文化软实力是综合国力的重要组成部分,只有坚持文化自信,繁荣发展中国特色社会主义文化,才能巩固马克思主义在意识形态的指导地位。第三,坚持文化自信,提高文化软实力,关系"两个一百年"奋斗目标和中华民族伟大复兴中国梦的实现。

如何实现文化自信? 十八大以来,习近平强调了以下几个方面:第一,要大力弘扬中华优秀传统文化,讲清楚中华优秀传统文化的历史渊源、发展脉络、基本走向,讲清楚中华文化的独特创造、价值理念、鲜明特色,重点做好创造性转化和创新性发展。第二,要弘扬社会主义先进文化,深化文化体制改革,推动社会主义文化大发展大繁荣,增强全民族文化创造活力,推动文化事业全面繁荣、文化产业快速发展,不断丰富人民精神世界、增强人民精神力量,不断增强文化整体实力和竞争力,建设社会主义文化强国。第三,要积极培育和践行社会主义核心价值观。"我们要弘扬社会主义核心价值观,弘扬以爱国主义为核心的民族

---

① 习近平:《在哲学社会科学工作座谈会上的讲话》,《人民日报》2016 年 5 月 19 日。
② 习近平:《在庆祝中国共产党成立 95 周年大会上的讲话》,《人民日报》2016 年 7 月 2 日。

精神和以改革创新为核心的时代精神,不断增强全党全国各族人民的精神力量。"①第四,要努力提高国际话语权。要加强国际传播能力建设,精心构建对外话语体系,发挥好新兴媒体作用,增强对外话语的创造力、感召力、公信力,讲好中国故事,传播好中国声音,阐释好中国特色。

二、树立科学发展新理念

发展是当今时代的主题,是中国共产党执政兴国的第一要务。聚精会神搞建设、一心一意谋发展,着力把握发展规律、创新发展理念、破解发展难题,是党的十八大提出的重要任务。党的十八届五中全会围绕"创新发展理念",明确提出了"创新、协调、绿色、开放、共享"的五大发展理念。这五大发展理念作为一个整体,反映了我们党对社会主义建设规律的新认识,是全面建成小康社会的理论指南和实践指南。

1. 坚持创新发展,着力提高发展质量和效益

创新是一个民族进步的灵魂,是一个国家兴旺发达的不竭动力,也是一个政党永葆生机的源泉。创新要着力解决的是发展动力问题。当前,从国际形势看,国际经济竞争和综合国力竞争本质上是创新能力的竞争。在激烈的国际竞争中,惟创新者进,惟创新者强,惟创新者胜。从国内经济社会发展看,经过几十年的持续快速发展,我国经济总量跃居世界第二,人均 GDP 接近 8 000 美元。但同时,产业层次低、发展不平衡和资源环境刚性约束增强等矛盾愈加凸显,处于跨越"中等收入陷阱"的紧要关头。当前我国经济发展进入新常态,基本特点是速度变化、结构优化和动力转换,其中动力转换最为关键,决定着速度变化和结构优化的进程和质量。未来五年是全面建成小康社会决胜阶段,能否成功转变发展方式,能否成功推进产业升级,能否成功跨越"中等收入陷阱",关键是看能否依靠创新打造发展新引擎,创造一个新的更长的增长周期。

党的十八大以来,围绕着如何实现创新发展,习近平发表了一系列重要讲话。2014 年 11 月,他在二十国集团领导人第九次峰会第一阶段会议上讲话指出,应对国际金融危机期间,我们必须创新发展理念、政策、方式,更加重视增长质量和效益。2015 年 10 月,在党的十八届五中全会第二次全体会议上,习近平强调:"创新发展注重的是解决发展动力问题。我国创新能力不强,科技发展水平总体不高,科技对经济社会发展的支撑能力不足,科技对经济增长的贡献率远低于发达国家水平,这是我国这个经济大个头的'阿喀琉斯之踵'。新一轮科技革命带来的是更加激烈的科技竞争,如果科技创新搞不上去,发展动力就不可能

---

① 习近平:《在庆祝中国共产党成立 95 周年大会上的讲话》,《人民日报》2016 年 7 月 2 日。

实现转换,我们在全球经济竞争中就会处于下风。为此,我们必须把创新作为引领发展的第一动力,把人才作为支撑发展的第一资源,把创新摆在国家发展全局的核心位置,不断推进理论创新、制度创新、科技创新、文化创新等各方面创新,让创新贯穿党和国家一切工作,让创新在全社会蔚然成风。"①五中全会还描绘了未来5年实施创新发展的路线图,即培育发展新动力,拓展发展新空间,深入实施创新驱动发展新战略,大力推进农业现代化,构建产业新体系,构建发展新体制,创新和完善宏观调控方式。

2. 坚持协调发展,着力形成平衡发展结构

协调发展是科学发展的重要举措,着重要解决的是发展不平衡问题。社会主义社会是全面发展的社会,也是协调均衡发展的社会。改革开放以来,在促进社会全面发展这一战略思想引领下,中国的协调发展取得显著成绩,但经济社会发展中存在的不平衡、不协调、不可持续问题依然十分严重,缩小城乡、区域发展差距和促进经济社会协调发展任务仍然十分艰巨。只有协调发展,才能从根本上解决我国长期累积的结构性矛盾,从根本上化解经济下行压力,化解各种经济社会风险。正因为如此,十八大以来,习近平特别强调城乡、区域、经济社会协调发展和协同发展。2015年9月,在联合国发展峰会上,他明确指出:"我们要追求全面的发展,让发展基础更加坚实。……要努力实现经济、社会、环境协调发展,实现人与社会、人与自然和谐相处。"②2015年10月,他在党的十八届五中全会第二次全体会议上指出:"协调发展注重的是解决发展不平衡问题。我国发展不协调是一个长期存在的问题,突出表现在区域、城乡、经济和社会、物质文明和精神文明、经济建设和国防建设等关系上。在经济发展水平落后的情况下,一段时间的主要任务是要跑得快,但跑过一定路程后,就要注意调整关系,注重发展的整体效能,否则'木桶'效应就会愈加显现,一系列社会矛盾会不断加深。为此,我们必须牢牢把握中国特色社会主义事业总体布局,正确处理发展中的重大关系,不断增强发展整体性。"③2016年1月,习近平在省部级主要领导干部学习贯彻十八届五中全会精神专题研讨班开班式上发表重要讲话强调:"下好'十三五'时期发展的全国一盘棋,协调发展是制胜要诀。协调既是发展手段又是发展目标,同时还是评价发展的标准和尺度,是发展两点论和重点论的统一,是发展平衡和不平衡的统一,是发展短板和潜力的统一。我们要学会运用辩证法,善于'弹钢琴',处理好局部和全局、当前和长远、重点和非重点的关系,着力推

---

① 习近平:《在党的十八届五中全会第二次全体会议上的讲话(节选)》,《求是》2016年第1期。

② 习近平:《谋共同永续发展 做合作共赢伙伴——在联合国发展峰会上的讲话》,《人民日报》2015年9月27日。

③ 习近平:《在党的十八届五中全会第二次全体会议上的讲话(节选)》,《求是》2016年第1期。

动区域协调发展、城乡协调发展、物质文明和精神文明协调发展,推动经济建设和国防建设融合发展。"①

在当前,协调发展表现在发展的内容上,就是要努力实现经济、社会、环境协调发展。具体而言,就是要协调好经济、政治、文化、社会、生态各个领域的共同发展,促进物质文明、精神文明、政治文明、生态文明和社会文明的协调发展,促进经济建设与军队国防建设的深度融合;在发展空间上,就是要注重发展的整体性、完善区域政策,促进各地区协调发展、协同发展、共同发展。具体而言,就是要协调好东部与西部、城市与乡村、发达地区与欠发达地区的发展,同时,还要协调好国内与国外的发展,在世界范围内形成各经济体良性互动、协调发展的格局;在发展的时间维度上,就是要协调好现在和未来的发展,坚持走生产发展、生活富裕、生态良好的文明发展道路,实现速度和结构质量效益相统一、经济发展与人口资源环境相协调,实现经济社会永续发展。

3. 坚持绿色发展,着力改善生态环境

人类可以利用自然、改造自然,但归根结底是自然的一部分,必须呵护自然,不能凌驾于自然之上。走向生态文明新时代,建设美丽中国,是实现中华民族伟大复兴的中国梦的重要内容。进入新世纪以来,党中央高度关注生态文明建设,"十二五"规划就明确提出了绿色发展、循环发展、低碳发展理念。十八大以来,习近平高度关注绿色发展问题。2013 年 7 月,在"生态文明贵阳国际论坛 2013年年会"召开之际,习近平致贺信说:"中国将按照尊重自然、顺应自然、保护自然的理念,贯彻节约资源和保护环境的基本国策,更加自觉地推动绿色发展、循环发展、低碳发展,把生态文明建设融入经济建设、政治建设、文化建设、社会建设各方面和全过程,形成节约资源、保护环境的空间格局、产业结构、生产方式、生活方式,为子孙后代留下天蓝、地绿、水清的生产生活环境。"②

在党的十八届五中全会第二次全体会议上,习近平指出:"绿色发展注重的是解决人与自然和谐问题。绿色循环低碳发展,是当今时代科技革命和产业变革的方向,是最有前途的发展领域,我国在这方面的潜力相当大,可以形成很多新的经济增长点。我国资源约束趋紧、环境污染严重、生态系统退化的问题十分严峻,人民群众对清新空气、干净饮水、安全食品、优美环境的要求越来越强烈。为此,我们必须坚持节约资源和保护环境的基本国策,坚定走生产发展、生活富裕、生态良好的文明发展道路,加快建设资源节约型、环境友好型社会,推进美丽

---

① 《习近平在省部级主要领导干部学习贯彻十八届五中全会精神专题研讨班开班式上发表重要讲话强调:聚焦发力贯彻五中全会精神 确保如期全面建成小康社会》,《人民日报》2016 年 1 月 19 日。

② 《习近平向生态文明贵阳国际论坛 2013 年年会致贺信强调:携手共建生态良好的地球美好家园》,《人民日报》2013 年 7 月 21 日。

中国建设,为全球生态安全作出新贡献。"[1]

绿色发展决定发展的方向,是加快推进生态文明建设的进一步深化,也是未来发展的新路径。根据十八届五中全会精神和习近平系列讲话精神,实现绿色发展,要正确处理好经济发展同生态环境保护的关系,牢固树立保护生态环境就是保护生产力、改善生态环境就是发展生产力的理念,决不以牺牲环境为代价去换取一时的经济增长。要构筑尊崇自然、绿色发展的生态体系,解决好工业文明带来的矛盾,以人与自然和谐相处为目标,实现世界的可持续发展和人的全面发展。要把生态文明建设融入经济建设、政治建设、文化建设、社会建设各方面和全过程。要用严格的法律制度保护生态环境,加快建立有效约束开发行为和促进绿色发展、循环发展、低碳发展的生态文明法律制度,强化生产者环境保护的法律责任,大幅度提高违法成本。建立健全自然资源产权法律制度,完善国土空间开发保护方面的法律制度,制定完善生态补偿和土壤、水、大气污染防治及海洋生态环境保护等法律法规,促进生态文明建设。就生态文明建设的国际合作来说,就是要同世界各国深入开展生态文明领域的交流合作,推动成果分享,携手共建生态良好的地球美好家园;就"十三五"期间实现绿色发展的主要任务来说,就是要着力改善生态环境,促进人与自然和谐共生,加快建设主体功能区,推动低碳循环发展,全面节约和高效利用资源,加大环境治理力度,筑牢生态安全屏障。构筑尊崇自然、绿色发展的生态体系。

4. 坚持开放发展,着力实现合作共赢

当今世界是开放的世界,中国的发展离不开世界,这是中国 30 多年改革得出的重要结论,也是世界各国共同发展的经验。进入新世纪以来,经济全球化深入发展,全球范围配置生产要素以空前的速度和规模持续发展,各经济体相互依赖、相互联系的程度日益加深,人类成为一个统一的命运共同体,中国发展仍处于可以大有作为的重要战略机遇期。同时,世界经济格局发生新变化,国际金融危机影响深远,系统性和结构性风险仍然比较突出,国际经济合作和竞争局面正在发生深刻变化,全球经济治理体系和规则正在面临重大调整,引进来、走出去在深度、广度、节奏上都是过去所不可比拟的,应对外部经济风险、维护国家经济安全的压力也是过去所不能比拟的。中国发展也面临诸多矛盾叠加、风险隐患增多的严峻挑战。当今中国的发展特别是新常态下的中国经济发展,必须要有全球视野,着眼于全球视野来解决各种发展难题,并为全球发展作出更大贡献。正因为如此,十八届五中全会提出了开放发展的理念。

开放发展注重的是解决发展内外联动问题。习近平指出:"现在的问题不

---

[1] 习近平:《在党的十八届五中全会第二次全体会议上的讲话(节选)》,《求是》2016 年第 1 期。

是要不要对外开放,而是如何提高对外开放的质量和发展的内外联动性。我国对外开放水平总体上还不够高,用好国际国内两个市场、两种资源的能力还不够强,应对国际经贸摩擦、争取国际经济话语权的能力还比较弱,运用国际经贸规则的本领也不够强,需要加快弥补。为此,我们必须坚持对外开放的基本国策,奉行互利共赢的开放战略,深化人文交流,完善对外开放区域布局、对外贸易布局、投资布局,形成对外开放新体制,发展更高层次的开放型经济,以扩大开放带动创新、推动改革、促进发展。'一带一路'建设是扩大开放的重大战略举措和经济外交的顶层设计,要找准突破口,以点带面、串点成线,步步为营、久久为功。要推动全球经济治理体系改革完善,引导全球经济议程,维护多边贸易体制,加快实施自由贸易区战略,积极承担与我国能力和地位相适应的国际责任和义务。"①十八届五中全会提出,"十三五"期间,我们必须坚持开放发展,进一步提高开放型经济水平,着力实现合作共赢。为此,要完善对外开放战略布局,形成对外开放新体制,推进"一带一路"建设,深化内地和港澳以及大陆和台湾地区合作发展,积极参与全球经济治理,积极承担国际责任和义务。

5. 坚持共享发展,着力增进人民福祉

公平正义是中国特色社会主义的内在要求。实现社会公平正义是中国共产党人的一贯主张,是发展中国特色社会主义的重大任务。社会主义事业是最广大人民的事业,发展的最终目的是为了实现最广大人民的利益,保证人人享有发展机遇、享有发展成果。因此,让广大人民群众共享改革发展成果是社会主义的本质要求,是社会主义制度优越性的集中体现,是我们党坚持全心全意为人民服务根本宗旨的重要体现。这方面问题解决好了,全体人民推动发展的积极性、主动性、创造性就能充分调动起来,国家发展也才能具有最深厚的伟力。

共享发展注重的是解决社会公平正义问题。习近平指出:"我国经济发展的'蛋糕'不断做大,但分配不公问题比较突出,收入差距、城乡区域公共服务水平差距较大。在共享改革发展成果上,无论是实际情况还是制度设计,都还有不完善的地方。为此,我们必须坚持发展为了人民、发展依靠人民、发展成果由人民共享,作出更有效的制度安排,使全体人民朝着共同富裕方向稳步前进,绝不能出现'富者累巨万,而贫者食糟糠'的现象。"②

"坚持共享发展,就是要坚持发展为了人民、发展依靠人民、发展成果由人民共享,使全体人民在共建共享发展中有更多获得感,朝着共同富裕方向

---

①　习近平:《在党的十八届五中全会第二次全体会议上的讲话(节选)》,《求是》2016年第1期。

②　习近平:《在党的十八届五中全会第二次全体会议上的讲话(节选)》,《求是》2016年第1期。

稳步前进。"①实现共享发展,就是要在全体人民共同奋斗、经济社会发展的基础上,加紧建设对保障社会公平正义具有重大作用的制度,逐步建立以权利公平、机会公平、规则公平为主要内容的社会公平保障体系,努力营造公平的社会环境,保证人民平等参与、平等发展权利。就当前来说,讲坚持共享发展、着力增进人民福祉,就是要增加公共服务供给,实施脱贫攻坚工程,提高教育质量,促进就业创业,缩小收入差距,建立更加公平更可持续的社会保障制度,推进健康中国建设,促进人口均衡发展。共享不仅是国内的,也是国际的。就国际范围内促进共享而言,就是要坚持团结互信、平等互利、包容互鉴、合作共赢,促进不同种族、不同信仰、不同文化背景的国家共享和平,共同发展。

三、推动经济社会持续健康发展的基本原则

党的十八届五中全会关于全面建成小康社会"六大原则"的提炼和总结,深刻反映和概括了全面建成小康社会的基本规律,它将指引着我们顺利地走完全面建成小康社会最后五年的行程。

1. 坚持人民主体地位

坚持人民主体地位,是中国共产党性质与宗旨的鲜明体现,是坚持立党为公、执政为民的本质要求,是党和人民事业不断发展的重要保证。中国共产党无论是进行革命、建设、改革开放,还是推进中国特色社会主义各项事业,都始终把坚持人民主体地位作为一项重要的原则。中共十八大报告提出的推进中国特色社会主义事业的八项基本要求的第一条就是"必须坚持人民的主体地位"。十八大之后,我们党高度重视这一要求,并将它贯穿到各项方针政策之中。习近平在许多重要讲话中也一再强调这一原则。如十八大刚结束,习近平在十八届一中全会上就明确指出:"在前进道路上,我们一定要坚持从维护最广大人民根本利益的高度,多谋民生之利,多解民生之忧,在学有所教、劳有所得、病有所医、老有所养、住有所居上持续取得新进展。"②为此,习近平提出,要坚持党的群众路线,坚持人民主体地位。2012年12月,在首都各界纪念现行宪法公布施行30周年大会上,习近平强调:"宪法的生命在于实施,宪法的权威也在于实施。"保证宪法的实施,必须"坚持人民主体地位,切实保障公民享有权利和履行义务"。③

---

① 习近平:《深化合作伙伴关系 共建亚洲美好家园——在新加坡国立大学的演讲》,《人民日报》2015 年 11 月 8 日。

② 习近平:《全面贯彻落实党的十八大精神要突出抓好六个方面工作——在党的十八届一中全会上的讲话(节选)》,《求是》2013 年第 1 期。

③ 习近平:《在首都各界纪念现行宪法公布施行 30 周年大会上的讲话》,《人民日报》2012 年 12 月 5 日。

2013 年 3 月，在第十二届全国人民代表大会第一次会议上，习近平着重谈到了中国梦，他强调："中国梦归根到底是人民的梦，必须紧紧依靠人民来实现，必须不断为人民造福。"为此，必须坚持党的领导、人民当家作主、依法治国有机统一，坚持人民主体地位，扩大人民民主。① 同年 11 月召开的党的十八届三中全会作出的全面深化改革的决定继续强调："发展社会主义民主政治，必须以保证人民当家作主为根本"，为此必须"坚持人民主体地位，推进人民代表大会制度理论和实践创新，发挥人民代表大会制度的根本政治制度作用"。② 同年年底，在纪念毛泽东同志诞辰 120 周年座谈会上，习近平指出："坚持人民主体地位，充分调动人民积极性，始终是我们党立于不败之地的强大根基。"③2014 年 9 月，在庆祝全国人民代表大会成立 60 周年大会上，习近平指出："我们必须坚持国家一切权力属于人民，坚持人民主体地位，支持和保证人民通过人民代表大会行使国家权力。"④2014 年 9 月 21 日，在庆祝中国人民政治协商会议成立 65 周年大会上，习近平指出："中国共产党的一切执政活动，中华人民共和国的一切治理活动，都要尊重人民主体地位，尊重人民首创精神，拜人民为师。"⑤2014 年 10 月，在党的十八届四中全会第二次全体会议上，习近平强调，推进社会主义法治国家建设，必须"坚持人民主体地位，必须坚持法治为了人民、依靠人民、造福人民、保护人民"。⑥ 这些讲话精神直接写进了十八届四中全会的决定。2015 年 4 月底，习近平在庆祝"五一"国际劳动节大会发表讲话指出："在前进道路上，我们要始终坚持人民主体地位，充分调动工人阶级和广大劳动群众的积极性、主动性、创造性。"⑦

习近平关于坚持人民主体地位的大量论述告诉我们：必须坚持人民主体地位是由"人民是推动发展的根本力量"所决定的，这符合马克思主义基本原理。坚持这一原则，决定了我们党全面建成小康社会必须立足于人民。

2. 坚持科学发展

发展是当今世界的主题，是党执政兴国的第一要务。进入新世纪以来，在继

---

① 习近平：《在第十二届全国人民代表大会第一次会议上的讲话》，《人民日报》2013 年 3 月 18 日。

② 《中共中央关于全面深化改革若干重大问题的决定》，《人民日报》2013 年 11 月 16 日。

③ 习近平：《在纪念毛泽东同志诞辰 120 周年座谈会上的讲话》，《人民日报》2013 年 12 月 27 日。

④ 习近平：《在庆祝全国人民代表大会成立 60 周年大会上的讲话》，《人民日报》2014 年 9 月 6 日。

⑤ 习近平：《在庆祝中国人民政治协商会议成立 65 周年大会上的讲话》，《人民日报》2014 年 9 月 22 日。

⑥ 习近平：《加快建设社会主义法治国家——在党的十八届四中全会第二次全体会议上的讲话的第二部分和第三部分》，《求是》2015 年第 1 期。

⑦ 习近平：《在庆祝"五一"国际劳动节暨表彰全国劳动模范和先进工作者大会上的讲话》，《人民日报》2015 年 4 月 29 日。

承我们党探索发展道路优良作风的基础上,以胡锦涛为总书记的党中央明确围绕着实现什么样的发展、如何发展这一主题,提出并形成了科学发展观。科学发展观是中国特色社会主义理论体系的重大成果,是中国共产党集体智慧的结晶,是指导党和国家全部工作的强大思想武器。

党的十八大以来,习近平总书记对为何要坚持科学发展,如何实现科学发展作出了重要部署。为何要坚持发展?因为"发展是硬道理,是解决中国所有问题的关键。我们用几十年的时间走完了发达国家几百年走过的历程,最终靠的是发展"。① 如何实现发展?习近平强调:"科学发展才能永续发展。"② 如何才能实现科学发展?习近平提出,一要坚决破除一切妨碍科学发展的思想观念和体制机制弊端。二"要尽快健全有利于科学发展的目标体系、考核办法、奖惩机制"。③ 三是要把科学发展贯穿到经济建设、政治建设、文化建设、社会建设、生态文明建设,不断夯实中华民族伟大复兴的物质基础,不断提高全民族的精神文化素质。

十八届五中全会明确指出坚持科学发展的原则,就是要把全面协调可持续作为基本要求,全面落实经济建设、政治建设、文化建设、社会建设、生态文明建设"五位一体"总体布局,促进现代化建设各方面相协调,促进生产关系与生产力、上层建筑与经济基础相协调,不断开拓生产发展、生活富裕、生态良好的文明发展道路。当前,全面建成小康社会必须坚持科学发展的原则,其重点就是要实施"五大发展",即创新发展、协调发展、绿色发展、开放发展、共享发展。

3. 坚持深化改革

改革是社会主义发展的直接动力,是新时期最显著的特点。改革开放30多年来的实践充分证明,要想实现更好发展,必须坚决推进改革。只有通过改革,才能不断破除不利于发展的体制机制,进而为发展提供制度保障和动力之源。党的十八大明确提出要"全面深化改革",全面深化改革成为实现全面建成小康社会战略目标的直接动力和重要战略举措。《中共中央关于全面深化改革若干重大问题的决定》提出了到2020年全面深化改革的指导思想、总体目标和具体任务,描绘了全面深化改革的时间表、路线图。

坚持深化改革原则,必须紧紧抓住全面深化改革的总目标,就是完善和发展中国特色社会主义制度,推进国家治理体系和治理能力现代化。围绕这一总目标,还必须明确经济体制、政治体制、文化体制、社会体制、生态文明体制和党的建设制度深化改革的分目标;必须明确全面深化改革的总要求,就是更加注重改

---

① 习近平:《在纪念中国人民抗日战争暨世界反法西斯战争胜利69周年座谈会上的讲话》,《人民日报》2014年9月4日。

② 习近平:《在庆祝中华人民共和国成立65周年招待会上的讲话》,《人民日报》2014年10月1日。

③ 《中央经济工作会议在北京举行》,《人民日报》2012年12月17日。

革的系统性、整体性、协同性,让一切劳动、知识、技术、管理、资本的活力竞相迸发,让一切创造社会财富的源泉充分涌流,让发展成果更多更公平惠及全体人民。必须注重改革领域的全覆盖。改革必须覆盖经济、政治、文化、社会、生态文明五位一体,深化党的建设制度改革以及国防和军队改革;改革必须贯穿经济社会发展全过程。改革只有进行时,没有完成时。改革开放中的矛盾只能用改革开放的办法来解决,所以改革永远在路上。正如习近平所说"实践发展永无止境,解放思想永无止境,改革开放也永无止境,停顿和倒退没有出路,改革开放只有进行时、没有完成时"。①

4. 坚持依法治国

"依法治国,是党领导人民治理国家的基本方略,是发展社会主义市场经济的客观需要,是社会文明进步的重要标志,是国家长治久安的重要保障。"②《中共中央关于全面推进依法治国若干重大问题的决定》提出:"全面建成小康社会、实现中华民族伟大复兴的中国梦,全面深化改革、完善和发展中国特色社会主义制度,提高党的执政能力和执政水平,必须全面推进依法治国。"

坚持依法治国是全面建成小康社会和全面深化改革的重要保障,是着眼于实现中华民族伟大复兴中国梦的长远战略举措。它"是关系我们党执政兴国、关系人民幸福安康、关系党和国家长治久安的重大战略问题,是完善和发展中国特色社会主义制度、推进国家治理体系和治理能力现代化的重要方面"。③

坚持依法治国,首先要坚定不移地走中国特色社会主义法治道路,更好发挥法治的引领和规范作用,建设社会主义法治国家;要建设中国特色社会主义法治体系,即完备的法律法规体系、高效的法治实施体系、严密的法治监督体系、有力的法治保障体系,形成完善的党内法规体系;要坚持依法治国、依法执政、依法行政共同推进,坚持法治国家、法治政府、法治社会一体建设;要着力推进科学立法、严格执法、公正司法、全民守法。其中,科学立法是前提,严格执法是关键,公正司法是防线,全民守法是基础。

5. 坚持统筹国内国际两个大局

当前,经济全球化的潮流浩浩荡荡,中国作为以开放促发展的国家,必须处理好国内国际关系,充分利用两个市场、两种资源。自改革开放以来,我们党就十分注重国内外局势的联动,并且据此制定发展方针政策。党的十八大以来,习近平特别强调要注重统筹国内国际两个大局。他强调,要更好统筹国内国际两

---

①　《习近平谈治国理政》,外文出版社 2014 年版,第 71 页。
②　《十五大以来重要文献选编》上,人民出版社 2000 年版,第 31 页。
③　习近平:《关于〈中共中央关于全面推进依法治国若干重大问题的决定〉的说明》,《人民日报》2014 年 10 月 29 日。

个大局,夯实走和平发展道路的基础。要"坚持开放的发展、合作的发展、共赢的发展,通过争取和平国际环境发展自己,又以自身发展维护和促进世界和平,不断提高我国综合国力,不断让广大人民群众享受到和平发展带来的利益,不断夯实走和平发展道路的物质基础和社会基础"。① 2014 年 10 月,党的十八届四中全会指出:"面对新形势新任务,我们党要更好统筹国内国际两个大局,更好维护和运用我国发展的重要战略机遇期,更好统筹社会力量、平衡社会利益、调节社会关系、规范社会行为,使我国社会在深刻变革中既生机勃勃又井然有序,实现经济发展、政治清明、文化昌盛、社会公正、生态良好,实现我国和平发展的战略目标,必须更好发挥法治的引领和规范作用。"②2014 年 11 月,在中央外事工作会议上,习近平再次强调:"要高举和平、发展、合作、共赢的旗帜,统筹国内国际两个大局,统筹发展安全两件大事,牢牢把握坚持和平发展、促进民族复兴这条主线,维护国家主权、安全、发展利益,为和平发展营造更加有利的国际环境,维护和延长我国发展的重要战略机遇期,为实现'两个一百年'奋斗目标、实现中华民族伟大复兴的中国梦提供有力保障。"③

全面建成小康社会,必须坚持统筹国内国际两个大局的原则,必须树立世界眼光,加强战略思维,善于从国际形势发展变化中把握中国的发展机遇,应对风险挑战,营造良好国际环境。既要总揽全局、统筹规划,又要抓住牵动全局的主要工作、事关群众利益的突出问题,着力推进,重点突破。

6. 坚持党的领导

党的领导是中国特色社会主义的最本质特征,是中国特色社会主义制度的最大优势。中国共产党是全面建成小康社会各项事业的领导核心,为实现经济社会持续健康发展提供根本政治保证。党的十八大明确指出:中国共产党是中国特色社会主义事业的领导核心。要坚持立党为公、执政为民,加强和改善党的领导,坚持党总揽全局、协调各方的领导核心作用,保持党的先进性和纯洁性,增强党的创造力、凝聚力、战斗力,提高党科学执政、民主执政、依法执政水平。

坚持党的领导,必须改善党的领导,加强党的建设。全面从严治党是全面推进党的建设新的伟大工程的总体思路和战略部署,是实现全面建成小康社会战略目标的重要战略举措。为此,必须全面从严治党。十八大以来,党中央提出全面从严治党要求,通过开展党的群众路线教育实践活动、"三严三实"专题教育等,增强了党的创造力、凝聚力和战斗力,党的执政能力和执政水平显著提高,从

---

① 《习近平在中共中央政治局第三次集体学习时强调:更好统筹国内国际两个大局 夯实走和平发展道路的基础》,《人民日报》2013 年 1 月 30 日。

② 《中共中央关于全面推进依法治国若干重大问题的决定》,《人民日报》2014 年 10 月 29 日。

③ 《中央外事工作会议在京举行 习近平发表重要讲话》,《人民日报》2014 年 11 月 30 日。

而确保了我国发展航船沿着正确航道破浪前进。

　　在全面建成小康社会的决胜阶段,必须通过全面从严治党,才能更好地坚持党的领导原则。全面从严治党本身是一个系统工程,包含十分丰富的内容:一是治党内容是全面的,党执政面临的考验是全面的,风险是系统性的,因此党的建设要覆盖党的思想建设、组织建设、作风建设、反腐倡廉建设和制度建设各个领域。二是治党主体全覆盖,既包括党的各级领导干部,也包括8 000多万普通党员。每个党员既是治党的主体,又是治党的客体。全面从严治党,党员干部要带头,普通党员不能落后。三是治党过程全面。由于世情国情党情的变化是长期的,党执政面临的挑战和风险是长期、复杂、严峻的。因此,党的建设永远在路上,伴随着党治国理政的始终,党的建设没有休止符。四是"严"字贯穿治党全方位全过程,要建立严肃的党纪法规、严明的政治规矩、严密的组织体系、严格的党内政治生活。要把政治纪律和政治规矩摆在第一位,只有保持党的团结统一,才能更好地坚持党的领导。

后　记

　　本书是从我近 20 多年来研究和解读中国特色社会主义理论的学术论文中挑选出来经过修改后形成的。本人 1991 年 6 月博士毕业后留在中国人民大学马克思主义学院任教。毕业后先是根据学校当时的政策,到基层挂职半年,然后回到学校。1992 年回校任教时,恰逢邓小平发表南方谈话,这促使我把研究的重点从博士生期间的科学社会主义理论转向中国特色社会主义理论。此后,伴随着中国特色社会主义事业的拓展和中国特色社会主义理论的丰富和发展,本人对中国特色社会主义的研究也一直未中断。20 多年来,本人围绕邓小平理论、"三个代表"重要思想、科学发展观以及十八大以来的理论创新,承担了十余项研究项目,发表了近百篇学术论文,主编了近 10 部教材。2005 年开始担任马克思主义理论研究和建设工程《毛泽东思想和中国特色社会主义理论体系概论》教材首席专家,后又担任研究生课程《中国特色社会主义理论与实践研究》教材主要成员。2007 年党的十七大报告将改革开放以来形成的三大理论成果统一纳入中国特色社会主义理论体系之后,本人又开始从整体上研究中国特色社会主义理论体系问题,围绕这一问题相继也发表了数十篇文章,同时还主编出版了一套近百万字的《中国特色社会主义史》。十八大之后,本人很想对以往研究成果作一个小结,于是产生了把以往研究成果按照中国特色社会主义理论逻辑串起来出版一本文集的想法,这样就有了这本《中国特色社会主义专题研究》。

　　在本书即将付梓的时候,还有几点需要说明:

　　第一,本书虽然是由不同时期的研究成果汇集的,但研究内容和结论并未过时。近几年来,我发现在中国特色社会主义理论的教学过程中,有许多问题都是以前我们遇到的老问题,以前我们已经说清楚、讲明白了。之所以还会出现,是因为我们只关注到眼前,而忽略了以往的研究成果。而在进一步深化对中国特色社会主义的研究时,也许我们也应该"不忘初心",不忘每一个阶段党的理论创新成果。

　　第二,本书中收集的许多文章,与文章写作时的背景有较强联系,与当时的世情国情党情也有较强的联系,因而许多背景材料和今天有较大的区别,但恰恰是这些背景材料的不同反映了我们党理论创新的历史逻辑。因此,在本书出版时,书中有许多论述并未修改,尤其是许多数据材料没有按今天的情况进行更新,但没有更新的数据并不影响结论。

　　第三,中国特色社会主义是篇大文章,要续写这篇文章的新篇章,还需要深入进行理论研究。今年五月习近平在哲学社会科学工作座谈会上发表了重要讲话,提出了续写这篇大文章的新思路新要求,为我们下一步的理论研究指明了方向。面向未来,我们必须自觉承担起继续深入研究中国特色社会主义的历史重任,用新的、高质量的研究成果,为推进中国特色社会主义事业贡献自己的力量。

　　最后,要特别感谢高等教育出版社社政出版事业部马雷主任、蒋旭东编辑为本书出版付出的辛勤努力。由于中国特色社会主义理论涉及内容十分丰富,本专题研究只是撷取了其中一部分,加上本人的能力有限,故书中难免会有一些纰漏,敬请读者批评指正。

秦宣于中国人民大学人文楼
2016 年 7 月 3 日